GRUNDLAGEN DER GERMANISTIK

Herausgegeben von Hugo Moser und Hartmut Steinecke
Mitbegründet von Wolfgang Stammler

12

Volkskunde

Eine Einführung

von

Günter Wiegelmann · Matthias Zender
Gerhard Heilfurth

ERICH SCHMIDT VERLAG

CIP-Kurztitelaufnahme der Deutschen Bibliothek

Wiegelmann, Günter
Volkskunde : e. Einf. / von Günter Wiegelmann ;
Matthias Zender ; Gerhard Heilfurth. – 1. Aufl. –
Berlin : E. Schmidt, 1977.
  (Grundlagen der Germanistik ; Bd. 12)
  ISBN 3-503-00578-1

NE: Zender, Matthias: ; Heilfurth, Gerhard:

ISBN 3 503 00578 1

© Erich Schmidt Verlag, Berlin 1977
Druck: Loibl, Neuburg (Donau)
Printed in Germany · Nachdruck verboten

Inhalt

Inhalt

Vorwort

Die Anregung des Herausgebers, eine einführende Darstellung in Themen und Probleme des Faches zu schreiben, liegt mehrere Jahre zurück. Berufliche Belastungen und die in vieler Hinsicht drückenden Universitätsverhältnisse hinderten den Abschluß. Zudem war er nicht leicht, die Konzepte der drei Autoren in knappem Rahmen zu einem Ganzen zu bündeln. Diese Aufgabe und die abschließende Redaktion übernahm G. Wiegelmann.

Nach der Planung der Reihe sollte der Band neben den allgemeinen Problemen die Themenbereiche Sachkultur, Brauch und Glauben enthalten. Die *Formen der „Volkspoesie"* hat H. BAUSINGER (1968) in einem eigenen Band dargestellt.

Alle Seiten zu berücksichtigen, war in dem vorgegebenen schlanken Umfang nicht möglich. Bereits vor Jahrzehnten füllte die Erörterung der wichtigen Themenkomplexe drei stattliche Bände (PESSLER 1934–38). Wir entschlossen uns zu einer Kombination von exemplarischer und synoptischer Darstellung. Daher sind einige Punkte genauer dargelegt, andere nur kurz genannt. Sie wurden ausgewählt, um an Beispielen in Grundlagen, Arbeitsverfahren und Resultate volkskundlicher Forschung einzuführen, insbesondere in die der historischen und kulturräumlichen Richtung sowie der sozialkulturellen Fragestellungen. Auch konnten nur einige Regionen des deutschsprachigen Bereichs eingehender beleuchtet werden. Ausblicke auf andere Teile Europas mußten leider fast ganz zurückstehen. – Es bleibt zu hoffen, daß in den nächsten Jahren eine allgemeinere Darstellung möglich wird.

Danken möchten wir vor allem Frau Dr. Ellinor KAHLEYSS vom Erich Schmidt Verlag aufrichtig für ihr reges Interesse und ihre liebenswürdige Geduld, ferner Frau Dr. Gerda GROBER, Bonn, und Herrn Dr. h. c. Wilhelm HANSEN, Detmold, für kritisches Lesen von Manuskriptteilen und Anregungen, darüber hinaus weiteren Kollegen für beratende Hinweise, sowie unseren Studenten und Mitarbeitern für fruchtbare Diskussionen und gute Zusammenarbeit.

Noch zwei technische Hinweise: Die im Text abgekürzt zitierten Titel findet man im Literaturverzeichnis. Abkürzungen (wie Jh., Zs.) sind dort einleitend erläutert (S. 237).

Im August 1976

Gerhard Heilfurth, Marburg – Günter Wiegelmann, Münster – Matthias Zender, Bonn

1. Geschichte der Forschung

1.1 Stellung des Faches

Die Volkskunde untersucht Kulturen im europäischen Bereich, vornehmlich die der Mittel- und Unterschichten. Historisch geht sie soweit zurück wie schriftliche Quellen vorliegen, grob gesagt bis zum Mittelalter. Zeitlich schließt sie an die Themen der Vor- und Frühgeschichte an, insbesondere in der Sachforschung. Da Nachrichten über Mittel- und Unterschichten erst in der Neuzeit reichlicher fließen, konzentriert sich die volkskundliche Forschung meist auf die Jahrhunderte seit 1500.

Systematisch gesehen hat sie den gleichen Objektbereich wie Völkerkunde und Kulturanthropologie (Cultural Anthropology): *die Kultur*. Der Unterschied liegt lediglich in der Ausrichtung. Die Völkerkunde konzentriert sich auf außereuropäische und schriftlose Kulturen, die Kulturanthropologie untersucht Kulturen weltweit und generell die Kultur und ihre Gesetze. Da es in Europa seit dem Mittelalter eine hierarchische Stufung der Gesellschaft gab mit einer führenden oberschichtlichen Kultur, besteht die andere Gruppe der Nachbarwissenschaften aus jenen Disziplinen, die einzelne Kulturbereiche schwerpunktmäßig für die Oberschichten untersuchen: Kunstgeschichte, Musikwissenschaft, Literatur- und Architekturgeschichte usw.

Diese Stellung im Wissenschaftsgefüge spiegelt sich in den heute üblichen *Fachbezeichnungen*. In der Zeit drängender Neuordnung an westdeutschen Universitäten planten zwei Institute eine Umbenennung mit dem Ziel, sich dem internationalen Sprachgebrauch anzugleichen. Eine Umfrage im deutschsprachigen Bereich (*dgv-Informationen* Nr. 80/1, 1971) brachte eine große Mehrheit für „Volkskunde (Europäische Ethnologie)". So heißt das Fach nun in Marburg „Europäische Ethnologie", in Frankfurt „Kulturanthropologie und Europäische Ethnologie"; in Innsbruck und Wien wird „Europäische Ethnologie" zusätzlich zu „Volkskunde" aufgeführt. In Tübingen wählte man dagegen „Empirische Kulturwissenschaft". Die internationale Fachbezeichnung „Europäische Ethnologie" setzte sich in den Titeln der überregionalen Zeitschriften rasch durch. Neben die europäische Zeitschrift *Ethnologia Europaea* (1967 ff.) traten bald ähnliche für Teilregionen: *Ethnologia Slavica* (Bratislava 1969 ff.), *Ethnologia Scandinavica* (Lund 1971 ff.), *Ethnologia Fennica* (Helsinki 1971 ff.) und *Ethnologia Polona*

1. Geschichte der Forschung

(Warschau 1975 ff.). Bestehende Zeitschriften wurden entsprechend umbenannt. So heißt z. B. *Arts et traditions populaires* seit dem Jg. 1971 *Ethnologie française.*

In den Titeln kommt die allgemeine Tendenz zu überregionalen Studien zum Ausdruck, ähnlich wie in der Internationalen Zeitschrift für Erzählforschung: *Fabula* (Berlin 1957 ff.). Die überregionalen Zeitschriften publizieren in Englisch, Deutsch und Französisch, den im Fach maßgebenden Sprachen für die internationale Diskussion. Fast alle in anderen Landessprachen erscheinenden Zeitschriften enthalten heute Zusammenfassungen in englischer, französischer, deutscher oder russischer Sprache. Durch derartige Verklammerungen ist die in der Geschichte einmal maßgebende nationale Ausrichtung der Volkskunden allgemein überholt.

Die *Thematik* des Faches reicht von Haus, Kleidung und Nahrung bis zu Glaube, Lied und Erzählgut. Sie ist so breit, daß jeder zur Spezialisierung gezwungen ist, zumal er neben den Quellen und Schriften der Volkskunde die der jeweiligen thematischen Nachbardisziplinen kennen muß. Daher ist es verständlich, daß es Hausforscher und Erzählforscher, Brauchforscher und Volksliedforscher gibt. Nur bei derartigen Schwerpunkten des Forschens kann der Volkskundler fundiert arbeiten und ernsthafter Gesprächspartner für die jeweilige Nachbardisziplin sein. Freilich birgt diese Spezialisierung die Gefahr, daß das Fach in ein lockeres Konglomerat von Fachrichtungen zerbröckelt.

Um so wichtiger ist die Ausrichtung der Spezialforschung auf übergreifende Ziele und generelle theoretische Konzepte (s. 2.3). Übergreifende Ziele, wie kulturräumliche Gliederung, kultureller Wandel und soziale Differenzierung bündeln die Spezialforschung und fördern die interdisziplinäre Arbeit (z. B. in der Kulturraumforschung mit Geschichte, Mundartforschung und Kulturgeographie), das Verfolgen genereller Probleme – wie Innovations-, Diffusions- und Akkulturationsprozesse – verbindet darüber hinaus mit systematischen Ansätzen in Kulturanthropologie, Völkerkunde und Soziologie. In dieser Weise wird auch die Diskussion zwischen den regionalen Schulen des Faches über Sprachgrenzen hinweg gefördert.

Die *Stellung des Faches* im Gefüge der Wissenschaften kann man schematisch etwa so veranschaulichen:

VOLKSKUNDE (EUROPÄISCHE ETHNOLOGIE)

Objekte	Nachbarwissenschaften
generell: Kultur	Völkerkunde, Kulturanthropologie, Kultursoziologie, philosophische Anthropologie

thematische Komplexe (Beispiele):

orale Kultur	Sprachwissenschaft, Mundartforschung, Literaturwissenschaft, Publizistik
Glaube	Theologie, Religionswissenschaft
Brauch und Fest	Kulturgeschichte, Theatergeschichte
Volksmusik	Musikwissenschaft
Kleidung	Kostümgeschichte
Haus und Wohnen	Architekturgeschichte, Kunstgeschichte, Sozialgeschichte
Volkskunst, Keramik, Hausgerät	Kunstgeschichte
Arbeit und Gerät	Agrargeschichte, Technikgeschichte

übergreifende Themen:

kultureller Wandel und Periodisierung	Geschichtswissenschaften
regionale Differenzierung und kulturräumliche Gliederung	Kultur- und Sozialgeographie
soziale Differenzierung	Soziologie, Sozialgeschichte

Die thematische Weite des Faches und die Vielzahl der Nachbarwissenschaften macht das Studium relativ schwierig. Das Erarbeiten des nötigen Grundwissens ist langwieriger als in thematisch einheitlicheren Fächern (wie z. B. der Germanistik). Die Quellen haben ganz unterschiedliche Zeit und Sachbezüge: Antworten auf Interviewer-Umfragen stehen neben historischer Überlieferung, neben Arbeitsgeräten und Möbeln im Museum (s. 2.4/2.5). Entsprechend schwierig ist es für den Studenten, sich einen Überblick und Grundkenntnisse zu verschaffen, und entsprechend heikel, sich bereits nach wenigen Semestern für einen Schwerpunkt der Forschung zu entscheiden.

1.2 Geschichte der Forschung im 18. und 19. Jahrhundert

Wann beginnt die Geschichte eines Faches? Zweifellos gibt es eine ganze Skala von Möglichkeiten, vom Interesse an der Kultur europäischer Völker bis zur Einrichtung eigener Fachinstitute. Interesse gab es schon früh, bereits in der Antike, als die mittelmeerischen Hochkulturen auf „barbarische" Kulturen stießen. Wollte man das Interesse als Kriterium ansehen, müßte man mit PLINIUS, HERODOT und TACITUS beginnen. Das tun einige Fachhistoriker (z. B. JUNGBAUER 1931). Wollte man die institutionelle Eigenständigkeit als Kriterium wählen, könnte man erst um 1880/90 beginnen. Damals entstanden die ersten Volkskundemuseen. Damals begannen die Gesellschaften und die zentralen Zeitschriften des Faches (s. u.).

Die folgende Skizze setzt in der Mitte des 18. Jhs. ein. Seitdem gibt es eine Kontinuität des Erforschens und Dokumentierens volkstümlicher Kultur. Um 1750 begann die Volkskunde im Rahmen der Staatswissenschaften, damit die erste bedeutende Richtung des Faches, die über mehr als ein Jahrhundert, bis um 1870 produktiv war. Das bedeutete: eine große Zahl von Wissenschaftlern arbeitete mit gleichen Zielen, nach gleichen Auswahlkriterien, mit ähnlichen Methoden. Zudem entstanden damals die ersten planmäßigen Dokumentationen. Alles vorher Erarbeitete waren Leistungen Einzelner. – Es sei angemerkt, daß die staatswissenschaftliche Volkskunde in den meisten Teilen Europas den Beginn stetiger volkskundlicher Arbeit brachte (s. *Ethnologia Europaea* 5. Jg. 1971). Für die Vorläufer seit dem Humanismus vergleiche man die gründliche Übersicht von LEOP. SCHMIDT (1951) und die ältere Studie von ERICH SCHMIDT (1904).

Was sollte der *Inhalt der Fachgeschichte* sein? Scheinbar eine müßige Frage. Aber die gängigen Übersichten, von AD. HAUFFEN (1910) bis zu I. WEBER-KELLERMANN (1969), bieten vielfach vor allem Ideengeschichte und ideologische Implikationen des Faches. Auch das vielbenutzte Handbuch von G. LUTZ (1958) enthält insbesondere Grundsatzartikel vom Typ „Wesen und Aufgaben der Volkskunde". Damit faßt man aber nicht die entscheidenden Fortschritte der Forschung; denn sie stecken meist nicht in orientierenden Globalartikeln, sondern in systematischen Dokumentationen und bahnbrechenden Analysen. Die Thesen und Modelle der Kulturraumforschung, die mikroanalytischen Studien der J. SCHWIETERING- und der K. WAGNER-Schule, die regionalen Umfragen sowie die Dokumentationen des Atlas der deutschen Volkskunde, der Beginn der archivalischen Quellenforschung durch HANS MOSER und die weitgespannten Analysen der G. SCHREIBER-Schule – z. B. K. MEISENS Studie zum Nikolausbrauch im europäischen Rahmen (1931) –, diese Dokumentationen und Studien sind für die Fachgeschichte der zwanziger und dreißiger Jahre ungleich wichtiger als die Grundsatzartikel. Diese variieren Ansichten zu Pauschalkonzepten wie Volk, Volksseele, Volksgeist, Grundschicht u. ä., die der Forschung keine neuen Wege wiesen. – Ferner: Es ist zwar ein wichtiges Anliegen zu verfolgen, wie nationale und germanistische Volkstumsideen seit der Romantik die Fachdiskussion der geisteswissenschaftlichen Disziplinen durchwirkten und im Nationalsozialismus ihre satanische Perversion erfuhren, damit zu der größten Katastrophe europäischer Geschichte des 20. Jhs. beitrugen (HEILFURTH 1961, EMMERICH 1971, BAUSINGER 1971), aber es wäre falsch, darin das Hauptthema der Fachgeschichte zu sehen. – Kurz: Im Mittelpunkt der Wissenschaftsgeschichte müssen die Fortschritte der Methoden und theoretischen Ansätze, der Dokumentationen und Analysen stehen. Hier können nur kurze Hinweise gegeben werden.

Ähnlich wie in den Anfängen anderer Wissenschaften blieben volkskundliche Ansätze lange, über fast ein Jahrhundert hin, Teil komplexer Disziplinen, der Staatswissenschaft, der Germanistik und deutschen Altertumskunde. Erst in der Mitte des 19. Jhs. machten zwei Persönlichkeiten die Volkskunde zum Schwerpunkt ihres Forschens: W. H. RIEHL und W. MANNHARDT. Beide waren späte, herausragende Vertreter der für das Fach grundlegenden Richtungen, der staatswissenschaftlichen und der romantischen. Es ist nützlich, die zeitlich parallelen, aber sachlich meist gegensätzlichen Ansätze der beiden Richtungen in einer Tabelle zusammenzustellen (s. S. 14).

Was heute in staatlichen statistischen Ämtern und demoskopischen Instituten geleistet wird – der Verwaltung und Öffentlichkeit notwendige Informationen über Bevölkerung und Wirtschaft zu liefern –, boten seit etwa 1750 gebildete Personen im Rahmen der von G. ACHENWALL begründeten *Staatswissenschaft*. Damals nannte man sie „Statistik" (von ital. *statista* „Staatsmann"). Die heutige Bedeutung von Statistik = Zahlenwissenschaft kam erst seit der Mitte des 19. Jhs. auf. Als G. ACHENWALL 1748 mit Vorlesungen über Statistik begann und ein Jahr später seinen „Abriß der neuesten Staatswissenschaft der vornehmsten europäischen Reiche und Republiken" vorlegte, war eine Disziplin begründet, die für die Erforschung der Kultur breiter Schichten grundlegend werden sollte. Bis zu den Spätwerken des letzten großen Vertreters dieser Richtung W. H. RIEHL (um 1870/80) und der letzten statistischen Landeskunde – der Bavaria (5 Bde., 1860–68) – erschienen mehrere hundert Publikationen, die eine enorme Fülle neu beobachteten und aus älteren Schriften zusammengestellten Materials boten. Dieses Material wurde noch nicht wieder systematisch erschlossen. In den Studien zu dieser Richtung suchte man mehr nach frühen Belegen für die Fachbezeichnungen „Volkskunde" und „Ethnologie" und die damaligen Zuordnungen zu anderen Disziplinen. Immerhin ist dadurch allgemein anerkannt, daß dort die „Anfänge der Volkskunde als Wissenschaft" liegen (*Zs. f. Vkde* 1964, LUTZ 1973).

Der aufgeklärte Absolutismus forderte damals Informationen für die Verwaltung, die merkantilistische Wirtschaftspolitik benötigte sie ebenfalls. Da die Aufklärung generell gesichertes Wissen anstrebte, war eine breite Bereitschaft bei den Gebildeten vorhanden. Viele gingen auf Beobachtungsreisen und publizierten ihre Notizen und Erkenntnisse. Das wohl gründlichste Werk dieser Art ist die „Beschreibung einer Reise" des Aufklärers F. NICOLAI (1783–96). Andere beschrieben die Natur, Wirtschaft

Volkskunde in der Staatswissenschaft und in der Romantik

Richtung	Hauptvertreter	Ziele	Ansätze Konzepte	Material-grundlage	Schwerpunkte		außerwiss. Ziele
					thematisch	zeitlich, sozial und regional	
Volkskunde im Rahmen der Staatswissenschaft 1750–1870 Leitwissenschaft: „Statistik" (Kameralistik), Geographie	J. Möser . . A. C. H. Niemann . . W. H. Riehl	Komplexe Beschreibung der Kultur im Rahmen von Wirtschaft und Gesellschaft. Gesetze der kulturellen Prozesse	Volkscharakter. Funktion. „Land und Leute".	Beobachtung. Schriftliche Umfragen.	Haus und Wohnen Kleidung Nahrung Arbeit Feste	alle Sozialgruppen der Gegenwart in den Territorien und in Deutschland	Information und Entscheidungshilfen für Regierung und Verwaltung
Volkskunde der Romantik 1770–1880... Leitwissenschaft: Germanistik, germanische Altertumskunde	J. G. Herder J. u. W. Grimm Cl. Brentano J. Görres L. Uhland A. v. Arnim W. Mannhardt	Volksgeist. Rekonstruktion ursprünglicher Kultur (des german. Altertums, des Mittelalters)	Einfühlung. Vergleich. Relikte. Konstanzprämisse. Prämisse vom Verblassen der Kultur	Aufzeichnung alter oraler Kultur. Historische Quellen. Schriftliche Umfrage von W. Mannhardt (1865)	„geistige Kultur". Volkspoesie (Sage, Märchen, Volkslied etc.) Glaube (Mythologie). Brauch	Landbevölkerung des germanischen Bereichs von der Gegenwart bis zum germ. Altertum.	Hebung des Nationalbewußtseins. Volksbildung.

und Kultur eines Territoriums nach den erreichbaren Unterlagen und eigenen Beobachtungen (z. B. ARENDS 1818–20). Die Regierungen machten auch eigene Umfragen (vgl. TASSONI 1973). Schließlich erhielten die Amtsärzte von ihrer Regierung den Auftrag, die für die Gesundheit wichtigen Lebensumstände ihrer Bezirke zu untersuchen und darzustellen. Diese meist aus eigener Erfahrung geschriebenen medizinischen Topographien schildern die Wohn-, Nahrungs- und Kleidungssitten sehr genau, differenzierend nach Sozialschichten. Da sie Städte oder kleine Verwaltungsbezirke (Ämter) behandeln, sind es lokal wie sozial konkrete Studien. Eine große Zahl liegt gedruckt vor, insbesondere über Städte. Eine wahrscheinlich ähnlich große Zahl – meist über Landbezirke – liegt noch in den Archiven. Die gedruckten sind verzeichnet bei BRANDLMEIER (1942). Die Landeskunden und Reisebeschreibungen erfaßt man einigermaßen durch GÜNTZ (1897, 1902) und das Literaturverzeichnis von GLÄNTZER (1977), die Reisebeschreibungen bei L. SCHMIDT (1951) und über LUTZ (1973). Eine kritische Bibliographie der zahlreichen, schwer greifbaren Schriften bleibt jedoch Aufgabe. Nicht nur die volkskundliche Forschung zöge daraus Nutzen.

Als *Beispiel* aus den volkskundlichen Texten der staatswissenschaftlichen Literatur mag ein Ausschnitt aus der „Ökonomisch-statistischen Beschreibung" der Insel Fehmarn stehen (OTTE 1796: 121–125). Als Charakterzüge der Bevölkerung nannte der Autor besonders hohes Ehrgefühl, Hang zur Sparsamkeit und niedrigen Stand der Geistesbildung. Daraus werden sich nach ihm „auf die Beschaffenheit ihrer täglichen Lebensart einige Schlüsse herleiten lassen. Ganz den eben genannten Charakterzügen scheint die Einrichtung ihrer Wohnung angemessen zu seyn, welche außer einer ungeheuern Vordiehle und einem eben so unverhältnismäßig geräumigen Saale (in der dortigen Kunstsprache: *De Döns* genannt) in einigen wenigen, sehr engen und niedrigen Zimmern bestehn, von welchen eines und nicht selten das kleinste, der ganzen Familie zum täglichen Aufenthalte, mit Inbegriff des Essens, Trinkens und Schlafens, dient. ... Sonderbar sticht ... diese übel angebrachte Sparsamkeit gegen die bey Anlegung des großen Saales und der Vordiehle herrschende Verschwendung ab, welche nur dazu dient, der Eitelkeit bey Gelegenheit einer Kindtaufe, eines Hochzeitsschmauses oder eines Leichenbegängnißes einige seltene Opfer zu bringen ...

Ein solches Haus hat hinter der geräumigen und meistens sehr hohen Vordiehle, dem Eingange gegenüber, den vorhin beschriebenen großen und eben so hohen Saal, mit an den Boden hinaufreichenden Fenstern, welche aus sehr kleinen und zum Theil gefärbten Glasscheiben bestehn, die in Bley gefaßt sind. Hier ist kein Ofen, weßhalb denn der Saal den Winter über nicht benutzt werden kann, wenn nicht dringende Nothfälle, wie z. B. Begräbniß-Feyerlichkeiten den zahlreichen

Gästen es zur Pflicht machen, das Ungemach der Kälte zu ertragen. Eine sehr vielfarbigte Mahlerey, welche insonderheit an der Decke des Zimmers sehr reichlich angebracht zu seyn pflegt; sehr große und hohe Schränke; ein großer Tisch von Marmor; ein runder Spiegel in einem sehr künstlich geschnitzten Rahmen; und endlich die sehr hoch an den Wänden aufgestellten Schüßeln und Kannen von Zinn, machen die gewöhnlichsten Verzierungen eines solchen Saales aus... Bisher suchen die Fehmeraner, bey der ihnen eigenthümlichen Sparsamkeit, das Bauen so wohl, als das Ausbeßern ihrer Häuser so viel wie irgend möglich zu vermeiden und man würde nicht selten einen Fehlschluß machen, wenn man von dem schlechten Ansehn einer Wohnung auf den verhältnismäßig schlechten Vermögenszustand des Bewohners urtheilen wollte".

Aus dem Beispiel wird deutlich, wie genaue Objektbeschreibung und Reflexion über Charakterzüge der Bevölkerung ineinanderspielen, nicht das einzelne Objekt isoliert betrachtet wird, sondern durchweg im Funktions- und Wertgefüge sowie vor dem Hintergrund der wirtschaftlichen Verhältnisse. Das aufklärerische Bemühen um Verbesserung von schlechten Zuständen kommt in der Gesamtpublikation stärker zur Geltung als in dem kurzen Ausschnitt.

Die Hauptleistung der staatswissenschaftlichen Volkskunde liegt nicht in der Analyse, sondern in der sachgerechten, detaillierten *Beschreibung*, die die Einbettung der Kultur in die Umwelt von Natur, Wirtschaft und Gesellschaft (vgl. Abb. 1) beachtete. Unter den Wissenschaftlern dieser Richtung ragten zwei besonders heraus, am Beginn der osnabrückische Staatsmann J. MÖSER, am Ende W. H. RIEHL. Ihre bereits zu Lebzeiten anerkannten Leistungen waren nicht so sehr die Schärfe und Fülle des Beobachteten – daran waren ihnen andere gleich und gar überlegen –, vielmehr ihre überzeugenden Konzepte der Interpretation. Bei MÖSER (1774–86) war die funktionale Betrachtung der Kultur aus und mit dem wirtschaftlichen und sozialen Wandel bereits hoch entwickelt. Berühmt wurde seine Funktionsanalyse des niederdeutschen Hallenhauses. Der abgedruckte Text von F. W. OTTE zeigt, daß die Mösersche Analyse nicht isoliert steht.

Ein Jahrhundert später konnte W. H. RIEHL auf dem breiten Fundus der statistischen Volkskunde aufbauen. Daß er in dieser Richtung stand, zeigen schon seine Publikationen. Die statistische Reisebeschreibung führte er in seinem „Wanderbuch" (1869), die Landesbeschreibung in „Land und Leute" (1854) und in „Die Pfälzer" (1857) weiter. Aber die Beobachtungen, das vorliegende Material waren ihm nur Rohstoff. Er wandte sich mit Entschiedenheit der wissenschaftlichen Analyse zu. „Bei wem nicht die

Gabe der richtigen Kombination, der Vergleichung und Folgerung noch tiefer entwickelt ist als der bloße Scharfsinn des Beobachters, der kann zwar in dem Handwerk des statistischen Stoffsammelns Tüchtiges leisten, aber sicher niemals in der gestaltenden Kunst der wissenschaftlichen Volkskunde" (RIEHL 1859: 209). Er forderte nicht nur „das Erkennen der Gesetze des Volkslebens", er leistete es auch. Seine Werke sind eine Fundgrube für *neue Hypothesen*. Zahlreiche theoretische Konzepte, die man erst im 20. Jh. entfaltete und systematisch diskutierte, findet man bereits bei ihm.

So war ihm die Regel vom *sinkenden Kulturgut* ganz geläufig. Sie war in der Kleidung schon vorher beobachtet worden. Deshalb stellte er 1857 zusammenfassend fest: „Man sagt, die Volkstracht ist eine abgelegte städtische Mode . . . , die meisten echten Volkstrachten abgelegte und stereotypisierte städtische Moden . . . Haben nur die Armen, die Kleinen und Geringen eine solche . . . Tracht noch beibehalten, dann . . . sind es nur noch Trümmer . . . , die bald ganz verschwinden werden, denn niemand trägt gern die Livree der Armut". Damit ist die soziale Skala des Absinkprozesses vom reichen Bürger bis zum Landarmen dargelegt. In einem wichtigen Aspekt ging er sogar über die späteren Thesen von H. NAUMANN hinaus. Er erkannte die Parallele in der funktionalen Skala: „Wo der Bauer . . . nur am Werktage noch seinen besonderen Rock anzieht, am Sonntage aber städtische Moden nachahmt . . . (kann die Tracht) nur eine trümmerhafte sein; sie geht ihrer völligen Auflösung entgegen. Denn gerade vom Festkleid, vom Hofkleid aus, verbreitet sich die Ausebnung der Sitte" (1964: 182 f.).

RIEHL sah darin – wie 65 Jahre später H. NAUMANN – eine generelle Regel des kulturellen Wandels. „In der bäuerlichen Blumenmode findet man eine schlagende prinzipielle Parallele zu den Gesetzen der Bewegung in der Volkstracht. Das Bauernhaus ist fast regelmäßig mit Zierpflanzen geschmückt, die in der Stadt bereits altmodisch geworden sind" (1964: 149). Daher hat er die wesentlichen Elemente der Regel vom sinkenden Kulturgut (s. u. 2.3) bereits beschrieben. Freilich fehlt bei ihm – wie noch lange danach – die systematische Erörterung von Regeln (vgl. 2.3).

Die beiden Hauptthesen der *Kulturfixierungstheorie* formulierte er schon in dem Aufsatz „Der Geldpreis und die Sitte" von 1857 als Erfahrungsregeln (s. 2.1 und 2.3). Die anderen von RIEHL verfolgten theoretischen Konzepte können hier nur mehr genannt werden: Typen der Stadt-Land-Beziehungen; die Beziehungen zwischen Kommunikation und Modernisierung (intensive Kommunikation erzeugt Novationsgebiete, geringe Kommunikation Reliktgebiete), der Einfluß der Territorien, der Konfession und der Gewerbe auf die Kultur; schließlich die ökologische Bindung der Kultur, das Schlagwort für die Wechselbeziehungen („Land und Leute") stammt von ihm. Zudem versuchte er bereits die übergreifenden Aufgaben des Fachs anzugehen: das Problem der kulturräumlichen Gliederung beschäftigte ihn immer wieder, bis in seine Altersschriften; zur sozialen Differenzierung bot er die Versuche „Die Familie" (1855) und „Die bürgerliche Gesellschaft" (1854). Diese systematischen Schriften gehören freilich zu den am wenigsten überzeugenden. Darin kommen auch seine konservativen sozialpolitischen Ansichten besonders zur Geltung (sein Schriftenverzeichnis bei GERAMB 1954).

An seiner *konservativen Gesinnung* rieben sich in den letzten Jahren manche Volkskundler (W. JACOBEIT, I. WEBER-KELLERMANN u. a.). Dadurch glauben sie, Riehl pauschal kritisieren zu können. Nun war RIEHL eine vielbegabte Persönlichkeit, die zu zahlreichen Fragen seiner Zeit Stellung nahm. Aber ebensowenig wie hier Riehl als Musikhistoriker oder Novellist charakterisiert ist, sehe ich überzeugende Gründe, seine sozialpolitische Position in einer Wissenschaftsgeschichte für zentral anzusehen. Nach dem Maßstab der wissenschaftlichen Leistung muß man RIEHL den großen Wegbereiter moderner, theorieorientierter Forschung nennen, den genialen Verknüpfer von Empirie und Analyse. In diesem Punkte war er auf volkskundlichem Gebiet bedeutender als JAC. GRIMM. Grimm überragt ihn dagegen an historischer Tiefe, Quellenkritik, Akribie und Stoffülle; Grimms geniale Analysen liegen aber im Bereich der Sprachgeschichte.

Es ist verwunderlich, daß RIEHL keine Schule bildete. Bewunderer hatte er zu Lebzeiten genug, aber keine jungen Wissenschaftler, die seine Ansätze weiterverfolgten. So war er von etwa 1880–1920 ohne Wirkung im Fach und mußte in den zwanziger Jahren wiederentdeckt werden (GERAMB 1954). Damals dominierte in der Grimm-Nachfolge das Sammeln von mündlicher Überlieferung. 1857 charakterisierte RIEHL diese Epigonen spöttisch: „Wer mit der Blechbüchse auszieht, um ... auf äußerliche Volksaltertümer zu botanisieren und ... dann schulgerecht gepreßt, getrocknet und klassifiziert in ein germanistisches Herbarium zu legen, der wird (in der Pfalz) wenig Ausbeute finden. Auch die Schmetterlingsfänger, welche unentdeckte Exemplare von Volksliedern haschen wollen, um sie in einer Sammlung, wohlausgespannt, gattungsweise aufzuspießen, werden in der Pfalz das gleiche Schicksal leiden, obgleich hier das Volk immer noch fleißig singt". Damit bezeichnete er exakt die Schwächen der Grimm-Epigonen.

Woraus erklärt sich aber der gewaltige, bis ins 20. Jh. reichende Einfluß der *romantischen Volkskunde*? Was war die spezifische Leistung dieser Richtung? Man kann sechs Punkte nennen:

1. Die enorme *Weitung des Blicks*. Während die statistische Volkskunde die Gegenwart in den damaligen Territorien (oder auch in Deutschland) betrachtete, schauten die Romantiker zurück bis zum Mittelalter, ja bis zum germanischen Altertum, regional auf den gesamten germanischen Bereich, jedenfalls auf das Ganze des deutschsprachigen Gebietes.

2. Das Verfolgen weitgesteckter *Forschungsziele*: der Entschlüsselung der Volksseele (des Volksgeistes) und die Rekonstruktion der altgermanischen Kultur. Aus dem zweiten Ziel folgte die genannte Ausweitung des Forschungsfeldes, die Verbindung von Volks- und Altertumskunde, das Einbeziehen historischer Quellen bis in die früheste Zeit und die Beschränkung auf Relikte alter Kultur in der lebenden Überlieferung. Aus dem ersten, von J. G. HERDER formulierten Ziel, die seelischen Züge der Völker aus ihrer Kultur zu erkennen, folgte die thematische Beschränkung auf die „geistige" Kultur: Sage und Märchen, Volksbuch und Lied, Glaube und Brauch. – Diese Aufgabe steht dem Ziel „Volkscharakter" der statistischen Forschung nahe. Aber de facto gab es kaum Berührungspunkte, weil man von unterschiedlichen thematischen Grundlagen ausging und die Romantiker das Ziel durchweg mit dem auf Altschichten gerichteten Blick kombinierten.

3. Die historische Ausrichtung brachte den Beginn *kritischer Quellenarbeit*. B. G. NIEBUHRS Begründung der kritisch-genetischen Geschichtsforschung i. J. 1811, K. F. VON SAVIGNYS historische Rechtswissenschaft und die sprachhistorischen Studien des Savigny-Schülers JAC. GRIMM (1819 ff.) bildeten die Grundlage der modernen historischen Forschung. Niebuhrs Prinzip, daß jedem Urteil über ein historisches Ereignis, eine Rekonstruktion der Quellenüberlieferung vorangehen müsse, bedeutete den Beginn kritischer Quellenarbeit. Sie wurde von den Brüdern Grimm in staunenswerter Breite und Akribie in die germanistische und volkskundliche Arbeit übernommen. In diesem Zusammenhang sind die meisten einschlägigen Werke JAC. GRIMMS zu nennen: die kritische Edition und Interpretation von Quellen in den Deutschen Rechtsaltertümern (1828), in der Deutschen Mythologie (1835) und in den Weistümern (1840–78). Dabei muß man auch die meist aus historischen Quellen zusammengestellten Deutschen Sagen (1816 ff.) und die Anmerkungen zu den Kinder- und Hausmärchen nennen.

4. Die *systematische Sammlung* von Überlieferungsgut. HERDER hatte bereits zur Sammlung von Volksliedern aufgerufen. Die erste größere Volksliededition erschien mit „Des Knaben Wunderhorn" von L. A. VON ARNIM und CL. BRENTANO (1806–08). Seit 1808 propagierte J. GRIMM den Plan, das Erzählgut der Landbevölkerung systematisch aufzuzeichnen. 1812 brachten J. u. W. GRIMM die erste Ausgabe der Kinder- und Hausmärchen heraus. Die Sammelpläne wurden stetig verfolgt und thematisch erweitert. Das war der Anfang eigener Dokumentationen des Faches (vgl. 2.4), der erste Ansatz für die großen volkskundlichen Archive.

5. Die Unterscheidung der verschiedenen *Gattungen* der oralen Kultur. Die Grimms erkannten die Merkmale von Sage und Märchen. Schon HERDER versuchte, Stilmerkmale der Volkslieder herauszuarbeiten. J. GÖRRES behandelte den Typus der Volksbücher. Damit begann im Fach die Arbeit an Gattungsproblemen, die bis in die Gegenwart anhält (vgl. BAUSINGER 1968), damit begann die Klassifizierungsarbeit, die Ordnung der oralen Tradition nach Motivtypen. Die Klassifizierungen nahmen in der Erzählforschung gewaltige Dimensionen an (AARNE/THOMPSON 1961). Diese gliedernde, ordnende Arbeit paßt freilich mehr zu den Intentionen der Aufklärung als zur Romantik; denn die ersten naturwissenschaftlichen Klassifizierungssysteme – wie das des CARL VON LINNÉ – stammen aus jener Geistesrichtung. Der Spott über die „germanistischen Herbarien" trifft die schwache Flanke dieses Ansatzes. Sicherlich bleibt eine Klassifizierung um der Klassifizierung willen stumpfe Tätigkeit. Ihren Sinn findet sie allein im Rahmen eines übergeordneten Zieles, wie der Rekonstruktion germanischer Kultur oder der geographisch-historischen Richtung (ANDERSON 1934/40).

6. Der Ausbau des *Vergleichs* als methodisches Prinzip (vgl. 2.6). Während der Vergleich in den statistischen Schriften kaum eine Rolle spielte (wohl handhabte Riehl ihn virtuos), bildete er in den romantischen Wissenschaften ein Grundprinzip. Man verglich Erzählgattungen, die Kulturformen der eigenen Zeit mit altgermanischen, man verglich die Formen verschiedener germanischer Stämme und die germanischen Charakteristika mit denen anderer indogermanischer Völker. Die Vergleichende indogermanische Sprachwissenschaft ist eine Schöpfung jener Zeit (FR. BOPP). Für die Sprache eruierte JAC. GRIMM die Regeln des Wandels (Lautgesetze) und die Prinzipien, nach denen durch Vergleich Zusammenhänge erschlossen werden können. So lautet das Prinzip der wissenschaftlichen Etymologie nach ihm: Wörter verschiedener Sprachen oder verschiedener

Zeiten kann man nur voneinander oder von einer gemeinsamen Urform ableiten, wenn sich die Unterschiede auf Lautgesetze zurückführen lassen.

Leider eruierte man keine entsprechenden Regeln für andere Teile der Kultur, etwa für Glaube und Mythologie. Deshalb fehlten für den volkskundlichen Bereich die Prinzipien, um gesicherte Zusammenhänge zwischen rezenten und altgermanischen Formen zu erschließen. Derartige Regeln – wie die vom sinkenden Kulturgut, die Regeln der Kulturfixierungstheorie, der Kulturraumforschung usw. – wurden erst später ermittelt. J. GRIMM hatte dafür anscheinend noch zu wenige Vorarbeiten zur Hand.

Allerdings standen ihm auch die beiden *Prämissen* seines Rekonstruktionskonzepts im Wege: Die Konstanz- und die Schwundprämisse. Um die Kulturformen der neueren Zeit und des 19. Jhs. mit denen des germanischen Altertums verknüpfen zu können, mußte er eine feste Konstanz über ca. 2 Jahrtausende voraussetzen. Die zweite Prämisse war die vom steten Verblassen der alten Kultur. Sie bildete einen Gegensatz zur späteren Fortschrittsprämisse der Evolutionisten. Während diese mit ständiger Höherentwicklung der Kultur rechneten, sahen die Wissenschaftler der Romantik die volle Entfaltung der Kultur in alten Zeiten, im germanischen Altertum und im Mittelalter. Seitdem sei die alte Einheit durch neuere Entwicklungen aufgelöst, nur mehr in Reststücken greifbar. Aber die Reste bildeten auch nur einen Abglanz der alten Realität. – Beide Prämissen wurden vom Sprachwandel auf die anderen Teile der Kultur übertragen. Sie hatten bedenkliche Auswirkungen bei den Nachfahren. Gestützt auf die Autorität der Grimms glaubten viele, mit leichter Hand Jahrhunderte, ja Jahrtausende überspringen und weitab liegende Formen noch mit alten Vollformen verbinden zu können, ohne das zugehörige Funktionsgefüge zu befragen.

Die *Nachwirkung* war gewaltig, sie dauerte bis zur Jahrhundertwende und darüber hinaus. Dabei kann man verschiedene Stränge unterscheiden. Die größte Inspiration bot das kühne Ziel, die altgermanische Kultur zu rekonstruieren. Es war Ansporn für die Scharen der Märchen- und Sagensammler. Es gab der Haus- und Geräteforschung neue Impulse. G. LANDAU, Historiker und Archivar, stellte die schon früher geäußerte Idee, wie die Mundart zeige auch die Bauart der Bauernhäuser noch die Grenzen der germanischen Stämme an, 1857 zum Programm, organisierte die ersten Bestandsaufnahmen und markierte so den Beginn der sich bald reich entfaltenden Hausforschung. Aus diesem Impetus wurden die ersten volkskundlichen Karten als Haustypenkarten gezeichnet (MEITZEN 1882, PESSLER 1906). Und diese bildeten einen der Anstöße für die Kulturraumforschung (STEINBACH 1926) und die Dokumentationen des ADV (1930–35). Den Agrarwissenschaftler R. BRAUNGART faszinierte die Idee, aus der Verbreitung der bäuerlichen Arbeitsgeräte ähnliche Rückschlüsse zu leisten.

Die Titel seiner Bücher – wie „Die Urheimat der Landwirtschaft aller in-
dogermanischen Völker, an der Geschichte der Kulturpflanzen und Acker-
baugeräte . . . nachgewiesen" (1912) – deuten es an. Als dritten Wegbereiter der Sachforschung im Rahmen der ethnischen Theorie muß man K.
RHAMM nennen (s. SCHIER 1962). Daher begründete das Grimmsche Ziel
der Rekonstruktion germanischer Kultur indirekt den zweiten *Höhepunkt
der Sachforschung* in Deutschland (um 1880/1910). Damals standen die
Objekte im Vordergrund. Der erste Höhepunkt lag in der – funktional
ausgerichteten – statistischen Volkskunde.

Ein Grundmerkmal der romantischen Richtung hatte den tiefgreifendsten
Einfluß: das ausgeprägt *themenspezifische Arbeiten.* Während in der
staatswissenschaftlichen Volkskunde thematisch komplexe Analysen im
Vordergrund standen, fehlt dieser Ansatz in der romantischen Richtung
völlig. Dort gab es keine einzige synoptische Studie. Derartiges paßte
nicht zu dem auf versprengte Reste alter Kultur gerichteten selektiven
Blick. Die thematische Spezialisierung hing zudem mit dem Anspruch der
GRIMMS an die Breite und Tiefe der Quellenarbeit zusammen. Es war die
Stärke dieses Ansatzes, daß Spezialstudien gründlich und gelehrt gerie-
ten, aber seine Schwäche, daß man vor lauter Detailproblemen nicht mehr
das Ganze, das Ineinandergreifen der verschiedenen Teile der Kultur zu
sehen vermochte. Deshalb wurde die sezierende Analyse von einzelnen
Elementen charakteristisch für die deutschsprachige Volkskunde. Da das
Vorbild so absolut gesehen wurde, gab es lange keine synoptischen Studien, weder von Sozialgruppen noch von Orten oder Regionen. Die letzte
Regionalanalyse des 19. Jhs von Rang kam aus der statistischen Richtung:
RIEHLS Buch „Die Pfälzer" von 1857. Vergleicht man damit die regionalen Volkskunden der zwanziger und dreißiger Jahre (z. B. SARTORI 1922),
so erkennt man die Wirkung der langen Spezialisierung. In Kapiteln wie
Haus, Glaube, Erzählgut stehen Einzelfakten recht unverbunden nebeneinander. Keine Verknüpfungen in funktionaler Sicht, keine Zusammenschau nach Sozialgruppen, Zeitphasen oder Teilregionen. Seit 1900 entstand zwar eine stattliche Zahl von Lokalstudien – und diese bieten in
besonderem Maße die Chance für übergreifende Ansätze –, aber sie blieben lange auf Sachbereiche beschränkt: Erzählen, Singen, Wohnen, Tracht
(z. B. BRINGEMEIER 1931, RÖRIG 1940). Dennoch brachten diese funktional angelegten, gruppenbezogenen Studien eine Wende, die durch die auf
Raumtypisches zielende Arbeit der Kulturraumforschung und die auf
Zeittypisches gerichtete der historischen Schulen weitergeführt wurde.

Im späten 19. Jh. – von etwa 1870 bis 1914 – dominierten *organisatorische Leistungen*. Damit steht die Volkskunde ganz in der Zeittendenz. In der Germanistik herrschte die positivistische Kleinarbeit. In der Technik überstürzten sich die großen Leistungen. „In der Wissenschaft unterjochte das Stoffliche immer mehr das Persönliche" (W. SOMBART). 1820 kamen 4400 gedruckte Schriften heraus, 1850: 9000, aber 1910 bereits 33 000. Der Zug zum Stofflichen, zum Bewältigen großer Mengen dominierte auch in der Volkskunde. Es gab nicht – wie zwischen 1750 und 1850 – neue, zündende Ideen. Allgemeinen Anklang fanden dagegen große Sammelaktionen, die Gründung von Vereinen, Zeitschriften und Instituten, kurz eine effektivere Organisation. Diese Leistungen darf man nicht gering einschätzen. Erst dadurch erhielt das Fach jenes organisatorische Rückgrat, das Disziplinen benötigen, um eigenständig zu werden. Deshalb waren die Leistungen von K. WEINHOLD – der die Zeitschrift für Volkskunde gründete –, vom FREIHERRN VON UND ZU AUFSESS – dem Gründer des Germanischen Nationalmuseums – und von R. VIRCHOW – dem Initiator des Museums für Deutsche Volkskunde – ähnlich wichtig wie die Ideen der frühen Anreger, von J. G. HERDER bis zu W. H. RIEHL. – Aus der Zeit von etwa 1870 bis 1918 sind vor allem folgende Leistungen hervorzuheben:

1. die gewaltigen *Sammlungen* von Sagen, Märchen, Bräuchen und Liedern, die in direkter Grimm-Nachfolge stehen. Nach dem Quellenverzeichnis im Handwörterbuch des dt. Aberglaubens (HDA) wurden in dem Jahrhundert von 1812 (dem Erscheinungsjahr der Grimmschen Märchen) bis 1914 etwas mehr als 300 Werke des Typs: E. MEIER, Deutsche Sagen, Sitten und Gebräuche aus Schwaben, 2 Bde 1852, publiziert. Davon erschienen nur etwa 5 % vor 1850, ca. 95 % zwischen 1850 und 1914. Anders gesagt, im späten 19. Jh. erschienen Jahr für Jahr fast fünf Publikationen dieser Art! Ähnliches gilt für die Volkslieder. 1893/94 konnte bereits die umfangreiche dreibändige Dokumentation „Der deutsche Liederhort" von L. ERK und F. M. BÖHME erscheinen. 1914 gründete JOHN MEIER das Deutsche Volksliedarchiv in Freiburg, das erste und einzige ständige Themen-Archiv des Faches.

2. Der Beginn der *schriftlichen Umfragen*. Die Märchen- und Liedersammler gingen – ähnlich wie die Statistiker – selbst in die Dörfer und schrieben das Beobachtete und Berichtete auf. Die Situation änderte sich seit der Mitte des Jahrhunderts. Die neue Zahlen-Statistik erhob ihr Material nun durch Fragebogen, die man in die Orte schickte. Die Sozial- und Kultur-

wissenschaften griffen das methodische Instrument der schriftlichen Umfragen bald auf. Sozialpolitische Enqueten wurden in großem Stil üblich, insbesondere nachdem 1872 der Verein für Socialpolitik gegründet worden war. W. MANNHARDT führte die Methode 1865 in die Volkskunde ein. Es ist unklar, ob er dazu von den statistischen Umfragen angeregt wurde. Das umfangreichste Unternehmen waren die Umfragen des Deutschen Sprachatlas (1879–87), die auch eine kurze Frage zum Trachtentragen enthielten. Nach 1900 sind zunächst regionale Umfragen (in Württemberg und Bayern) zu nennen (s. 2.4).

3. Gründung der *Volkskundemuseen*. Das älteste und bedeutendste ist das 1852 gegründete Germanische Nationalmuseum in Nürnberg, das als kulturgeschichtliches Zentralmuseum reiche volkskundliche Bestände sammelte. 1888 gründete R. VIRCHOW das Museum für Deutsche Volkskunde in Berlin, damals unter dem Namen „Museum für Volkstrachten und Erzeugnisse des Hausgewerbes". Regionale kulturhistorische Museen folgten rasch. Große Bestände zur ländlichen Sachkultur sammelten sich in der Vielzahl der Heimatmuseen an. Die damaligen Museen waren fast durchweg auf Volkskunst gerichtet, auf dekorierte Objekte der Sachkultur. Daher ist der frühe Aufschwung des Volkskunstforschung eine spezifische Leistung der Museumswissenschaften.

4. Gründung der *Vereine für Volkskunde*. Der erste war der Berliner Verein, 1890 von K. WEINHOLD gegründet. Diesem folgten rasch landschaftliche Analogiebildungen, so 1894 in Schlesien, 1895 in Bayern usw. Die Vereine organisierten die Arbeit, die Sammlungen und Umfragen. Sie gaben in der Regel eigene wissenschaftliche Zeitschriften heraus. 1904 schlossen sich die regionalen Vereine zum *Verband deutscher Vereine für Volkskunde* zusammen (seit 1963: *Deutsche Gesellschaft für Volkskunde*). Bereits 1907 folgte die erste internationale Vereinigung skandinavischer, finnischer und deutscher Folkloristen, die „Folklore Fellows" mit Sitz in Helsinki. Sie begannen 1910 mit der Publikation ihrer Untersuchungen, den Folklore Fellows Communications (FFC).

5. Gründung wissenschaftlicher *Zeitschriften*. Die Herausgabe der Zeitschriften war meist ein zentrales Anliegen der Vereine. 1891 kam der erste Band der Zeitschrift des Vereins für Volkskunde in Berlin heraus, als Nachfolgerin der seit 1860 erscheinenden Zeitschrift für Völkerpsychologie und Sprachwissenschaft. Der zentralen, bis heute erscheinenden Zeitschrift für Volkskunde folgten – wie bei den Vereinen – bald regionale Parallelen, so die Mitteilungen und Umfragen zur bayerischen Volks-

kunde 1895 ff., die Zs. für österreichische Volkskunde 1895 ff., das Schwei-
zerische Archiv für Volkskunde 1897 ff., die Hessischen Blätter für Volkskunde 1899 ff. usw.

6. Beginn der *bibliographischen Dokumentation*. Die neuen Zeitschriften
boten nicht nur ein Darstellungs- und Diskussionsorgan, sondern auch die
Möglichkeit, wichtige Publikationen zu rezensieren. Vorarbeiten in den
Zeitschriften ließen noch im Ersten Weltkrieg den Plan einer Gesamtbi-
bliographie entstehen. Seit 1917 werden die Neuerscheinungen jährlich
oder in Zweijahresbänden der damals vom Verband der Vereine für
Volkskunde herausgegebenen Bibliographie, der heutigen *Internationalen
Volkskundlichen Bibliographie* publiziert.

Die vergleichende *völkerpsychologische Richtung* soll hier nur kurz erwähnt wer-
den. Sie knüpfte an das eine Forschungsziel der Romantik an (Volksseele) und
unterlag nach der Mitte des 19. Jhs. beachtlichem evolutionistischen Einfluß. In
M. LAZARUS und H. STEINTHAL, den Herausgebern der Zs. f. Völkerpsychologie
und Sprachwissenschaft sowie in W. WUNDT hatte diese Richtung führende Köpfe.
Die wenigen Sätze werden dem Gewicht der Richtung nicht gerecht, aber um die
Hauptlinien klarer zu ziehen, müssen wir uns hier damit begnügen (vgl. HUK-
KENBECK 1969).

Als stärker ins 20 Jh. hineinwirkend muß man die frühe historische
Schule des Faches ansehen, die *philologisch-historische Richtung* mit ihrem
Ansatz der „Wörter und Sachen". Bereits Ende der achtziger Jahre erschienen die ersten österreichischen Studien dieser Richtung, die später in
dem Indogermanisten R. MERINGER ihren Wortführer fand. Dem steht in
Norddeutschland der Germanist M. HEYNE, Göttingen, gegenüber, der
aufgrund von Schrift- und Bildquellen seine bis heute unentbehrlichen
„Bücher deutscher Hausaltertümer" (1900–1904) erarbeitete. Er fand
einen Nachfolger in O. LAUFFER, Hamburg. Der Wiener Kreis widmete
sich vor allem der Erforschung von Haus und Hausrat. Solide, vielseitige
Dokumentationen stehen neben sprachlich-sachlich fundierten Rekonstruktionen des historischen Wandels (MERINGER 1906). Für diesen methodisch höchst fruchtbaren Ansatz gründeten die Vertreter verschiedener
europäischer Philologien 1909 die internationale Zeitschrift *Wörter und
Sachen* (1909–43). Aufgrund der damals seit einigen Jahrzehnten aufblü-
henden Sachforschung (s. o.) kamen die Herausgeber zu der Einsicht, daß
Rekonstruktionen aufgrund der Sprachgesetze nicht genügen, „daß die
Sprachgeschichte zur Worterklärung der Sachgeschichte bedarf" und umgekehrt. „Wir glauben, daß in der Vereinigung von Sprachwissenschaft

und Sachwissenschaft die Zukunft der Kulturgeschichte liegt". Von volkskundlicher Seite arbeiteten Museumswissenschaftler mit. Das Prinzip der
wechselseitigen Erhellung von Wort und Sache wurde zu einem der wichtigsten Ansätze in der kulturhistorischen Volkskunde und Philologie. Daß
es damals um 1900 gelang, zwei bedeutende internationale Forschergrup-
pen – die Folklore Fellows und die Gruppe um die Zeitschrift „Wörter
und Sachen" – zu gründen, zeugt von dem Niveau der Forschung und
einem anscheinend nicht aufs Nationale eingeengten Weitblick vieler Forscher.

1.3 Geschichte der Forschung im 20. Jahrhundert

Der Weg der Volkskunde im 20. Jh. stand gerade im letzten Jahrzehnt im
Blickfeld längerer Diskussion. Danach ist das Fach mit der Tatsache belastet, daß von Volkskundlern vertretene Thesen dem Nationalsozialismus
Hilfestellung geleistet hätten. In diesem Zusammenhang fallen Schatten
auf die Brüder GRIMM, auf HERDER oder RIEHL. Dabei scheint mir ein
Durchdenken des ganzen Komplexes richtig, weil wir der Pflicht des Hi-
storikers genügen wollen, das Verhalten eines Menschen an den allgemeinen Lebensverhältnissen und der geistigen Situation seiner Zeit zu messen. Zu Herkunft und Auswirkung *nationalistischer Gedanken* muß man
die Gewichte etwas anders verteilen, als es etwa W. EMMERICH (1971) getan hat. Es fällt auf, daß seit Mitte des 18. Jhs., also lange vor GRIMM
und HERDER, ja schon bei LEIBNIZ, Gedanken geäußert wurden, wie wir
sie heute verwerfen. Schon vor 1800 gibt es weit außerhalb der gelehrten
Welt ähnliche Äußerungen, etwa die Aussage eines Bauern: „Ich liebe
sehr die Sitten der alten Deutschen" (Dormagen b. Köln). Neben nationalen Antrieben dürfen wir andere Grundgedanken nicht übersehen. Dabei schwang der Gedanke mit, daß der Weg zu den Ursprüngen der
Menschheit mit rund 6000 Jahren doch nicht so sehr weit sei und also die
menschlichen Urformen, die Wiege der Menschheit, leicht zu erreichen
seien. Nicht nur Herder ging das Wort von der Kindheit der Menschheit
leicht von den Lippen, noch der späte Mannhardt setzte die vorgermani-
sche Zeit der vorhomerischen und vormosaischen im Stammbaum der
Menschheit und Kultur gleich.

Wenn auch der nationale Gehalt für viele Germanisten des 19. Jhs wich-
tigster Antrieb für die Beschäftigung mit Volksüberlieferungen war, so
sollte nicht übersehen werden, daß mit gleicher Begeisterung östlich der

Elbe altslawische Verhältnisse und im Westen Kelten und Römer und orientalische Kulte in heutiger Volkskultur „entdeckt" und gepriesen wurden. Daran waren sowohl klassische Philologen wie Archäologen mit den Germanisten beteiligt. Im 19. Jh. erhielt die Einstellung zu der schädlichen „Überlagerung" germanischen Wesens durch Antike und Christentum Antrieb auch aus den allgemein weltanschaulichen Auseinandersetzungen um die Überfremdung deutschen Wesens. Gerade in diesem Zusammenhang wurden die Meinungen jener Zeit über die Traditionen des Volkes allgemein bekannt.

Dieser Rückgriff über das Volksleben auf die Vorgeschichte blieb keine deutsche Eigentümlichkeit. Schon kurz nach der französischen Revolution sollte im Volksleben der jungen Republik die keltische Vergangenheit erforscht werden. Auch in Rumänien und Griechenland sind bis zum heutigen Tag das antike Erbe und der Vorgang der Volkswerdung in einer manchmal schwer verständlichen Weise ein beherrschendes Thema. – Für Finnen, Iren, Flamen und andere Gruppen galt die Volkskunde während des ganzen 19. Jhs als die nationale Wissenschaft; denn aus der Volksliteratur, der die hohe Literatur folgte, entwickelte sich dort die Schriftsprache.

Bei diesen Präferenzen konnten Bestrebungen, das deutsche Volksleben in vergleichender Sicht zu erforschen (H. STEINTHAL, R. ANDREE), trotz schöner Ansätze (vgl. 2.6) keinen Erfolg haben. Die Volkskunde blieb an die Germanistik gebunden. Es kam hinzu, daß die Mundartwörterbücher, die seit 1900 entstanden, unter dem Gesichtspunkt Wort und Sache (vgl. 1.2) das Volksleben in bisher nicht gekannter Weise in ihre Sammlung einbezogen und damit Volkskunde an die Sprachgeschichte heranführten. – Ähnlich wie die Germanisten faßte W. H. Riehl die Volkskunde als eine nationale Wissenschaft auf. In der Riehl-Renaissance hat vor allem M. H. BOEHM in seinem Buch über das „eigenständige Volk" (1932) und in seiner „Volkstheorie und Volkstumspolitik" (1934) in Riehl einen seiner wissenschaftlichen Väter gesehen.

Praktische Bedeutung sollten volkskundliche Bestrebungen der beiden *Kirchen* haben. In der Beobachtung des Volkslebens geht die evangelische Seite durchaus vor. Die Schwierigkeiten, dem einfachen Menschen eine abstrakte Religionsübung nahezubringen, das ständige sorgende Bemühen, ihn von abergläubischen Meinungen und Praktiken fernzuhalten, der Versuch, die bäuerlichen Sitten und Glaubensmeinungen zu begreifen, haben schon um 1880 zu wirklich volkskundlichen und interessanten Arbeiten geführt (GEBHARDT 1895, L'HOUET 1907). Parallel zu diesen Arbeiten entwickelte sich als praktische Anleitung die sogenannte

Dorfkirchenbewegung. Auf katholischer Seite stand die Frage nach dem Woher der merkwürdigen liturgischen und volksreligiösen Formen und Symbole im Vordergrund. Zudem sei angemerkt, daß die ersten Arbeiten zu diesem Komplex von evangelischer oder liberaler Seite stammten (ANDREE 1904). Abgesehen von einigen wissenschaftlich bedeutenden Werken (A. FRANZ 1909) standen auf katholischer Seite die Versuche durchaus unter dem Signum der Abwehr. Groteskerweise gibt es Fälle, in denen sich die katholischen Verfasser die Meinung der Gegenseite über heidnische Herkunft kirchlicher Gestalten und Fakten aufdrängen ließen, erweiterten und gar begeistert vertraten (z. B. ZWÖLFER 1929). — Jedenfalls war um 1920 die Mehrzahl der unterrichteten katholischen Geistlichen davon überzeugt, daß Michael, Martin, der bayerische Leonhard, der ostdeutsche Vitus germanische oder altslawische Götter ersetzt hätten und daß die Legenden von rheinischen Martyrern und dortigen antiken Kirchengründungen wirklichkeitslose Fabelgebilde seien.

Bereits vor dem *Ersten Weltkrieg* fehlen rationale Analysen nicht vollständig. Wir kennen die heftigen Diskussionen um Herkunft und Gehalt der Märchen. JOHN MEIER (1906) erschütterte die eingewurzelte Meinung über das vom Volk anonym geschaffene Volkslied. Trotz dieser Forschungen versank Volkskunde vor dem Ersten Weltkrieg in einem Agnostizismus, für den der Name P. SARTORI (1910–14) als Paradigma genannt werden kann. Man glaubte, man müsse erst eine möglichst vollständige Sammlung anlegen, ehe man deuten könne. Dabei kam man über das Sammeln meist nicht hinaus. — Nach dem Ersten Weltkriege kamen erneut aus außerwissenschaftlichem Bereich Forderungen an die Volkskunde. An die Stelle des geminderten Staats schob sich das deutsche Volk im Sinne der deutschen Sprachgemeinschaft. Sammlungen in Sprachinseln und Grenzzonen (Gottschee, Lothringen usw.) brachten eine überraschend reiche Ernte an altertümlichen Lebensformen. Auch der Schulunterricht erwartete von der Volkskunde Hilfe. Die Dynastengeschichte verschwand vielfach aus der Schule, Staats- und Kriegsgeschichte traten zurück, an deren Stelle gewann die Heimatkunde an Gewicht. Mag auch die Seminarausbildung der Lehrer dazu einiges Rüstzeug an die Hand gegeben haben, es fehlte an geeigneten Hilfsmitteln. In diesem Zusammenhang wurden die rasch zusammengezimmerten landschaftlichen Volkskunden zu Verlagserfolgen, ja sie erhielten beachtliche Rezensionen von angesehenen Wissenschaftlern (ED. SPRANGER).

Neben diesen sehr sachbezogenen antiquarischen Darstellungen stand bis in die dreißiger Jahre reichlich beziehungslos eine ausgedehnte theoretische Diskussion über „Wesen, Wege und Ziele der deutschen Volkskunde". Begonnen von E. Hoffmann-Krayer um 1900 mit seinen Wortprägungen vom „vulgus in populo", „das Volk produziert nicht, es reproduziert nur" über Strack, Dieterich und Mogk, die Analogieschluß und prälogisches Denken als kennzeichnend für das Volk sahen, bis zu den vielen, die sich in den zwanziger Jahren um Abgrenzung gegenüber Geschichte und Germanistik bemühten (vgl. Lutz 1958), führt der Weg direkt zu H. Naumann (1921), dessen Thesen vom Jahre 1921 für den Volkskundler damaliger Zeit wie eine Erlösung wirkten. Nach Naumann ist die wichtigste Frage die, was in volkstümlichen Lebensformen *primitives Gemeinschaftsgut*, was *gesunkenes Kulturgut* sei (s. 2.3). Diese damit vorgeschlagene rationale Analyse des Volkslebens rief in zahlreichen Besprechungen einen Sturm der Entrüstung hervor; die wirklich weiterführende Auseinandersetzung verdanken wir A. Spamer (1924; in: Lutz 1958), der den Vorgang der Übernahme zurücktreten ließ, dagegen die Veränderung des Kulturgutes auf diesem Wege und die Zugehörigkeit eines jeden von uns zu den beiden Schichten betonte. Naumanns Zweischichtenlehre geriet bald in anderer Weise in den Meinungsstreit. Trotz seiner politischen Einstellung und seinen vielen gern angenommenen Festreden in jener Zeit, wurden seine Thesen von der NS-Volkskunde aufs heftigste bekämpft. Nach 1945 wurde ihm jedoch der Vorwurf gemacht, seine Zweischichtenlehre spiegele die Phrase von Führer und Gefolgschaft, sie gehöre zu seiner NS-Überzeugung. Naumanns Lehre war jedoch so eindeutig von L. Lévy-Brühl beeinflußt (dessen Buch um 1920 gerade ins Deutsche übertragen war), sie paßt in ihrer rationalen Aussage so wenig in ein NS-Bild, daß wir sie mit Recht Naumanns Frankfurter Zeit zuordnen. – Sicherlich sehen wir heute Entwicklung und Zusammenhänge viel komplizierter, sicherlich ist die reine Herkunftsfrage inzwischen abgelöst durch die Frage nach Einwirkung sehr verschiedener Komponenten und nach dem Wandel in Zeit und Raum, aber man soll doch ruhig zugestehen, daß auch heute noch die Grundeinsichten von Naumann in unsere Auffassungen hineinwirken (vgl. 2.3).

Obwohl der Volkskunde im Rahmen der *Kulturraumforschung* zunächst nur eine Zubringerfunktion zukam, hat die Verbindung von Volkskunde und Kulturraumforschung und damit ihre Zugehörigkeit zur geschichtlichen Landeskunde, eine Verbindung, wie sie besonders eindringlich in den Arbeiten des Bonner Instituts der zwanziger Jahre sichtbar wurde, sich als einer der entscheidenden Vorgänge auf dem Wege der Volkskunde zur eigenen Wissenschaft erwiesen. Das Werk von H. Aubin, Th. Frings und J. Müller „Kulturströmungen und Kulturprovinzen" (1926) hat aus

der Deutung der Verbreitung und Ausbreitung von Sprach- und Kulturformen erwiesen, daß derartige Formen zu allen Zeiten entstehen, sich
verändern und ausbreiten können und daß Stamm und Volk im wesentlichen als „Kulturräume" zu sehen sind. Leider sind die Ergebnisse damals
von Volkskundlern nicht in allgemeinen und theoretischen Aussagen formuliert worden. Neben begeisterter Aufnahme standen ebenso widerwil-
lige Zustimmung oder auch heftige Ablehnung. Die Arbeiten wurden weitergeführt in dem 1928 gegründeten Atlas der deutschen Volkskunde und
dem damit verbundenen Fragebogenunternehmen im gesamten deutschen
Sprachgebiet, nach dem zweiten Weltkrieg im Ethnologischen Atlas Europas und seiner Nachbarländer.

Andere Wege ging in mehrfacher Hinsicht der Germanist J. SCHWIETE-
RUNG (1927; in LUTZ 1958), der mehr als Außenseiter aber recht eindring-
lich zur Volkskunde Stellung nahm und vor allem die Funktion im Leben
der Gemeinschaft betonte. Nicht das Haus, sondern das Wohnen, nicht die
Tracht, sondern das Tragen der Kleidung, nicht das Märchen, sondern das
Erzählen seien zu untersuchen. Aus dem Jugenderlebnis wohl wollte er
Volkskunde als Bauernkunde betrachtet wissen. Die bedeutendste und ori-
ginellste Arbeit aus einer Reihe von fruchtbaren Untersuchungen seiner
Schüler hat uns M. HAIN mit ihrem Buch über das Trachtendorf Mardorf
(1936) geschenkt.

Nach 1918 traten auch Vertreter der *katholischen Kirche* mit eigenen Arbeiten über Heiligenverehrung und Volksreligiosität hervor. Die Stellung
spezifisch bäuerlicher Frömmigkeit als Grundlage katholischen Kirchen-
wesens und eine Betonung brauchtümlich religiöser Handlungen spielten
eine Rolle. Zum Teil ging es auch hier um das Problem der Überfremdung,
dem man in eigentümlicher Weise doppelt zu begegnen suchte, indem man
den Anteil des deutschen Volkes an Heiligen und religiösen Schöpfungen
hervorhob, sich dabei vielleicht aus einem bestimmten Minderwertigkeits-
gefühl sehr volkstumsbezogen gab, anderseits aber auch die Kulturbezie-
hungen zu andern Völkern, den antiken Urgrund und die Bedeutung des
abendländischen Kulturkreises herausstellte (vgl. 4.3). Repräsentant dieser Volkskunde war der ungemein aktive, später furchtlose und mutige
Prälat G. SCHREIBER (1934, 1937, 1950) mit einem großen Kreis ihm zu-
gewandter junger Gelehrter aller Sparten.

Große Aufregung rief der Vortrag von M. RUMPF auf dem Weimarer Volkskundekongreß 1930 hervor, der rundweg erklärte, die bisher betriebene
Volkskunde habe sich einer Welt gewidmet, die nicht mehr bestehe, deren

Ordnungen sich seit der Französischen Revolution in voller Auflösung befänden, es sei eine Vergangenheitsvolkskunde. Er forderte *Gegenwartsvolkskunde*, die sich gegenwärtigem Leben in Stadt und Land, bei Arbeiter wie Bauern widme (RUMPF 1931, 1933). In der Folgezeit ist er selbst allerdings seinen eigenen Gedanken untreu geworden. Es war W. E. PEUCKERT, der dann, wenn auch zu sehr von alten Kategorien bestimmt, entschlossen eine Volkskunde des Proletariats begann, deren erster Band gerade noch vor 1933 erschien.

Hingewiesen sei auch auf die von germanistischer Seite betriebene Forschung im volkssprachlichen Bereich, wie sie in den 20er und 30er Jahren u. a. von TH. FRINGS, F. MAURER, W. MITZKA, F. STROH sowie K. BOHNENBERGER und K. HAAG betrieben und nach dem 2. Weltkrieg etwa von L. E. SCHMITT und HUGO MOSER fortgesetzt wurde. Die Bemühungen galten der äußeren, z. T. auch der inneren Form der Mundarten, vor allem der Lautgestalt und dem Wortschatz und insbesondere den objektiven und psychologischen Ursachen der Mundartgrenzen. Auch bei der Namenforschung waren z. T. volkskundliche Gesichtspunkte im Spiel (A. BACH). Die allgemeine wissenschaftliche Entwicklung führte jedoch dahin, daß heute die Erforschung sowohl der Volkssprache wie der Namenkunde selbst in den wirklich volkskundlichen Fragen der Sprachwissenschaft und Germanistik überlassen ist.

Über das Verhalten der Volkskundler *nach 1933* ist zu lesen, daß die Mehrzahl so weitergearbeitet habe, als sei nichts geschehen. Man kann nur sagen: „Hätten sie es bloß getan!" Denn gerade diese Einstellung erregte damals den Zorn eines Goebbels. Der Nationalsozialismus erfüllte das Wort „Volkskunde" mit einem Inhalt, wie er in der Fülle der Heimatliteratur vorbereitet und in einer völkischen Kampfliteratur eher als „Volkstumskunde" bekannt war. Dabei griff man bedenkenlos auf Ansichten zurück, wie sie im wissenschaftlichen Bereich zu Großvaters Zeiten vertreten worden waren und im Wissenschaftsgefüge des frühen 19. Jhs vielleicht noch organisch waren. Im Universitätsbereich spielte die Volkskunde um 1930 kaum eine Rolle, Habilitierte in Volkskunde gab es nur wenige (als erster für Volkskunde 1928 K. MEISEN). Einige von ihnen mühten sich, mit Hilfe der neuen Machthaber vom schwankenden Reis eines Stipendiaten oder Privatdozenten herunterzukommen. Es drängte sich aber auch in dieses Fach, wer anderwärts glücklos war, vor allem Germanisten und Historiker. So waren die Vertreter der Volkskunde in Heidelberg, Tübingen, Breslau u. a. ursprünglich keine Volkskundler. Die Zahl der Entlassenen und NS-Geschädigten wie W.-E. PEUCKERT oder

K. Meisen war in der Volkskunde zwar klein, aber prozentual höher als in andern Fächern.

Dabei war die Meinung über Arbeitsweisen bei sogenannten *NS-Volkskundlern* durchaus nicht einheitlich. Die volkskundliche Arbeitsgemeinschaft unter dem Schutz von Rosenberg war stärker konkret politischen Aufgaben zugewandt und versuchte die breite Masse der Parteimitglieder zu interessieren. Darré betonte die Bedeutung von „Blut und Boden". Das Ahnenerbe gab vor, in streng wissenschaftlichem Sinne zu arbeiten, wobei jedoch die Ziele rein politisch waren. Diese waren mit Unterschieden im einzelnen für alle Gruppen gleich: 1. Die Behauptung zu verbreiten, daß Volkscharakter und Verhalten von der Rasse abhängig seien und in Deutschland die „Nordische Rasse" dominiere. 2. Daß ganz nach der Trivialauffassung im 19. Jh. die volkstümliche Überlieferung bis in germanische Zeit zurückreiche und germanisches Erbe sei. 3. Bauer und Dorf seien die Grundlage des Staates, sie seien gesund und Lebensborn des Volkes. 4. Die Ausnutzung volklicher und sprachlicher Zusammengehörigkeit für politische Zwecke (ein Vorwand, wie sich nach der Erreichung der ersten Annexionsziele zeigte, als danach die Tschechoslowakei, Polen usw. dem Reich angegliedert oder unterstellt wurden). 5. Es sollte mit Hilfe der festlichen Formen von Sitte und Brauch eine neue Liturgie für Parteifeiern geschaffen werden. Maifeier, Muttertag, Sonnwendfeier und Erntefest (dazu mit ziemlichen aber erfolglosen Anstrengungen das Weihnachtsfest) waren besonders betroffen. Die verheerendsten Folgen hatte die Tatsache, daß die damaligen Machthaber in ihren Entschlüssen offen oder unterschwellig von magisch-mythischen und irrationalen Vorstellungen bestimmt waren.

Die Auffassungen der einzelnen Gruppen divergierten sehr stark. Alle aber einte eine übertrieben panische Angst vor der sogenannten konfessionellen Volkskunde, wobei G. Schreiber (1950) aus Münster besonders angeprangert wurde, während der stille aber in seinen Ansichten bestimmte G. Koch (1935) in Gießen nicht in den Lichtkegel geriet.

Im wissenschaftlichen Bereich sind die Schriften und Aussagen der NS-Zeit ohne wesentlichen Nachhall geblieben. Aber im breiten Schrifttum, in den Massenmedien, in Rundfunk und Fernsehen kann man immer wieder auf derartige Gedankengänge stoßen und zwar auch und überraschend vor allem bei Leuten, die nach ihren übrigen Aussagen sehr weit von NS-Ideen entfernt sind. Die Meinungen über das Verhalten der Volkskundler in der NS-Zeit sind immer noch sehr kontrovers. Wer jene Zeit miterlebt hat, wird mir zustimmen, daß keine der bisher vorliegenden Schriften auch nur zu einem annähernd richtigen Urteil gekommen ist. Dennoch trägt jede von ihnen ein Stück Wahrheit.

Es ist richtig, im Nachhinein auf die Affinität der Volkstumsidee des 19. Jhs. zum nationalsozialistischen Gedankengut hinzuweisen, wie das BAU-SINGER (1965) und EMMERICH (1971) getan haben. Aber ebenso muß gesagt werden, daß in den zwanziger Jahren diese Idee des Volkstums und Volks-guts Eigentum aller weltanschaulichen Richtungen war. In der NS-Zeit kam dem Andersdenkenden vor allem die Pervertierung und Ausnutzung dieser Gedanken zu Bewußtsein, aber sie grundsätzlich für falsch und ver-derblich zu halten, kam auch den Gegnern des Regimes damals nicht in den Sinn. Daher hat Bausinger in seinem Aufsatz soviel Last mit Leuten wie GEORG SCHREIBER, HANNS KOREN und KARL HUBER. Auch ADOLF REICHWEIN, der sein Leben verlor, und der zum Tode verurteilte RUDOLF KRISS wären zu nennen.

Heute kann niemand von unseren jungen Volkskundlern voraussehen, welche Folgen ihre mit Verve vertretenen Auffassungen einmal im prakti-schen Leben haben werden. Dem Älteren ist es erlaubt, zu warnen. Eine andere Lehre bleibt uns. In den dreißiger Jahren wirkte sich besonders verderblich aus, daß Bruchstücke aus älteren Wissenschaftsgebäuden über die politische Literatur vergröbert und versimpelt in eine völlig verän-derte Welt projiziert wurden, während neue wissenschaftliche Erkenntnisse damals auf einen kleinen Kreis beschränkt blieben. Die Ergebnisse der Wissenschaft rasch und unverändert der das Leben bestimmenden Öffent-lichkeit nahezubringen, Irrtümer und zeitbedingte Anschauungen der Ver-gangenheit zu kennzeichnen, scheint mir angesichts der Lehren aus den dreißiger Jahren eine dringende, aber noch nicht gelöste Aufgabe.

Nach 1945 hat man sich in *Ost-Berlin* im Anschluß an die sehr intensive volkskundliche Forschung in den osteuropäischen Ländern, vor allem in der Sowjetunion, sehr bald zu einer energischen Reorganisation volkskund-licher Arbeit entschlossen. W. STEINITZ, der 1933 über Estland nach der Sowjetunion emigriert war, brachte einen Kreis von tüchtigen und sach-verständigen Mitarbeitern zusammen. Abgesehen von wenigen Arbeiten sind die vorgelegten Untersuchungen von wissenschaftlichem Ernst getra-gen und unbeschadet des politischen Standpunkts der Verfasser in ihrem Wert anzuerkennen. Gleiches gilt übrigens für die meisten Publikationen der übrigen osteuropäischen Länder. Volkskunde wird dort sehr objekt-bezogen und historisch ausgerichtet betrieben und hat in sachlicher Hinsicht z. T. gute Leistungen aufzuweisen. Dem marxistischen Standpunkt wurde Rechnung getragen durch die Tatsache, daß man die „materielle Volkskultur" einseitig in den Vordergrund rückte. Demgegenüber hatte man in Deutschland diese Forschung bis dahin sträflich vernachlässigt (s. 3.1).

Ein nicht zu übersehender Antrieb für die volkskundliche Sammel- und Forschertätigkeit lag und liegt in allen Staaten im sozialen und kulturellen Umbruch. Die untergehenden Lebensformen zu retten, scheint auch heute noch überall der Anstrengung wert. „Erst im letzten Augenblick, wenn diese Welt uns schon fremd wird, ist uns die Möglichkeit gegeben, diese Welt zu sehen und zu begreifen, dann wenn es nicht mehr unsere Welt ist. Nur im letzten Augenblick können wir noch als Verstehende das schon fremd Werdende, das nicht mehr ist und nie mehr sein wird, vor Augen stellen und einmal aussprechen" (KARL JASPERS). Nicht nur das Wissen soll gerettet werden, amtliche und private Kreise versuchen überall, den vergehenden Formen eine Heimstatt in künstlichem Licht zu schaffen, sie zu erhalten und zu pflegen. In allen Ländern erreichen wir zu irgendeiner Zeit diese Situation von „Rettung und Pflege".

In *Westdeutschland* kam die Arbeit nach 1945 langsam und mit viel Bedenken in Gang. Die Belastung des Faches war noch auf dem ersten Volkskundetag in Jugenheim 1951 spürbar. Bei aller Propaganda für Volkskunde war die Zahl der nach 1933 errichteten Lehrstühle gering. Ihre Inhaber waren 1945 ausgeschieden. Einige Lehrstühle (Frankfurt, Heidelberg) wurden nun nicht mehr besetzt. Neue Lehrstühle wurden für die politisch-geschädigten Volkskundler eingerichtet, so in Göttingen für W. E. PEUCKERT und in Bonn für K. MEISEN.

Seit 1953 erscheint die *Zeitschrift für Volkskunde* wieder. Ein wichtiger Anstoß kam aus wissenschaftsfremdem Bereich. Flüchtlinge und Vertriebene kamen nach 1945 aus Gegenden, die früher z. T. nur nach langen Reisen zu erkunden waren, und sie brachten nun ihr im Vergleich zu Verhältnissen im Westen unerschöpfliches Wissen an Erzählungen und Liedern mit. Wieder leuchtete der Rettungsgedanke auf. Volkskundler beeilten sich zum Teil in gegenseitiger Konkurrenz, das Wissen der Vertriebenen festzuhalten. Diese selbst versuchten ihr Kulturgut zu wahren, am neuen Orte zu beleben und zu verwurzeln. Zudem ergaben sich aus der außergewöhnlichen Situation auf der Flucht und dem Zusammentreffen am neuen Ort mit Menschen sehr unterschiedlicher Lebensformen interessante Probleme. Dabei gibt die Auswirkung dieser Akkulturationssituation auf die zukünftigen Lebensformen auch im Vergleich zu ähnlichen Situationen in der Vergangenheit wichtige Aufschlüsse.

Die sogenannte *Vertriebenenvolkskunde* war lange Zeit für die große Masse der Mitarbeitenden auch politisch motiviert. Unterdes ist eine Abklärung eingetreten. Die Verhältnisse in den aufgegebenen ostdeutschen Gebieten zu studieren, Sprache und volkskulturellen Besitz dieser Menschen dokumentarisch festzuhalten, scheint legitim und wurde etwa in einer Diskussion von H. Böll und G. Grass in den Tagen der Unterzeichnung der Ostverträge ausdrücklich betont: Der Verlust des Landes sei zu verschmerzen, aber nicht der Verlust von Sprache und kulturellen Eigenwerten, und es müsse alles getan werden, diese zu halten. Bleibende Ergebnisse verdanken wir der Arbeit vor allem von A. Karasek-Langer (1959), dessen Sammlungen als Archiv in Bischofswiesen eingerichtet sind. Dann sind J. Künzig (1956), der ein Archiv mit vielen hundert Tonbändern in Freiburg aufbaute, und ein früherer Mitarbeiter von G. Schreiber zu nennen, Eug. Lemberg (1959), der sowohl im Theoretischen wie in der Fragestellung die wissenschaftlichen Grundlagen dieser Vertriebenenforschung schuf.

Neue Impulse für die Volkskunde im allgemeinen gingen in Westdeutschland zunächst von München aus. Hans Moser und K. S. Kramer hatten im Anschluß an Mosers Studien über Volksschauspiel begonnen, *Archivalien* systematisch auf Nachrichten über das Volksleben durchzuarbeiten. In ihren Veröffentlichungen zeigten sich Werte wie Grenzen des Ansatzes: die Aussagen sind bestimmt von der Rechtswirklichkeit, abhängig vom Grad der Schriftlichkeit, begrenzt auf die Zeit etwa nach 1500; man läuft Gefahr, die obrigkeitliche Reglementierung zu überschätzen. Das sind einige Punkte, die Kramer (1959) selbst in kritischer Sicht angeführt hat (vgl. 2.4). In diesen Zusammenhang archivalischer Quellenforschung gehört auch die Durchsicht kirchlicher Archive, wie wir sie etwa F. X. Buchner (1937) und N. Kyll (1957) verdanken. Ebenso gehören hierher das historische Bildzeugnis und seine kritische Auswertung vor allem für Alltag, Haus, Kleidung, Arbeit und Gerät (Wurmbach 1932, Husa 1967, Hansen 1969), sowie die Votivbilder als wichtige Quelle für die Trachtenkunde. Als allgemeine Erkenntnis vermittelte die archivalische Quellenforschung die Einsicht in den Wandel der Traditionsformen, aber auch den Wechsel in örtlichen Einflüssen, Verboten und Geboten der Obrigkeit, von Schule und Kirche.

Die betonte Erforschung der materiellen Volkskultur in Osteuropa zeigte den Volkskundlern der Bundesrepublik den Nachholbedarf, und diese Erforschung von Arbeit und Gerät ist seither, u. a. auch durch eine große Umfrage des ADV 1965–70 (Wiegelmann 1969) ermöglicht und intensiviert worden (HEILFURTH/WEBER-KELLERMANN 1967). Die Arbeiten in kulturräumlichem Sinne wurden weitergeführt und die Arbeiten am Atlas der deutschen Volkskunde wieder aufgenommen, erweitert und in manchem aussagefähiger dargestellt. Dazu kommen Untersuchungen über Heiligenkulte, die Entstehung, Wandlung und Ausbreitung von Kulturformen zeitlich und räumlich genau zu beobachten gestatten, und Untersuchungen über Verbreitung von solch beweglichen Lebensformen wie Redensarten und Meinungen, Kinderlieder und Sagen. Mag auch seit den „Kulturströmungen" Aufkommen, Wandel und Ausbreitung in diese Arbeiten eingeschlossen gewesen sein, so setzt doch die nach dem Vorbild Schwedens (BRINGÉUS 1968) von WIEGELMANN in Münster übernommene Innovationsforschung neue Akzente.

Endlich wendet sich die Volkskunde – nur scheinbar im Gegensatz zur Münchener Schule – nach 1945 entschlossen der *Gegenwart* zu. Die Ansätze der Vorkriegszeit von BREPOHL und PEUCKERT werden aufgegriffen. Man nimmt den Wandel, der sich vollzog, nicht nur zur Kenntnis, man versucht auch in enger Anlehnung an die Soziologie dem gegenwärtigen Leben gemäße Kategorien und Forschungsmöglichkeiten zu schaffen, dabei werden Stadt und Arbeiter zum wichtigsten Objekt der Volkskunde. Auch das bäuerlich-dörfliche Leben wird unter diesen Aspekten untersucht. In einer grundsätzlichen Untersuchung über Volkskultur in der technischen Welt sieht BAUSINGER (1961) den Wandel vor allem 1. in der Erweiterung des räumlichen Horizontes, wobei in dessen Zerfall der Begriff der Heimat aufgewertet wird, 2. in der zeitlichen Expansion, die u. a. zur Historisierung des Volksgutes führt, und 3. in der sozialen Expansion, die ein Konglomerat bürgerlich-städtischer Lebensformen für alle schafft. Es dauerte lange, bis sich die Erkenntnis durchsetzte, daß der Wandel der Gegenwart – wenn auch in geringerem Umfange und langsamerem Zeitmaß – grundsätzlich seit je gegeben war und auch die Entwicklung auf dem Dorfe lediglich in der Größenordnung von den Industrieorten verschieden war. Der Rückgriff auf historische Formen durch das Volk ist im Grunde nur das Korrelat zum Tempo und Ausmaß der Veränderung und Neuerung.

In der Reihe *Volksleben* liegen viele Tübinger Einzeluntersuchungen unterschiedlichen Wertes vor. Extreme Ansichten etwa der Schrift „Abschied vom Volksleben" (1970) sind außerhalb von Tübingen nur partiell zur Auswirkung gekommen. Die Forschung in Tübingen geschieht weitgehend unter soziologischen Aspekten, wobei m. E. die für die Volkskunde unerläßliche historische Komponente vernachlässigt, ja weitgehend in ihrer

Bedeutung für die Volkskunde verneint wird. Damit wird die grundsätzliche Bedeutung der Arbeiten von Bausinger für den Fortschritt in der Volkskunde vielleicht modifiziert, aber nicht bestritten.

Die Isolierung der deutschen Forscher nach 1945 wurde verhältnismäßig rasch überwunden. Schon in den fünfziger Jahren nahmen Ausländer an Veranstaltungen aller Art teil. Seit den Volkskundekongressen (1951 ff.), dem Kongreß für Erzählforschung in Kiel 1959 und den Arbeitstagungen des ADV 1957–1968 in Bonn sind die Beziehungen zu ausländischen Kollegen auch aus den osteuropäischen Ländern sehr eng geworden. Die Arbeitsstelle der *Enzyklopädie des Märchens* (RANKE 1975 ff.) unter Leitung von Kurt Ranke mit einem großen internationalen Mitarbeiterstab befindet sich in Göttingen und bildet einen Mittelpunkt der Erzählforschung, die Koordinationsstelle für den Europäischen Volkskundeatlas ist von den zuständigen Gremien an den Sitz des ADV, nach Bonn verlegt worden.

In den letzten Jahren hat eine bewegte *theoretische Diskussion* über Objekt, Wesen, Wege und Ziel der Volkskunde, sowie über den Namen des Faches stattgefunden; sie stand nicht in allen Teilen auf einer wissenschaftlichen Höhe, vermischt mit manchen rasch wechselnden Tagesmeinungen, stark angelehnt an Probleme und Methoden der Soziologie, sorglos in der Frage der Abgrenzung des Faches und beschränkt auf Deutschland, obwohl das Wort von der Europäischen Volkskunde stehendes Requisit in diesen Auseinandersetzungen war. Die Diskussion schien dem von vornherein wenig ertragreich, der eine ähnliche Diskussion in den zwanziger Jahren erlebt hatte, bei der der Beobachter den bestimmten Eindruck hatte, daß hier Blinde von der Farbe redeten, d. h. daß eine wirklich intime Kenntnis des Volkslebens fehlte und die Theoretiker auch nicht wußten, wie sie sich Zugang zum Volk verschaffen sollten.

Aus dieser abstrakt theoretischen Diskussion bleibt dennoch einiges. Dahin gehört zunächst die Relativierung der Begriffe „Volk" und „Tradition", die wir als historisch wandelbare und gewandelte Größen begreifen lernten. Hierher gehört weiter die Erkenntnis, daß neben andern geschichtlichen Komponenten die Sozialstruktur die Formen des Volkslebens mitbestimmt. Dahin gehört endlich die Beachtung des Aufstiegs von Neuerungen, die in der Forschung gleichwertig neben dem Abbau und der Wertminderung von Traditionen stehen sollten. Die entschiedene Hinwendung volkskundlicher Forschung zur Sachkunde, zu Arbeit und Gerät wie Alltagsleben und den der Industriegesellschaft gemäßen Lebensformen, verkürzt als Arbeitervolkskunde deklariert, ist heute Tatsache. Man ist versucht, heute schon wieder auf den Wert einer Bauernkunde für die Volkskunde als historische Wissenschaft hinzuweisen, denn Bauern- und Dorfleben waren noch vor 150 Jahren die normale Lebensform, die Welt der Stadt und Industriegesellschaft war damals Ausnahme. Zudem existieren die Lebensformen der modernen Gesellschaft vielfach verwoben mit dem bäuerlich bestimmten Leben vergangener Zeit.

Die Volkskunde von der Soziologie abzusetzen, wird dem nicht schwer, der in der Volkskunde eine historische Wissenschaft sieht, die die Volks- kultur in ihrer regionalen und sozialen Entfaltung unter Einwirkung der historischen Verhältnisse und der natürlich-geographischen Gegebenhei- ten sieht. Dem Satz von R. WEISS „Die stoffgesättigte Anschauung der Volkskultur in ihrer lokalen Eigenart und in ihrer historischen Bedingt- heit liegt der Soziologie ... fern", hat auch H. BAUSINGER einmal nach einigem Zögern zugestimmt. Er selbst hat so formuliert: Die Volkskunde findet ihre „Orientierung (auch) an konkreten Objektivationen, [sie hat] historische Dimension und Konzentration auf überschaubare Teilsysteme" (BAUSINGER 1969; 242). Dieser Aussage können wir zustimmen.

Die Mehrzahl der Lehrstühle für Volkskunde – zum Teil verbunden mit Lehr- oder Prüfungsbefugnis in Germanistik – ist erst nach 1945 eingerich- tet worden. Bei einem Zwischenfach wie der Volkskunde, das eine breite Vielfalt überspannt, ergibt es sich von selbst, daß durch vorhandene In- stitutionen oder die besonderen Interessen des Lehrstuhlinhabers Volks- kunde hier oder dort besonders geprägt ist. So sind z. B. in Freiburg/ Breisgau mit dem Volksliedarchiv und der Bibliothek zur Sagenkunde Volkslied- und Sagenforschung zentralisiert. Der Titel des Instituts für mitteleuropäische Volksforschung in Marburg bedeutet ein Programm. Tübingen ist heute Zentrum der Erforschung von Stadt und gegenwärti- gen Verhältnissen und für Arbeitervolkskunde. In München hat durch L. KRETZENBACHER die volkskundliche Erforschung Südosteuropas und der religiösen Volksdichtung ihren Mittelpunkt und ihre wissenschaftliche Heimat.

2. Theorien und Methoden

2.1 Überblick

In den theoretischen Bemühungen kann man drei Stufen unterscheiden: generelle Themen, Regeln, Theorien. Eine erste Stufe ist erreicht, wenn man in verschiedenartigen konkreten Prozessen der Kultur *generelle Züge* erkennt und benennt. In der Volkskunde hat man früh nach derartigen Themen gesucht und sie mit Volksgeist, Volksseele, Volkscharakter bezeichnet oder als kulturelle Kontinuität alter Stämme untersucht. Diese Konzepte waren (mit Ausnahme des Kontinuitätsbegriffs) zu pauschal. Operable Modelle und erklärende Theorien konnte man daraus nicht entwickeln. – Zu *Regeln*, zu Modellen kam man meist erst später. Nachdem W. H. Riehl vieles ansatzweise formuliert hatte, entwickelte H. Naumann 1922 seine Regel vom „Gesunkenen Kulturgut" und die Kulturraumforschung wenig später ihre Diffusionsmodelle, beides Erfahrungsregeln und Instrumente der Interpretation. Modelle suchen kulturelle Prozesse in ihren wesentlichen Zügen zu erfassen und vereinfacht, stilisiert nachzuzeichnen. So kann man Naumanns Regel: ‚oberschichtliche Kulturzüge werden häufig von den jeweils niederen Schichten nachgeahmt' zu einer Modellskizze komprimieren (s. Abb. 3). – *Theorien* bestehen aus einer gewissen Menge von Regeln, die miteinander verknüpft sind: theoretischen Netzen. Von Theorien fordert man ferner, daß die Beziehung zwischen Bedingung und kultureller Reaktion systematisch geklärt ist.

Ein Lehrbeispiel dafür, wie man von generalisierten Beobachtungen, Hypothesen und Begriffsprägung bis zur abgesicherten Theorie fortschritt, bietet das unter dem Begriff *Kulturfixierungstheorie* bekannte Konzept (s. 2.3). Generalisierte Beobachtungen darüber kann man schon bei W. H. Riehl 1857 lesen. In seinem Beitrag „Der Geldpreis und die Sitte" schrieb er: „Andauernd hoher Kornpreis fördert nur den reichen Bauer ... (Er bringt mit seinem) gefüllten Geldbeutel zugleich allerlei städtischen Luxus aufs Land zurück". „Durchgreifende Änderung, ja Auflösung der Volkstracht erfolgt fast immer mit und nach den hohen Kornpreisen." – Alle Schichten des Landvolkes, auch die ärmeren, werden durch das Vorbild der Reichen „in die anspruchsvollere Sitte mit hineingezogen". Wenn die Kornpreise wieder fallen, bleibt doch die „soziale Verteuerung" bestehen; denn „es ist unerhört, daß ein Volk friedlich und freiwillig von üppigeren Sitten zu einfacheren zurückgekehrt wäre" (1903: 261 f.). RIEHL ging den Fragen nicht systematisch nach, er hatte auch keinen speziellen Begriff für dieses nach ihm typische kulturelle Verhalten. Ähnlich wurde die Wirkung des Wohlstandsimpulses von A. MEITZEN (1882: 6) konstatiert. Die Geschichte des Hauses hat nach ihm „eine gewisse Ähnlichkeit mit der Entwicklung der Trachten. Von Zeit zu Zeit wird das ursprünglich dem einfachsten Bedarfe Entsprungene . . . durch die (städtische) Mode verdrängt . . . Entsprechend fallen die Hauptveränderungen dieser Art in Zeiten weit verbreiteten wirtschaftlichen Aufschwungs und leichten Erwerbs".

Unabhängig von RIEHL und MEITZEN machten schwedische Ethnologen in unserem Jahrhundert gleiche Beobachtungen: S. ERIXON bei der Haus- und Möbelkultur 1925, S. SVENSSON bei der Tracht 1935, PH. FJELLSTRÖM beim Schmuck 1962: Innovationshäufung der Prestigegüter bei rasch steigendem Wohlstand („die Attitüden der Neureichen sind erstaunlich gleich"). Fixierung des einmal erreichten Niveaus in schlechteren Zeiten. Für die zweite Phase prägte S. ERIXON 1947 den Begriff *kulturfixering* (dt. *Kulturfixierung*, engl. *cultural fixation*), der zugleich für die Gesamtheit steht (Diese älteren Beiträge sind zitiert bei SVENSSON 1973 a).

Um diesen Begriff und das dahinterstehende Konzept entwickelte sich daraufhin eine internationale und interdisziplinäre Diskussion (vgl. EK 1960; NYLÉN/HÄVERNICK 1965; WIEGELMANN 1972 c; KAUFHOLD 1973). Darin wurde die Regel abgesichert und systematisiert, so daß man sie heute als Theorie bezeichnen kann; freilich als eine „Theorie mittlerer Reichweite", da sie aus dem komplizierten Geschehen nur einen Strang verfolgt.

Bisher stehen alle theoretischen Ansätze noch recht isoliert im Raume, ihre systematische Stellung wurde noch kaum diskutiert. Welche Beziehungen gibt es z. B. zwischen dem Modell des sinkenden Kulturguts und der Kulturfixierungstheorie, zwischen diesen beiden und den Diffusionsmodellen? Daher ist es dringlich, die vorhandenen Konzepte systematisch zu durchleuchten auf die Art des Ansatzes, den Realitätsbezug, ihre logische Struktur, die Qualität der theoretischen Aussage und auf die Gliederung der Ansätze (WIEGELMANN 1972 b). Es bleibt abzuwarten, ob es dann möglich ist, ein übergeordnetes Konzept in einer noch auszubauenden Theorie der kulturellen Systeme zu finden (vgl. H. ARTUS u. M. K. H. EGGERT in: *Zs. f. Vkde* 1973, 1974). Eine vorläufige Orientierung kann das folgende Übersichtsmodell bieten.

Das orientierende Schema kann die Problemfelder nur andeuten. Wichtig ist die Unterscheidung der Kultur von den *exogenen Dominanten* (der „Umwelt"), obwohl die Trennungslinie nicht generell, nur für eine bestimmte historische Situation gezogen werden kann (und sie zudem von

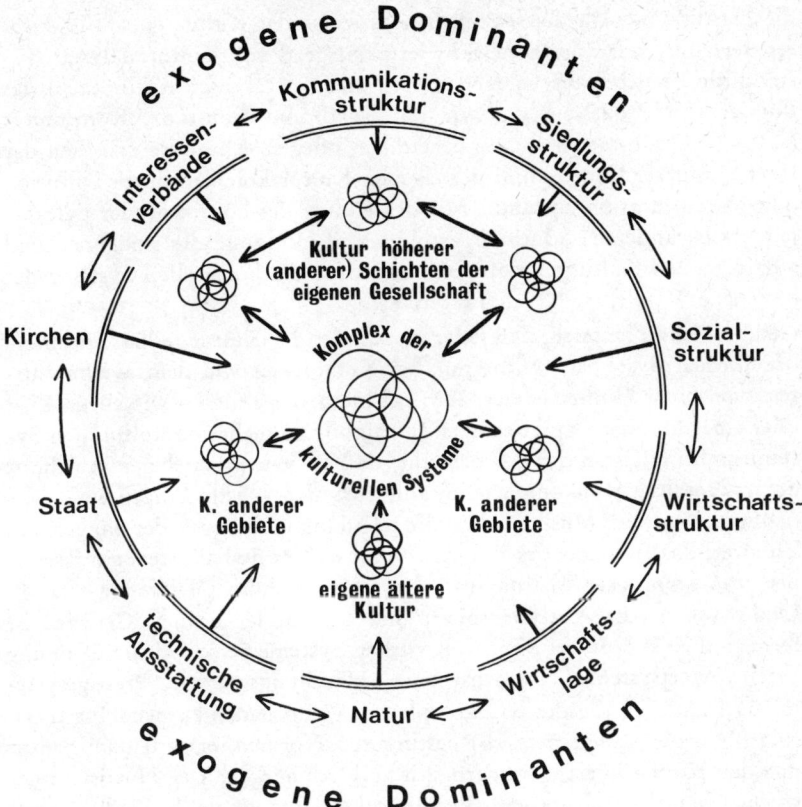

Abb. 1 Übersichtsmodell zu den kulturellen Systemen und ihrer Umwelt

der Definition von Kultur abhängt). Die exogenen Dominanten stehen untereinander in komplizierteren Beziehungen als hier angedeutet. Aber das sind Fragen, die außerhalb des kulturanthropologischen Forschungsbereichs liegen. Dafür ist deren Wirkung auf die kulturellen Systeme wichtig. Viel davon wurde schon diskutiert, so der Einfluß der Natur in ökologischen Studien, der des Staates unter *Zentraldirigierung* (s. 2.2) und in der Ideologiekritik, der der Kommunikationsstrukturen in der Diffusions- und Innovationsforschung, der der Wirtschaftsstruktur und der technischen Ausstattung im Rahmen des historischen Materialismus, der der Wirtschaftslage in dem Konzept von der Kulturfixierung.

Aus dem Schema wird ersichtlich, wie vielfältig die exogenen Einflüsse auf die Kultur sind. Da die spezifischen Prozesse der Kultur ebenfalls differenziert sind, wird der hohe Schwierigkeitsgrad von Kulturanalysen verständlich. Zwischen der eigenen älteren und der rezenten Kultur steht das Bündel von Prozessen, das wir mit Tradition, Konstanz, Kontinuität (s. 4.3), Enkulturation etc. zu bezeichnen pflegen. Kontakte zwischen der Kultur anderer Gebiete und der eigenen Kultur kommen durch Diffusion oder Akkulturation zustande. Mit der Kultur der höheren (oder tieferen, jedenfalls: anderen) Schichten verbinden die Prozesse des sinkenden und aufsteigenden Kulturgutes. Insgesamt ist für die kulturellen Systeme der endogene Wandel (s. 2.2) charakteristisch .

Generell ist zu betonen, daß jeder Ausschnitt der Kultur teilhat an unterschiedlichen Systemen. Nicht nur bei Komplexen wie dem Weihnachtsfest oder einer Hochzeitsfeier, auch bei kleineren Teilen – wie einem Lied oder einer Mahlzeit – gibt es stets Zuordnung zu mehreren kulturellen Systemen. Damit ist nicht nur gemeint, daß in jedem beliebigen Abschnitt unterschiedliche Sachkomplexe zusammenstoßen – beim Singen eines Liedes etwa Wortgut, Musikalisches, die Kleidung und Gestik der Sänger und Zuhörer, das Inventar des Raumes – und daß es deshalb stets ein Zerreißen von komplexer Realität ist, wenn man sachlich Gleichartiges (z. B. Liedtexte) zwecks Analyse isoliert und zueinander ordnet. Gemeint ist ferner: in jedes kulturelle Element wirken Systeme verschiedener Ordnung hinein; Wertsysteme, Normensysteme, Handlungssysteme, Prestigesysteme und daneben die des Sachkomplexes. Wenn jemand einen Hut trägt, folgt er (oder widersetzt sich) bestimmten Normen, er will damit nicht nur den Kopf schützen, sondern sich auch schmücken. Der Hut ist in gewissem Maße Ausdruck der Persönlichkeit und zugleich Zeichen einer Gruppe, das Huttragen hat zudem mit der zugehörigen Kleidung eine bestimmte Position im Handlungssystem von Tages- und Jahresrhythmus. Die stete Verflechtung der Sachbereiche und die verschiedenen Aspekte jeder Einzelheit zeigen, wie die kulturellen Systeme ineinander verschachtelt sind – das ist in dem Schema durch die ineinandergreifenden Kreise angedeutet. Diese Verflechtungen verweisen die aus praktischen Gründen oft sachspezifische Arbeit stets auf übergeordnete Fragen.

Die Volkskunde fußt auf historischen *Quellen* wie auf eigenen Dokumentationen. Während Historiker von den überlieferten Aufzeichnungen und Objekten ausgehen, ist das bei der Volkskunde nur zum Teil der Fall. J. und W. GRIMM studierten zwar die historische Überlieferung der Rechtsaltertümer, der mythologischen Vorstellungen und Sagen, aber sie sammelten auch selbst Märchen und Sagen. Daher steht schon früh die historische Quellenarbeit neben der eigenen Dokumentation des rezenten Kulturgutes. Dadurch hat das Fach sowohl Anteil an den Quellen und Methoden der historischen Wissenschaft wie der Sozialwissenschaft.

Der europäischen Volkskunde fehlt es bisher an einer zentralen Dokumentation der Quellen, wie sie die Cultural Anthropology in den *Human Relations Area Files* (HRAF) erarbeitet hat (s. NAROLL/COHEN 1973: 640–48). Das ist nicht verwunderlich, da die Disziplin lange in nationaler Abgrenzung gedieh. Eine gewisse Koordination der Dokumentationen kam freilich dadurch zustande, daß überragende Forscherpersönlichkeiten oder Richtungen international anerkannt und nachgeahmt wurden. Von den Persönlichkeiten ist an J. G. HERDER und die Brüder GRIMM zu erinnern, die europäische Bewegungen im Sammeln von Volksliedern und Erzählgut auslösten, an A. HAZELIUS, der 1891 die europäische Welle der Freilichtmuseen mit dem Vorbild Skansen in Gang setzte (ZIPPELIUS 1974). An Richtungen sind vor allem die Finnische Methode der Erzählforschung zu nennen, die eine großräumige Aufarbeitung der historischen und rezenten Motivbelege forderte und zum Teil erreichte, ferner die Atlasunternehmen, die seit den zwanziger Jahren in den meisten europäischen Ländern begründet wurden und zu systematischen, thematisch komplexen Dokumentationen führten. Ansätze sind also durchaus vorhanden. Was fehlt, ist eine übergreifende, generelle Dokumentation, die für verschiedene methodische Ansätze brauchbar ist, eine Art Datenbank für europäische Kulturen. Die bibliographische Arbeit konnte jedoch mit erstaunlicher Konsequenz verfolgt werden. Seit 1917 erscheinen die Bände der *(Internationalen) Volkskundlichen Bibliographie* in steter Folge, seit 1956 die *International Bibliography of Social and Cultural Anthropology,* die eine gewisse Auswahl der europäischen Literatur bringt. Daneben gibt es eine große Zahl von regionalen und fachlichen Bibliographien (s. BACH 1960).

Ähnlich ist der Stand der *methodischen Diskussion.* Es fehlt nicht an Erörterungen über spezielle Methoden, was man dagegen vermißt, ist die gründliche Diskussion der generellen methodischen Prinzipien und in manchen Methoden (z. B. den empirischen) das hohe Niveau, das die Sozialwissenschaften erreichten.

Im folgenden (2.4/2.5) werden einige Verfahren besprochen, die man in den Schriften zu Methoden der empirischen Sozialforschung nicht findet (historische Quellen, Museumsdokumentation, flächendeckende Erhebungen für kartographische Vorhaben) oder die dort nur kurz behandelt sind, in der Volkskunde aber eine zentrale Stellung haben (schriftliche Umfragen). Dagegen mußten in diesem Abriß alle speziellen Methoden – wie Gefügeforschung und Dendrochronologie – unberücksichtigt bleiben, zumal darüber informierende Literatur vorliegt (s. 2.5). In einer Übergangssituation steht die Diskussion über direkte Befragung und Beobach-

tung. Lange Zeit wurden sie im Fach zwar in breitem Maße angewandt
(z. B. beim Sammeln von Erzählgut), aber wenig diskutiert. In den letzten Jahrzehnten kamen sie durch Konfrontation mit der empirischen Sozialforschung verstärkt in die Diskussion. Es ist noch schwierig abzusehen,
was sich dabei an *speziellen* methodischen Aspekten des Faches erweisen
wird (etwa die Samplebildung zum Wandel über Jahrzehnte hin). Deshalb wurde jetzt auf eine Darlegung verzichtet.

2.2 Theoretische Begriffe

Nicht alle generellen Begriffe führen auf Modelle und Theorien. Klassi-
fizierende Begriffe wie „Kulturelement", „Funktion", „Wert", „Sitte" erfüllen ihre Aufgabe, indem sie Teile und Funktionen der Kultur bezeichnen und die wissenschaftliche Verständigung auf verschiedenen Abstrak-
tionsebenen ermöglichen. Die meisten Sachbegriffe – wie „Wallfahrt",
„Fest", „Volkslied" – sind klassifikatorischer Natur.

Bei den Begriffen, die kulturelle Prozesse bezeichnen, sollte man stets den
Bezug zur theoretischen Arbeit im Auge haben und die Möglichkeiten zur
Weiterentwicklung des Konzepts prüfen. Einige dieser Begriffe stehen für
Regeln (wie „sinkendes Kulturgut") und Theorien (wie „Kulturfixierung"), andere gehören unmittelbar zu Regeln oder Theorien (wie „Relikt, Formenkreis, Diffusion, Survival") und deshalb ist ihre Bedeutung
und ihr Anwendungsbereich vorgezeichnet. Andere schließlich stehen noch
im Vorhof ausgearbeiteter Theorie. Sie bezeichnen generelle Züge der
Kultur, die schon erkannt und benannt sind, aber noch nicht zu Regeln
oder Theorien führten. Dazu gehören z. B. Zentraldirigierung, endogener
Wandel, Kontinuität, Tradition, auch etwa Folklorismus. Diese Gruppe
von Prozeßbegriffen sind von besonderem Interesse, da sie den Fundus
der im Umriß bereits bekannten, aber noch nicht entwickelten theoretischen Aufgaben bilden. Deshalb sollen davon einige Beispiele skizziert
werden.

I. *Zentraldirigierung* ist ein Begriff der schwedischen Volkskunde zur Bezeichnung einer wichtigen exogenen Dominante: der obrigkeitlichen Maßnahmen. Seit einiger Zeit wurde er im deutschsprachigen Bereich übernommen. In Skandinavien bezeichnet man mit *centraldirigering* Maßnahmen der staatlichen Behörden (ERIXON 1955). Jedoch ist der Begriff
auf das Wirken kirchlicher Behörden und anderer zentral geleiteter Institutionen (Gewerkschaften, Sportbünde usw.) ebenfalls anwendbar.

Im Gegensatz zu den freiwillig verlaufenden Imitationsprozessen bei sinkendem Kulturgut steht bei der Zentraldirigierung am Beginn eine bewußte, meist erklärte Absicht der zentralen Institution. In der Regel wird die Absicht formuliert und publiziert (Gesetz, Verordnung, Presse, Fernsehen). Charakteristisch ist ferner, daß die Institution Maßnahmen ergreift, die der Durchsetzung des Zieles dienen: empfehlende Hinweise, Propaganda von der Zentrale aus, Kontrolle und Propagierung durch Funktionäre der Institution (Beamte, Polizei, Pfarrer), Androhen und Vollstrecken von Strafen (Sanktionen), Versprechen und Gewähren von Belohnungen. Für Zentraldirigierung ist schließlich charakteristisch, daß der Prozeß den aktiven Kräften nach zweipolig ist; den Maßnahmen der Institution stehen die Reaktionen der Betroffenen gegenüber. So wie die Intensität der obrigkeitlichen Maßnahmen von totaler Dirigierung (Androhung der Todesstrafe, umfassende Steuerungen und Kontrollen) bis nahe an den Nullwert gehen kann (Verordnung, die lediglich auf dem Papier steht), so gibt es für die Reaktionen der Betroffenen ebenfalls eine breite Skala, die vom offenen Protest, von Gegenmaßnahmen über passiven Widerstand bis zur Gleichgültigkeit reichen kann und auf der positiven Seite bis zur bereitwilligen, ja begeisterten Aufnahme. Die Reaktionen hängen einerseits von der Strenge der obrigkeitlichen Maßnahmen ab, andererseits von ihrer Richtung und ihrem Verhältnis zu den Tendenzen der betroffenen Kultur.

Ein überschaubares *Beispiel:* Die Übernahme des Kaffeetrinkens durch breite Schichten seit etwa 1750 suchten zahlreiche deutsche Staaten durch Verbote zu verhindern. Der begonnene Imitationsprozeß bürgerlicher und höfischer Kaffeemahlzeiten durch Unterschichten und die Landbevölkerung (sinkendes Kulturgut) lief den staatlichen Verboten fast diametral entgegen. Da man kein totales Verbot wagte, sondern den Verbrauch allgemein einschränken oder auf die oberen Schichten beschränken wollte, wurde die Imitationssucht durch die ungewollte staatliche Propaganda und den weitergehenden Konsum der höheren Schichten sogar verstärkt. Die Leute hatten das Genußmittel zudem bereits schätzen gelernt. Um 1780 ebbte die Verbotswelle ab. Schon 1777 schrieb ein Beobachter: „Der Geschmack hat über die Vernunft, die Mode über die Gesetze gesiegt."

Das Spannungsverhältnis von Zentraldirigierung und vorhandenen kulturellen Prozessen kann man als Kräfteparallelogramm darstellen. Ein Vektor bezeichnet Richtung und Intensität der obrigkeitlichen Maßnahmen, der andere Richtung und Intensität der kulturellen Prozesse (bei den Betroffenen). Die Resultante könnte dann den realen Prozeß andeuten. Für das Beispiel ergeben sich etwa folgende Parallelogramme:

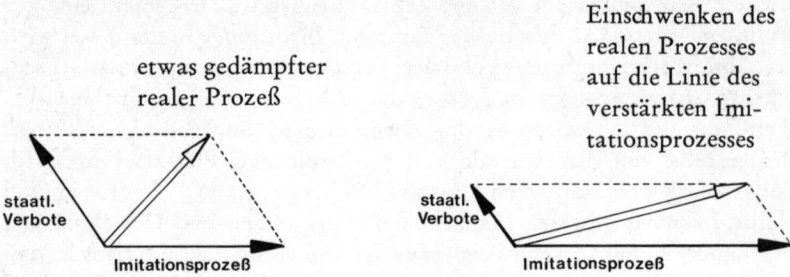

Abb. 2 Zentraldirigierung und Imitationsprozesse als Parallelogramm

Der Begriff Zentraldirigierung wurde bisher zwar in konkreten Unter-suchungen zur Erklärung weitreichender Gleichförmigkeit benutzt (bei Maßen, Gewichten, Elementen der Feste und des Bauwesens), aber er wurde noch kaum theoretisch diskutiert. Es mangelt daher an Modellen und Theorien, die die regelhaft faßbaren Beziehungen zwischen obrigkeit-licher Lenkung und den kulturellen Prozessen der Betroffenen klären. So ist z. B. zu fragen: Unter welchen Bedingungen entstehen jene „Ventil-witze", die man in totalitären Staaten so häufig beobachten kann? Unter welchen Bedingungen entstehen Protestkulturen (Subkulturen mit ausge-sprochenem Protestcharakter)? Welche Züge der Kultur können sich selbst bei langer und radikaler Staatslenkung halten? – In der Kultur-raumforschung wurde verfolgt, wie sich die öffentliche Kultur im Bereich der Territorien durch die Intensivierung der innerstaatlichen Kommuni-kation vereinheitlicht. Bei der Diskussion ist auch das Verhältnis zum Ansatz der Ideologiekritik zu klären.

II. *Endogener Wandel.* Während der durch exogene Dominanten bedingte Wandel (Kulturfixierung, Zentraldirigierung), der kulturelle Austausch beim Zusammentreffen zweier Kulturen (Akkulturation) und die Diffu-sion von Neuerungen intensiv studiert wurden, blieb der endogene Wan-del zumeist im Schatten des Interesses, sicherlich zum Teil deshalb, weil die anderen Impulse tiefgreifender sind, aber zweifellos auch, weil man das durch äußere Ereignisse markierte Geschehen leichter dokumentieren und erforschen kann als den endogenen Wandel. Immerhin wurde er in der Cultural Anthropology generell benannt (*cultural drift*), während er in der Europäischen Ethnologie zwar mehrfach an Beispielen beschrieben, aber bis zu dem Beitrag von J. BARABÁS (1971) anscheinend nicht zusammenfassend diskutiert wurde.

Einige *Beispiele:* R. HELM wies 1954 nach, daß die Frauenhauben der Schwälmer Tracht seit dem frühen 19. Jh. ständig kleiner wurden. Von der damaligen ganz normalen und durchaus praktischen Größe (etwa kinderkopfgroß) schrumpften sie bis zum Durchmesser eines Fünfmarkstücks. Sie wurden dadurch vielfach inpraktikabel. – Eine exogene Ursache ist für diesen Modetrend nicht zu benennen.

Ähnlich verhielt es sich mit dem Kürzerwerden der Frauenröcke seit 1900. Damals reichten sie bis zum Boden. Das Sehenlassen des Knöchels war dann die erste Sensation. In Phasen (mit einigen retardierenden Momenten) wurden die Röcke kürzer und kürzer, bis zu der Extremform des Minirocks um 1970, der schlechterdings in dieser Tendenz nicht mehr zu steigern war. Konsequenterweise folgte daher ein Umschlag zu langen Formen (Maxi-Rock, Hosen). – Ähnliche Steigerungen bis zu einem Extrem und nachfolgender Umschlag in andere Formen ist in der Mode vielfach zu beobachten (z. B. Steigerung zu den Pfennig-Absätzen der Damenschuhe um 1960, seitdem breitere Formen bis zum klobigen Gegenextrem). Er fehlt aber auch in anderen Bereichen nicht: z. B. der Umschlag vom schlichten, funktionalen Wohnstil zum dekorativen (Stilmöbel, Antiquitäten).

Die Beispiele zeigen bereits: Nicht jeder allmähliche Wandel (vgl. HERSKOVITS 1970: 580 ff.; BARABÁS 1971) ist endogener Wandel; denn bei leichter Änderung der Wirtschaftslage, der Sozialstruktur usw. wird es ebenfalls allmählichen Wandel der Kultur geben. Entscheidend ist vielmehr, daß die Gründe für Anstoß, Richtung und Verlauf des Wandels in der Kultur selbst liegen. Die Beispiele zeigen fener: Endogener Wandel kann durchaus zu größeren Schritten führen (Umschlag in ganz andere Formen), d. h. endogener Wandel ist nicht notwendig allmählicher Wandel.

Der endogene kulturelle Wandel steht insgesamt dem exogen bedingten Wandel gegenüber. Da in beiden Fällen nach den Gründen unterschieden wird (und nicht nach äußeren Merkmalen), sind die Fäden für das Entwickeln von theoretischen Konzepten gelegt. Bei endogenem Wandel kann man wiederum unterscheiden zwischen den von Innovationen ausgelösten Reaktionen in den kulturellen Systemen (z. B. Rückgang von Hochzeitsreis, weil Reis zu einer gewöhnlichen Alltagsspeise wurde) und autochthonem endogenem Wandel.

Der autochthone Wandel hat anscheinend folgende Ursachen:

1. Die Tendenz zur kulturellen Differenzierung von Sozialgruppen und Individuen. Diese Tendenz basiert auf dem Identitäts- und dem Kon-

kurrenzstreben. Davon betroffen ist besonders die sogen. öffentliche Kultur: Kleidermoden, Wohnstile, Schmuck und andere dem Repräsentationsstreben zugängliche Teile der Kultur. Herausragende Personen und Gruppen suchen stets nach neuer Exklusivität, wenn ihre Statussymbole von anderen nachgeahmt wurden (s. 2.3).

2. Das Abwechslungsstreben. Wenn ein Kulturzug lange üblich ist und täglich realisiert wird – ohne daß man die ständige Wiederholung des Gleichen durch institutionalisierte Abwechslung erträglich macht –, ergibt sich ein Drang nach dem Wechsel. Ein Beispiel ist die eintönige Kartoffel-Brot-Kaffee-Kost der Unterschichten im 19. Jh. Sie führte zu einem Heißhunger nach dem ganz anderen (z. B. Alkoholismus).

3. Spannungen in den kulturellen Systemen. Sie entsprechen einem Mangel an kulturellem Gleichgewicht. Die Spannungen können resultieren: aus einer Diskrepanz zwischen Realität und angestrebtem kulturellem Ziel, aus übertriebenen, überladenen Gestaltungen oder zu großer Monotonie der Formen, generell aus der Diskrepanz zwischen Bedürfnissen und kultureller Realisierung.

III. *Tradition* ist der Oberbegriff für alle bewahrenden Vorgänge, im Gegensatz zu Kulturwandel, dem Oberbegriff für Änderungen. „Überlieferung" (die wörtliche Übersetzung von Tradition) wird durchweg synonym mit Tradition gebraucht. Die gängigste Definition von Tradition lautet: Weitergeben von einer Generation zur nächsten oder: Kulturbestand, der von der älteren Generation übernommen wurde. Man kann mit Tradition also den Vorgang (auch Tradieren, Tradierung genannt) wie das Resultat der Überlieferung (das Traditionsgut) bezeichnen. In diesem Sinne ist Tradition mit dem Begriff der Enkulturation verknüpft (dem Erlernen von Werten und Verhaltensweisen durch junge Menschen), jedoch umfaßt Tradition mehr als Enkulturation; denn zur Tradition gehören auch Übernahmen in späteren Lebensjahren und von materiellen Objekten.

Neben der Überlieferung in Familie, Verwandtschaft und Wohngruppen (Nachbarschaft, Gemeinde) stehen die Traditionen der Interessengruppen und Institutionen. So lernt z. B. das neue Mitglied eines Kegelklubs die Regeln und Handgriffe des Kegelns, die Fachsprache, den Ablauf und die Verhaltensmuster eines Kegelabends. Ähnliche Übermittlung gibt es in allen Vereinen, in Kirchengemeinden, Arbeitsgruppen, Schulen, Armeen usw. Dabei kann man nicht (oder nur in einem sehr vagen Sinne) von „Generationen" sprechen; denn bei der Übermittlung kommt es allein auf die unterschiedlich lange Gruppenzugehörigkeit an, und sie kann zwischen Vermittler und Akzeptanten nur wenige Jahre betragen. Zudem muß der Vermittler der Gruppentradition nicht unbedingt älter sein. – Bei der Tradierung in Institutionen spielt vielfach Zentraldirigierung durch die Leitung der Organisation (Kirche, Armee, Schule) mit hinein.

In beiden Fällen ist die Überlieferung innerhalb der eigenen Kultur gemeint; denn wenn sich ein Auswanderer die Kultur seiner neuen Bezugsgruppen in Südamerika aneignet, sprechen wir von Akkulturation, wenn man im eigenen Lande Novationen übernimmt von Innovation und Diffusion. Alle Traditionen waren einmal Innovationen und wurden erst im Laufe des historischen Prozesses zu Traditionen (BARABÁS 1974), aber nicht alle Innovationen werden Traditionen. In der Praxis wird der Begriff Tradition freilich oft anhand eines anderen Kriteriums abgegrenzt: Wenn ein Kulturgut über den „normalen Wechsel" hinaus in Gebrauch bleibt – ein Haus, das in gleicher Art wie früher bewohnt wird, obwohl es längst außer Mode kam und in Inneingliederung und Fassade leicht dem neuerdings Üblichen angeglichen werden könnte; Sagen, die man noch bei einigen alten Leuten hört, die aber sonst vergessen sind. Dann spricht man von „traditionellem Wohnen" und „traditionellem Erzählen". Dieser Sachverhalt wird in der Kulturraumforschung als Relikt bezeichnet. Es leuchtet ein, daß bei einer derartigen Definition von Tradition für die einzelnen Bereiche der Kultur jeweils andere Zeiten maßgebend sind; denn für Häuser gelten längere Änderungsspannen als für die kurzatmige Kleidermode.

Man kann verschiedene *Arten von Tradition* unterscheiden. Im einfachsten Falle handelt es sich um uninteressierte Weitergabe von Selbstverständlichkeiten; so werden fast in jedem Haushalt zahlreiche Gegenstände in den Wohn- und Abstellräumen bewahrt, weil man sie noch nicht wegwerfen möchte, vielleicht doch noch einmal gebrauchen kann. Dabei handelt es sich um eine passive Form der Tradition, um ein „Beibehalten entweder aus Trägheit oder aus Furcht vor dem Wagnis des Neuen, Unerprobten und Unbekannten" (T. GEBHARD). Diese Art der Tradition wird manchmal Überlieferung (im engeren Sinne des Wortes) genannt. – Davon abheben kann man die aktive, bewußte Tradition des als wertvoll, als nützlich Erkannten; vor allem in den Bereichen von Glaube und Sitte einerseits, der nützlichen Dinge des Alltags andererseits. Diese Art nennt man auch Tradition im engeren Sinne des Wortes, „eigentliche Tradition". Eine Sonderform der aktiven Tradition ist die Beharrung: das Festhalten an alten Formen, obwohl sie stark angefochten, bedrängt werden (z. B.

das Festhalten an religiösen Bräuchen in kommunistischen Staaten trotz scharfer atheistischer Maßnahmen). Daher ist Beharrung eine der möglichen Bedingungen für Kontinuität.

Hauptfunktion der Tradition ist die Entlastung der Menschen durch vorgegebene Ordnungen. Das Bewahren von vorgeprägten, bewährten Mustern macht frei für neue Entwicklungen in anderen Teilen der Kultur. Allein aus dieser gegenseitigen Bedingung von Tradition und Neuerung wird man in jeder kulturellen Situation ein Nebeneinander von Tradieren und Neuern antreffen. Aber selbst in ein und demselben Prozeß stehen Neuern und Tradieren nebeneinander. So legten z. B. die jugendlichen Protestgruppen der späten 60er Jahre großen Wert auf revolutionäre, die überkommenen bürgerlichen Kleidersitten sprengende Kleidung, auf revolutionäre Haar- und Barttracht. Dennoch blieben sie in der Männerkleidung im Rahmen der seit dem frühen 19. Jahrhundert gültigen Kombination (lange Hose, Jacke, Hemd) und in der Frauenkleidung im Rahmen der vorhandenen Tendenzen (Hosenmode des 20. Jhs., Umschlag vom Minirock zu langen Formen). Daher bleiben selbst in einem von den Akteuren als radikale Novation gedachten Prozeß traditionelle Elemente bewahrt. Umgekehrt muß man selbst dort, wo Tradition gewollt wird, mit Wandel rechnen, zumindest mit endogenem Wandel, durch allmähliches Weiterentwickeln der Formen und Funktionen.

Die *Gründe* für das Tradieren von Kulturzügen sind systematisch noch wenig untersucht. Sie können im Kulturgut selbst liegen. So gilt offensichtlich: Je komplizierter die Struktur eines Kulturguts, um so wahrscheinlicher eine lange Tradierung dieser Struktur. So lassen sich die sprachlichen Systeme über Jahrtausende verfolgen (z. B. germanische, romanische, finno-ugrische Sprachen). Zwar gab es vielerlei Wandel der (einfach strukturierten) Worte und Laute, aber eine Konstanz der grammatischen Grundstrukturen. Ähnliches gilt für die Schreibsysteme, z. B. des Alphabets oder der jüdischen Schreibung (KROEBER 1948: „systemic patterns"). – In der Regel liegen die Gründe freilich in der Konstanz der exogenen Dominanten: Die alte Landwirtschaft Mitteleuropas hatte andere Arbeits-, Geräte- und Nahrungssysteme als die Weidewirtschaft der Karpaten oder der Nomadismus der Lappen. Die kleinen, relativ konstanten Verkehrsgebiete des 17. bis frühen 19. Jhs. bedingten eine kleinräumig gegliederte Kultur und Tradition innerhalb dieser Kulturregionen. Erzähl- und Liedgut wurden in Zeiten einer primär schriftlosen Kultur von anderen Traditionsmechanismen geprägt als nach dem Durchbruch der Schriftlichkeit und wieder anders durch die modernen Massenmedien (Radio, Fernsehen). Solange jeweils eine wichtige exogene Dominante maßgebend blieb, garantierte sie die Fortdauer einer speziellen kulturellen Tradition (vgl. auch WOLLGAST 1975).

Die drei Begriffserläuterungen zu Problemkreisen, die benannt aber noch nicht theoretisch durchgearbeitet sind, mögen in diesem Rahmen genügen.

Über die in der Cultural Anthropology und der Social Anthropology üblichen Begriffe kann man sich in der *Encyclopedia of Social Sciences* (1968) informieren. Einen Vergleich der Begriffe aus der englischsprachigen Anthropology und aus den Schulen der europäischen Volkskunde bot Å. HULTKRANTZ (1960).

Bei der weiteren Arbeit an den theoretischen Begriffen ist es wichtig, die Aufgaben klar zu sehen: Generelle Begriffe ermöglichen es, so disparate Teilbereiche der Kultur wie Wohnen und Wallfahrten, deren sozial, zeitlich und regional unterschiedlichen Ausprägungen unter allgemeine Gesichtspunkte zu fassen. Dies können sie nur leisten, wenn sie ständig auf ihre Brauchbarkeit bei der empirischen Arbeit überprüft werden. Eine systematische Ordnung der Begriffe sollte man anstreben, sie ist aber nicht das höchste Ziel. Wichtiger ist die empirische Prüfung und die Einordnung der Begriffe in die theoretische Arbeit.

2.3 Regeln und Theorien

Die meisten theoretischen Ansätze der Europäischen Ethnologie sind Regeln und Modelle: die Diffusionsregeln der Kulturraumforschung wie das Hägerstrandsche Simulationsmodell, Adoptionsmodelle der Innovationsforschung wie das Generative Modell der F. BARTH-Schule, die Regel vom sinkenden und aufsteigenden Kulturgut wie die strukturalistischen Ansätze. Freilich kann man bei einigen Konzepten bereits den Übergang zur Theorie feststellen.

Wenn man sämtliche Konzepte des Faches besprechen wollte, könnten alle nur andeutend charakterisiert werden. Deshalb erscheint es sinnvoller, zwei herauszugreifen: die Regeln vom sinkenden und aufsteigenden Kulturgut sowie die Hypothesen der Kulturfixierungstheorie. So können die Ansätze auch etwas weitergeführt werden.

Vom Naumannschen Gegensatz des „von unten gekommenen primitiven Gemeinschaftsgutes und des von oben gekommenen gesunkenen Kulturgutes" (1922) muß man den einen Teil – das primitive Gemeinschaftsgut – zumindest umformulieren, weil NAUMANNS Primitivitäts-Prämisse sich als falsch erwies. Um ein operables Modell zu erhalten, ist dem *Sinkenden Kulturgut* das *Aufsteigende Kulturgut* gegenüberzustellen. Dieses Gegeneinander hatte bereits die an NAUMANN anknüpfende Diskussion betont. Und unabhängig von jener Diskussion der zwanziger und frühen dreißiger Jahre kam die moderne Innovationsforschung zu ähnlichen Ergebnissen: „Bei der intrasozietären Diffusion zwischen verschiedenen sozialen Schichten ist das Absinken von Kulturgütern häufiger als das Aufsteigen" (REIMANN 1973). Freilich hilft uns eine derartige allgemeine Aussage nicht viel weiter. Zwar kann es als erste Orientierung dienen, wenn ich weiß, daß die meisten Kleiderformen, Möbel, Lieder und Festelemente aus der oberschichtlichen Kultur kamen, daß die Gegenbewegung viel seltener ist und daß deshalb in der Regel auch keine jahrtausendalte Kontinuität bei der ländlichen Kultur vorliegt. Wir haben einen weiteren Hinweis, wenn es heißt, „das Absinken des Kulturgutes ... (lasse) sich *zu allen Zeiten* bei den Kulturvölkern beobachten" (BACH 1960: 436). Dennoch sind beides nicht mehr als grobe Faustregeln.

Um ein schärfer greifendes Instrument zu erhalten, wären etwa folgende Fragen zu klären: Welches sind die Voraussetzungen und Antriebe der Prozesse? Welche Teile der Kultur werden davon betroffen? Welche Bedingungen wirken beschleunigend, welche verlangsamend?

Die *allgemeinste Vorbedingung* ist: Es muß sich um eine deutlich geschichtete Gesellschaft handeln. In Gesellschaften mit fast gleichberechtigten und annähernd gleich wohlhabenden Gruppen gibt es zwar auch Imitationsprozesse, aber sie verlaufen anders, nicht primär entlang der sozialen Skala. Neben der Enkulturation können es (bei seßhafter Landbevölkerung) vor allem regionale Diffusionsprozesse sein oder (bei Wanderungen) Akkulturationsprozesse.

Zur hierarchischen Schichtung muß freilich hinzukommen, daß die Abstände zwischen den Schichten nicht zu groß, nicht unüberbrückbar sind, sondern eine differenzierte Stufung mit genügend sozialen Kontaktflächen vorliegt. Das betonte S. SVENSSON in seinen grundsätzlichen Studien (1951), darauf machten zahlreiche Detailstudien aufmerksam (z. B. SCHEPERS 1965). Daher war es wohl kein Zufall, daß man gerade in Mitteleuropa immer wieder auf die Tatsache des sinkenden Kulturgutes stieß, da hier durch die frühe Entwicklung und Differenzierung des Bürgertums, der Handwerker und der Gewerbe, durch die zahlreichen Zwischenformen der Arbeiterbauern die Vermittlungschancen zwischen höfischer und ländlicher Kultur besonders groß waren. In Osteuropa und in Südeuropa fehlten die Mittelschichten durch Jahrhunderte und entsprechend gering war der kulturelle Austausch zwischen höfischer und ländlicher Kultur.

Anscheinend ist folgendes richtig: Je differenzierter die soziale Schichtung und je weiter die Spannweite der kulturellen Unterschiede, umso wichtiger und umso vielgestaltiger sind die Imitationsprozesse des sinkenden und des aufsteigenden Kulturgutes. Vom Mittelalter bis zum 18. und frühen 19. Jahrhundert, als Adel und Herrscherhäuser eigene Lebensformen und Statussymbole entwickelten, als Bürger, Händler und Handwerker eine breit gefächerte Mittelschicht bildeten und auch die ländliche Bevölkerung reich gestuft war (vom reichen Großbauern bis zum Tagelöhner), damals war die Hauptzeit des sinkenden Kulturgutes. Kleiderordnungen und andere Luxusgesetze suchten dem entgegenzuwirken und die Standesunterschiede zu wahren (EISENBART 1962), aber sie trugen mit dazu bei, die Imitationssucht zu reizen.

Um die oben formulierten Fragen zu beantworten, muß man die „intrasozietäre Diffusion" in ihre *Teilprozesse* aufgliedern. So wird das Ganze besser überschaubar. Zudem lösen wir das Konzept aus seiner Isolierung; denn anhand der Teile ergeben sich am ehesten Verknüpfungen mit anderen Ansätzen. Bei sinkendem Kulturgut kann man vier Teilprozesse unterscheiden: 1. Das Entstehen von exklusiven Kulturzügen bei höheren Schichten und ihre Funktion als Statussymbol. 2. Die Nachahmung der Statussymbole durch Mittel- und Unterschichten. 3. Das Absinken der Kulturzüge in der funktionalen Hierarchie. 4. Der durch das Absinken ausgelöste Impuls zur sozialen und funktionalen Differenzierung.

1. Die Bildung von *exklusivem oberschichtlichem Kulturgepräge* ist ein Zentralthema der europäischen Kulturgeschichte. Außer der Spezialliteratur über den Luxus in Kleidung, Schmuck, Festessen und Mobilar ist auf grundlegende Analysen zu verweisen, insbesondere auf TH. VEBLENS Studie (1971), W. SOMBARTS „Luxus und Kapitalismus" (1922) und H. SCHOECKS „Der Neid" (1968). Das Verlangen der Oberschichten nach exklusiven Zeichen hat mehrere Ursachen, Prestigebedürfnis, Identitätsstreben der Schicht, das Bemühen, den Abstand zu anderen Schichten möglichst groß zu halten. Die Exklusivität erfaßt zahlreiche Lebensbereiche und äußert sich etwa in demonstrativem Müßiggang, demonstrativem Konsum, in Kleidung und Schmuck als Ausdruck von Wohlhabenheit, um einige Kapitelüberschriften von TH. VEBLEN zu wiederholen. Die Grundlagen sind Herrschaftspositionen, Reichtum und gesetzliche Absicherung. Diese allgemeinen Erörterungen kann ich hier nicht nachzeichnen, nur einen Spezialfall genauer behandeln: Unter welchen Bedingungen werden Neuerungen der Sachkultur exklusiver Besitz der Oberschicht?

An diesem Beispiel soll zudem der übliche *Weg der theoretischen Arbeit* demonstriert werden: Aus konkreten, empirienahen Hypothesen stufenweise allgemeinere Regeln des kulturellen Geschehens abzuleiten. Das ist der erste Schritt theoretischer Arbeit in einem empirisch-historischen Fach wie der Volkskunde. Der zweite ist das Verknüpfen der so gewonnenen (durchweg monokausalen) Regeln zu Theorie-Netzen.

Prüfen wir zunächst einige an konkrete Abläufe anschließende Hypothesen. Der Kaffee war nach seinem Bekanntwerden in Deutschland um 1680 zunächst ein Getränk vornehmer Kreise. Darauf deutet eine Prüfung zeitgenössischer Quellen (WIEGELMANN 1967). Die erste Generalisierung nehmen wir vor, wenn wir aus dem empirischen Befund die Hypothese ableiten: a) *Kaffee war bis um 1700 in Mitteleuropa überall exklusives Getränk der Oberschicht.* Dabei haben wir von der Aussage einiger Quellen auf die Gesamtheit geschlossen und für die Neuerung Kaffee eine allgemeine Aussage mit regional- und zeitspezifischer Einschränkung gemacht.

Die Hypothese kann mit jedem neuen Quellenfund widerlegt (falsifiziert) werden. Wenn aus österreichischen Quellen des späten 17. Jhs hervorginge, der Kaffee sei dort zuerst von Kleinbürgern getrunken worden, wäre die Hypothese hinfällig. Man müßte sie zumindest abändern, indem man etwa sagt: *Kaffee war zumeist . . .* oder: *In Norddeutschland war Kaffee . . .*

Derartige Hypothesen sind übliche Resultate historischer Studien. Sie liegen in großer Zahl vor. Hier wollen wir zunächst nur parallele Ergebnisse der Nahrungsforschung vergleichen. So ergibt sich z. B. für die Tischsitten: b) *Die heute übliche Eßsitte (mit Gabeln und Tischmessern von Einzeltellern) war bei ihrem Aufkommen im 17. Jh. nur in höfischen Kreisen üblich.* Die Hypothese erscheint zwar ähnlich empirienah wie die erste, sie enthält aber mit „Eßsitte" einen allgemeineren, mehrere Elemente zusammenfassenden Begriff, der der *Explikation* (der definierenden Erklärung) bedarf. In der obigen Formulierung ist die Erklärung sogleich in der Klammer beigefügt. Durch den allgemeineren Begriff wird mehr von der Realität abgedeckt, aber die Hypothesenprüfung wird dadurch auch schwieriger; denn welche der drei Merkmale (Gabel, Tischmesser, Eßteller) müssen bezeugt sein, um von der modernen Eßsitte sprechen zu können? Genügt der eine *Indikator* „Eßgabel" oder müssen alle drei Merkmale bezeugt sein.

An diesem Beispiel werden die bei allen empiriefernen Begriffen notwendigen Operationen deutlich: Wenn in der Hypothese Begriffe vorkommen, die nicht direkt beobachtbar sind, müssen diese Begriffe *operational* definiert werden, d. h. wir müssen Indikatoren (beobachtbare Merkmale) angeben, die zusammengenommen den Begriff zu vertreten vermögen. An unserem Beispiel sind es laut Definition die Indikatoren: Eßgabel, Tafelmesser und Eßteller. „Eßsitte" ist zwar als solche durchaus beobachtbar, aber in den historischen Quellen begegnen meist nicht Beschreibungen der Eßsitten, sondern – wie z. B. in den Inventaren – lediglich Nachrichten über die genannten Objekte. Deshalb bleibt zu prüfen, ob wir anhand der Objektbelege hinreichend zuverlässig auf die Eßsitte schließen können. Es geht um die *Gültigkeit* (die *Validität*) der Indikatoren. Zu den Verfahren der Hypothesenbildung, der Falsifikation, der Explikation und Operationalisierung, zu Indikatoren und deren Validität vergleiche man die leicht zugängliche wissenschaftstheoretische Literatur (PRIM/TILMANN 1975; OPP 1970). In der historischen Forschung bleibt die Gültigkeit der Indikatoren (Objekte, Aktenbelege) für die zugehörigen Handlungsmuster stets zu prüfen. Aber darüber hinaus handelt es sich um ein Grundproblem des Faches, da durchweg von Objekten, von Dokumentationssplittern auf die komplizierten Prozesse der Realisierung geschlossen werden muß.

Kehren wir zu dem Beispiel zurück: Gleiche Hypothesen wie zu Kaffee und modernen Eßsitten gibt es zu mehreren Novationen der Nahrung. Ähnlich blieben Zucker und Reis im Mittelalter, Marzipan, Kakao und Tee in der frühen Neuzeit zunächst auf die Oberschichten beschränkt. Deshalb kann man eine allgemeinere Hypothese formulieren, die das Gemeinsame der Einzelfälle beschreibt: c) *Seltene und schwer zu beschaffende (d. h. teure) Novationen der Nahrung setzten in Mitteleuropa seit dem Mittelalter stets bei den Oberschichten an.*

Bei dieser These wurde bewußt die von den konkreten Fällen vorgezeichnete zeitliche und regionale Begrenzung der Aussage beibehalten. Erst wenn genügend Ergebnisse aus anderen Zeiten und anderen Regionen Europas vorliegen, ist es angemessen, eine allgemeinere Hypothese zu formulieren. Der – in systematischen Wissenschaften wie der Soziologie übliche – rasche Griff nach Allsätzen ist in der historisch fundierten Volkskunde problematisch. Von der Kompetenz des Faches können wir generelle Regeln nur zum europäischen Geschehen seit dem Mittelalter erbringen. Genauer gesagt: Allsätze (ohne zeitliche und räumliche Einschränkung) können wir zwar formulieren, aber nicht prüfen, demnach nicht sachgerecht weiterentwickeln. Eine Prüfung kann nur im Rahmen einer allgemeinen Kulturanthropologie (die auch die prähistorischen Wissenschaften umfaßt) geschehen.

Ähnliche Resultate wie für die Nahrung liegen aus anderen Bereichen der Sachkultur vor. So für die Kleidung, bei der erlesene Stoffe (wie Seide, Brokat), Pelze und edler Schmuck zunächst auf die Oberschichten beschränkt blieben, so für das Hausgerät beim Zinn- und Porzellangeschirr. Deshalb kann man die noch allgemeinere Hypothese formulieren: d) *Seltene und teure Novationen der Sachkultur setzten in Mitteleuropa seit dem Mittelalter stets bei den Oberschichten an.*

Wenn man die Hypothesen a–d vergleicht, kann man sagen: Je konkreter, je empirienäher die Hypothesen, umso leichter ihre Überprüfung, umso leichter die Präzisierung der Aussage durch wiederholte Überprüfung. Und umgekehrt: Je allgemeiner, je empirieferner eine Hypothese, umso schwieriger die Überprüfung. Bei allgemeinen Hypothesen schalten sich Explikation, Operationalisierung und Validitätsprüfung der Indikatoren zwischen Regel und empirische Überprüfung. Für den Wissenschaftler wird es deshalb schwieriger, den Realitätsgehalt der Regeln anhand der eigenen

Erfahrung zu kritisieren, obwohl die ungesicherten Teile der Regeln größer werden, je allgemeiner sie formuliert sind.

Mit den Hypothesen a–d sind Bedingungen genannt, unter denen neue Elemente der Sachkultur exklusiver Besitz der Oberschichten werden. Wie eingangs betont sind das nicht die einzigen. Gesetze, Verbote können ähnliches bewirken, z. B. die Beschränkung des Wildes auf den Tisch höfischer Kreise durch Jagdprivilegien. – Unabhängig davon, woher die Elemente oberschichtlicher Kultur stammen, dürfte gelten, daß sie zu Kennzeichen, zu Statussymbolen jener Sozialschicht werden, für die sie eine gewisse Zeit exklusiver Besitz sind.

2. Die *Nachahmung der Statussymbole* durch Mittel- und Unterschichten. Wie bei den bisherigen Beispielen möchte ich mich auf die Sachkultur beschränken. Anscheinend gibt es drei Voraussetzungen für das Absinken der Güter aus der materiellen Kultur:

a) Wenn von exklusiven Gütern Surrogate gebildet werden.

b) Wenn durch Verbilligung und reichlicheres Angebot die ehemals teuren, exklusiven Güter auch für niedere Schichten erschwinglich werden.

c) Wenn der Wohlstand der niederen Schichten so ansteigt, daß die Angehörigen dieser Schichten sich die Statussymbole der höheren Schicht leisten können.

Obwohl die drei Bedingungen in der Realität vielfach ineinanderspielen, ist es angebracht, die Möglichkeiten zu unterscheiden. Imitation durch *Surrogate* wird immer dann aktuell, wenn die Originalgüter kaum zu vermehren sind, anders gesagt: wenn deren Preis für niedere Schichten unerschwinglich bleibt. So fand die Butter im 19. Jh. ihr Surrogat in der Margarine, der Bohnenkaffee um 1770 sein Surrogat im Zichorienkaffee, Lachs und Kaviar kommen meist als Imitation auf den Tisch, echte Pelze ahmte man durch Webpelze, echte Seide durch Kunstseide, alte Truhen durch nachgebaute Stücke nach, Steingut war lange Porzellanersatz usw. Die große Zeit der Surrogate begann offenbar im 19. Jh., als die ständische Gliederung ihre Gültigkeit verlor und die auf Bewahren der ständischen Unterschiede zielende Luxusgesetzgebung nicht weitergeführt wurde. Regulierend wirkten seitdem nur noch die finanziellen Möglichkeiten. Dadurch entfaltete sich damals eine breite Imitationssucht. Da die wirtschaftliche Basis der wachsenden Unterschichten jedoch noch lange eng blieb, bewirkte die Imitationssucht eine Surrogat-Schwemme. Surrogate wurden zudem durch die aufsteigende Industrie leicht produzierbar.

Surrogate haben spezifische Wirkungen. Die beiden anderen Bedingungen (steigender Wohlstand und Verbilligung des Produkts) führen dazu, daß oberschichtliche Güter original in niedere Schichten kommen. Dadurch verlieren sie in den

Oberschichten ihre Exklusivität, ihren Prestigewert, damit ihren Reiz. Sie werden in der Oberschicht deshalb meist aufgegeben. Dort muß man sich nach neuen exklusiven Dingen umsehen, um den Abstand zu betonen. Anders bei der Surrogat-Imitation: Der Unterschied zwischen höherer und niederer Kultur verschiebt sich zwar, aber er wird nicht aufgehoben. Vielfach wird er subtiler; denn das Wissen, Echtes zu besitzen, das die anderen nur in billigen Surrogaten erreichen, dokumentiert ständig auf besondere Weise die Unterschiede. Neben dem Besitz der nötigen Mittel kann sich darin Kennerschaft zeigen.

Das *Absinken durch Verbilligung* und bessere Verfügbarkeit der Güter hängt ursächlich mit dem Imitationsstreben zusammen. Weil eine breite Nachfrage entsteht, bemühen sich Handel und Wirtschaft, dem zu genügen. So wurden Zucker und Reis, Südfrüchte und Kakaowaren seit dem 18. Jh. rasch billiger. Ähnlich war es mit Kleidungsstoffen durch die Mechanisierung der Herstellung.

Die Übernahmen durch *steigenden Wohlstand* bei Mittel- und Unterschichten bedeuten genau besehen ein kulturelles Aufsteigen dieser Schichten, eine Angleichung an die nächsthöhere Kultur. Daher ist fraglich, ob wir es der Regel vom Sinkenden Kulturgut direkt zuordnen können. Eigentlich bedingen lediglich Verbilligung und Surrogate ein wirkliches Absinken. Das Subsumieren unter einem Begriff läßt sich vertreten, weil die drei Bedingungen in der Realität vielfach kombiniert wirken und weil man zunächst, wenn das Absinken festgestellt, aber auf seine Gründe noch nicht analysiert ist, keinesfalls entscheiden kann, ob „echtes" Absinken der Kulturelemente (bei Gleichbleiben der sozialen Gliederung) oder eine soziokulturelle Angleichung nach oben vorliegt. Immerhin dürfte es kein Zufall sein, daß die soziokulturelle Angleichung nach oben bisher meist unter einem anderen Konzept besprochen wurde: der Kulturfixierungstheorie (s. u.) oder unter dem Begriff der „Verbürgerlichung" von Arbeitern und Landwirten.

3. Das *Absinken in der funktionalen Hierarchie.* Parallel zum Absinken in der sozialen Skala kann man durchweg ein Absinken in der funktionalen Stufung beobachten, vom hochfestlichen Kleiden, Essen, Wohnen usw. bis zum alltäglichen, vom Inventar der guten Stube bis zum Abgestellten in Schuppen und Keller. Dieser Prozeß ist im Fach wohlbekannt; denn man sucht durchweg alte, unmoderne Kulturelemente in funktionalen Reliktpositionen (s. SVENSSON 1973 b). Die Parallele zum sozialen Absinken wurde aber noch kaum diskutiert, daher auch nicht die Gründe. Sie dürften etwa die gleichen sein wie beim sozialen Absinken. Es waren eben auch Prestigezeichen, wenn man sich den Pelzmantel, das Schnitzel, den Bohnenkaffee sogar am Werktag leisten konnte. Deshalb ist das Sinken in der funktionalen Skala vom Sozialen nicht zu trennen. Kombiniert ergibt sich eine reichdifferenzierte Stufung vom Hochfestlichen der Oberschicht bis zum Gewöhnlichen des Werktags bei armen Leuten (s. Abb. 3).

4. Der durch das Absinken ausgelöste Impuls zur *sozialen und funktionalen Differenzierung*. Da die oberen Schichten und die hochfestlichen Positionen auf Exklusivität zielen (s. Punkt 1), werden jene Kulturelemente, die in niedere Positionen und niedere Schichten absinken, in den hohen Positionen meist aufgegeben; genauso wie nur jene Elemente eine Chance haben, in hohe soziale und funktionale Positionen zu gelangen, die nicht bereits in niedere Positionen eingegliedert sind.

Das Differenzierungsstreben ist das Korrelat zum Mechanismus des sinkenden Kulturgutes. Stetes Absinken müßte schließlich eine relativ einheitliche Kultur bewirken. Jedoch baut das Streben nach dem Besonderen, nach Exklusivem immer wieder neue Unterschiede auf. Wenn jedermann Kaffee trinkt, beginnt die Oberschicht Mokka aufzutischen, wenn Arbeiter Reis essen, verliert er seine Position als hochfestliche Hochzeitsspeise, als die spanische Mode in den Trachten der Bauern angelangt war, griff die höfische Welt zu neuen Moden. Die Stärke des Differenzierungsstrebens richtet sich danach, wie ausgeprägt die sozialen Gegensätze sind und wie reich gestuft die Festhierarchie. Daher bietet das Maß des Differenzierungsstrebens einen Indikator für soziale Schranken und für die Spannweite der Festordnung.

Durch das Differenzierungsstreben schließt sich der Kreis. Obere Schichten streben nach exklusiver Kultur, untere Schichten imitieren die Statussymbole. Wenn es ihnen gelingt, sie zu übernehmen, entsteht ein Bedürfnis nach neuen exklusiven Dingen in den Oberschichten, das durch Innovationen oder Variation (Verfeinerung) befriedigt wird. Die neuen Elemente der exklusiven oberschichtlichen Kultur bilden einen erneuten Anreiz zur Nachahmung, zum Absinken – ein *perpetuum mobile* der funktionalen und sozialen Austauschprozesse. Beides – Streben nach Exklusivität und nach Imitation – erzeugt innerkulturelle Spannungen, die neue Prozesse in Gang setzen, die Innovationsbereitschaft erhöhen oder den endogenen Wandel beschleunigen (s. 2.2).

Man sollte meinen, die Gründe für das *soziale Aufsteigen* von Sachgut böten etwa ein Spiegelbild zum vorher Genannten. Jedoch gibt es zu Surrogaten offenbar keine Gegenbeispiele. Am ehesten könnte man Verfeinerungen in der oberschichtlichen Kultur nennen, die erkennbar der Absetzung von mittel- und unterschiedlicher Kultur dienen. Aber es fällt schwer, dafür ähnlich direkte Entsprechungen wie bei den Surrogaten zu finden.

Jedoch kann man zu Verbilligung und reichlichem Angebot Gegenbeispiele beibringen; denn *Seltener- und Teurerwerden* von Gütern bewirkt ein Aufsteigen in der funktionalen und sozialen Skala. Ein gutes Beispiel sind die in der gegenwärtigen Antiquitätenmode zu neuen Ehren gekommenen bäuerlichen Möbel. Durch natürlichen Verschleiß und die lange Vorherrschaft von billig gefertigten, schlichten Fabrikmöbeln sind handwerkliche Stücke früherer Jahrhunderte selten geworden; je älter und je seltener, umso wertvoller. Das war eine notwendige Vorbedingung dafür, daß sie bei wohlhabenden Bürgern nun wieder in Mode kommen konnten. Dagegen kann man keineswegs sagen, bei sinkendem Wohlstand gebe es (umgekehrt wie bei steigendem Wohlstand) durchweg Angleichungen an das kulturelle Niveau der niederen Schichten. Vielmehr gilt als Regel, daß man den in einer vorhergehenden Wohlstandsphase erreichten Status zu bewahren sucht (s. u. Kulturfixierung). Freilich kommt es bei weiterem Absinken in wirkliche Not auch zu Rückgriffen auf einfache Formen, die aus der Kultur niedrigerer Schichten stammen können.

Aber das Aufsteigen von Kulturgut ist – wie gesagt – ungleich seltener als das Sinken. Der entscheidende Grund ist: Das Übernehmen oberschichtlichen Gutes bringt vermehrtes Ansehen, Anerkennung, Prestigegewinn, dagegen das Übernehmen niederen Gutes Mißachtung und andere gesellschaftliche Nachteile.

Anscheinend unterliegen die Rückgriffe auf einfachere, sozial niedere Formen einem ganz anderen Mechanismus als das Angleichen nach oben. Als allgemeinere Tendenzen begegnen sie am ehesten in Zeiten übersteigerten, übersättigten Wohlstandes, wenn das Angleichungsstreben nach oben hypertroph wurde. Dann greifen Protestbewegungen vielfach betont zu einfachen Formen: die Jugendbewegung um 1900, die Hippiebewegung Ende der sechziger Jahre. Parallelen aus früheren Zeiten ließen sich wohl finden. Da es sich dabei um Subkulturen von Jugendlichen handelt, um sporadisch auftretende Protestkulturen, wird selbst von diesem Gegenbild das Vorherrschen der Absinkmechanismen beleuchtet.

Die Grundlagen des Sinkens und Aufsteigens erläuterten wir am Beispiel der Sachkultur. Für Lied und Schauspiel, Musik und Festelemente sind sie zwar reich belegt, aber wohl nur schwierig regelhaft zu fassen, da es kaum Regeln gibt, wann schöpferische, herausragende Leistungen der geistigen Kultur entstehen und welche davon zur Nachahmung reizen. Vielleicht waren für deren Verbreitung zentraldirigistische Impulse der Kirchen, Schulen, Staaten maßgebender als spontane Nachahmung.

Das Entstehen der *Kulturfixierungstheorie* wurde bereits skizziert (2.1). Was besagt sie? Das Konzept steht für kulturelle Reaktionen in unterschiedlichen Wirtschaftslagen. Bisher wurden zwei Aspekte herausgearbeitet:

1. Die Wirkung von *Wohlstandsimpulsen:* Bei rasch steigendem, überschießendem Wohlstand kommt es zu einer Häufung von Prestige-Inno-

vationen. Man möchte den neuerworbenen Wohlstand sichtbar dokumentieren. Generell handelt es sich um Novationen aus der Repräsentationssphäre (Oberbekleidung, Schmuck, Gastessen, Kutschen, Autos; Möbel, Teppiche und Wandschmuck der zugänglichen Wohnräume).

Wegen der Prestigefunktion der Güter ist es naheliegend, daß man häufig versucht, Novationen aus der jeweils höheren Schicht zu übernehmen. Aber diese Funktion können auch Stücke aus fernen Ländern erfüllen, die man als Dokumente der Reisen vorzeigt. Schließlich gibt es Beispiele dafür, daß man in Wohlstandsphasen die eigenen Kulturelemente variiert und steigert.

2. Die Wirkung von *reduziertem Wohlstand:* Bei einer nachfolgenden ökonomischen Krise und entsprechender Minderung des Wohlstandes ist man bemüht, den vorher erworbenen Status zu halten. Man orientiert sich am alten Glanz und es kommt zum Dominieren von Traditionsprozessen. Die Möglichkeiten zur Übernahme kostspieliger Innovationen wird von zwei Seiten eingeengt: durch die Minderung des finanziellen Spielraums in der Krise und durch die Orientierung an einem inzwischen zu hohen Lebensstil. So kommt es zur namengebenden Kulturfixierung, speziell in der vorher mit Novationen aufgebesserten Repräsentationssphäre.

Auf eine kurze Formel gebracht:

1. Hochkonjunktur → Wohlstand → Häufung von Prestige-Innovationen → Angleichung an die Kultur höherer Schichten (*Wohlstandsnovationen*).

2. Baisse → geringeres Einkommen → Überwiegen der Traditionsprozesse (*Kulturfixierung*).

Es ist offenbar verwirrend, daß der Begriff „Kulturfixierung" sowohl für das gesamte Konzept steht (also auch für das Gegenteil von Fixierung: die Innovationshäufung) wie für die eigentliche Kulturfixierung. Deshalb könnte man ihn auf die zweite Phase des Prozesses beschränken, die erste Phase – wie hier – mit „Wohlstandsnovationen" bezeichnen und für die Gesamttheorie einen neuen Begriff einführen. Dafür spricht auch, daß in mehreren Untersuchungen zwar der Zusammenhang von Wohlstandsimpuls und Innovationshäufung bestätigt wurde, aber die nachfolgende Kulturfixierung nicht immer zu fassen war. Für eine eigene Benennung der beiden Prozesse spricht ferner, daß die beiden Regeln nur zwei Positionen aus einer breiten Skala von Beziehungen zwischen Wohlstandspegel und kulturellem Verhalten bezeichnen. Deshalb käme es darauf an, für die ganze Skala der Beziehungen (wenn die Regeln klar liegen) eine Gesamttheorie und einen dafür treffenden Begriff zu entwickeln.

Das Gegensatzpaar Novationshäufung-Kulturfixierung ergab sich für das Verhalten der bäuerlichen Bevölkerung in den Wirtschaftsschwankungen vom 16. bis zum 19. Jahrhundert, also für Verhalten innerhalb eines gewissen Wohlstandsrahmens. Absinken in Not wurde bisher nicht systematisch verglichen. Für den gesamten Wirtschaftsrückgang kann man hypothetisch folgende Skala von „kulturellen Sparmaßnahmen" nennen:

Rückgang der Prestigeneuerungen
Konservieren des erreichten Status (= Kulturfixierung)
Reduktionen im Bereich der privaten Kultur
Reduktionen in der Prestigesphäre
Reduktionen der außerfamiliären Beziehungen
Zusammenbruch kultureller Systeme (der Wert- und Normensysteme)

Generell ist zu betonen, daß als Bezugspunkt nur der *Wohlstands*-Pegel einer Sozialgruppe dienen kann; nicht allgemeine Konjunkturkurven, die sich auf die Lage einzelner Schichten unterschiedlich, ja direkt gegensätzlich auszuwirken vermögen. Ja, man muß weitergehen: Es bleibt für den Vergleich mit dem kulturellen Geschehen gleichgültig, wodurch Wohlstand und Not entstehen, ob durch die Wirtschaftslage, die Steuerpolitik, durch Kriege oder Naturkatastrophen.

Die Kulturfixierungstheorie hat in der bisherigen Fassung ihren Erklärungswert vielfach bewiesen, im Wandel der Kleidung, der Möbel, der Volkskunst – in Skandinavien wie bei ähnlichen Prozessen in Mitteleuropa. So korrespondiert in Deutschland die rasche Modernisierung der ländlichen Sachkultur im 18. Jh. sehr genau mit den Agrarkonjunkturen. Daher bietet die Kulturfixierungstheorie ein Instrument für die Periodisierung der Sachkultur (vgl. 3.2).

Zur schärferen Fassung des Konzepts ist es notwendig, die Novationswellen durch *statistische Aufarbeitung* des Materials präziser zu analysieren, um Korrelationen zwischen Konjunkturkurven und Novationskurven zu ermitteln. Von der quantitativen Wirtschaftsgeschichte ist bereits viel Vorarbeit geleistet (ABEL 1966). Es kommt nun darauf an, daß die historische Volkskunde Gegenstücke dazu bereitstellt. Erste Versuche wurden unternommen, insbesondere anhand der Keramik. So analysierte W. LEHNEMANN 1973 am Beispiel der datierten niederrheinischen Prunkschüsseln das Verhältnis von Konjunktur und Prestigegütern. Die Darstellung in Fünfjahresintervallen ließ zwar die großen Phasen erkennen – den Beginn des Prestigeguts um 1680 (nach dem Aufstieg aus der Not des Dreißigjährigen Krieges), die beiden parallel zu Agrarkonjunkturen liegenden Aufschwünge nach 1710 und nach der Jahrhundertmitte –, sie ermöglichte aber vor allem einen genauen Vergleich mit dem regionalen Auf und Ab des Geschehens am Niederrhein. Eine ähnliche Korrelation zwischen den aufwendigen Schautellern aus Wanfried und einer Wohlstandsphase bei den niederländischen Käufern konnte J. NAUMANN (1974) für die Zeit zwischen 1580 und 1630 herausarbeiten (vgl. WIEGELMANN 1976).

In der Diskussion (s. SVENSSON 1973a) wurde mehrfach betont, daß der kulturelle Wandel und selbst der Wandel bei Prestigegütern nicht allein vom Wohlstandspegel abhänge. Das wurde meines Wissens aber auch von denen, die die Theorie entwickelten, nie behauptet. Man war sich durchaus darüber im klaren, es sei eine *Theorie mittlerer Reichweite*, keine umfassende alles erklärende Theorie des kulturellen Wandels. Die Reichweite ist auf beiden Seiten begrenzt: von den exogenen Dominanten betrachtet man nur die Wirtschafts- (bzw. Wohlstands-) Lage (s. Abb. 1) und in den Auswirkungen kam bisher nur die Prestigesphäre der Sachkultur in den Blick. In Ansatz und Geltungsbereich unterscheidet sich die Kulturfixierungstheorie daher klar vom historischen Materialismus, der eine umfassende Theorie für den sogen. „Überbau", damit auch für die Volkskultur bieten möchte. Mit ihm hat sie lediglich eine äußerliche Gemeinsamkeit: beide gehen von ökonomischen Voraussetzungen der Kultur aus.

Da die Regel vom sinkenden Kulturgut ebenfalls auf die Prestigesphäre zielt, ist zu fragen, wie man die *beiden Konzepte verknüpfen* kann. Hier soll der Versuch einer Zusammenschau geboten werden (s. Abb. 3), um die Richtung der weiteren Arbeit anzudeuten, ohne die theoretischen Probleme des Verallgemeinerns und Verknüpfens von Regeln weiter zu erörtern. Das Schema hat die Aufgabe, eine orientierende Übersicht für die Sachkultur zu bieten. In modellartiger Verkürzung sind darin folgende Regeln verdeutlicht (vgl. WIEGELMANN 1974).

1. Teure Innovationen werden zunächst von den Oberschichten akzeptiert.

2. Durch das Imitationsstreben sinken sie dann oft die soziale Skala hinab (Regel vom sinkenden Kulturgut).

3. Die Übernahme durch jeweils niedere Schichten erfolgt vermehrt in Zeiten steigenden Wohlstandes (Wohlstandsnovation).

4. Den in Wohlstandszeiten erreichten kulturellen Status sucht man auch in schlechteren Zeiten beizubehalten (Kulturfixierung).

5. Notneuerungen werden durchweg zuerst von den untersten Schichten akzeptiert. Von den jeweils höheren Schichten werden sie – wenn überhaupt – erst durch Notzeiten anerkannt.

6. Das Auf und Ab in den sozialen Schichten hat eine Parallele in der funktionalen Skala: Fest-Sonntag-Werktag usw.

7. Da man in höheren Schichten und in festlichen Positionen nach dem Besonderen, dem Exklusiven strebt, werden Kulturelemente, die auf niedere Stellen absinken, in den hohen Positionen meist aufgegeben (Regel vom Differenzierungsstreben).

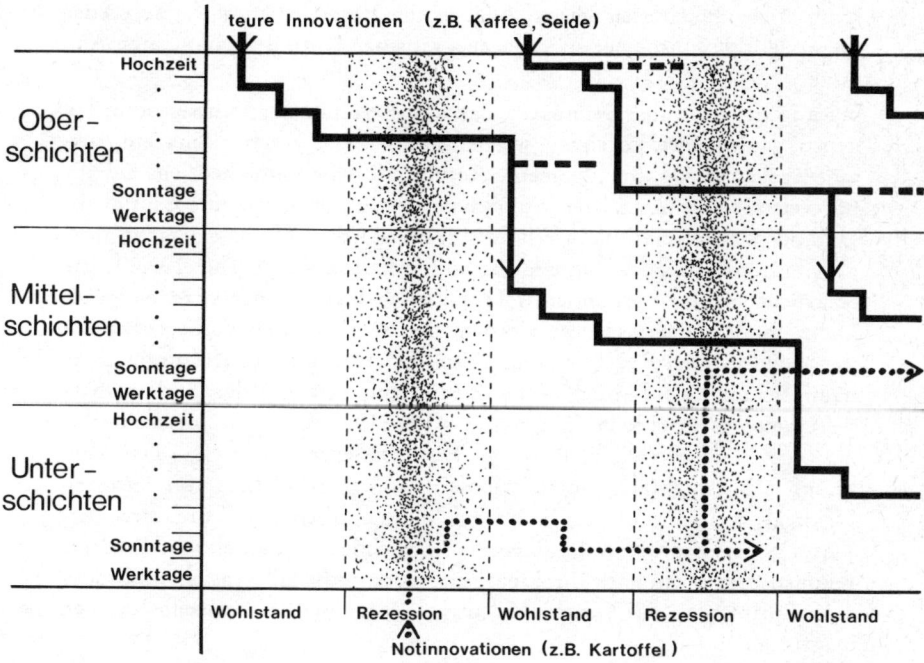

Abb. 3 Innovationen in Sozialschichten und funktionalen Positionen
(nach WIEGELMANN 1974)

Im *theoretischen Durchdringen der Prozesse* europäischer Kulturen bleibt noch viel zu tun. Hier konnte lediglich einiges angerissen werden. Wichtig ist es, die Einheit zwischen empirischer Arbeit und theoretischer Erörterung klar zu sehen. Jede thematische Untersuchung kommt zu Ergebnissen, damit zu Hypothesen.

Je besser sie in den Quellen fundiert sind, umso tauglicher sind sie zur Prüfung bestehender oder zur Formulierung neuer Hypothesen. Da allgemeine Regeln durch stufenweises Generalisieren von empirienahen Sätzen aus aufgebaut werden und die allgemeinen Regeln stets an konkreten Resultaten zu überprüfen sind, kann es keine sinnvolle Trennung von empirischer und theoretischer Arbeit geben. Wo man theoretische Erörterungen ohne empirische Basis glaubt durchführen zu können, erweisen sich die Erörterungen bald als blutleer. Freilich gilt umgekehrt ähnliches: Wo man empirische Arbeit ohne generelle Gesichtspunkte und selbst ohne klare Auswahlkriterien leistet, bleiben die Resultate stumpf. Sie bieten dann vielfach selbst einer späteren theoretischen Durchdringung kaum Ansätze.

Wichtig ist ferner der Grundsatz, daß *alle* Resultate Hypothesen sind, die geprüft, falsifiziert, korrigiert werden müssen. Das gilt für konkrete Aussagen genauso wie für allgemeine Regeln, Modelle und Theorien. Es gibt nur verschiedene Grade der Wahrscheinlichkeit, keine absolute Gültigkeit. Und die Wahrscheinlichkeit erhöht sich nur durch Prüfung, sie hängt nicht ab von der Form oder von der abstrakten Fassung einer These. Die kritische Prüfung der vorhandenen Hypothesen bleibt daher stete Aufgabe. Dabei muß freilich versucht werden, die im Fach noch vorherrschenden ursachenneutralen Regeln – vom Typ: „Oberschichtliches Kulturgut sinkt häufig in tiefere Schichten" – zu Wenn-dann-Sätzen (oder Je-desto-Sätzen) weiterzuentwickeln, in denen das Verhältnis Ursache: kulturelle Reaktion geklärt ist (wie z. B. in der Kulturfixierungstheorie). – Das Verknüpfen der singulären, monokausalen Ansätze zu Netzen von Theorien bleibt als weiterer Schritt. Nur wenn diese erarbeitet und auf ihren Erklärungswert geprüft sind, können wir mit einiger Sicherheit jene Prozesse rekonstruieren, die nach direkten Zeugnissen nicht zu erfassen sind, oder – was prinzipiell das Gleiche bedeutet – Prognosen in gewissem Rahmen wagen.

Eine moderne *Übersicht* über die theoretischen Konzepte des Faches fehlt. Die älteren Ansätze sind am besten in dem Werk von AD. BACH (1960) dargelegt. Für den internationalen Vergleich sollte man das Wörterbuch von Å. HULTKRANTZ (1960) heranziehen. Es benennt und charakterisiert immerhin die wichtigsten generellen Themen. Einen informativen Überblick aus der Sicht der Cultural Anthropology bietet M. HARRIS (1972), einige neuere Ansätze H. BAUSINGER (1971). Um aber heute wirkliche Kenntnis der in den europäischen Schulen relevanten Theorien zu gewinnen, muß man die maßgebenden Beiträge in zahlreichen Zeitschriften und Sammelbänden kennen. Das kann nicht jeder für sich leisten. Deshalb ist es dringend, eine zusammenfassende und weiterweisende Schrift über die Theorien des Faches zu erarbeiten und zwar im europäischen Rahmen.

2.4 Die Quellen und ihre Dokumentation

Historische Quellen. Damit sind Archivalien und literarische Quellen gemeint, also allgemein historische Quellen, nicht die von der Volkskunde
erstellten Dokumentationen (s. u.), die genaugenommen ebenfalls historische Quellen sind.

Für historische Quellen wurden Prinzipien der Aufarbeitung und Sichtung
im europäischen Rahmen bisher nicht diskutiert. Zumeist sucht auch im
deutschen Bereich jeder Forscher die für sein Thema relevanten Quellen
selbst, ähnlich wie der Historiker. Freilich ist inzwischen vieles in publizierten Aktenbänden zugänglich, und Studien, die diese auf kulturelle
Fakten hin auswerteten, kamen zu überraschend reichem Belegmaterial
(z. B. HÄHNEL 1975). Da die Archivalien in zahlreiche staatliche, städtische und private Archive zersplittert sind und die wenigen Nachrichten
zum kulturellen Bereich aus ganz verschiedenartigen, umfangreichen Be-
ständen herausgesucht werden müssen, entstand in den dreißiger Jahren
der Plan, Aktenexzerpte für die volkskundliche Forschung bereitzustellen.
HANS MOSER und K. S. KRAMER bauten eine archivalische Quellenkartei
für Bayern und Franken auf (MOSER 1951; KRAMER 1959). Leider wurde
die Arbeit in München seit Ende der sechziger Jahre nicht mehr weitergeführt, sie fand lediglich in der seitdem in Kiel begonnenen Historischen
Quellenkartei für Schleswig-Holstein eine Parallele. Wie ergebnisreich
das systematische Durcharbeiten der Archivbestände (meist in der Form einer Stichprobenauswertung) ist, zeigen die Publikationen (vgl. *Bayer. Jb.
f. Vkde.* 1950–63, *Kieler Bll. zur Vkde.* 1969 ff.). Aufgrund der neuen
Quellenbasis konnte manch kühne Kontinuitätsthese widerlegt und der
Blick auf eine konkret historische Erforschung des Wandels gelenkt werden. Die regional-, zeit- und sozialtypischen Strukturen einzelner Gebiete
konnte K. S. KRAMER mit diesem Ansatz in seinen Bänden über die fränkische Volkskultur zwischen 1500 und 1800 klarlegen (1957, 1961, 1967).
In all diesen Studien wurden Akten ganz unterschiedlicher Provenienz
durchgesehen (Rechnungen, Gerichts- und Verwaltungsprotokolle, Kir-
chenbücher usw.).

Daneben steht die systematische Aufarbeitung einer einzigen, sehr ergiebi-
gen Quellengruppe, wie sie in den Inventaren, den Testamenten oder
Brautschatzakten vorliegen. Mit diesen Archivalien erhält man nur Nachrichten zum Sachgut (Möbel, Arbeitsgerät, Küchen- und Eßgerät, Kleidung, Textilien, Schmuck), aber sie erlauben einen schärferen methodischen
Zugriff. Wenn sie flächendeckend vorliegen – wie in Schweden (BRINGÉUS

1969) und in der Steiermark (KOREN 1950) –, kann man die historische Diffusion von Neuerungen sehr genau rekonstruieren. Da sie durchweg in größeren Mengen über Jahrzehnte, ja Jahrhunderte bewahrt blieben, gestatten sie zudem statistische Analysen zum zeitlichen Wandel und zur sozialen Differenzierung. In jedem Fall ist danach eine recht genaue Geschichte der Sachkultur möglich (z. B. SAUERMANN 1972a). – Eine informative Einführung in die Fragen der historischen Quellenarbeit bot K. S. KRAMER 1968.

Schriftliche Befragung. Gemessen am archivierten volkskundlichen Material ist diese Methode fraglos die bedeutendste. Die erste Befragung im großen Stil wurde von W. MANNHARDT 1864/65 durchgeführt. Seine Fragebogen sandte er in „etwa 150000 Exemplaren durch halb Europa" (WEBER-KELLERMANN 1965). Einer der Hauptnachteile dieser Befragungsart, die niedrige Rücklaufquote, machte sich stark bemerkbar. Es kamen nur ca. 2500 beantwortete Bogen zurück. Wenn die Zahl der ausgesandten Fragebogen nicht heroisierend übertrieben wurde, war das lediglich ein Rücklauf von 1,7 %. Demnach könnte man versucht sein, das Material als nicht repräsentativ zu bezeichnen.

Jedoch liegen ca. 2000 Antworten aus dem Gebiet des damaligen Deutschen Reiches vor und damit erhielt Mannhardt eine Belegdichte, die seinem Ziel, „ein umfassendes, von Landschaft zu Landschaft vollständiges (wir würden sagen: genügend repräsentatives) Material" zu erhalten, nahekommt; denn die Belegorte streuen ziemlich über das gesamte Gebiet (s. R. BEITL 1932/33, Karte 1). Ein in allen Teilen gleiches Verhältnis der Belegorte zur Gesamtzahl der Orte war für ihn als Einzelnem nicht zu erreichen.

Seine Zielgruppe war die landwirtschaftliche Bevölkerung. Von ihr wollte er Aussagen über Arbeit, Bräuche und Glaubensvorstellungen bei der Getreideernte erhalten. Da er die Möglichkeiten zu schriftlicher Mitteilung bei Landwirten, Köttern und Gesinde realistisch einschätzte, schickte er die Fragebogen an Lehrer, Geistliche und Sagensammler, aber auch an Gutsbesitzer und Inspektoren und bat sie, „Erkundigungen einzuziehen und ihm das Ergebnis (der) Nachforschungen gütigst mitteilen zu wollen". Damit wurden die Angeschriebenen zu räumlich verteilt wohnenden Interviewern, das Unternehmen demnach in heutigen Begriffen zu einer Mischung von schriftlicher Befragung und Interview. Die Unkontrollierbarkeit der Erhebungssituation, eine generelle Schwierigkeit jeder schriftlichen Befragung, wird dadurch besonders deutlich; denn ein Teil der Berichterstatter erkundigte sich nicht bei einem (oder mehreren) Gewährspersonen, sondern schrieb ganz (oder zum Teil) nieder, was aus eigener Erfahrung bekannt war. Bei einfachen Aspekten der öffentlichen Kultur (z. B. Erntegeräte und Arbeitsteilung) konnte das auch von jedem länger Ortsansässigen ohne Rückfrage zutreffend geleistet werden.

In seinem Anschreiben kam Mannhardt dem heute Geforderten sehr nahe: er legte seine Vertrauenswürdigkeit und Kompetenz dar (Grimm-Schüler, Nennung der Publikationen), wies auf die wissenschaftliche und allgemeine Bedeutung („Ehrensache des ganzen Volkes") sowie auf die Dringlichkeit der Befragung hin (Verschwinden des Alten durch den „erfreulichen Fortschritt der rationellen Landwirtschaft"). Schließlich versprach er als Belohnung eine Gegengabe: die Ergebnisse wollte er „in einer allen Gebildeten zugänglichen Form . . . selbst darlegen".

Die Frageformulierung von damals läßt freilich manche Kritik zu. Neben kurzen, praktisch geschlossenen Fragen („14. Werden nach dem Schluß der Ernte Freudenfeuer angezündet?") stehen Fragen, die das Urteilsvermögen der Gewährsleute überfordern („19. Gibt es zu Weihnachten abergläubische Bräuche und Meinungen, welche auf Saat, Ernte und Getreide Bezug haben?") oder Doppel- und Vielfachfragen, die die Antwortchancen für die Teilfragen stark mindern („2. Wie ist der Hergang bei der Ernte? Wird das Getreide von den Bauern mit der Sichel geschnitten oder gehauen? Wird es dann gleich gebunden oder bleibt es fürerst in Schwaden liegen? . . ."). Einige Fragen sind so umfangreich (z. B. Fr. 5: eine halbe Druckseite), daß es sich mehr um Hinweise zu freien Berichten handelt als um Fragen.

Zwanzig der Mannhardt-Themen erfragte man vom Atlas der deutschen Volkskunde (1930–35) erneut (WEBER-KELLERMANN 1965), so daß vergleichende Analysen zweier Querschnitte möglich sind (vgl. WIEGELMANN 1969). Einen Eindruck von den seit 1865 versandten volkskundlichen Fragebogen erhält man durch die Zusammenstellung, die W. HANSEN 1969 zum Thema „Arbeit und Gerät" bot. Zwei Typen lassen sich unterscheiden: Fragebogen mit durchformulierten Einzelfragen, die kurze Antworten erforderten – in der Art der Mannhardtfrage 14 – ferner Anhaltspunkte für zusammenhängende Berichte.

Der *erste Typ* kommt dem am nächsten, was man heute in den methodischen Handbüchern zur empirischen Sozialforschung für schriftliche Befragungen fordert: einen nicht zu langen Fragebogen mit kurzen, leicht verständlichen Fragen, abwechselnd zwischen zahlreichen geschlossenen und wenigen offenen Fragen (FRIEDRICHS 1973). Anscheinend war dieser Typ im ersten Rheinischen Volkskundefragebogen (1922) deshalb so klar ausgebildet, weil man Wortfragebogen für das Rheinische Wörterbuch zum Vorbild nahm. Die erste Frage der Erhebung von 1922 ist dafür ein kennzeichnendes Beispiel: „1. Aus welchem Mehl besteht das alltägliche Bauernbrot? a) welche Form hat es? b) Wer backt im Hause? c) Wo steht der Backofen? d) Ist ein Gemeindebackofen vorhanden?"

Es ist aufschlußreich zu verfolgen, wie man die Erfahrungen dieser frühen regionalen Umfragen in den Planungen des Atlas der deutschen Volkskunde (ADV) verwertete, zunächst verbesserte Formulierungen in der Probebefragung von 1929 testete und sich daraufhin für die Frageform der Hauptbefragung (1930–35) entschloß. So wurde aus den ersten beiden Teilen der rheinischen Brotfrage im ADV: „196a) Gibt es eine oder mehrere Arten des täglichen Brotes? b) Aus welchem Getreide wird das Mehl für das tägliche Brot hergestellt? c) Wird das Getreide für das Brot gemahlen oder geschroten und wie stark?" Der Fragezettel enthält entsprechende Rubriken und zusätzliche Hinweise zur Beantwortung.

Zu den damaligen methodischen Erörterungen liegt relativ viel Literatur vor, insbesondere H. SCHLENGERS „Methodische und technische Grundlagen" (1934a; vgl. WILDHAGEN 1938). In diesem Rahmen kann auf diese Schriften (bes. SCHLENGER 1934a) und auf die Abschnitte in Lehrbüchern über Methoden empirischer Sozialforschung (FRIEDRICHS 1973, E. K. SCHEUCH in: KÖNIG 1973–74, II, 1) verwiesen werden. Einige Anmerkungen dazu müssen genügen. Das von der empirischen Sozialforschung geforderte Übergewicht geschlossener Fragen wird in schriftlichen Umfragen der Volkskunde nicht befolgt. Aus folgenden Gründen: Da durchweg die regionale Differenzierung der Kultur (z. T. mit zeitlichen und sozialen Unterschieden) erfragt werden soll, kann man die möglichen Antworten vorher nicht alle kennen. Selbst wenn sie bekannt wären, könnten sie im Fragebogen nicht immer zum Ankreuzen aufgezählt werden, weil es zu viele sind. Wie wollte man die etwa hundert möglichen Schutzheiligen oder die große Zahl der möglichen Hochzeitsspeisen und Mahlzeitenordnungen des deutschen Sprachgebietes aufzählen? Der Fragebogen würde unlesbar. Wenn man es versuchte, ergäben sich spezifische Fehlerquellen, da schon Listen von zehn Varianten bei Befragungen problematisch sind. „Positionseffekte" (Bevorzugung der ersten oder letzten Antwortkategorien) verfälschen dann die Antworten. Hinzu kommt: Antworten auf geschlossene Fragen enthalten wenig Information. Wenn gefragt wird, ob die Getreidesicheln glattschneidig oder gezähnt waren, so ergeben die Antworten zwar klare Gegensätze und man kann danach eine übersichtliche Karte zeichnen, aber aus derartigen Kurzantworten erhält man keine Hinweise zur Arbeitstechnik, zu den Formen der Sicheln, zur sozialen Zuordnung, kurz: keine Anhaltspunkte für die Interpretation.

Daher werden geschlossene Fragen in schriftlichen Umfragen der Volkskunde lediglich für variantenarme einfache Züge der öffentlichen Kultur angewandt (z. B. Zuggeschirr der Pferde, Formen der Windmühlen, Feiern von Namenstag oder Geburtstag, Grundformen der Kinderwiege), die als Indikatoren für wichtige Komplexe dienen können; kurze offene

Fragen werden dagegen bei variantenreichen, sachlich gut abgrenzbaren kulturellen Zügen eingesetzt; Aufforderungen zu zusammenhängenden Schilderungen dagegen bei komplexen Sachverhalten und Handlungsverläufen (Erzählungen, Verlauf der Hochzeitsfeier, Phasen der Flachsbearbeitung).

In der volkskundlichen Dokumentation spielt der andere Typ schriftlicher Umfragen – die *Anforderung zusammenhängender Berichte* – eine beachtliche Rolle. Den Berichterstattern im Lande werden Themenkomplexe genannt (in Stichworten oder in einer Folge von Fragen), über die sie aus eigener Erfahrung ausführlich berichten sollen. Dieser Ansatz ist am ehesten der biographischen Methode (J. SZCZEPANSKI in: KÖNIG 1973–74, IV) zuzuordnen. Hier wie dort erhalten die Gewährspersonen Richtlinien, Themenpläne, an denen sie das Interesse der Wissenschaftler ablesen können. Sie sollen dann relativ frei aus ihrer eigenen Erfahrung berichten. Deshalb entfällt die Doppelposition Berichterstatter-Gewährsperson, die für alle Arten von Fragebogenerhebungen typisch ist.

Derartige Themenkataloge lassen sich bis in die volkskundlichen Bemühungen der Statistiker zurückverfolgen. Sie dienten vielfach als Anleitung zum Beobachten oder für „Intensivinterviews". Eine besondere Bedeutung hatten sie für die Sagen- und Brauchsammler der Grimm-Schule. Zu einem konsequenten Korrespondentenverfahren wurde der Ansatz in den nordischen Ländern entwickelt. Dort sammelt man seit Beginn des 20. Jhs derartige biographieähnliche Berichte in die großen Archive (Stockholm, Lund, Uppsala usw.). Daher ist es kein Zufall, daß dort auch die ausgesprochen *biographische Methode* einen großen Raum einnimmt (vgl. TOBIASSEN 1975), während in Mitteleuropa (bei der schriftlichen Befragung und auch sonst) das sezierende Analysieren von isolierten Kulturelementen überwiegt (s. o. 1.2). Nach dem Vorbild der nordischen Archive wurde seit 1950 das Archiv für westfälische Volkskunde in Münster aufgebaut (M. BRINGEMEIER in *Zs. f. Vkde* 1953).

Vorteile und spezifische Anwendung dieser Methode sind die gleichen wie bei der biographischen Methode. Neben der Erfassung ganzer Kulturkomplexe und ihres Gefüges erlauben derartige Berichte Aufschlüsse über Interessen und Werte der Gruppe. Man erhält anhand der Texte am ehesten Einblicke in den Lebensstil von Bergleuten, von Knechten, von Hippiegruppen, kurz von sozial-spezifischen Dominanten des Kulturgepräges. Das Verhalten in Krisensituationen läßt das Wertgefüge erkennen. Mit derartigen komplexen, zentralen Zügen der Kultur hat sich die deutschsprachige sezierende Einzelforschung stets schwergetan. Es ist wohl kein Zufall, daß der Schwede A. ESKERÖD (1947), dem komplexe Berichte vertraute Quellen waren, zu dem fruchtbaren Begriff der Interessendominanz kam, der Erkenntnis, daß die leitenden Interessen und Werte bei Bauern andere sind als bei Seeleuten oder Hüttenarbeitern, bei Jugendlichen andere als bei Verheirateten oder alten Leuten, und daß die jeweils dominanten Interessen das Kulturgepräge dieser Gruppen wesentlich bestimmen. – Deshalb sollte man sich von der Erfahrung, daß bei diesem Ansatz brauchbare Berichte immer nur in geringerer Zahl als bei knappen Fragebogen oder Interviews zu erlangen sind, nicht abschrecken lassen. Stets ist nur eine begrenzte Zahl von Personen sowohl zu genauer, detaillierter Beobachtung wie zu ausführlicher, klarer und sachlicher Darstellung fähig. Da es meist Berichte über Vergangenes sind, muß zudem ein gutes Gedächtnis hinzukommen.

Das auf die schriftlichen Umfragen eingelaufene Material wurde erst zum Teil bearbeitet (vgl. für den ADV: HARMJANZ/RÖHR 1937–39, ZENDER 1958 ff., 1959–64). Neben den zentralen, ganz Deutschland deckenden Umfragen – Mannhardt-Umfrage von 1865, die mit den Sprachatlas-Umfragen um 1880 gestellte Trachtenfrage, die beiden AVD-Umfragen (1930–35 und 1965–70) – gibt es zahlreiche regionale Befragungsaktionen, z. B. die sogen. württembergischen Konferenzaufsätze von 1900 (s. BOHNENBERGER 1961), die bayerische Umfrage von 1909/10, die rheinischen Umfragen ab 1922 und die Umfragen des Archivs für westfälische Volkskunde ab 1951. Daneben muß man die ebenfalls mit schriftlicher Befragung (und freier Mitarbeit) erhobenen Unterlagen der regionalen Wörterbücher beachten, da sie z. T. große volkskundliche Bestände enthalten. Vor allem zu nennen sind die Sammlungen des Mecklenburgischen, des Rheinischen, des Pfälzischen, des Preußischen und des Sudetendeutschen Wörterbuchs.

Es ist dringlich, einen thematischen Überblick über die schwer überschaubaren Archivbestände zu erarbeiten, um sie wieder näher an die allgemeine Forschung heranzuführen. Dabei müßten auch die – mit unterschiedlichen Methoden gesammelten – Bestände der volkskundlichen Landesstellen berücksichtigt werden. Denn dieses Material bildet einen enormen Fundus für die Forschung, nicht nur für Übersichtskarten, ebensogut als Vergleich für historische Studien, als Hintergrund und Orientierung für lokale Mikroanalysen, für komplexe Regionalanalysen (s. ZENDER 1958, 1965) und für statistische Bearbeitungen (SARMELA 1973).

Museale Dokumentation. Sie ragt dadurch aus den anderen Verfahren heraus, weil originale Teile der Kultur bewahrt werden. Das macht den unzerstörbaren Reiz der Sammlungen aus. Alle anderen Dokumentationen bieten Abbilder, die dem realen kulturellen Geschehen nur annähernd nahekommen können. Selbst ein mit Akribie gedrehter wissenschaftlicher

Film kann aus dem komplizierten Geschehen nur angenäherte Teilabläufe bringen. Wenn er – wie bei handwerklichen Tätigkeiten häufig – ein rekonstruiertes Verfahren aufnimmt, liegen Probleme des Abbildens bereits in der vorgeführten Tätigkeit, aber selbst, wenn man ein ohnehin ablaufendes Geschehen (eine Prozession, ein Schützenfest) filmt, beeinflußt man durch die Kameras das Verhalten. Beim Schnitt des Rohmaterials erfolgt eine weitere Auswahl und Veränderung; denn ein vorführfertiger Film hat seine eigenen Regeln (vgl. SIMONS 1969). – Bei allen Befragungen wird das Geschehen ungleich stärker selektiert und umgeformt als bei Film- und Tonbandaufnahmen.

Die Museumsobjekte bieten dem Forscher die Möglichkeit, Originale mit immer neue Methoden und Problemen zu befragen. Zwei generelle Voraussetzungen für Objektsammlungen kann man nennen: Es müssen dauerhafte Stücke sein. Absolut dauerhaft sind freilich nur wenige Materialien, wie Keramik und Edelmetall. Bei den anderen muß der Aufwand für die Erhaltung offenbar in einem sinnvollen Verhältnis zum Wert des Objekts stehen. Zweitens dürfen sie nicht zu groß sein, eine banale, aber folgenreiche Voraussetzung. Je kleiner die Objekte, um so größer die Chance der Bewahrung in einer Sammlung. Die Freilichtmuseen haben die Grenzen des Bewahrbaren zwar erweitert, aber auch in diesen großen Kulturreservaten stößt man mit der Zahl der Häuser rasch an eine obere Grenze (ZIPPELIUS 1974).

Bei Museumsobjekten liegen die Probleme auf zwei Ebenen; die eine ist die der Auswahl, die andere die der begleitenden Dokumentation. – Die generellen *Auswahlprinzipien* (s. 2.5) werden durch zwei Aspekte modifiziert: Den Einfluß der Präsentation und die Größe der Objekte. Da ein Museum primär aus Schausammlungen besteht, drängt sich der Aspekt der effektvollen, publikumswirksamen Präsentation bis in die Auswahl der Objekte. An sich sollte jeder die beiden Aufgaben des Museums – Dokumentation und Präsentation – klar auseinanderhalten und die Prinzipien nicht verwischen. Tatsächlich ist das schwierig. Denn die meisten mitteleuropäischen Museen haben so wenig wissenschaftliches Personal und werden von den Trägern so stark mit Ausstellungen, mit Öffentlichkeitsarbeit belastet, daß die Dokumentationsaufgaben meist nicht sachgerecht wahrgenommen werden können. Deshalb findet man wenig Studiensammlungen, wenig wohlgeordnete Magazine, die eine sachgerechte Auswahl aus der Gesamtheit der bewahrbaren Objekte bieten.

Der Einfluß der Objektgröße wurde bereits angedeutet. Generell kann man sagen: Je größer die Objekte, um so strenger muß auf eine sachgerechte Auswahl geachtet werden, um so sorgfältiger muß die begleitende Dokumentation sein. Trachtenschmuck, Zinnfiguren und Kinderspielzeug können in relativ vielen Stücken in Museen kommen. Daher ist es leichter, von allen Regionen, Sozialschichten und Zeiten Charakteristisches aufzubewahren. Wenn man aber von großen Kleiderschränken des Typs „Hamburger Schapp" nur ein oder zwei unterbringen kann, ist eine repräsentative Auswahl nicht möglich. Begleitende Dokumentation durch Foto und Text muß hinzutreten (LÜHNING 1967). Die Kosten steuern die Sammlungen vielfach in die gleichen Dokumentationsprobleme.

Museumsobjekte sind zwar originale Teile der Kultur, aber doch „willkürliche" Ausschnitte, die generell der *begleitenden Dokumentation* bedürfen, um den Funktionszusammenhang – aus dem sie stammen – festzuhalten: Verwendung, Bezeichnung und der ehemalige Standort des Objekts, seine Beziehung zu anderen, nicht ins Museum gekommenen Stükken, die soziale Zuordnung. Dadurch wird die museale Sammlung kultureller Objekte zu einem anspruchsvolleren Unternehmen als es der Einkauf in Antiquitätenläden sein kann. Von den dort erstandenen Stücken läßt sich meist nicht einmal die einfachste Information (Herkunftsort) ermitteln.

Das Übergewicht des Ausstellungsinteresses führte auch zu einer Überrepräsentation des dekorierten Gutes in den Museen. Der Akzent ergab sich meist schon dadurch, daß viele Museen als Volkskunst-Sammlungen begannen. Die zahlreichen Kunsthistoriker unter den Museumsbeamten und das Kunstinteresse im Publikum, der Anklang, den staunenswerte, schöne Leistungen finden, unterstützen die Tendenz. So findet man an Töpferware in den Museen zumeist reich verzierte Stücke, z. B. von der bild- und inschriftverzierten niederrheinischen Ware, die zwischen 1680 und 1860 produziert wurde, um 1 300 (SCHOLTEN-NEESS/JÜTTNER 1971), vom gewöhnlichen Alltagsgut aber nur wenige Objekte. Das bedeutet eine direkte Umkehrung der Wirklichkeit; denn produziert und benutzt wurden immer große Mengen an schlichtem Alltagsgeschirr und nur wenige Dekorstücke. Diese Gewichtsverkehrung wurde freilich schon durch die schlechteren Erhaltungsbedingungen des Gebrauchsgutes vorbereitet.

Fragen der musealen Dokumentation hat man seit Jahrzehnten erörtert. Ältere Literatur findet man bei PESSLER (1934–38 : I 187–91), BACH (1960) und JACOBEIT (1965). Von der in den letzten Jahren neu entfachten Diskussion sei auf HANSEN (1970), SCHLEE (1970) und KRAMER (1975) verwiesen.

Gegenwärtige Situation und Aufgaben. Die wichtigsten Dokumentationen wurden im späten 19. und frühen 20. Jh. geleistet. In diese Zeit fallen die meisten Erzähl- und Liedsammlungen, die Museums- und Atlasdokumentationen. Seit dem Zweiten Weltkrieg wurden zwar noch einige Dokumentationen der bisherigen Art durchgeführt – wie die des Preußischen und des Sudetendeutschen Wörterbuchs und die zweite Umfrage des ADV (1965–70), aber dabei handelte es sich durchweg um dringliche Aktionen zur alten ländlichen Kultur. An neuen Ansätzen ist seitdem lediglich die Filmdokumentation zu nennen. Aber auch diese konzentriert sich zumeist auf vergehende Arbeits- und Brauchabläufe.

Die Dokumentation muß sich nun an den neuen Forschungsschwerpunkten orientieren, wie dem kulturellen Wandel in der Industrialisierung, den sozialen Unterschieden kultureller Prägung, den Mikroanalysen, den Akkulturationsstudien (s. 6). Dazu sind jedoch kaum Dokumentationsvorhaben bekannt geworden. Wegen der Dezentralisierung der wissenschaftlichen Einrichtungen kann man derartige Vorhaben nur in den einzelnen Instituten, Landesstellen und Museen durchführen. Eine Koordination der Ansätze wäre dringlich.

Allerdings verfällt unter dem Einfluß soziologischen und z. T. auch des kulturanthropologischen Arbeitsstils die Motivation zum Dokumentieren. Die an sich begrüßenswerte Betonung problemorientierten Arbeitens führt zu einer Mißachtung der Dokumentation, und diese Tendenz wird dadurch verstärkt, daß manche die historischen Aspekte zugunsten von Gegenwart und Zukunft beiseite schieben. Das für Studien benutzte Material wird durchweg nicht archiviert, selbst dann nicht, wenn es neu erfragt oder beobachtet wurde. Daher steht es für erneute Analysen nicht mehr zur Verfügung. Dieses Extrem zum älteren positivistischen Sammeln darf nicht zur Norm werden. Ja, es wäre ein bedenkliches Kappen eines Spezifikums der Europäischen Ethnologie, der fruchtbaren Verflechtung von kontinuierlicher Dokumentation und Forschung. Hier kann nicht erörtert werden, wie man bei heutigen Dokumentationen vorgehen sollte. Hinweise auf einige Möglichkeiten müssen genügen. Wie man subtile mikroanalytische Forschung mit musealer Dokumentation verbinden kann, haben E. FÉL und T. HOFER gezeigt (1972, 1974). Unterschiede im kulturellen Gepräge der Berufsgruppen kann man mit strukturierten Biographien gut fassen. Bisher gibt es noch kaum planmäßig wiederholte Untersuchungen einzelner Orte. Das wäre aber wichtig, um die Wandlungstendenzen stetig zu dokumentieren und eine zureichende Basis für die Analyse des kulturellen Wandels zu erhalten. Derartige aus der empirischen Sozialforschung bekannten Panel-Studien sind nicht nur bei Gemeindeuntersuchungen, sondern generell anwendbar, insbesondere bei Befragungen mit gleichen Fragethemen. Sie bieten ein wichtiges Instrument zur Dokumentation des kulturellen Wandels.

2.5 Methoden

Zumindest seit W. PESSLERS kurzem methodischen Beitrag (in: PESSLER 1934–38: I) ist es in den Lehrbüchern üblich, die philologisch-historische, psychologische, soziologische und die geographische Methode als die wichtigsten des Faches anzusehen. A. BACH fügte diesem Vierergespann die strukturelle (bautümliche) Betrachtung zu (1960), aber R. WEISS (1946) und M. HAIN (1962) hielten sich an die vorgezeichnete Vierteilung: „Man kann im wesentlichen *vier Forschungsrichtungen* unterscheiden, die geographische, die soziologische, die historische und die psychologische. Jede führt von einer anderen Seite ... zur Klärung der Beziehungen zwischen Volk und Volkskultur ... Alle vier zusammen bilden darum eigentlich die *volkskundliche Methode*" (WEISS 1946). Die Unterscheidung entspricht dem, was S. ERIXON (im Blick auf das Kulturgut) die drei „ethnologischen Dimensionen" genannt hat: Zeit, Raum und Sozialgruppe. – Tatsächlich handelt es sich dabei um generelle Aspekte oder – auf die Wissenschaft gesehen – um komplexe Forschungsrichtungen, die sich mehrerer Methoden, d. h. Dokumentations- und Analyseverfahren bedienen. Deshalb sollte man dafür die Bezeichnung „Methode" vermeiden. Weder in der Kulturanthropologie (NAROLL/COHEN 1973) noch in der sozialwissenschaftlichen Methodologie (KÖNIG 1973–74) würde man diese Richtungen „Methoden" nennen.

Für spezielle Aufgaben wurden durchaus Methoden entwickelt, etwa über schriftliche Umfragen und flächige Interviewer-Befragung (SCHLENGER 1934 a, WEISS 1950), über räumlich-kartographische Probleme (KRETSCHMER 1965, 1974; SZOLNOKY 1975), quantitative Methoden (SARMELA 1973), die „finnische" (geographisch-historische) Methode der Erzählforschung (ANDERSON 1934/40), Gefügeforschung und Dendrochronologie in der Hausforschung (ECKSTEIN/BEDAL 1974), das Interpretationsprinzip der „Wörter und Sachen" (GAVAZZI 1968, SVENSSON 1973 b: 78–90), um einige wichtige zu nennen. Diese themen- oder quellenspezifischen Verfahren können hier nicht dargelegt werden. Es sollen lediglich einige allgemeine Prinzipien kulturwissenschaftlichen Arbeitens erörtert werden: Kriterien und Analyseverfahren (Form- und Quantitätskriterium, Eingliederungskriterium, Simulation von Diffusionen), ferner generelle Auswahlverfahren.

In der deutschsprachigen Volkskunde sind die Beziehungskriterien – *Form- und Quantitätskriterium* – kaum diskutiert worden. Sie gehören bisher nicht zum methodischen „Rüstzeug" des Faches, zu unrecht. Weder in den Handbüchern der dreißiger Jahre noch in neueren Gesamtdarstellungen (WEISS 1946, BACH 1960, BAUSINGER 1971) findet man sie abgehandelt. Das ist verwunderlich, da die Kriterien von der deutschsprachigen Völkerkunde schon um 1900 entwickelt (L. FROBENIUS, F. GRÄBNER, s. BORNEMANN 1938) und von den Volkskunden anderer europäischer Länder durchaus beachtet werden. Man kann die Abstinenz nicht damit erklären, daß die Kriterien – durch die Kritik an der Kulturkreislehre – überholt seien; denn gerade sie sind in den Diskussionen prinzipiell nicht bezweifelt worden (HAEKEL 1956), sie werden weiterhin in Darstellungen der kulturanthropologischen Theorie behandelt (HARRIS 1972).

Beziehungskriterien sollen eine Klärung darüber bringen, ob gleiche (oder sehr ähnliche) Kulturzüge, die in verschiedenen Zeiten, Regionen oder Sozialgruppen begegnen, durch einen historischen Zusammenhang zustande kamen. Die Kriterien gelten also nicht nur für regional voneinander getrennte gleiche Formen – die sogen. „ethnographischen Parallelen", für die sie entwickelt wurden –, sondern für jedes Vorkommen des Gleichen an verschiedenen Punkten.

Wenn eine aus Steinen errichtete Wand heute *Mauer* heißt, im Frühmittelalter *mura* (ahd) und im klassischen Latein *murus*, so stellt sich die Frage genauso wie bei regional getrenntem Vorkommen des Vampyrglaubens in Hinterpommern und in Südosteuropa und genauso bei unterschiedlichen sozialen Positionen, wie der Tischsitte des Essens mit der Gabel am Hofe im 17. Jh. und bei Arbeitern im späten 19. Jh. Stets ist zu fragen, ob die in verschiedenen Positionen auftretenden Formen unabhängig voneinander entstanden (Polygenese oder Konvergenz) oder ob sich ein und dieselbe Kulturform ausbreitete, ob Diffusion vorlag.

Die dafür erarbeiteten Kriterien sind:

1. Das *Formkriterium*: Ein ehemaliger Zusammenhang ist anzunehmen, wenn sich die Übereinstimmung findet

    a) in einer spezifischen, komplizierten, „nicht zu allgemeinen Eigenschaft, die

    b) zweckfrei ist, d. h. nicht bestimmt wird von der Funktion (oder dem Material) der Kulturerscheinung ... und die

c) eine variable Eigenschaft ist, also noch (zahlreiche) andere Form-
möglichkeiten kennt" (BORNEMANN 1938).

2. Das Formkriterium wird meist gestützt durch das *Quantitätskriterium.*
Es besagt: Ein aufgrund des Formkriteriums erschlossener Zusammenhang
wird um so wahrscheinlicher je mehr derartige Formgleichheiten, die einander nicht bedingen, festgestellt werden können.

Um bei den Beispielen zu bleiben: Eine aus Mörtel und Steinen errichtete Wand
nennt man nicht generell „Ding" oder „Sache", sondern speziell *Mauer* und unterscheidet sie von der Fachwerkwand. Das Wort ist eine bestimmte Folge von
vier Lauten, dadurch in gewissem Sinne von „komplizierter Struktur". Die Bezeichnung *Mauer* wird nicht von der Sache notwendig bestimmt, es gibt andere
Bezeichnungen in Europa.

Die Wahrscheinlichkeit für eine Entlehnung des Wortes aus dem Römischen wird
dadurch groß, daß man für andere Teile des gemauerten Hauses Entlehnungen
in gleicher Weise wahrscheinlich machen kann, Formen, die einander nicht bedingen (Fenster < fenestra, Keller < cellarium, Kammer < camera, Ziegel < te-
gula usw.) (Quantitätskriterium).

Der Nachweis anhand des Formkriteriums kann für die Techniken ähnlich geführt werden. Der Prozeß des Ziegelbrennens, die Technik des Kalkbrennens und
die Konstruktionsverbände beim Mauern, sie sind jeder für sich hinreichend kompliziert und spezifisch. Und sie bedingen einander nicht direkt, so daß auch für
den technischen Komplex das Quantitätskriterium einsetzbar ist. An diesen bekannten, durch historische Quellen und Forschungen bereits gesicherten Entlehnungen kann man den Ansatz der Kriterien gut erläutern.

Mancher mag darin überflüssige methodische Spielerei sehen und auf die historischen Quellen verweisen. Aber damit sind verschiedene Ebenen der Argumen-
tation angesprochen. Denn es gibt reich belegte Kulturzüge, für die man dennoch
keine Diffusion annehmen kann (Allgemeines wie Erzählen, Begräbnis, Mahlzeiten und Einfaches wie Hammer, Spaten oder Hacken), andererseits muß man
für manche Kulturzüge Diffusion postulieren, obwohl kaum historische Zeugnisse
vorliegen. Als Beispiel sei auf den Heubogen verwiesen KŁODNICKI 1975). Zahl
und Art der historischen Quellen entbinden uns nicht von der Frage, welche Stellung dem jeweiligen Kulturzug in den Prozessen des Wandels, der Diffusion und
der kulturellen Differenzierung zukam. Ferner ist zu bedenken: Die Quellen für
die Kultur breiter Schichten sind nie so zahlreich, daß man Nachrichten über alle
Phasen der Prozesse zur Verfügung hätte. In der Regel hat man nur Bruchstücke
in der Hand und ist auf zusätzliche indirekte Schlüsse angewiesen.

Das Formkriterium wurde entwickelt an Objekten der materiellen Kultur, Ru-
dern, Speeren, Trommeln, die man in den völkerkundlichen Museen zur Hand
hatte. Aber es gilt gleichermaßen für Abläufe: Arbeitsprozesse, Festverläufe,
Verhaltensmuster, und ebenso für Gebilde der oralen Kultur: komplizierte Er-

zählungen, Lieder, Musikstücke. Die Schwierigkeit für die Anwendung des Formkriteriums bei den Abläufen liegt meist darin, daß wir nicht genügend detaillierte und vollständige Beschreibungen haben, ein Mangel der Dokumentation, der immer wieder zu betonen ist. Von komplizierten Arbeitstechniken und Festbräuchen haben manchmal erst Dokumentarfilme hinreichend genaue Quellen geschaffen. Generell kann man sagen, daß Form- und Quantitätskriterium insbesondere bei komplizierten kulturellen Gebilden (der Sprache, religiöse Systeme, Festkomplexe usw.)angewendet werden können.

Ergänzend zum Form- und Quantitätskriterium wurde das *Eingliederungskriterium* diskutiert (WIEGELMANN 1969). Es besagt: Relativ neue Kulturelemente sind in der Regel erst in wenige Positionen gekommen. Je länger ein Diffusionsprozeß läuft, um so mehr Positionen (regionale, soziale und funktionale) erreicht die Novation. Deshalb kann man aus der Zahl der erreichten Positionen auf das relative Alter schließen. Zudem ist es über eine gewisse Zeit möglich, aus Art und Lage der Positionen auf die Richtung der Diffusion zu schließen. Die Richtung kann aber nur erschlossen werden, solange eine „Sättigung" noch nicht erreicht ist (vgl. 2.3). So hat sich z. B. die Novation Kaffee seit dem 17. Jh. von höfischen Kreisen über die Bürger zu Landwirten und zu den Unterschichten verbreitet, innerhalb der Landbevölkerung drang er von einer mittleren Innovationszone nach Süden und Norden vor, zugleich kam er in immer mehr Mahlzeiten, festtägliche, sonntägliche und werktägliche. Aus jedem synchronen Querschnitt der Diffusionszeit (17.–20. Jh.) kann man das relative Alter in den verschiedenen Regionen oder Sozialgruppen sowie die Richtung der Diffusion erschließen (WIEGELMANN 1967).

Die generelle Voraussetzung für derartige Schlüsse ist, daß zwischen Beginn und Querschnitt eine einsinnige, gleichgerichtete Entwicklung lag; denn wenn es rückläufige oder verschiedengerichtete Tendenzen gab, sind die Schlüsse nicht möglich. Allerdings gilt diese Voraussetzung nicht nur für das Eingliederungskriterium, sondern ähnlich für Form- und Quantitätskriterium, eine Einschränkung, die nicht immer beachtet wurde. Deshalb kam man zu einer Überschätzung der beiden Kriterien und sie wurden manchem suspekt.

Das Eingliederungskriterium ist insbesondere bei einfachen Kulturzügen anzuwenden (Speiseelemente, Wohnrequisiten, Festelemente, Erzählmotive). Die Länge der Zeitspannen für mögliche Rückschlüsse hängt vom Tempo der jeweiligen Diffusion und von der Kompliziertheit der Sozial-, Raum- und Funktionsgefüge ab. Je rascher das Diffusionstempo (z. B.

Mode gegenüber dem Hausbau) und je einfacher das Gefüge, um so kürzer die Zeitspannen, für die man rückschließen kann (vgl. 2.3).

Ähnliches gilt für Form- und Quantitätskriterium: Je komplizierter, je spezifischer ein Kulturzug, um so sicherer die Schlüsse, desto weiter kann man zurückschließen. Allerdings sind all diesen indirekten Schlüssen Grenzen gesetzt. Wenn Quellen über mehrere Jahrhunderte fehlen, können auch die Kriterien meist keine Klarheit mehr bringen. – Alle drei Kriterien (Form-, Quantitäts- und Eingliederungskriterium) bleiben mit ihren Schlüssen im Rahmen der Kultur. Sie sind daher den Prinzipien der Etymologie zu vergleichen, die bereits J. GRIMM aufstellte (s. 1.2).

Aber Schlüsse im Rahmen der Kultur sind nicht die einzigen. Daneben stehen diejenigen, die mit Regeln zwischen exogenen Dominanten (Wirtschaft, Kommunikation usw.) und kulturellen Reaktionen operieren. Da die Kultur durch die exogenen Dominanten stärker bestimmt wird als durch endogene Prozesse und mehreres bereits regelhaft faßbar ist, sind die indirekten Schlüsse mithilfe der Umweltbedingungen wichtiger als die mithilfe der genannten Kriterien. Am besten kann man dank der jahrzehntelangen Diffusionsstudien und neuerer Modelle die Wirkung der Kommunikationsstrukturen abschätzen.

T. HÄGERSTRAND brachte in die regionale Diffusionsforschung folgende Wende: Üblicherweise kartiert man mühsam Kulturform für Kulturform, erhält so eine Vielzahl von synchronen Querschnitten. Daraus rekonstruiert man den Ablauf der einzelnen Diffusionsprozesse, um dann vergleichend die Regeln des Geschehens zu ermitteln. Dieses induktive, sehr arbeitsaufwendige Verfahren wollte Hägerstrand ergänzen und zum Teil ersetzen. Er kehrte den Blick um und ging von den Kommunikationsstrukturen aus. Da die Ausbreitung von Formen im wesentlichen von der Kommunikation abhängt, kann man beliebige Diffusionen rekonstruieren (simulieren), wenn man nur die maßgebenden Kommunikationsstrukturen kennt. In beiden Fällen kommen wir zu Wahrscheinlichkeitsregeln (probabilistischen Aussagen). Seine Versuche ergaben, daß simulierte Ausbreitungen mit tatsächlichen weitgehend übereinstimmen. Daher brachte sein *Monte-Carlo-Simulationsmodell* eine Wende in der interdisziplinären Diffusionsforschung (HÄGERSTRAND 1976).

Die neuen methodischen Möglichkeiten erläuterte G. HARD 1972 an einem ungelösten Problem der Sprachgeschichte. Die West–Ost verlaufenden, gestaffelten Lautverschiebungsgrenzen im Rheinland (den sogen. „Rheinischen Fächer") erklärte TH. FRINGS als Resultat einer allmählich seit dem frühen Mittelalter von

Süden vordringenden Diffusion der lautverschobenen Formen. Dem setzte R. SCHÜTZEICHEL die These entgegen, die Lagerung habe sich im wesentlichen durch endogenen Wandel im Rheinland ergeben. Beide Hypothesen können bestätigende Quellen anführen, aber die Sprachbelege sind im frühen Mittelalter so sporadisch, daß sich daraus keine Entscheidung für eine der beiden Theorien ergibt. Deshalb setzte G. HARD das methodische Instrument des Hägerstrandschen Simulationsmodells ein, um durch „Nachspielen der abgelaufenen Prozesse (unter genau definierten Bedingungen) und ... nachfolgendem Vergleich von Modell und Realität" (1972) neue Argumente zu gewinnen. Er setzt voraus, die Annahme von TH. FRINGS sei richtig und prüft dann, wie sich neue Sprachformen unter den Bedingungen der mittelalterlichen Kommunikation verbreitet hätten. Das Ergebnis der Simulation: Die Kartenbilder der Modelldiffusion entsprechen den tatsächlichen Lautgrenzen nicht. Deshalb ist die „provisorische Simulation ein starkes Argument gegen die unmodifizierte Diffusionsthese ... Ob die Lautverschiebung schlechthin autochthon ist", wird damit freilich nicht bewiesen (HARD 1972: 58), lediglich die Fringssche Hypothese falsifiziert.

Was G. HARD an sprachlichen Fragen durchexerzierte, ist von grundsätzlicher Bedeutung, wenn auch die Verwendbarkeit dieses methodischen Instruments für historische Probleme noch kritisch geprüft werden muß. Es kann genauso auf Ausbreitungsprozesse in anderen Teilen der Kultur angewandt werden. Unter zwei Voraussetzungen: dabei muß die Kommunikation eine ähnlich zentrale Rolle spielen wie bei Sprachformen, ferner müssen die regionalen Grundbedingungen der Kommunikation (Siedlungsstruktur, Verkehr etc.) bekannt sein. Um den neuen methodischen Ansatz weiter zu prüfen, wäre es nötig, ihn für Diffusionen einzusetzen, deren Beginn und deren Spätstadium bekannt sind. Diese Voraussetzungen liegen bei zahlreichen Novationen der letzten Jahrhunderte vor. Ein Vergleich der Simulationsbilder mit der gut dokumentierten Realität ließe die spezifischen Möglichkeiten und Grenzen dieses Instruments genauer erkennen. Eine Differenzierung nach verschiedenen Teilen der Kultur scheint geboten.

Ähnliche methodische Handhaben bietet die *Kulturfixierungstheorie* (s. 2.3). So wie man beim Hägerstrandschen Simulationsmodell aus den Kommunikationsstrukturen auf kulturelle Prozesse schließt, kann man nach den bisherigen Ergebnissen der Kulturfixierungstheorie aus rasch steigendem Wohlstand (z. B. im späten 16. Jh.) auf eine Häufung der Prestigenovationen, aus einer Reduktion des Wohlstandes auf eine Fixierung des kulturellen Niveaus schließen. Dieses methodische Instrument ist noch nicht soweit entwickelt wie das Simulationsmodell. Deshalb sind die Schlüsse nur für die Tendenz der kulturellen Prozesse sicher, noch nicht für Einzelheiten des Verlaufs.

Gleiches gilt für andere methodische Instrumente, die wir aus Regeln und

Theorien ableiten. Je präziser, je besser ausgebaut eine Theorie, umso schärfer die ableitbaren Handhaben. Daher kann man den Rang einer Theorie sehr gut danach abschätzen, welche Analyseinstrumente sich daraus ergeben.

Generelle Auswahlverfahren. Zur Auswahl wird der Volkskundler stets gezwungen, weil er nicht alle Themen und weil er für ein Thema nicht das gesamte Material bearbeiten kann. Im Prinzip liegen die Probleme ähnlich beim Museum (für das eine Objektauswahl getroffen werden muß) wie beim Doktoranden (der bei einer empirischen Untersuchung die zu erfragenden Themen und die zu befragenden Personen auswählen muß) oder bei einer Flächenbefragung (bei der die Themen, die Orte und die Methode der Befragung ausgewählt werden müssen). Besonders folgenreich ist die Auswahl bei Dokumentationen; denn ihre Mängel können meist später nicht mehr korrigiert werden, es sei denn, man habe Zeit, Mittel und Personal für eine zweite, verbesserte Dokumentation. – Deshalb sind Vortests so notwendig.

Ähnlich wichtig – aber nicht so irreparabel – sind Auswahlkriterien bei zusammenfassenden Untersuchungen. Wenn ich den Wandschmuck, das Wohnen oder gar die gesamte Kultur einer Zeit, einer Sozialgruppe oder einer Region fassen will, muß ich genau nach der Stellung der Elemente im Ganzen, nach dem kulturellen Gewicht der Einzelheiten fragen. Die prägenden, dominanten Teile der Kultur müssen hervorgehoben werden, die nebensächlichen beiseite bleiben.

Anders ist die Situation bei einer Detailstudie, etwa über Dürers „Betende Hände" als Wandschmuck. Dabei kann ich mich notfalls mit dem Argument begnügen, das Motiv sei noch nicht behandelt worden, die Studie erweitere das Wissen um den Wandschmuck. Ein angemesseneres Argument wäre es freilich, wenn man das Motiv als Beispiel für Allgemeines untersucht, etwa als Indikator für Vermittlungsprozesse oder für Funktionen religiöser Motive in den Familien. Begründet man die Themenwahl in dieser Weise, so gibt es durchaus Auswahlprobleme, freilich anderer Art als bei synoptischen Studien. Hier geht es darum, ob man ein treffendes, viele Aspekte beleuchtendes Beispiel wählt oder ein abseitiges, wenig aussagekräftiges. R. WEISS hat es an Diffusionen erläutert (1962): „Die oft unbedeutenden Gegenstände ... (die man kartiert, seien) Anzeiger einer Kulturbewegung, so wie der schwimmende Kork uns die Strömungsrichtung eines Gewässers anzuzeigen vermag." Deshalb sollten derartige Einzelheiten zahlreiche, überschaubare Beziehungen zu wichtigen Teilen der Kultur haben.

Genau besehen handelt es sich bei den Detailstudien um *Vortests* zu allgemeineren Aufgaben. So testete R. WEISS anhand einiger Indikatoren, ob es eine West-

Ost-Gliederung der Schweiz gebe und wo die Kulturgrenze zwischen den beiden Kulturräumen verlaufe (1962), ein Vortest zu einer die Gesamtheit der Kultur berücksichtigenden Gliederung. M. ZENDER zeigte (1959), daß das Fastenfeuer Südwestdeutschlands Zeuge eines kulturellen Einflusses sei, der im Rhône-Tal nach Norden führte. Das Fastenfeuer ist dabei Indikator für eine anscheinend wichtige Diffusion zwischen Antike und Mittelalter, Zenders Aanalyse ein Vortest für eine (noch nicht geschriebene) Studie über die zeitliche Stellung, den thematischen Umfang und die Bedeutung jenes Kultureinflusses (vgl. 5.1). Englischen Einfluß auf die Speisenkultur Nordwestdeutschlands kann man am Beispiel des Mehlbeutels nachweisen (WIEGELMANN 1967). Damit haben wir wiederum nur einen ersten Hinweis. Eine Untersuchung des englischen Einflusses auf die nordwestdeutschen Mahlzeiten, überhaupt auf die dortige Kultur steht noch aus. Dafür kann man die Detailanalyse des Mehlbeutels wiederum als Vortest mit einem Indikator ansehen.

Es ist an das zu erinnern, was über Operationalisierung allgemeiner Aussagen, über deren Prüfung anhand von Indikatoren gesagt wurde (s. 2.3). In der volkskundlichen Forschung gehen Detailanalysen den generellen Aufgaben meist vorauf. Zwar kann man beim Vortest nach anderen Auswahlkriterien vorgehen, aber die generellen Fragen, die generellen Auswahlkriterien stehen stets im Hintergrund. – Kurz: die wichtigsten Auswahlprobleme entstehen bei Dokumentationen und bei synoptischer Arbeit. Der Art nach sind es vor allem die der quantitativen und der thematischen Auswahl, die quantitative Stichprobenauswahl steht bei Dokumentationen, die thematische Auswahl bei synoptischen Studien im Vordergrund.

In der empirischen Sozialforschung wurde das Ermitteln von *repräsentativen Stichproben* gründlich diskutiert. Die statistischen Grundlagen sind leicht überschaubar. Danach ergibt sich, daß „Resultate aus Stichproben, die etwa zwischen 200 und 2000 Elementen liegen, ohne weiteres mit den Meßergebnissen, die im täglichen Leben als genügend zuverlässig ... gelten (bei Waagen, Tachometern z. B. zwischen 2 % und 10 %), konkurrieren" können. Die allgemeine Bedingung für eine korrekte Stichprobe ist: „Jedes Element der Gesamtheit muß die gleiche Chance haben, in die Stichprobe aufgenommen zu werden" (NOELLE 1963: 101 ff.). Anders ausgedrückt: „Die Stichprobe muß ein verkleinertes Abbild der Grundgesamtheit hinsichtlich der Heterogenität der Elemente und hinsichtlich der Repräsentativität der für die Hypothesenprüfung relevanten Variablen sein" (FRIEDRICHS 1973: 125). Nach welchen Regeln eine Stichprobe zu ermitteln ist, kann man in den Handbüchern der empirischen Sozialforschung leicht nachlesen (z. B. Friedrichs 1973, E. K. Scheuch in: König 1973–74, III a, 2). Deshalb möchte ich mich hier auf einige Fragen der Sample-Bildung in volkskundlichen Untersuchungen beschränken.

In kleinen Gruppen (Orten, Nachbarschaft, Vereinen) ist eine Totalbefragung aller Mitglieder möglich. So befragte L. Brixius (1939) die Erwachsenen des kleinen Eifeldorfes Monreal zu Glaubensvorstellungen. In der Regel ist man aber aus Zeit- und Kostengründen gezwungen, sich mit einer repräsentativen Auswahl zu begnügen. So könnte man bei einer Untersuchung über den Wandel der Nachbarschaft die Unterschiede zwischen Stadt und Land in Deutschland dadurch zu fassen suchen, daß man eine Stadt und eine typische Landregion auswählt und in diesen Bereichen jeweils eine repräsentative Auswahl befragt. Und Soziologen haben keine Bedenken, so vorzugehen und anhand der Ergebnisse Aussagen über die Stadt-Land-Unterschiede der Nachbarschaft in Deutschland, ja überhaupt zu machen. So wurden z. B. Untersuchungen in der Dortmunder Nordstadt unter dem Generelles anvisierenden Titel „Daseinsformen der Großstadt" (R. Mackensen 1959) publiziert. Der Volkskundler ist vorsichtiger, weil er die beträchtlichen historisch gewachsenen Unterschiede kennt und weiß, daß generelle Aussagen meist nur für ähnliche historische Situationen gelten. So war z. B. die Intensität und der Formenreichtum der ländlichen Nachbarschaft vor der Industrialisierung in Nordwestdeutschland ungleich größer als in der Westeifel oder in Niederbayern, und die Patterns haben sich bis in die Großstädte gehalten – wenn auch mit Umdeutungen und Abschwächungen.

Wie man zu einer repräsentativen *Stichprobe für regionale Dokumentationsvorhaben* kommt, wurde bei den Atlasverfahren vielfach erörtert. Es sind Auswahlverfahren, die in der Literatur zur empirischen Sozialforschung nicht besprochen werden. Erhebungs- und Aussageeinheiten sind dabei Orte (nicht wie sonst Personen). Die beiden großen Atlasunternehmen, der Deutsche Sprachatlas und der Atlas der deutschen Volkskunde (ADV), orientierten sich in der Auswahl an den Schulorten. Der Sprachatlas strebte Belege aus allen Schulorten an, beim ADV wählte man „als Richtzahl für die durchschnittliche Belegung 25 %, aller Schulorte. Damit ist die Belegdichte in gewisser Weise von der Siedlungsdichte, d. h. der Anzahl der Siedlungen auf eine Flächeneinheit, und den Siedlungsformen abhängig geworden. In Mittelschlesien beispielsweise, wo geschlossene Bauerndörfer das Siedlungsgebiet beherrschen, ist durchschnittlich die Anzahl der Dörfer gleich der Anzahl der Schulorte, d. h. hier sind 25 %

der Schulorte gleich 25 % der vorhandenen Siedlungseinheiten. In den Streusiedlungsgebieten Westfalens dagegen überwiegen die verhältnismäßig kleinen Siedlungseinheiten [‚Bauerschaften‘] bei weitem die Anzahl der Schulorte" (SCHLENGER 1934 a: 139).

Das Ziel dieser Unternehmen waren thematische Karten, ein Analyseinstrument, das um so brauchbarer ist, je genauer die Belegorte in der räumlichen Verteilung den Siedlungen entsprechen. Deshalb mußte man vermeiden, daß sich die Belegorte eines Kreises etwa in der Südwestecke ballen und der Rest des Gebietes ohne Belege bleibt. Positiv ausgedrückt: Es mußte eine angemessene Streuung der Belegorte in Relation zur Siedlungsdichte erreicht werden. Lücken im Belegnetz durften nur in siedlungsfreien Räumen entstehen.

Über jeden Belegort benötigte man Antworten, die die kulturellen Verhältnisse des Ortes so sachkundig und so objektiv wie möglich darlegten. Deshalb suchte man als überdurchschnittlich Informierte länger am Ort wirkende Volksschullehrer und Geistliche zu gewinnen. Schullehrer waren damals durch ihre Ausbildung am Lehrerseminar vorbereitet und angehalten, sich mit den Verhältnissen der Schulorte geschichtlich und heimatkundlich zu befassen. Ca. 72 % der Mitarbeiter an ADV waren Volksschullehrer, 6 % Lehrer an Mittel- und Höheren Schulen, 7 % Geistliche (SCHLENGER 1934 a). Sie waren besonders gut informiert über die Orte und hinreichend schreibgewandt. Ähnlich wie bei der Mannhardt-Befragung und anderen Fragebogen-Erhebungen des Faches wurden diese Mitarbeiter angehalten, „bei vertrauenswürdigen und sachkundigen Ortsbewohnern, ... die am Orte geboren sind und die größte Zeit ihres Lebens dort zugebracht haben" nachzufragen, falls sie selbst nicht durch lange Erfahrung „ganz mit dem Leben und der Art der Ortsbewohner vertraut" waren (Anleitung zur Ausfüllung der Fragebogen des ADV; 1930 ff.). Alter und Geschlecht der Gewährspersonen waren in einer Kopfleiste zu jeder Frage anzugeben.

Bei anderen Kartenwerken suchte man, nach anderen Prinzipien das Ziel eines möglichst genauen „verkleinerten Abbildes der Grundgesamtheit" Siedlungsverteilung und der regionalen kulturellen Unterschiede zu erreichen. Beim „Polnischen Ethnographischen Atlas" legte man ein Netz über das Gebiet des Staates Polen, das das Land mit Quadraten von 20 × 20 km überzieht. In jedem Quadrat suchte man ein „Durchschnittsdorf, (das) weder in seiner kulturellen und technischen Entwicklung sehr rückständig noch besonders fortschrittlich ist" (HANISCH 1972). Das relativ dünne Belegnetz in Polen hängt freilich mit der intensiven Materialerhebung durch Fachleute zusammen. Dort werden ausgebildete Ethnologen als Interviewer in die Belegorte geschickt. Sie befragen in 4–5 Tagen mehrere Gewährspersonen des jeweiligen Ortes, machen Fotos und Skizzen. Dadurch ist der Zeit- und Kostenaufwand pro Ort relativ hoch, jedenfalls im Vergleich zur schriftlichen (postalischen) Befragung des ADV. Befragung durch Exploratoren bedingt ein weniger dichtes Belegnetz als bei postalischer Befragung. Aber „die beschränkte Zahl von Belegorten (kann man) wenigstens frei wählen", während beim Korrespondentenverfahren das Belegnetz davon mitbestimmt wird, wo bereitwillige und sachkundige Mitarbeiter wohnen (WEISS 1950, s. dort die Auswahlprinzipien für die Belegorte des Atlas der schweizerischen Volkskunde). – Soviel in Kürze zur quantitativen Auswahl.

Bei der *thematischen Auswahl* stellen sich andere Fragen. Wodurch kann man die maßgebenden Kulturzüge einer Sozialgruppe von unwichtigeren unterscheiden? Nach welchen Kriterien wählt man die Merkmale bei einer Periodisierung aus? Welche Detailkarten berücksichtigt man bei einer kulturräumlichen Gliederung primär, welche nur untergeordnet? Dafür benötigen wir *Kriterien,* nach denen man das *kulturelle Gewicht* für jeden beliebigen Ausschnitt der Kultur bestimmen kann. Denn wir müssen vermeiden, daß auf beliebige Kulturelemente Aussagen aufgebaut werden, ohne deren Stellung im Kulturganzen zu kennen. Für das Abschätzen der Kulturelemente gibt es einige Gesichtspunkte (vgl. WIEGELMANN 1965).

1. Der Gesichtspunkt der *sozialen Stellung.* Ein Fest, das von fast allen Mitgliedern der Sozialgruppe gefeiert wird, ist für das Kulturgepräge wichtiger als ein nur von wenigen gefeiertes Fest. Dabei bleibt es nebensächlich, ob die Wenigen Individualisten sind, einige alte Leute, die noch Gewohnheiten beibehalten, oder einige Innovatoren, die schon Neues erproben. – Wenn die Altschichten interessieren, wird man sich gerade an die wenigen alten Leute und für zukünftige Tendenzen oder Innovationsstudien an die Neuerer halten, aber wenn man das dominierende Kulturgepräge einer Zeit, einer Sozialgruppe oder eines Gebietes ermitteln will, muß man sich an die bei den meisten üblichen Formen halten. Diese allgemein verbreiteten Formen markieren sich auf Karten durch dichte, fast das gesamte Gebiet deckende Belegflächen, in statistischer Bearbeitung durch hohe Anteile.

2. Der Gesichtspunkt der *Konstanz.* Einer Kulturform, die während des gesamten infrage stehenden Zeitabschnitts in Geltung war, müssen wir mehr Gewicht zuerkennen als kurzfristigen Moden. Hier muß freilich vor einem Mißverständnis gewarnt werden. Der rasche Wechsel der Moden kann zum Signum einer Zeit gehören, so daß dann dieser Wechsel und

die thematischen Charakteristika der Moden das Zeittypische ausmachen.

3. Das Kriterium der *Dominanz*. Je mehr Einzelheiten von einem Kulturzug, einer Institution mitgeprägt werden, um so wichtiger ist deren Stellung in der Kultur. Von der anderen Seite aus gesehen: Eine Kulturform ist um so unbedeutender, je mehr sie ein abhängiges, von anderen Teilen der Kultur bedingtes Element darstellt. Am klarsten läßt sich die Dominanz beim Glauben zeigen. So können christlicher Glaube, christliche Werte und Gebote das Leben bis in Einzelheiten prägen – wie in pietistischen Kreisen –, sie können aber auch zu einer Orientierung neben andern, ja selbst zu einer entleerten Form werden, die man nur noch selten realisiert. Die wirtschaftliche Lage kann so beengt sein, daß sie den gesamten Lebenszuschnitt prägt, die Arbeit kann zeitlich wie in der Bewertung eine dominierende Rolle spielen. Es gibt vielfache Übergänge von den exogenen Dominanten der Kultur (s. Abb. 1) bis zu mehr oder weniger wichtigen Dominanzen innerhalb der Kultur.

4. Das Kriterium der *Realisierung*. Je häufiger und je länger eine Kulturform realisiert wird, um so größer ist ihre Bedeutung. Dieses Kriterium bietet die Gegenseite zum Gesichtspunkt der Dominanz, in manchem auch ein Prüfinstrument; denn eine Idee hat nur soviel Gewicht, wie sie Realisierungen bestimmt. Ob die Zugehörigkeit zu einer Kirche zur leeren Form wurde, kann man an Art und Zahl der religiösen Handlungen und daran ablesen, ob die zentralen Werte der Kirche für die Handlungen der Leute maßgebend sind. Welche Bedeutung die Hosenmode der Frau heute hat, welche die ausländischen Gerichte im ländlichen und städtischen Speisezettel, das kann man vor allem anhand des Realisierungskriteriums ermitteln.

Soviel in Kürze zu den allgemeinen methodischen Prinzipien. Abschließend einige Hinweise auf die *Felder der methodischen Arbeit:* Methodische Probleme entstehen auf drei Ebenen, beim Erheben des Materials, beim Aufbereiten und bei der Analyse. Um es an der kulturräumlichen Arbeit zu erläutern: bei neuen Befragungen (oder beim Ermitteln von historischem flächendeckenden Material); beim statistischen, textlichen und kartenmäßigen Aufarbeiten der Belege; schließlich bei der Analyse – etwa dem Vergleich von Karten verschiedener Kulturelemente, dem Vergleich der kulturellen Karten mit Karten exogener Dominanten (der Sozial- oder Wirtschaftsstruktur, der Konfession etc.), insbesondere bei der synoptischen Arbeit (kulturräumliche Gliederung etc.).

Für diese drei Ebenen wissenschaftlicher Arbeit kann man generelle methodische Prinzipien diskutieren (s. o.), aber zumeist werden die Erhebungs- und Analyseverfahren auch durch die jeweiligen Kulturbereiche und Quellengruppen bestimmt. Die Unterschiede zwischen der Gefügeanalyse eines Fachwerkbaus, der kartographischen Bearbeitung von Flächenerhebungen, der empirischen Mikroanalyse von Festen und dem Herausarbeiten rechtlicher Bräuche aus Quellen des 16. Jhs. sind beträchtlich. Entsprechend unterscheiden sich die Methoden nach den zugrundeliegenden Quellen und nach den Themen (Musik oder Bauen, Volkskunst oder Märchen etc.); zudem werden die Methoden von anderen Gegebenheiten bestimmt, z. B. vom Öffentlichkeitsgrad und vom Bewußtheitsgrad des Geschehens. Einen öffentlichen Ablauf (wie einen Schützenumzug oder eine Prozession) kann man jederzeit beobachten oder filmen. Man kann auch leicht zuverlässige Berichte davon erhalten. Beim privaten Geschehen in der Familie (Familienfeste, Mahlzeiten, Wohnsitten) ist es schon schwieriger und bei privatem Geheimwissen methodisch nur schwer zu bewältigen. Es dürfte gelten: Je geheimer und je unbewußter das Geschehen, um so schwieriger die methodischen Probleme, um so mehr kommen die Fähigkeiten und menschlichen Qualitäten des Explorators und des Wissenschaftlers ins Spiel.

2.6 Aspekte vergleichender Forschung

Mit dem methodisch anspruchsvollen und wichtigen Begriff „vergleichend" ist leider in der Wissenschaft vielfach Mißbrauch getrieben worden. Für den leichtfertigen Umgang mit ihm wären viele Beispiele zu nennen. Hier sei nur auf die „Vergleichende Volksmedizin" von O. v. HOVORKA und A. KRONFELD 1908/09 hingewiesen – eine umfangreiche Stoffzusammenstellung zwar, der jedoch die im hochgreifenden Titel angekündigte komparative Analyse fehlt. Aus allen Wissenschaftszweigen gibt es eine lange Liste von derartiger Literatur, die wie unser Beispiel „die Vergleichung auf Grund eines möglichst großen Tatsachenmaterials" in Aussicht stellt, aber dann im Stoff steckenbleibt.

Angesichts der fortschreitenden Präzisierung unserer wissenschaftlichen Reflexions- und Interpretationsnetze kann man die Kategorie „vergleichend" beim jetzigen Forschungsstand nur noch in verbindlicher Stringenz verwenden (GERNDT 1972). Spätestens seit E. DURKHEIM wissen wir, daß erst die komparative Forschung, „wenn man sie mit Umsicht übt", eine

Form der Kultur- und Sozialwissenschaft begründet, die ins Reflektive und Kritische weist, insofern „als sie aufhört, rein deskriptiv zu sein, und danach strebt, sich über die Tatsachen Rechenschaft zu geben". Zugleich aber hilft sie, vorgefaßte Meinungen, „die aus der eigenen kulturellen Position des Forschers resultieren", zurechtzurücken (KÖNIG 1971). Erst die Überwindung von fachlicher Exklusivität, von regionaler Isolierung, von ideologischer Einseitigkeit durch fortschreitende Öffnung der Horizonte und interdisziplinäre Kooperation kann im Zuge des Ausbaus der Komparatistik die Voraussetzung für eine vorurteilsfreie Forschung schaffen, insbesondere auch in der Volkskunde, die ständig vor der Bewältigung einer detailreichen Faktenfülle steht.

Worum geht es *prinzipiell* beim Vergleich, und was ist er kognitiv zu leisten imstande?: „1. im Vergleich werden zwei oder mehr Gegebenheiten miteinander konfrontiert in der Absicht, Unterschiede (und Übereinstimmungen) sichtbar zu machen, gegebenenfalls sie auch zu deuten und zu erklären. 2. Vergleiche geschehen stets im Hinblick auf etwas, sind gezielt. 3. Vergleiche setzen voraus, daß die zu vergleichenden Gegebenheiten auf das Vergleichsziel hin vergleichbar sind, d. h. eine verwandte Struktur, gemeinsame Funktionen oder gleichgerichteten ‚Sinn' haben. Daraus folgt, daß es sinnlos ist, zwei Gegebenheiten zu vergleichen, die gar nichts miteinander gemein haben, – ohne ein Gleiches in den zu vergleichenden Gegebenheiten kein Vergleich!" (SEIDENFADEN 1966). Freilich kann man auch unter Beachtung dieser allgemeinen Feststellungen in der Forschung keineswegs „munter darauf los vergleichen" – ohne vorausgehende exakte Merkmalbestimmung der zu „konfrontierenden Gegebenheiten" ist ernstzunehmende Komparatistik unmöglich, auch wenn die Ziele noch so klar gesetzt sind. Jedenfalls steht heute außer Frage, daß der Vergleich auf gesicherter Basis angesichts der „Computer-Geschwindigkeit" im dynamischen Prozeß der Entstehung einer „Allerweltszivilisation" (HEILFURTH 1975) und zugleich der Vielfalt soziokultureller Bestände und ihrer geschichtlichen, gesellschaftlichen, regionalen, nationalen und ideologischen Prägekräfte, Überlagerungen und Eingrenzungen, mit denen es die Volkskunde zu tun hat, als grundlegende wissenschaftliche Methode unentbehrlich ist. Doch handelt es sich dabei um eine außerordentlich schwierige Vorgehensweise sowohl im Forschungsansatz als auch im Forschungsablauf. Schon an der Prämisse, daß nur Vergleichbares verglichen werden kann, scheitern viele komparatistische Bemühungen. Je komplexer die Sachverhalte werden, desto intensiveres Eindringen erfordert das Vergleichen.

Es zeigt sich, daß in der Volkskunde im Blick auf die hier immer zu bewältigende Stoffülle von Anfang an das methodische Element der Komparatistik auf verschiedenen Ebenen gedanklich lebendig war, wenn es auch, teils infolge ethnozentrischer Konzeption und teils durch die Überhänge isolierender Gegenstandsbetrachtung, immer wieder verdeckt wurde und deswegen ohne durchgreifende Konsequenz blieb, ganz abgesehen von den methodologischen Schwächen des Faches (GERNDT 1972).

Ansätze reichen bis ins 18. Jahrhundert zurück. Schon 1794 hat F. D. GRÄTER das Augenmerk auf die Frage gerichtet, in welcher Weise man „deutsche Volkslieder von den englischen, schottischen, dänischen u. a. m. unterscheiden" könne, und darauf aufmerksam gemacht, daß das „mehr dem Inhalt und Gegenstand als im Ganzen dem Geiste nach" geschehen müsse (HEILFURTH 1974 a), also durch Hinwendung auf konkrete Details, auf Faktoren, die empirisch zu eruieren sind. Damit ist bereits angedeutet, daß vergleichende Forschung nicht in allgemeinen Aussagen steckenbleiben darf, wenn sie exakte wissenschaftliche Analyse anstrebt, sondern immer auf das „tertium comparationis" im Tatsachenmaterial dringen muß.

W. H. RIEHL hat 1858, als er unter nationalen Antrieben die Volkskunde als eigene Wissenschaft zu beschreiben suchte, auf den vergleichenden Aspekt ausdrücklich hingewiesen: „Nicht umsonst lieben es fast alle Ethnographen, verhüllt oder offen, durch Parallelen und Gegensätze zu charakterisieren. Es verrät dies sowohl den geschichtlichen Entwicklungsgang der Volkskunde, die aus der Ferne und durch die Erkenntnis fremder und vorzeitlicher Gegensätze erst zum Heimischen und Gegenwärtigen hindurchgedrungen ist, wie auch den Gang, welchen jeder Volksforscher persönlich einschlagen muß. Nur wer in der Fremde gewesen ist, vermag die Heimat objektiv zu erfassen und zu schildern; die Volkskunde ist ihrer Natur nach vergleichend, aus der vergleichenden Beobachtung entwickelt sie ihre Gesetze, und der echte Volksforscher reist, nicht bloß um das zu schildern, was draußen ist, sondern viel mehr um die rechte Sehweite für die Zustände seiner Heimat zu gewinnen" (LUTZ 1958). In seinem Essay über „Handwerksgeheimnisse des Volksstudiums" (1869) hat Riehl ebenfalls in dieser Richtung argumentiert.

Auch die volkskundlichen Bemühungen W. MANNHARDTS und seine umfangreiche frühe Fragebogenaktion (s. 2.4) können hier genannt werden, wenn sie auch durch seine mythologischen Interessen auf ganz anderer Ebene lagen. Sein Ansatz war komparatistisch gedacht, als er 1865 die „Völker Deutschlands, Englands, Hollands und Skandinaviens" zur Sammlung von Volksüberlieferungen aufrief, betonend, daß dies zwar zunächst eine „germanische Nationalsache" sei, aber das Unternehmen müsse, wenn möglich, auch auf die Slawen und Romanen erweitert werden, um gegebenenfalls Gemeinsamkeiten und Unterschiede aufzufinden und zu erhellen (HEILFURTH 1974 a).

Fragen dieser Art kamen während der Folgezeit innerhalb der sich ausbildenden Volkskunde immer wieder zur Sprache, so in Buchtiteln wie in R. ANDREES „Ethnographische Parallelen und Vergleiche" (I 1878, II 1889). 1891 betonte der Einleitungsaufsatz der neuen Zeitschrift des Vereins für Volkskunde von K. WEINHOLD ausdrücklich, daß zum Aufgabenfeld der Forschung die „Vergleichung" gehöre, denn „auf diesem Wege wird man zuletzt die allgemein menschliche Formel aus der nationalen gewinnen". An den Gedanken anschließend und ihn weiterführend wurde wenig später in der ersten Nummer der Zeitschrift für Österreichische Volkskunde (1895) von M. HABERLANDT festgestellt: „Durch die bunte ethnographische Zusammensetzung Österreichs ist uns die vergleichende Richtung des Volksstudiums geradezu als selbstverständlich gegeben. Wir brauchen gar nicht außer Landes zu gehen, wie die deutsche, wie die romanische Volkskunde, um über die nationale Formel hinaus die wissenschaftliche zu finden." Und im nächsten Jahrgang der Zeitschrift nahm J. A. VON HELFERT unter dem Thema „Volksnachbarliche Wechselseitigkeit" das Problem erneut auf. Auch in den Hessischen Blättern für Volkskunde (1899 ff.) wurde von Beginn an auf die Bedeutung komparativer Forschung hingewiesen.

Die *organisierte internationale Arbeit* für ein Teilgebiet setzte in der Absicht, vergleichende Untersuchungen zu beleben, mit der Gründung des „Folkloristischen Forscherbundes" (1907) und der FFC ein (s. o. 1.2). Eine Art Programmschrift wurde der „Leitfaden der vergleichenden Märchenforschung" (A. AARNE 1913), nachdem die Übereinstimmung von Märchentypen im finnischen, russischen, dänischen, sizilianischen, griechischen und albanischen Erzählgut zutage gekommen war. Daran schloß Aarnes Werk über „Vergleichende Rätselforschungen" (I–III, 1918 bis 1920) an. Unter diesen Aspekten und Anregungen entstand im Lauf der Jahre eine große Zahl von Untersuchungen zur überlieferten Folklore, nach der vielerörterten sog. „geographisch-historischen" Vergleichsmethode, die auf nationaler und internationaler Ebene bestrebt war, in Monographien jeweils die ursprüngliche Gestalt eines Sujets aus seiner Gesamtüberlieferung durch komparative Zusammenstellung, Durchordnung und Interpretation des Stoffes zu ermitteln (KROHN 1926, ANDERSON 1934/40, AARNE/THOMPSON 1961, PETZOLDT 1969).

Von einer ganz anderen Ebene aus brachte seit 1909 die in Schweden begründete „Volkslebensforschung" *(folklivsforskning)* komparative Untersuchungsprobleme ins Spiel. Unter dieser interdisziplinär angesetzten Arbeitsrichtung wurde eine vergleichende Kulturforschung auf regionaler Basis mit soziologischer und historischer Orientierung durch eine sinnvolle Verbindung von „Feld- und Archivforschung" und einer produktiven Kombination von Funktionalismus und Strukturalismus verstanden

(z. B. Erixon 1950/51, Trotzig 1943 u. a.). – Schließlich seien die Bemühungen des französischen Ethnologen A. van Gennep genannt, der im Schicksalsjahr 1914 vertiefte Studien „interkultureller Zusammenhänge" forderte, um kriegerische Auseinandersetzungen, „das primitive Mittel des wechselseitigen Massenmordes", verhindern zu helfen (Heilfurth 1961) – eine wahrhaft bedeutende Funktion der vergleichenden Forschung für die Entspannung und Behebung politischer Konflikte, eine Aufgabe, die seitdem immer dringlicher geworden ist. So könnte die Volkskunde einen wichtigen Beitrag zur Friedensforschung leisten.

Diese Hinweise auf die verschiedenen Ansätze, komparative Gesichtspunkte wissenschaftlich fruchtbar zu machen, müssen hier genügen, obwohl zahlreiche weitere Beispiele, auch aus neuerer Zeit, dazu beigebracht werden könnten (Gerndt 1972). Überall wird die Tendenz deutlich, nach ordnenden Verfahren zu suchen. Aber offen bleiben weiterhin die Fragen nach den notwendigen Voraussetzungen, nämlich der methodisch sachgerechten wissenschaftlichen *Aufbereitung des Tatsachenmaterials* (vgl. 2.4) als Grundlage zur vergleichenden Forschung.

Eine wichtige Folge der FFC-Bestrebungen war der Aufbau von nationalen und regionalen Sammlungen des Überlieferungsgutes, Ansätzen zur Schaffung von *Basen für komparative Arbeit* insbesondere im Blick auf die Fülle der Volkserzählung. Wie in anderen Ländern und Forschungszentren, so in Helsinki, Upsala, Stockholm, Lund, Kopenhagen, Oslo, Dublin, Athen, Leningrad, Moskau usw., entstand auch im deutschen Sprachgebiet ein Zentralarchiv der Volkserzählung (jetzt in Marburg). Für die Erfassung des Volksliedes hat John Meier 1914 in Freiburg i. Br. eine große systematische Spezialsammlung ins Leben gerufen, stets begleitet von der Problematik, die die Speicherung wachsender Stoffmassen mit sich bringt, vor allem auch, was ihre zuverlässige Registrierung anlangt, um die Vergleichbarkeit zu sichern. Unerläßlich für die volkskundliche Forschung, speziell unter unsern Gesichtspunkten, ist die möglichst lückenlose *Dokumentation der Fachliteratur*, die, nach älteren Anfängen, seit 1917 in der Volkskundlichen Bibliographie erfolgt – ein Werk, das sich im Lauf der Jahre in immer größere internationale Zusammenhänge vorgearbeitet hat. Es bietet – seit 1960 ergänzt von dem Referatenorgan „Demos", das durch deutsche Inhaltsangaben die schon wegen der sprachlichen Schwierigkeiten oft schwer zugänglichen Veröffentlichungen aus den sozialistischen Ländern Ost- und Südosteuropas erschließt – für vergleichende Untersuchungen unentbehrliche Hilfen. Auch die in vielen europäischen Ländern aufgebauten Volkskundeatlanten stellen mit ihren reichen flächendeckenden Befragungsmaterialien wesentliche Grundlagen für komparative Untersuchungen dar, eine Chance, die man im *Europäischen Volkskundeatlas* zu nutzen sucht. Summarisch ist ferner auf die Sammlungen materieller Kultur in einer großen Anzahl nationaler, regionaler und lokaler *Museen* hinzuweisen, die ebenfalls zu „vergleichender Betrachtung" einladen (L. SCHMIDT 1960b). Es sei hier angemerkt, daß in diesem Zusammenhang schon früh vor „der Gefahr" gewarnt worden ist, die für jede derartige Arbeitsweise gilt, „daß sie, namentlich bei allzu spärlichem Vergleichsstoff, sich zu voreiligen Schlüssen hinreißen läßt und so zu falschen oder irreführenden Ergebnissen gelangt" (HOFFMANN-KRAYER 1926). Weiterhin sind die Materialerfassungen in den vielen *volkskundlichen Landesstellen* zu erwähnen. Gerade von ihnen sind oft wichtige Impulse für vergleichende Fragestellungen ausgegangen. Pionierhafte Bedeutung kommt in diesem Rahmen dem 1922 entstandenen Institut für geschichtliche Landeskunde in Bonn zu. Von hier aus ist das Problem der „Kulturströmungen" und „Kulturprovinzen" unter komparativen interdisziplinären Gesichtspunkten angeschnitten (AUBIN/FRINGS/MÜLLER 1926) und an vielen Stellen weiter verfolgt worden (vgl. 1.3). Auch das 1960 in Marburg gegründete Institut für mitteleuropäische Volksforschung arbeitet unter interdisziplinären und vergleichenden Aspekten zur Aufhellung soziokultureller Zusammenhänge und Abläufe.

Neben den durch die „Kulturraumforschung" thematisierten Phänomenen der Lagerung und Wanderung kultureller Formen in der horizontalen Dimension sind auch diejenigen ihrer vertikalen Konstellationen und Bewegungen mit komparatistischer Zielsetzung stärker ins Blickfeld geraten. Diese Sicht orientierte sich am Modell des Gegenübers von Unter- und Oberschicht (vgl. 2.3), häufig freilich in einer, von der Wirklichkeit her gesehen, sehr vereinfachenden Kontrastierung. Die Lehre, daß die soziale Unterschicht vor allem „gesunkenes Kulturgut" aus der Oberschicht aufnehme, fand ihre Ergänzung in der These, daß sich das unentwegte Kräftespiel auch umgekehrt auswirke: „Es ergibt sich ein ewiges Nehmen und Geben, Steigen und Sinken" (H. NAUMANN 1921). Die komparative Fragestellung innerhalb der vertikalen Dimension des Austausches kultureller Objekte, Werte und Ideen rief heftige Diskussionen hervor, die bis heute andauern.

Sie gewannen auch unter den Impulsen des *Marxismus-Leninismus* in der vergleichenden Problematik der Volkskunde durch die ideologische Dominanz des Klassenkampfschemas hohe Aktualität und eine bestimmende Rolle, insbesondere mit Berufung auf die dialektische These Le-

nins von den „zwei Kulturen in jeder nationalen Kultur": der herrschen-
den „bürgerlichen" Kultur und den Elementen einer „demokratischen
und sozialistischen" Kultur. Im sowjetischen Bereich wurde der Forschung
die Aufgabe zugewiesen, diese „Elemente" durch komparative Sichtung
herauszuarbeiten, sie zu entwickeln und bei gleichzeitiger Deklassierung
der „bürgerlichen Kultur" zum bestimmenden Faktor zu erheben und
auszubauen (Tokarew 1954, Steinitz 1955, Jacobeit 1971).

In der Zeit nach dem Zweiten Weltkrieg mit den massenhaften Bevölke-
rungsbewegungen und -umgruppierungen samt den damit verbundenen
soziokulturellen Veränderungen, die alle bisherigen Mobilitäts- und Mi-
grationsprozesse im Zuge der Industrialisierung und Demokratisierung
an Ausmaß und Auswirkung weit übertroffen haben, entstanden neue
Anstöße für vergleichende Untersuchungen. Das Fach hatte sich zwischen
den beiden Weltkriegen in Verfolg der Aufdeckung von kulturellen Re-
likträumen, von Kulturbeharrungen und -übertragungen intensiv mit
Fragen der *Sprachinsel-Forschung* (Jungbauer 1930, Kuhn 1934 u. a.)
befaßt. In der Flüchtlings- und *Vertriebenenforschung* wurde dieses Problem im Zusammenhang mit der Klärung interkultureller Beziehungen
und Konflikte in neues Licht gerückt und dort produktiv umgesetzt, wo
solche Bemühungen als komparative Aufgaben im Geiste vorurteilsfreier
internationaler Zusammenarbeit in Gang kamen (Künzig 1956, Weber-
Kellermann 1967, Hutterer 1963 u. a.) (vgl. 5.2).

1948 wurde von W. E. Peuckert ein Organ ins Leben gerufen mit dem vielver-
sprechenden Titel „Die Nachbarn. Jahrbuch der vergleichenden Volkskunde". In
dem Programm heißt es: „Eine Volkskunde, die außer dem eigenen nicht die
Nachbarvölker ins Auge zu fassen vermag, wird weder das Charakteristische
des eigenen Volksgutes noch auch ... die historische Bedeutsamkeit dieses oder
jenen Gutes im Werden der Menschheit je verstehen lernen. Eine sich auf das
eigene Volk und dessen Äußerungen beschränkende Volkskunde ist ein nonsens."
Aber das verheißungsvolle Projekt blieb stecken. Der zweite Band erschien erst
1954. Peuckert suchte programmatisch das Thema „Ostdeutsche Kontaktland-
schaft" aufzurollen, und zwar am Beispiel seiner schlesischen Heimat und speziell deren Sagenüberlieferungen: Die vergleichenden Aspekte in dieser Begeg-
nungszone wurden durch kartographische Skizzen zu überlieferten Sagenge-
stalten – so z. B. für den Drachen, den Nachtjäger, den Wassermann – von beiden Seiten her anschaulich gemacht. Schon 1962 ging leider die eingeleitete Arbeit mit einem dritten Band, der vorwiegend Grenz- und Kontaktfragen im Westen gewidmet war, wieder zu Ende. Größere Bedeutung und Konstanz erlang-
ten die von anderen Ländern aus initiierten vergleichenden Zeitschriften wie
Folk-Liv (1938 ff.), *Ethnologia Europaea* (1967 ff.) u. a. (s. 1.1).

In den letzten Jahren sind vor allem unter den Anstößen der empirischen Sozialforschung und der Kulturanthropologie die Probleme des interkulturellen Vergleichs über das Europäische hinausgreifend – mit Hinweis etwa auf die substantielle Herausarbeitung MAX WEBERS von Unterschieden chinesischer, indischer, altjüdischer und protestantischer religiöser Ethik – gefördert worden. Man versteht darunter „in der Regel den Vergleich zwischen Globalgesellschaften, die sich durch ihre Kultur voneinander unterscheiden" – in einer unter dem Einfluß des Industrialismus immer stärker zusammenwachsenden Welt ein Anliegen von großer Bedeutung, dem aber hinsichtlich der internationalen Quellenerhebung und -archivierung, der Erstellung einer übergreifenden Nomenklatur und der Entwicklung einer operationsfähigen Forschungsstrategie noch erhebliche Schwierigkeiten entgegenstehen (HEINTZ 1974). Ein vielgenanntes Beispiel ist der Versuch eines interkulturellen Vergleichs zwischen der deutschen und der amerikanischen Einsamkeit (HOFSTÄTTER 1957).

Von einem anderen Ansatz aus ist neuerdings in der Volkskunde der Begriff *interethnisch* in Gebrauch gekommen. Er wurde vor allem durch die Abhandlung „Ethnologie als soziologische Theorie der interethnischen Systeme" (MÜHLMANN 1956) zur Diskussion gestellt. Zugrunde gelegt ist die Kategorie „Ethnie" = „Naturvolk" = „vor-völkliche Gesellschaft" (MÜHLMANN 1964), die freilich nur bedingt in die Volkskunde übernommen werden kann, weil sie mitten in die heiß umstrittene Problematik „Stamm" und „Volk" gehört, ohne sie für den volkskundlichen Forschungsbereich kognitiv voranzubringen. Der Begriff „interethnisch" verlangt aus diesem Grunde weitere Präzisierung und eine gründliche Prüfung, ob er auf europäische Verhältnisse mit ihren anderen geschichtlich-kulturellen Voraussetzungen anwendbar ist. Trotz seiner reichlichen Verwendung ist er aber bis heute kaum hinterfragt und reflektiert worden und noch immer in seiner Problematik ungeklärt. Insbesondere sind bei einer Übernahme aus ganz anderen Zusammenhängen genaue Definitionen nötig, um ihn für die vergleichende Volkskunde benutzbar zu machen (WEBER-KELLERMANN 1959, 1967; SCHENK/WEBER-KELLERMANN 1973). Hier wird uns vor allem der Ausbau der bisher unterentwickelten Ethnopsychologie weiterhelfen müssen (HUCKENBECK, in: Kontakte 1969).

Im Jahre 1961 wurde von „der Folklore der slawischen Völker" her kritisch in die Diskussion der komparativen Forschung eingegriffen bei gleichzeitiger Distanzierung von herkömmlichen Betrachtungsweisen (SCHIRMUNSKI 1961): „Gerade die auf diesem Gebiet in der Vergangenheit sehr zahlreich erschienenen Arbeiten haben die alte ‚Komparativistik' in den Augen der modernen Forscher komprommitiert. Ihre prinzipienlose, empirische Zusammenstellung von Fakten der Literatur oder der Folklore auf Grund einer rein äußerlichen, realen oder oft auch nur scheinbaren Ähnlichkeit, die Erklärung einer jeden Übereinstimmung durch eine rein mechanisch aufgefaßte Beeinflussung, ohne daß die sozialhistorischen Ursachen dieser Beeinflussung, ihre lokalen historischen Voraussetzungen und die soziale Umformung der entlehnten ‚Vorbilder' beachtet worden wären, haben das berechtigte Mißtrauen gegen die sogenannte vergleichende Methode als Ganzes hervorgerufen." Im Anschluß daran sind Thesen entwickelt, die als Diskussionsbeitrag wesentlich sind und die über den hier zunächst angesprochenen Komplex der mündlichen und literarischen Überlieferung hinaus auf das ganze soziokulturelle Spektrum bezogen werden können. Diese Thesen, von einer bestimmten ideologischen Position aus formuliert (auf die hier nicht eingegangen werden soll), aber auch aus konkreten Untersuchungen abgeleitet, bemühen sich wiederum zu verdeutlichen, daß komparative Forschung sich nicht mit dem einfachen Denken in Vergleichen und mit allgemeinen Aussagen über „Parallelen und Gegensätze", Übereinstimmungen und Unterscheidungen, Wechselbeziehungen und Austauschprozesse begnügen kann, sondern gehalten ist, begrifflich schärfer und differenzierter zu arbeiten.

In einem methodologischen Versuch hat O. Sirovátka (1968/69) Überlegungen angestellt und begründet, die bisherige komparative Betrachtungsweise innerhalb der Folkloristik durch ein innovatorisches Konzept zu ergänzen, wobei der Begriff „Akklimatisierung" – ein „integral allgegenwärtiges Prinzip" der Volksüberlieferung – als eine wichtige Kategorie der vergleichenden Forschung eingeführt wird. Dieses methodische Vorgehen richte sich „nicht im geringsten gegen eine stoffkundliche Komparativistik. Das Verhältnis der beiden Verfahren zueinander ist nicht antagonistisch, sondern komplementär" (vgl. dazu auch Sirovátka, in: Kontakte 1969).

Ganz besonders ist auf den Versuch von H. Gerndt (1972) hinzuweisen, die vergleichende Methode als eine spezifische Vorgehensweise des vergleichend-beziehenden Denkens zu bestimmen, die nur einen beschränkten Anwendungsbereich hat und vier „Reflexionsregeln" (über die Begrenzungen und die Hauptmerkmale der Vergleichsobjekte, den sozialkulturellen Zusammenhang und den Vergleichsaspekt) unterworfen ist. Abhängig von den jeweiligen Voraussetzungen und auch in bezug auf das Erkenntnisziel müsse man zwischen historischer, typologischer und symbolischer Vergleichung unterscheiden und für jede dieser drei Arten der vergleichenden Methode eigene, am Gegenstand orientierte Techniken und Kriterien für Schlußfolgerungen entwickeln.

In *allen Kultur- und Sozialwissenschaften* rückt das Problem des Vergleichs angesichts der gegenwärtigen Weltlage mit ihrem Ansturm zivilisatorischer Gemeinsamkeit und Interdependenz (HEILFURTH 1975) in den Mittelpunkt der Überlegungen. Freilich verführt eine solche Situation allzu leicht zur oberflächlichen Handhabung dieses Erkenntnismittels. „Vergleiche anzustellen hat seinen Reiz für sich; als Forschung aber ist es ein unabgeschlossenes Verfahren, es verlangt nach Auswertung und führt zur Frage, wie die ermittelten Übereinstimmungen und Unterschiede zu erklären sind... Bei genügend umfassender Sammlung kann der negative Befund, wo etwas nicht belegt ist, unter Umständen so wichtig sein wie der positive, wo es sich häufig findet. Solche Studien münden in statistische Übersichten und Verbreitungskarten." Fragwürdig bleibt, worauf schon früher hingewiesen worden ist, der einfache „Übergang vom Vergleich zur genetischen Erklärung. Es bedarf zusätzlicher Methoden, um herauszufinden, worauf eine Übereinstimmung beruht: ob auf gemeinsamem Ursprung, auf Einfluß oder worauf sonst" (vgl. 2.5). Es ist also festzuhalten: „Vergleichende Forschung enthält an und für sich keinerlei Thesen über genetische Kulturzusammenhänge und setzt keine voraus. Es ist gänzlich ungerechtfertigt, sie mit spekulativen Theorien, wie dem Evolutionismus und der Kulturkreislehre, gleichzusetzen" (WIORA 1975).

Zugleich muß betont werden, daß die Erforschung der Prozesse des soziokulturellen Wandels, die heute auf weiten Strecken die volkskundliche Thematik bestimmen, intensiver als bisher des exakten komparativen Vorgehens auf gesicherten Grundlagen des historischen und rezenten Materials bedürfen (EISERMANN 1974), nicht nur, um die Ausgangspositionen zu bestimmen, sondern auch, um die Abfolge in den Veränderungen, vom gegenwärtigen Stand aus gesehen, zu ermitteln und zu interpretieren. Die Erfahrung erweist, daß jede Dokumentation zur Erfassung, Ordnung und Aufbereitung der Fakten gründliche Vorüberlegungen und sorgfältige Festlegung 1. der Begriffe, 2. der Ordnungsmerkmale, 3. der sachlichen Einteilung verlangt. Prinzipiell gilt: Dokumente lassen sich nicht vergleichender Arbeit zugänglich machen ohne verbindliche Ordnungssysteme, die natürlich auch von der Struktur des jeweiligen Gegenstandes des Dokumentationsmaterials und der Art seiner Speicherungsmöglichkeit abhängig sind. Wir benötigen wechselseitige Abstimmung zum Aufbau von vergleichbaren Materialbasen im Sinne von „Datenbänken". Wie viel hier künftighin noch zu tun ist, deutet die Feststellung der Herausgeber des Sammelwerkes über „Beharrung und Wandel der europäischen Volkskultur in der Gegenwart" an, daß „das Material in den einzelnen Ländern bis jetzt höchst ungleich zur Verfügung steht" und infolgedessen, ganz „abgesehen von den terminologischen Schwierigkeiten", vorläufig „eine vergleichende Volkskunde Europas" nur ein Desiderat bleibe (GEBHARD/HANIKA 1963). An dem Ausbau der Grundlagendokumentation gilt es unter diesen Aspekten mit Nachdruck kooperativ auf nationaler und internationaler Ebene weiterzuarbeiten; das Problem ist jedenfalls für die Fundierung und Entfaltung des Faches von hoher Relevanz (vgl. 2.4; 6).

3. Die Sachkultur Mitteleuropas

3.1 Stellung und Forschungsstand

Unter Sachkultur versteht man Haus und Hausinventar, Kleidung, Nahrung, Arbeitskraft und Volkskunst. Freilich nicht nur die Objekte, sondern gleichermaßen die zugehörigen Tätigkeiten, das Herstellen der Objekte wie deren Nutzungsgefüge, also Bauen und Wohnen, Fertigen und Tragen von Kleidung. Vielfach nennt man die Sachkultur „materielle Kultur" und stellt sie der geistigen oder oralen Kultur gegenüber. Obwohl diese Zweiteilung in Osteuropa zur Ausbildung zweier Unterdisziplinen führte – der Ethnographie für die materielle, der Folkloristik für che orale Kultur –, kann man ihr nicht mehr als einen grob orientierenden, mehr praktischen Wert zubilligen. Genau besehen ist sie unscharf, sie trägt nicht zur Charakteristik oder Erkenntnis der Teilbereiche bei.

Die Unschärfe der Einteilung zeigt sich, wenn man die Grenze der materiellen Kultur zu fassen sucht; denn aus Material gefertigte Objekte gibt es auch bei Festen, bei Volksschauspiel, bei Volksmusik. Diese Komplexe rechnet man aber dem Folklore-Teil zu. Freilich gibt es Kulturbereiche ganz ohne materielle Objekte: Erzählen, Sprechen, Singen. Aber schon beim Glauben kommen Kult- und Andachtsobjekte hinzu. Kurz: eine klare Trennung in materielle und geistige Kultur*bereiche* ist nicht möglich.

Es ist angemessener, *Gliederungskriterien* zu erarbeiten, die auf große Teile der Kultur anwendbar sind und die zu ihrer Charakterisierung beizutragen vermögen (vgl. WIEGELMANN 1971). Als derartige Kriterien kann man etwa nennen:

1. die Unterscheidung zwischen Objekten und Handlungen
2. die soziale Zuordnung
3. der zeitliche Aufwand und die Stellung im Gefüge der Realisierung
4. der materielle Aufwand
5. die Funktionen
6. die Beziehung zu den leitenden Werten, Interessen und Ideen
7. die Unterscheidung zwischen zentraldirigistischen Steuerungen und dem Freiraum eigenverantwortlicher Verwirklichung (vgl. 2.2).

Wendet man diese Kriterien – die z. T. für die gesamte Kultur gelten –
auf die Sachkultur an, so ergibt sich etwa folgendes: Beim Themenkom-
plex Haus und Wohnen kommt den Objekten besonders großes Gewicht
zu, wegen des großen Aufwandes beim Erwerb eines Hauses, von Möbeln, zudem weil sie lange in Nutzung bleiben. Diese aufwendigen, langlebigen Objekte regulieren das Wohnen, sie bleiben lange über die Entstehungszeit hinaus wirksam. Daher zeugen sie meist in ihrer Formung,
in Gefüge und Dekor von den Intentionen einer vergangenen Zeit. Sie
sind „von Natur aus" Relikte, während sich die schneller wandelbaren
Kleider, Speisen und kleinen Dekorobjekte stetiger dem wechselnden
Zeitgeschmack anpassen.

Haus und Wohnen sind vor allem den Familien zugeordnet, jedoch nicht
ausschließlich. Abgesehen davon, daß es Wohngemeinschaften gibt, die
über die Familie hinausgreifen (wie bei Bauernhöfen, städtischen Haushalten mit Dienstboten), sind Außenstehenden die Räume eines Hauses
unterschiedlich zugänglich. Hemmzonen zwischen „öffentlichen" und
„privaten" Bezirken können an der Treppe zum oberen Stockwerk liegen, sie können aber auch ein kleines Viereck an der Eingangstür der
Wohnküche umgrenzen. Zudem sind Nachbarn und näheren Verwandten
mehr Teile einer Wohnung offen als Fremden.

Die Stellung im *Gefüge der Realisierung* kann man gut im Vergleich zu
den Speisen erläutern. Wohnen wie Speisen gehören zu den täglich notwendig, zudem in gegliedertem Verlauf realisierten Dingen (und setzen
sich damit ab von den festlichen Bereichen – wie Spiel, Kirchenbesuch,
Weihnachten –, die sämtlich nach längeren Intervallen realisiert werden).
Die Unterschiede zwischen Wohnen und Speisen liegen im Realisierungs-
gefüge. Zwischen Mahlzeiten liegen stets relativ festliegende Intervalle;
die Realisierungsdauer selbst ist recht kurz. Anders beim Wohnen: es hat
stets lange Realisierungszeiten, die mit Zeiten außerhalb des Hauses
(Einkauf, Arbeit, Erholung) wechseln. In der Wohnzeit folgen verschiedene Funktionen des Wohnens aufeinander (Erzählen, Fernsehen, Lesen,
Schlafen etc.), während die Mahlzeiten meist (jedenfalls bei gleicher
Tischrunde) die gleichen Funktionen haben. In der Regel bilden Mahlzeiten nur eine der vielen Wohnfunktionen. Daher werden sie auch von
den Räumlichkeiten und Möbeln des Hauses mitbestimmt. Dem langlebigen Hausinventar stehen die kurzlebigen Objekte ‚Speise und Trank'
gegenüber. Durch ihre Verderblichkeit müssen sie immer wieder neu zu-
bereitet werden. Wenn man von der ganz jungen Schicht der modernen
Fertig- und Halbfertiggerichte absieht, bildete über viele Jahrhunderte

das Verarbeiten der Nahrungsprodukte und das Zubereiten der täglichen Mahlzeiten die Haupttätigkeit der Frauen. Wegen des stets neuen Zubereitens steht das materielle Kulturgut Speise in den Traditionsmechanismen den oralen Gütern nahe; denn hier wie dort hing die Überlieferung vor allem von der Qualität und den Mängeln des Gedächtnisses ab. Geschriebene Kochrezepte wurden bei der Landbevölkerung erst seit dem späten 19. Jh. benutzt. – Da man die Speisen stetig neu bereitete und die Produkte selbst in der alten Landwirtschaft höchstens über ein Jahr in Vorrat hatte, reagiert die Nahrung auf wirtschaftliche Schwankungen äußerst empfindlich, im Gegensatz zum Hausbau. Bei den Konsumwellen in Zeiten ansteigenden Wohlstandes ist die Speisewelle stets die erste, die Bauwelle eine der letzten (vgl. 3.2).

Zentraldirigistische Steuerungen gab es stets, von grundherrlicher oder gutsherrschaftlicher Baufürsorge bis zu den Werkssiedlungen (seit dem 19. Jh.), dem sozialen Wohnungsbau und der Wohnbaupolitik der Gegenwart, von den Verordnungen der Städte und Landesregierungen im Mittelalter (besonders gegen feuergefährdete Bauten) bis zu den heutigen Bauvorschriften (die das Bauen oft bis in Einzelheiten regeln). Dagegen sind direkte obrigkeitliche Eingriffe beim Mobiliar kaum zu beobachten, wohl indirekte Einflüsse durch die früheren Erbfallabgaben der Eigenbehörigen.

Demgegenüber erscheint die Speisenkultur auf den ersten Blick fast ganz dem Freiraum eigenverantwortlicher Verwirklichung überlassen, jedoch zeigen sich bei genauerer Prüfung mancherlei obrigkeitliche Steuerungen. Offen liegen sie meist nur bei den Kirchen. Die Fasten- und Abstinenzgebote der christlichen Kirchen regelten die Art der Speisen beachtlich. Von staatlicher Seite hielten sich die offenen Eingriffe in Grenzen (Beschränkung der Speisenzahl bei Festmahlzeiten, Kaffeeverbot im 18. Jh.), sie waren wichtiger bei den alkoholischen Getränken (z. B. Verbote und -beschränkungen in den nordischen Ländern). Bedeutend sind jedoch die indirekten staatlichen Eingriffe: durch Luxussteuern (z. B. auf Alkohol) und die staatliche Handelspolitik, die manche Nahrungsmittel billig und leicht verfügbar, andere teuer und selten machen. Zu den davon ausgehenden Wirkungen auf die Stellung in der sozialen und in der Mahlzeitenskala vergleiche man den Text über sinkendes und aufsteigendes Kulturgut (2.3).

Diese skizzenhaften Hinweise müssen hier genügen. Sie dürften gezeigt haben, wie man mit derartigen Gesichtspunkten Ausschnitte der Kultur zu charakterisieren, schärfer zu fassen vermag. Damit stoßen wir bereits bei den Vorüberlegungen einer Untersuchung auf Gesichtspunkte, die die konkreten Details generellen Themen zuordnen. So kommen in ganz verschiedenartige Einzelheiten generelle, daher vergleichbare Züge, und die oft zu beobachtende Diskrepanz zwischen empirischen und theoretischen Ansätzen wird überbrückt.

Aus dieser Position heraus ist es nicht sinnvoll, allgemeine Aussagen zur Stellung der Sachkultur im Kulturganzen zu machen. Wie gesagt, gibt es dafür keine klare Grenze, lediglich eine auf Konvention basierende grobe Markierung. Und die genannten Gliederungskriterien durchschneiden die Kultur in jeweils anderer Richtung, so daß sich für beliebige Ausschnitte ein reich facettiertes Bild allgemeiner Charakteristika ergibt. Generelle Aussagen kann man lediglich für *klar umgrenzte Teile der Kultur* machen, z. B. für alle aus Material gefertigten Objekte oder für die der Familie zugeordneten Teile der Kultur. So verlangen z. B. alle materiellen Güter beim Erwerb (oder bei der Herstellung) einen wirtschaftlich meßbaren Arbeitsaufwand oder einen Preis. Daher stehen alle in Abhängigkeit von Wirtschaftsstruktur und wirtschaftlicher Situation. Art und Maß der wirtschaftlichen Bindung wechseln, je nachdem ob es sich um seltenes oder billiges Material handelt, ob ein Kulturgut geringe oder reiche Verarbeitung erfordert, ob das Objekt dauerhaft ist oder schnell verschleißt; aber für alle aus Material gefertigten Objekte bestehen derartige Abhängigkeiten, beim Haus wie bei der Blockflöte, beim Mittagsgericht wie beim Hinterglasbild. Bei der genaueren Charakterisierung stößt man sogleich wieder auf Gliederungsprinzipien der Art, wie sie oben genannt sind.

Forschungsstand und Aufgaben. Da die folgenden Texte synoptisch angelegt sind, sollen die Hinweise zum Forschungsstand nach Sachbereichen geordnet werden. Zunächst einiges Generelle. Wie in der Forschungsgeschichte (1.2) erwähnt, gab es einen frühen Höhepunkt der Sachforschung in der staatswissenschaftlichen Richtung (von 1750 bis zu W. H. RIEHL), einen zweiten in den Jahrzehnten um 1900, nachdem die Hausforschung seit 1860 intensiv betrieben worden war, die Volkskunst- und Trachtenforschung durch die damals neugegründeten Museen vielfache Impulse erfuhr, der Ansatz der „Wörter und Sachen" sich bis 1909 soweit entwickelt hatte, daß dazu eine eigene internationale Zeitschrift gegründet werden konnte, und zum Arbeitsgerät wie zur Nahrung frühe gewichtige Studien erschienen. Die Beiträge zu diesen beiden Verdichtungen der Sachforschung stammten vielfach aus anderen Wissenschaften, von Medizinern, Agrarwissenschaftlern, Philologen, Historikern, Geographen und Architekten. Nach 1918 kamen die ersten volkskundlichen Sachforscher auf Dozentenstellen: O. LAUFFER wurde 1919 Professor für deutsche Volks- und Altertumskunde in Hamburg, der Haus- und Trachtenforscher V. VON GERAMB 1931 Professor in Graz. Im gleichen Jahr habilitierte sich BR. SCHIER in Prag mit seiner Studie über die Hauslandschaften (1966) und erhielt 1934 eine Professur für Deutsche Volks- und Altertumskunde in Leipzig. Da außerdem Museumswissenschaftler Lehraufträge an Hochschulen hatten, kam die Sachforschung damals zu einem beachtlichen Rang im akademischen Unterricht und zu entsprechender Breitenwirkung. Den Rang der Sachforschung in den zwanziger und frühen dreißiger Jahren kann man daran abschätzen, daß der Internationale Volkskunstkongreß (1928 in Prag) einer der ersten europäischen Kongresse war. Dabei wurde die regionale und internationale Volkskunstforschung organisiert. Die Dokumentation von Sachthemen im ADV (1930–35) ließ zwar manche Wünsche offen, bildet aber einen wichtigen Quellenfundus (SCHLENGER 1934 b, WIEGELMANN 1964; s. 2.4).

Die Sachforschung bekam nach dem 2. Weltkrieg durch frühe Dissertationen der Peuckert-Schule, Göttingen, beachtliche Impulse. H. KOTHE, W. JACOBEIT und A. LÜHNING promovierten zwischen 1947 und 1952 mit Themen aus der Geräteforschung. Der Hausforscher A. ZIPPELIUS ist diesem Kreis ebenfalls zuzurechnen. Ein Jahrzehnt später folgten mehrere Habilitationen mit sachkundlichen Arbeiten: R. PEESCH (1961), W. JACOBEIT (1961), I. WEBER-KELLERMANN (1965) mit teils sachkundlicher Thematik, G. WIEGELMANN (1967), U. BENTZIEN (1969) und R. WEINHOLD (1973). Zudem erschienen Standardwerke der Hausforschung. Von neueren Dokumentationen sind folgende Schwerpunkte zu nennen: die ADV-Befragung zur alten ländlichen Sachkultur (1965–70: WIEGELMANN 1969), museale Landesaufnahmen (LÜHNING 1967, HANSEN 1969) und die systematische Erfassung der Bestände in kleineren Museen (JACOBEIT 1967). – Rückblickend kann man sagen, daß die deutsche Sachforschung in den beiden Jahrzehnten zwischen etwa 1950 und 1970 beachtliche Fortschritte machte, in der DDR wie in Westdeutschland. Seitdem sind europäisch ausgerichtete Sammelbände die wichtigsten Publikationen, insbesondere aus der Geräte- und Nahrungsforschung, ferner lokale Intensivstudien (wie FÉL/HOFER 1972, 1974). In Westdeutschland hat der Einfluß der Soziologie und Cultural Anthropology seit einigen Jahren zu einer gewissen Stagnation der Sachforschung geführt.

Im internationalen Vergleich – insbesondere mit Nord- und Osteuropa – hinkt die deutsche Sachforschung weiterhin auf vielen Gebieten nach; eine Spätfolge der folkloristischen Dominanz seit den Brüdern Grimm (vgl. SCHWARZ 1970).

Haus und Hausinventar. Dieser Bereich wurde seit der staatswissenschaftlichen Volkskunde so stetig erforscht wie kein anderer Teil der Sachkultur, wohl deshalb, weil das Haus als aufwendiges, langlebiges und jedem sichtbares Objekt stetig das Interesse reizte. Da das komplexe Objekt Haus viele Aspekte hat (Baumaterial, Konstruktion, Dekor usw.), war der Kreis der interessierten Wissenschaften stets groß: Architekten und Kunsthistoriker, Historiker und Philologen, Geographen und nicht zuletzt Volkskundler erforschten die ländlichen und städtischen Häuser. Daher ist der Forschungsstand bei weitem der beste im Bereich der Sachkultur. Selbst im internationalen Vergleich muß man der deutschen Hausforschung einen guten Rang zuerkennen. Die Sonderstellung kommt auch darin zum Ausdruck, daß die frühen sachkundlichen Dozenten des Faches (O. LAUFFER, V. VON GERAMB, BR. SCHIER) ausgeprägte Hausforscher waren.

Fast alle Richtungen des Faches hatten in der Hausforschung ihre Entsprechung – ähnlich wie in der Erzählforschung. Bei der funktional ausgerichteten statistischen Forschung stand das Wohnen im Mittelpunkt (GLÄNTZER 1977), die an Ziele der Grimms anschließende Stammestheorie konzentrierte sich auf Grundriß und Aufriß, durch die historisch-philologische Richtung kam auch der Hausrat in den Blickpunkt (MERINGER 1906), die von Architekten begründete konstruktive Richtung fand in der Gefügeforschung ihre Fortsetzung (ECKSTEIN/BEDAL 1974), die kulturräumliche Richtung (STEINBACH 1926, SCHIER 1966) griff aus dem komplexen Gebilde Haus einzelne, für Diffusionen verdächtige Elemente heraus, die funktionale Richtung (WEISS 1959) führte schließlich auf die Einbettung in Wirtschaft und Gesellschaft und auf das Wohnen zurück, damit auf manche Fragestellungen der statistischen Richtung.

Entsprechend umfangreich ist die Literatur. Bereits die erste Spezialbibliographie (SOMMER 1944) konnte bis zum Jahre 1941 über 2 600 Titel verzeichnen. Auf breiterer regionaler und thematischer Basis wird die Bibliographie jetzt von J. HÄHNEL (1972 ff.) fortgesetzt. Dokumentationen des Hausbestandes sind außerordentlich zeitaufwendig. Sie müssen von Fachleuten an den Objekten durchgeführt werden. Mit schriftlicher oder mündlicher Befragung ist wenig auszurichten. Deshalb sind die Dokumentationen meist regional begrenzt. Auch die zusammenfassenden Darstellungen beschränken sich auf Städte (s. BERNT/BINDING 1959 ff.) oder überschaubare Provinzen (z. B. SCHEPERS 1973), in denen der Autor die Objekte kennt und analysiert hat.

Als *Aufgaben* kann man folgende nennen: thematisch sind nun Möbel, überhaupt das Hausinventar, ferner das Handlungsgefüge des Wohnens vorrangig zu untersuchen. Trotz mehrerer neuerer Arbeiten bleiben die Lücken groß; zudem ist zu bedenken, daß die Leute diesen Bereich auch in der Großstadt noch selbst gestalten, während die Häuser mehr und mehr dem vorgegebenen Bereich (der „Umwelt") angehören. – Seltsamerweise fehlen Mikroanalysen zum Wohnen (wie zu den Objekten) fast ganz (vgl. RÖRIG 1940, SCHMELING 1973). Sie sind aus methodischen und thematischen Gründen dringend. Darin kommt auch der soziale Aspekt zur Geltung, der zugunsten des historischen und regionalen bisher zurücktrat. – Die Vorarbeiten erlauben inzwischen eine zeitliche und regionale Zusammenschau, der Zeitphasen des Wandels sowie der regionalen Differenzierungen und für beides eine Einbindung in europäische Bezüge.

Kleidung. Obwohl die Kleidung ähnlich allgemeines Interesse findet wie das Haus, fehlt ihr ein vergleichbarer Kranz von etablierten Wissenschaften. Es mag daran liegen, daß dieser frauliche Bereich (wie die Nahrung) lange unter der Würde der Wissenschaftler lag. Jedenfalls war die Kleidungs- und Trachtenforschung dadurch nie so eng mit den wissenschaftlichen Schulen verbunden wie die Hausforschung. Weder Kunstgeschichte noch Sozialgeschichte haben sich bisher ernsthaft und konsequent dem Thema zugewandt. Die Kostümgeschichte hat durch die Nähe zur Theaterwissenschaft meist ebenso eine praktische Ausrichtung wie die Modeforschung. Diese Position kommt auch im Titel der einschlägigen Zeitschrift (*Waffen- und Kostümkunde*, 1959 ff.) zum Ausdruck. Als moderne Kostümgeschichte ist die von E. THIEL (1968) zu vergleichen. Als Quellen kommen neben den Museumsbeständen vor allem bildliche Darstellungen (auf Kunstwerken, auf Fotos) infrage. Eine Spezialbibliographie existiert (NIENHOLDT/WAGNER-NEUMANN 1965).

Die volkskundliche Kleidungsforschung konzentrierte sich zumeist auf ländliche Trachten. Sie waren beliebte Sammelobjekte der Museen; Modekleidung findet man dort kaum. Trachten erregten durch ihre pittoreske Farbenpracht das Interesse der Maler und der Öffentlichkeit. Daher gibt es von fast allen Trachtengebieten des 19. Jhs. monographische Darstellungen, die z. T. – wie die von R. HELM über Hessen (1932/34) oder von K. MAUTNER/V. VON GERAMB über die Steiermark (1932–39) – methodisch oder für die Gesamtentwicklung wichtig sind.

Die *Aufgaben* sind vielfältig. Die thematische Weitung zur Kleidungsforschung und die Einordnung der Resultate in den allgemeinen historischen Wandel sind vordringlich. Ansätze gibt es durchaus, z. B. HELM (1932), DENEKE (1969). Da die Kleidung ein sehr feiner Anzeiger für Zeittendenzen, Krisenzeiten und neue soziale Gruppierungen ist – wie die Protestkleidung der jugendlichen Subkulturen erneut zeigt (vgl. 3.4) –, sollte man mehr Studien mit diesen Zielen ansetzen. Hier sei lediglich auf die Arbeiten von A. L. KROEBER (1952) und M. BRINGEMEIER (1974) verwiesen. Die Feinstruktur sozialer Gruppierungen ist in weiteren Mikroanalysen (vgl. HAIN 1936) zu studieren.

Nahrung. Nachdem die staatswissenschaftliche Literatur wesentliche Beiträge geleistet hatte, blieb das Feld lange den angrenzenden Disziplinen überlassen: Medizin, Lebensmittelchemie, Botanik. Die volkskundliche Nahrungsforschung blieb bei schlichten Beschreibungen stehen, und selbst diese waren nicht häufig. Sie hatte weder eine Stütze in den Museen – Speisen sind nicht dekorativ und kaum museal zu konservieren – noch in der akademischen Volkskunde. Daher kamen die meisten Forschungsrichtungen des Faches in den Nahrungsstudien nicht zur Geltung. Die späte Intensivierung der Sparte zeigt sich darin, daß im wesentlichen Konzepte der Kulturraumforschung, der Kulturfixierungstheorie (WIEGELMANN 1967, 1972 a) und des Strukturalismus (U. TOLKSDORF in: *Kieler Bll. z. Vkde.* 1971 ff.; in *Ethnologia Europaea* 1976) diskutiert wurden. Eine Übersicht über den Forschungsstand, auch für die anderen Länder Europas, enthält Jg. 5 der Zeitschrift *Ethnologia Europaea* (1971). Dort sind die Dokumentationen und Bibliographien aufgeführt.

Über die dort skizzierten *Aufgaben* (Wandel und Akkulturationsprobleme des 20. Jhs., Längsschnitte seit dem 16. Jh.) hinaus sei auf die fruchtbare, z. T. verwirklichte Zusammenarbeit mit Sozial- und Wirtschaftshistorikern und auf die Koordination im europäischen Rahmen verwiesen. Von der seit 1970 bestehenden europäischen Arbeitsgruppe werden Konferenzen organisiert und Arbeitsplanungen besprochen (s. *Ethnologia Scandinavica* 1971, VALONEN/LEHTONEN 1975).

Arbeit und Arbeitsgerät. Wie in keinem anderen Bereich der Sachforschung beschränken sich die Studien praktisch ganz auf die ländliche Arbeit, und dabei auf die Zeit vor der Mechanisierung. Diese Begrenzung ergab sich durch die enge Zusammenarbeit mit der archäologischen und agrarhistorischen Geräteforschung, aber auch dadurch, daß bei den Handgeräten der Anteil der Eigenfertigung und -bestimmung ungleich größer ist als bei Maschinen. Während regionale Unterschiede der Handgeräte Rückschlüsse auf historische Prozesse bieten, ist Vergleichbares bei den Varianten der Maschinen kaum möglich. Allerdings besteht kein Grund, die *Arbeits*forschung auf die ländliche Welt zu beschränken (s. HEILFURTH/WEBER-KELLERMANN 1967).

Für die Forschungsgeschichte kann auf die Schrift von W. JACOBEIT (1965) verwiesen werden. Während der Abschnitt über „Arbeitsbräuche" im Peßlerschen Handbuch (1934–38) noch von einem Agrarwissenschaftler geschrieben wurde, machte die ergologische Forschung nach dem 2. Weltkrieg beachtliche Fortschritte. Der Auftakt mit den Dissertationen der Peuckert-Schule wurde schon genannt. Als weiterer Indikator aus dem akademischen Bereich ist zu nennen: Die in den letzten Jahrzehnten mit sachkundlichen Themen Habilitierten (s. o.) haben sämtlich einen (oder überhaupt: ihren) Schwerpunkt in der Arbeitsforschung. Der Kongreß des Jahres 1965 stand unter dem Thema „Arbeit und Volksleben" (HEILFURTH/WEBER-KELLERMANN 1967), zugleich wurde die Kommission „Arbeit und Gerät" gegründet (HANSEN 1969). Zwischen 1965 und 1970 konnte die ADV-Befragung wesentliche Komplexe der alten ländlichen Arbeitswelt dokumentieren (WIEGELMANN 1969).

Die seitdem erarbeiteten sachkundlichen Sammelbände behandeln zumeist Themen von Arbeit und Gerät in Europa: A. GAILEY/A. FENTON (Hrsg.), The Spade in Northern and Atlantic Europe, Belfast 1970. – W. JACOBEIT/J. KRAMAŘIK (Hrsg.), Rinderanspannung (18.–20. Jh.) = *Bulletin d'ethnographie Tchécoslovaque* III/IV, Brno, Praha 1969. – I. BALASSA (Hrsg.), Getreidebau in Ost- und Mitteleuropa, Budapest 1972. – FÖLDES 1961, 1969. – FENTON/PODOLÁK/RASMUSSEN 1973.

In Westdeutschland sehe ich für die nächste Zeit vor allem folgende *Aufgaben:* Die von den Museen durchgeführten systematischen Landesaufnahmen (A. LÜHNING, W. HANSEN, s. o.) sollten bald aufgearbeitet und publiziert werden. Dem ist eine Aufnahme des ländlichen und handwerklichen Geräts von H. SIUTS zu vergleichen, die er in den Museen Westfalens durchführte. Ferner ist es dringend, das entsprechende Antwortmaterial der beiden ADV-Umfragen aufzuarbeiten. Ob noch Mikroanalysen wie die von E. FÉL, T. HOFER und K. GAÁL möglich sind, bleibt zu prüfen. Wahrscheinlich müßte jetzt mehr die Art der Arbeit, ihre Stellung im Kulturgefüge und der Wandel bis zur Gegenwart im Vordergrund stehen. Für die historischen Aufgaben ist es vordringlich, Inventare systematisch aufzuarbeiten (vgl. 2.4), Ansätze dafür gibt es. – Generell ist zu beachten, daß der in den letzten Jahrzehnten mühsam erreichte Anschluß an Stand und Niveau der internationalen Forschung nicht wieder verspielt wird.

Volkskunst. Trotz relativ langer und intensiver Forschung, trotz reicher Literatur und früher internationaler Zusammenarbeit (s. o.) kommt diese Sparte aus den Diskussionen darüber, was Volkskunst sei, nicht heraus. Zur Orientierung vergleiche man die Beiträge von H. SCHWEDT, L. KRISS-RETTENBECK u. M. SCHARFE (in: *Zs. f. Vkde.* 1969, 1972, 1974).

Da man unter „Volkskunst" vielfach alle Dekorformen faßt – gleich ob sie für sich stehen oder an Häusern, Kapellen, Möbeln, Kleidern, Arbeitsgeräten oder gar an Gebäck und Speisen begegnen –, die Einzelheiten daher sehr unterschiedliche Sachbezüge haben, faßt man damit keinen Komplex wie Wohnen oder Nahrung. Volkskunst liegt quer dazu und steht den zweckhaften, „rein funktionalen" Seiten der Objekte gegenüber. Daher ist der Gegensatz zwischen verzierten Objekten und schlichtem Nutzgut den eingangs des Kapitels aufgeführten Gliederungskriterien zu vergleichen. Er gliedert die Objekte ähnlich wie der Gegensatz Alltag–Fest die Handlungen.

In der reichen Literatur, die man dem Umfang nach den Schriften zur Hausforschung vergleichen kann, begegnet viel an rein beschreibenden Texten, verknüpft mit Bildmaterial. Dazu gehören die meisten Kataloge der beliebten Volkskunst-Ausstellungen, ferner ein beachtlicher Teil der regionalen Darstellungen (auch die meisten Bände der von E. REDSLOB herausgegebenen Reihe „Deutsche Volkskunst", 1924 ff.), die den Text durchweg nach Objektgruppen gliedern. Als Beispiele für – durch Verfolgen übergeordneter Gesichtspunkte – darüber hinausragende Schriften sei verwiesen auf: AD. SPAMER, Hessische Volkskunst, Jena 1939. – LEOP. SCHMIDT, Volkskunst in Österreich, Wien, Hannover 1966. – E. FÉL/ T. HOFER/K. K.-CSILLÉRY, Ungarische Bauernkunst, 2. Aufl. Budapest 1969. – Von neueren thematischen Studien seien als Beispiele genannt: A. KARASEK/J. LANZ, Krippenkunst in Böhmen und Mähren vom Frühbarock bis zur Gegenwart, Marburg 1974; ferner das großangelegte Werk „Populäre Druckgraphik Europas". Den deutschen Band schrieb W. BRÜCKNER: Populäre Druckgraphik Europas. Deutschland vom 15. bis zum 20. Jh., München 1969.

Beim Vergleich mit der Literatur zur Hausforschung fällt auf, daß die generellen Richtungen des Faches sich nur schwach in der Volkskunst-Literatur spiegeln, am deutlichsten das Konzept vom sinkenden und aufsteigenden Kulturgut. Es mag daran liegen, daß das Feld von Kunsthistorikern wie von Volkskundlern beackert wird. Aus diesem Nachhinken ergeben sich Hinweise zu den *Aufgaben:* Eine Orientierung an den übergeordneten Zielen des Faches, wie soziale und regionale Differenzierung der Kultur, Prozesse und Phasen des kulturellen Wandels; entsprechend wäre ein engerer Anschluß an die Theorien und Methoden des Faches von Nutzen. Sicherlich haben Volkskunstobjekte in manchem einen Sonderstatus, da sich das Spezifische eines Bildes, eines Ornamentes nicht direkt rational fassen läßt. Aber ähnliches gilt für Erzählungen, Lieder und Musikstücke. Und doch sucht man eine ausgefeilte Forschungsrichtung (wie z. B. die geographisch-historische Methode der Erzählforschung) in der Volkskunstforschung vergebens. – Freilich treten neben die grundlegenden historischen Arbeiten – wie AD. SPAMER, 1930 – nun auch empirische Studien, die methodenbewußter vorgehen (s. z. B. die Wandschmuckstudien, *Zs. f. Vkde.* 1970).

3.2 Phasen des Wandels

Während zur kulturräumlichen Gliederung der Sachkultur einige Versuche vorliegen, fehlen bisher Übersichten über die Phasen des Wandels. Historische Einzelstudien sind jedoch nicht selten. So unterschied P. Leser beim *Pflug* folgende Novationsphasen: Vor der Einführung der modernen eisernen Kraftpflüge im 19. und 20. Jh. ist als wichtigste Neuerung die Diffusion des gewölbten Streichbretts zu nennen. Da das gewölbte Streichbrett sich nach Leser zu Beginn des 18. Jhs. von NW-Europa aus verbreitete (vgl. Klein 1965), vermutet er eine Übernahme der Form aus Ostasien, zumal zur gleichen Zeit zahlreiche andere ostasiatische Einflüsse in Europa – und ebenfalls von NW-Europa aus – Eingang fanden. Für Wirtschaftslehre, Baukunst, Gartenanlagen und mancherlei Techniken (wie Porzellan und Lacke) sind sie bekannt, für Neuerungen im agraren Gerätebestand wahrscheinlich und z. T. sicher: Fegemaschine zum Reinigen des Getreides, Göpeldreschmaschine, Stachelwalzen, Handwalzen und Sämaschinen (Leser 1931). Für die gleiche Novationsphase des 18. Jhs. nennt Leser die Eingliederung des ostasiatischen Tees in europäische Mahlzeiten und der von Amerika übernommenen Kartoffel. Daher beurteilt er das im agraren Bereich sehr versuchsfreudige 18. Jh. „als wichtigsten Einschnitt in der Landwirtschaftsgeschichte seit Erfindung des Pfluges"; denn „der Beginn der Anwendung von Maschinen (Dresch-, Sä-, Fegemaschine)... und das Aufgeben der Dreifelderwirtschaft bedeuten eine Umwälzung des landwirtschaftlichen Betriebes, dem wohl in den letzten Jahrtausenden nichts anderes an die Seite zu stellen ist". Demgegenüber „erscheinen beispielsweise die Anregungen, die der in seiner Bedeutung meist überschätzte römische Einfluß zu Beginn unserer Zeitrechnung brachte, als wenig bedeutungsvoll" (Leser 1931: 456, 565).

Während Leser von Kultureinflüssen ausging, suchte D. Trotzig in seiner Monographie über die Dreschgeräte (1943) *Agrarkonjunkturen* als Hintergrund für Novationsphasen. Als Schüler von S. Erixon waren ihm die Grundgedanken der Kulturfixierungsthese (s. 2.3) geläufig.

Für die Entstehungszeit des Dreschflegels gibt es zwei Fixpunkte. Auf römischen Bildsteinen aus Trier und Arlon des 2. Jhs. n. Chr. wird noch der Dreschsparren dargestellt. Kurz danach muß der Dreschflegel erfunden worden sein, aus zwei Gründen: Gegen Ausgang des 1. Jhs. n. Chr. waren – nach Bildzeugnissen – bereits entwickelte Flegeltypen vorhanden. Deshalb ist der Ursprung eher in der ersten Hälfte der Zeit zwischen 200 und 1000 n. Chr. anzusetzen. Eine weitere Einengung ist möglich durch die Wirtschaftsentwicklung. In spätrömischer Zeit gewannen die römischen Provinzen, insbesondere die gallischen und germanischen wirtschaftlich an Bedeutung. Handwerk und Handel blühten. Landwirtschaftliche Großbetriebe mußten die Städte und Soldatenlager mit Getreide versorgen. In dieser Zeit der provinzialrömischen Hochkonjunktur war daher am ehesten die Weiterentwicklung vom Dreschsparren zum leistungsfähigeren Flegel möglich. TROTZIG vermutet den Ursprung zwischen dem 3. und 5. Jh. n. Chr. Jedoch wird man ihn noch präziser auf das 3./4. Jh. n. Chr. ansetzen können, da das 5. Jh. mit dem massiven Eindringen germanischer Stämme bereits eine Reduzierung der wirtschaftlichen Aktivität brachte und die Sueben bei ihrer Landnahme in Nordportugal (411) anscheinend schon den Dreschflegel mitbrachten (DIAS 1968). Daß die Großbetriebe des Treverer-Gebiets (und sonst in Gallien) in der Konjunktur des 2./3. Jhs. n. Chr. zu rationelleren Methoden des Getreidebaus kamen, beweisen die Schrift- und Bildzeugnisse von Mähmaschinen. Wenn man die Erntetechnik verbesserte, wird man sich parallel dazu um effektive Dreschgeräte bemüht haben. Wahrscheinlich wurde das vom Mittelmeergebiet bekannte Austreten durch Tiere gehandhabt, parallel dazu hat man offenbar den einheimischen Dreschsparren zum beweglichen Dreschflegel weiterentwickelt.

TROTZIG wandte dieses Interpretationsprinzip (ökonomische Konjunktur bewirkt Novationen der Geräte) auch auf andere Zeiten an. So breitete sich nach ihm der entwickelte Kappenflegel anscheinend in der Agrarkonjunktur des hohen Mittelalters rasch aus. Er diffundierte „zusammen mit der Benennung seiner Bindung, denn über fast sein gesamtes Verbreitungsgebiet von England bis zur Ukraine und von der Ostsee bis zum Mittelmeer hat er die gleiche Benennung", die von vulgärlat. *cappa* stammt. Das Wort ist um 1200 in Nordfrankreich belegt. Wegen früher Darstellungen auf französischen und englischen Monatsbildern muß der Ursprung des Kappenflegels vor dem 12., ja vor dem 11. Jh. liegen. „Vielleicht geht er zurück bis zur Karolingerzeit und ihrer gut organisierten Landwirtschaft." Die Novation verbreitete sich von Nordfrankreich aus „sehr schnell nach England, und auch das mittlere Westdeutschland hat sie wahrscheinlich vor dem 13. Jh. aufgegriffen. Die Blütezeit des 12. und 13. Jhs., die in Deutschland nicht nur für die Ritter- und Gutskultur, sondern auch für die Bauern galt, hat sicherlich etwas für die Ausbreitung bedeutet" (TROTZIG 1943: 81 f.). – Ähnlich war die Agrarkonjunktur des 18. Jhs. notwendiger Hintergrund für die Übernahme der Dreschwalzen in Großbetrieben Mittel- und Nordeuropas.

Von den beiden Autoren wurden wichtige Wendepunkte in der Geschichte der vorindustriellen ländlichen Sachkultur – die nicht auf die Arbeit beschränkt blieben – skizziert: die spätrömische Zeit, das hohe Mittelalter und das 18. Jh. Sie haben zugleich zwei wichtige Dominanten für den Wandel bezeichnet: Kultureinflüsse und wirtschaftliche Konjunkturen.

Wenn man die Novationszeiten der provinzialrömischen Kultur und der Karolingerzeit unerörtert läßt und auf die Zeit vom Mittelalter bis zur Gegenwart schaut, stößt man für die ländliche Sachkultur auf folgende *Hauptneuerungszeiten:* 1. das hohe Mittelalter (12./13. Jh.), 2. die Agrarkonjunktur des 16. und frühen 17. Jhs. (ca. 1550–1620), 3. Frühindustrialisierung, Agrarkonjunktur und Agrarreformen (von etwa 1750 bis zum frühen 19. Jh.), 4. Eindringen der industriellen und der großstädtischen Welt (etwa 1870–1914), 5. die Wohlstandsphase von 1950 bis 1975. Derartige Novationsphasen lassen sich als durchgängige Tendenz nur für eine Sozialgruppe ermitteln. Hier ist die landwirtschaftliche Bevölkerung im Blick. Die Kultur anderer Gruppen, der Handwerker und Händler in den Städten, des Adels und der Geistlichkeit, soll nur insoweit berührt werden, wie sie auf die Sachkultur der Landbevölkerung einwirkte. Die Auswahl ist nicht prinzipiell gemeint, sie liegt deshalb nahe, weil die Landbevölkerung bis zum späten 19. Jh. bei weitem überwog und weil dazu die meisten Studien vorliegen. Novationsphasen bei städtischen Handwerkern liegen z. T. entgegengesetzt, da Agrarkonjunkturen insbesondere dann Novationshäufungen der Sachkultur bewirkten, wenn die Preise für gewerbliche Produkte niedrig lagen, z. B. im späten 16. und späten 18. Jh. Deshalb stagnierte die Handwerkerkultur gerade zu diesen Zeiten. Aber man muß die Aussagen noch weiter differenzieren. Die genannten Novationszeiten gelten im wesentlichen für die bäuerliche Bevölkerung. Knechte und Mägde, Tagelöhner und Heuerlinge hatten daran nur mäßigen Anteil oder sie kamen zugleich gar in direkte Notlagen, wie die wachsenden Scharen der ländlichen Eigentumslosen zwischen etwa 1750 und 1840 (JANTKE/HILGER 1965), als die bäuerliche Sachkultur enorm aufblühte.

Die genannten fünf Novationsphasen wurden im wesentlichen durch agrare Wohlstandszeiten markiert. Gewiß waren das nicht die einzigen Impulse. Aber es scheint doch möglich, damit wichtige Teile einer Periodisierung der Sachkultur zu fassen. Deshalb sollen die folgenden Darlegungen insbesondere diesen Bezug beachten.

G. SCHMOLLER urteilte in der Industrialisierung über den Rang der wirtschaftlichen und gesellschaftlichen Revolution des *hohen Mittelalters:* „Der Übergang von einer Zeit, die gar keine eigentlichen Städte kannte, zu Städten mit 50 000 Einwohnern und technischen Leistungen wie dem Straßburger Münster, war größer als der Übergang von jener Zeit zu unseren heutigen Großstädten und ihren Eisenbahnhallen." Tatsächlich bedeutete die Entstehung und enorme Vermehrung der Städte zwischen 1100 und 1300 eine tiefe Zäsur für die gesellschaftlichen und kulturellen Verhältnisse. Mitteleuropa war in kurzer Zeit besät mit Städten, die auf Versorgung durch die umliegenden Dörfer angewiesen waren und dafür Handelswaren und gewerbliche Erzeugnisse boten. Damals lag der Übergang vom „Zeitalter der (relativ) autarken Hauswirtschaft (zum) Zeitalter der arbeitsteilig gegliederten Verkehrswirtschaft" (ABEL 1967). Dadurch verdichtete sich der Handel enorm. Für die kulturellen Prozesse war entscheidend, daß dem Lande in den städtischen Bürgern nun eine Schicht gegenüberstand, die den Bauern nahe war, aber ein eigenes, freieres Kulturpräge entwickelte. Deshalb ist es wohl nicht zu hoch gegriffen, wenn man dort den tiefsten Einschnitt für die Kultur breiter Schichten nach dem Zusammenbruch des Römerreichs sieht. Seitdem haben wir mit den Imitationsmechanismen zu rechnen, die wir als „sinkendes Kulturgut" zu bezeichnen pflegen (s. 2.3). Die Zäsur des hohen Mittelalters wurde in der Volkskunde erst wenig diskutiert (vgl. 5.1). Wir müssen uns hier auf die Sachkultur beschränken. Einiges kann man nennen – trotz der Lücken in den Quellen.

Die neue *gewerbliche Kapazität,* das sich steigernde handwerkliche Können wirkte auf die Baugestaltung. Seit dem hohen Mittelalter wurden die alten Pfostenbauten (mit in die Erde eingerammten Pfosten) von den Ständerbauten (in sich abgezimmerten, auf Stein- oder Holzunterlagen aufgesetzten Gerüsten) abgelöst. Für Ständerbauten benötigte man entwickelteres, präziseres Zimmermannswerk. Sie hielten aber auch ungleich länger (da die senkrechten Hölzer nicht mehr in der Erde abfaulten). Von den gesteigerten Möglichkeiten der Zimmerungstechnik zeugen die im hohen Mittelalter entstandenen großen ländlichen Einheitsbauten, ferner die im 13. Jh. in Mitteleuropa aufkommenden Bockwindmühlen, die – wegen des Ausbalancierens von Winddruck und Gegengewichten sowie wegen der verschiedenen Übersetzungsmechanismen – ein hochkompliziertes technisches Gefüge darstellten. Im süddeutsch-österreichischen Gebiet übernahm man seit dem 13. Jh. die Wohnstube mit rauchfreiem Ofen vom bürgerlichen Wohnhaus (HÄHNEL 1975). In städtischen Haushalten trat im 13. Jh. neben die älteren Truhen der Wirtschaftsschrank (O. MOSER 1949).

Während die technischen Verbesserungen beim Haus sehr dauerhafte Gefüge brachten, hatten die damaligen Neuerungen der *Tuchverarbeitung* einen ganz neuen Wechsel der Kleidermoden zur Folge. Im 11./12. Jh. wurden die alten Gewichtswebstühle, auf denen man Einzelstücke webte, durch den Trittwebstuhl ersetzt. Darauf erst konnte man lange Tuchbahnen weben, die Voraussetzung dafür, daß die relative Einheitlichkeit des Tuches nun durch Variationen im Zuschnitt ausgeglichen wurden. Wechsel der Mode bedeutet seitdem vor allem Wechsel im Schnitt. Seit dem hohen Mittelalter heißt der zuständige Handwerker nicht zufällig „Schneider" (THIEL 1968). Allerdings unterschieden sich die Bürger der Städte im 12./13. Jh. in der Kleidung noch nicht markant von den Bauern. Das bürgerliche Standesbewußtsein wuchs offenbar erst im Spätmittelalter entscheidend (vgl. 5.1), als dem Wohlstand von Stadt und Gewerbe die tiefe Agrarkrise der Dörfer gegenüberstand (s. 3.3). Seitdem ist das Unterscheidungsstreben der Bürger in der Kleidung reich zu belegen. Die Kleiderordnungen suchten bereits die Nachahmung einzudämmen und Ständeunterschiede zu wahren. – Von der neuen gewerblichen Kapazität des hohen Mittelalters hängen weitere Verbesserungen der Faserverarbeitung ab. Außer dem Trittwebstuhl sind vor allem das Handspinnrad (ein Vorläufer des im 16. Jh. erfundenen Trittspinnrads) und die Flachsbreche zu nennen. Beide sind für das deutschsprachige Mitteleuropa zuerst im 13. Jh. bezeugt. Beide erklären sich aus dem Aufschwung der wichtigsten mittelalterlichen Industrie, der Textilindustrie.

Die Weiterentwicklung der agraren Arbeit und ihrer *Geräte* ergab sich aus den neuen Absatzmöglichkeiten auf den städtischen Märkten, durch den Kornbedarf der Stadtbevölkerung: frühe Verwendung leistungsfähiger Schnittgeräte (Hafersense, Sichte: LÜHNING 1952; s. 3.3), Diffusion des Kappenflegels (s. o.), Vordringen des Pferdeanspanns (JACOBEIT 1957) und Neuerungen der Zugvorrichtungen beim Wagen (HAGAR 1973). Der Einfluß der Klosterkultur war dabei besonders fördernd, nicht nur bei der Diffusion der Windmühlen. Diese Verbesserungen bildeten eine Voraussetzung für den Landesausbau (Rodungen) in Westdeutschland und für die Ostkolonisation.

Ein weiterer Grundzug des hohen Mittelalters war die für das 13. und frühe 14. Jh. zu fassende *Agrarkonjunktur* (ABEL 1966). Nach der Regel der Wohlstandnovationen (s. 2.3) können wir mit damaligen Prestigeneuerungen in der Landbevölkerung rechnen, auch damit, daß die Bauern vermehrt Kulturformen des Adels und der Bürger übernahmen. Welchen Rang sie für die damalige Sachkultur hatten, ist noch nicht genau abzuschätzen. Zeugnisse aus der damaligen Dichtung – wie der „Meier Helmbrecht" – können dabei wohl am ehesten weiterhelfen.

Festeren Boden betreten wir mit dem *16. Jahrhundert*. Die Quellen und die Berichte sind seitdem ungleich häufiger. Das 16. Jh. bildete einen Höhepunkt des Bürgertums. W.-E. PEUCKERT (1948) glaubte, in den Beginn des Jahrhunderts den Wechsel von der bäuerlichen zur bürgerlichen Welt ansetzen zu können. Für die bäuerliche Sachkultur war die Agrarkonjunktur prägend, die in der ersten Hälfte des 16. Jhs. begann und zwischen etwa 1550 und 1620 ihren Höhepunkt hatte. Da die Korn- und Fleischpreise stark stiegen, die Löhne und die Preise für gewerbliche Erzeugnisse jedoch stagnierten, kam es zu raschem Wohlstand in den Dörfern und zu entsprechenden Wohlstandsnovationen bei Prestigegütern (s. 2.3). Auf Fehmarn hatten die stattlichen Häuser um 1600 ein reiches Inventar mit flämischem Zeug, selbst Atlas, gedrechselten Stühlen, Kannen aus Silber. „Die Trachten der Bauern entsprachen der Kleidung vornehmer Bürger und Edelleute" (ABEL 1967). Fehmarn bildete keine Ausnahme, höchstens im Ausmaß des Luxus. Ähnliche Berichte liegen aus Dithmarschen und anderen Teilen der Elbmarschen, aus Ostfriesland und auch aus Süddeutschland vor.

Die *Prestigenovationen* des 16. Jhs. (vgl. SVENSSON 1973 b) können wir in Umrissen bereits aus überlieferten Objekten ablesen, vorerst allerdings nur für repräsentative ländliche Wohnbauten. Die von W. SCHMÜLLING (1951) in NW-Deutschland ermittelten ländlichen Bauten mit datierenden Inschriften ergeben für das 16. Jh. einen raschen, steilen Anstieg ab 1540 (WIEGELMANN 1976). Dabei handelte es sich sichtlich um bürgerlichen Einfluß. Sowohl die in den Inschriften stolz dokumentierte Schriftlichkeit wie das Streben nach repräsentativem Hausschmuck waren Züge, die die Landbevölkerung von den Städtern übernahm. Ein ähnlich steiler Anstieg von datierten dörflichen Repräsentativbauten ergibt sich aus anderen Dokumentationen. Die Übernahme von Vier- und Dreiständerbauten in dem mit Klein- und Mittelstädten durchsetzten Oberwesergebiet (SCHEPERS 1973), also von städtischeren Varianten des niederdeutschen Hallenhauses wurde in dieser Wohlstandsphase beschleunigt. Parallel dazu entwickelte man in jener Getreidekonjunktur das Gulfhaus im Ostfriesischen, einen Hoftyp, der zwar der größeren Getreideproduktion angepaßt, moderner im Wirtschaftsbereich war, aber zugleich einen separaten Wohnteil hatte, demnach vom Wohnkomfort her einen Schritt vom Hallenhaus in Richtung auf städtisches Wohnen darstellte. Zeitlich parallel sind in NW-Deutschland ferner zu nennen: der Beginn der niederrheinischen T-Häuser (Stallhallen mit quer davorgesetzten höheren Wohnhäusern) und das rasche Vordringen der oberdeutschen Stube nach NW-Deutschland im 16. Jh. Demnach wurde die Struktur des mittelalterlichen Hallenhauses damals in verschiedenen Regionen durch bürgerlichen Einfluß verändert. In Oberdeutschland entspricht dem das Vordringen des städtischen Stockwerkwohnens aufs Land, die Gestaltung von repräsentativen Schaugiebeln mit überragenden Stockwerken, die sich wohlhabende Bauern nach bürgerlichem Vorbild leisten konnten In die Stuben kamen repräsentative Möbel (BENTZIEN/STROBACH 1975, zur Arbeitskultur vgl. jetzt BENTZIEN 1975).

Nach Dauer und Intensität kann man die Novationsphase des späten *18. Jahrhunderts* mit der des 16. Jhs. vergleichen. Im Hausbau begann die erste Phase um 1550 und endete um 1620, die zweite dauerte von etwa 1770 bis 1840, jedenfalls in NW-Deutschland. Man muß betonen, daß diese Zeiten für repräsentative ländliche Wohnbauten gelten. Bei reinen Zweckbauten (Scheunen, Ställen) liegen die Gründe anders. Deren Erbauungszeiten häufen sich nicht nur in Zeiten rasch steigenden Wohlstandes. Die Novationsphase des späten 18. und frühen 19. Jhs. möchte ich am Beispiel NW-Deutschlands skizzieren. Obwohl die damalige Agrarkonjunktur anscheinend ganz Mitteleuropa erfaßte (ABEL 1966), ließen sich die entsprechenden Novationen bisher besonders klar im Nordwesten nachweisen. Es bleibt zu prüfen, ob lediglich Unterschiede im Forschungsstand vorliegen oder ob tatsächlich regionale Unterschiede bestanden.

Eine vergleichende Analyse von Dokumentationen aus vier verschiedenen Regionen *Nordwestdeutschlands* ergab weitgehende Übereinstimmung der Baukurven. Sie liegen – wie gesagt – zwischen etwa 1770/80 und 1840/50 und stimmen sehr genau mit der steilen Agrarkonjunktur des späten 18. Jhs. zusammen, in der es eine ähnlich weite Schere zwischen agraren Erlösen und Ausgaben gab wie im späten 16. Jh. Für diese Novationsphase läßt sich nun zeigen, daß man zunächst kleinere Prestigegüter anschaffte und allmählich zu kostbareren überging. Dabei scheint es regelhafte Zusammenhänge zu geben. Im frühen 18. Jh. gab es bereits eine leichte Agrarkonjunktur. Damals, zwischen 1720 und 1760, glich man die Männertracht generell der damaligen (französischen) Modekleidung an (HELM 1932). Gleichzeitig kamen die niederrheinischen Prunkschüsseln in Mode. Die Kurve läßt einen ersten steilen Anstieg um 1710 erkennen (LEHNEMANN 1973). In der Mitte des Jahrhunderts, um 1750, wurden dann neue repräsentative Möbel angeschafft. Gleichzeitig übernahm die Landbevölkerung von den Bürgern das Kaffeetrinken (mit dem zugehörigen Koch- und Trinkgeschirr). Ferner erlebten die niederrheinischen Prunkschüsseln ihren zweiten und zugleich größten Absatzboom. Zwei bis drei Jahrzehnte später, um 1770/80, begann schließlich der Bauboom für repräsentative Wohnhäuser (WIEGELMANN 1976).

Diese letzte allgemeine Blüte der regionalen Sachkultur ist mit den genannten Novationen nur grob umrissen. Beispiele für Übernahmen aus der städtisch-bürgerlichen Kultur lassen sich häufen, für Haus und Inventar, die Speisen- und die Festkultur. Auf weitere Einzelzüge müssen wir hier verzichten; es sei lediglich darauf hingewiesen, daß sämtliche bisher überschaubaren Novationsprozesse sich in den beschriebenen Zeitrahmen einpassen. Um ein klares, regional und sozial schärferes Bild jener Zeit zu erhalten, ist noch manches zu tun im Aufarbeiten der erhaltenen Objektbestände sowie in der systematischen Auswertung der einschlägigen Akten (Inventare, Testamente, Brautschätze usw.).

Die beiden Novationsphasen von 1870–1914 und 1950–75 möchte ich nicht genauer charakterisieren. Dafür liegt zwar reiches Material bereit, aber die Vorarbeiten sind noch relativ spärlich. Von den alten historischen Schulen des Faches war der Blick auf die modernen Phasen nicht zu erwarten, und die Gegenwartsforschung hat sie noch nicht als Aufgabe erkannt. Die lange *Friedens- und Wohlstandszeit von 1870–1914* brachte einen enormen Einfluß des städtischen Lebens in die Dörfer, eine Verbürgerlichungswelle bei der Landbevölkerung wie bei den Industriearbeitern. Die Auflösung der regionalen, 1760–1840 neugeprägten Sachkultur begann freilich schon um die Jahrhundertmitte. Moderne, städtisch orientierte Bauten wurden in breitem Maße meist schon um 1860 in den Dörfern gebaut. Die Trachtenumfrage des Deutschen Sprachatlas von 1880 konnte in NW-Deutschland lediglich noch Trachtenreste und -inseln erfassen. Die traditionelle Möbelherstellung in den Dörfern und Kleinstädten geriet nach der Jahrhundertmitte bereits in die Krise. Die erste Welle der Vereinsgründungen in den Dörfern ist ein leicht zu greifender Indikator für die Verstädterung jener Zeit. – Wie beachtlich die regionalen Unterschiede in Europa waren, zeigen die Beiträge von T. HOFER, S. B. EK und H. SIUTS zur Periodisierung des 19. Jhs. (in: WIEGELMANN 1973).

Die bekannten *Konsumwellen,* die man in *Westdeutschland* nach dem Konsolidieren der wirtschaftlichen Verhältnisse (seit 1950) beobachten konnte, zeigen eine paradigmatische Abfolge. Der Eßwelle folgte die Kleidungs- und die Wohnwelle, dann folgten Bauwelle, Reisewelle, Gesundheits- und Luxuswelle, eine Abfolge, die man mit der des 18. Jhs. vergleichen kann. In dieser Wohlstandsphase verstädterten die Dörfer praktisch ganz. Damit kam ein tiefgreifender Prozeß zum Abschluß, der im späten 19. Jh. begann. Die Reste der regionalen ländlichen Sachkultur, die frühere Modernisierungen überstanden hatten, wurden nun zu begehrten Objekten des Antiquitätenhandels. Trachten sieht man seitdem praktisch nur noch in „folkloristischen" Darbietungen, alte Truhen herausgeputzt zwischen modernen Möbeln (fast mehr in Wohnungen wohlhabender Städter als auf dem Lande).

An einigen Stellen wurde ersichtlich, daß Novationsphasen – selbst bei Beschränkung auf eine Sozialschicht – nicht immer für ganz Deutschland gelten, daß es daher streng genommen nur analytisch möglich ist, Zeit und Raum zu trennen. Der zeitliche Wandel hat in einem so großen Gebiet wie Mitteleuropa fast durchweg eine räumliche Dimension (s. 3.3; 5.1).

Dennoch ist es legitim, entlang der Zeitachse nach den Phasen rascher Neuerung und überwiegenden Tradierens zu fragen (und sich damit zu begnügen, wenn die ermittelte Tendenz für den größten Teil des Gebietes gilt). Jedenfalls gehört die Periodisierung der Sachkultur (und der Volkskultur überhaupt) zu den herausragenden Aufgaben historischer Volkskunde. Wenn man sie begreift als ein bis in die Einzelstudien wirkendes Ziel, wird sie stimulierend wirken; denn im Blick auf diese Aufgabe wäre bei jeder Detailstudie Art und Auswirkung der zugrundeliegenden Prozesse zu klären. Ferner erhebt sich dann stets die Frage, welches Gewicht den Details für das Ganze der Kultur, für die Prägung einer Zeit zukamen.

3.3 Innovationszentren und Reliktgebiete

Obwohl in der Sachforschung schon früh Karten gezeichnet wurden, bleibt es bis heute schwierig, eine fundierte, alle wichtigen Teile berücksichtigende Zusammenschau zu bieten. Das liegt einerseits am Stand der Forschung. Zwar gibt es eine Anzahl Untersuchungen, aber sie beschränken sich meist auf Teilregionen. In den das gesamte Gebiet erfassenden ADV-Umfragen von 1930–35 wurden nur wenige Themen der Sachkultur erfaßt, und das Material der Sachumfragen von 1965–70 konnte erst zum geringen Teil bearbeitet werden. Eine Zusammenfassung der kartographischen Sachstudien, wie sie im schwedischen Volkskundeatlas (ERIXON 1957) vorliegt und für Finnland in der Studie von I. TALVE (1974), können wir derzeit noch nicht bieten. Schwierigkeiten liegen aber auch in der Realität; denn in Mitteleuropa gab es nicht die klare Gliederung und durchgängige Orientierung wie in Skandinavien oder Finnland, da die Einflüsse, die maßgebenden Novationsgebiete im Laufe der Zeit und je nach Sachbereich wechselten. Immerhin lassen sich einige Linien herausschälen (vgl. WIEGELMANN 1970).

Während bei der Analyse der Phasen (s. 3.2) die Zeiten mit neuen Impulsen, mit raschem Neuern im Vordergrund stehen, haben wir bei der regionalen Betrachtung mehr auf die zwischen den Novationszeiten liegenden Spannen zu schauen; auf die Breitenwirkung jener Anstöße, auf die Räume, in denen die Neuerungen schließlich Anklang fanden. Für diese Zwischenzeiten kann man am ehesten eine kulturräumliche Zusammenschau bieten, da die raschen Diffusionen zurücktreten, die regionalen Unterschiede sich konsolidieren. Deshalb stehen hier das frühe Mittelalter, die Jahrhunderte der großen spätmittelalterlichen Agrarkrise (14./15. Jh.), die Depression des 17. Jhs. mit dem frühen 18. Jh., schließlich die Mitte des 19. Jhs. (und ihre Spuren auf den ADV-Karten) im Blickpunkt.

Im *frühen Mittelalter* lag das wichtigste Innovationszentrum in West- und Südwestdeutschland. Da es im Südwesten gebietsweise eine Kontinuität von der provinzialrömischen (und technisch hochentwickelten keltischen) Kultur her gab, verbreiteten sich von dort mehrere wichtige Neuerungen: die Steinbautechnik, der Weinbau und die Obstkultur (insbesondere durch die Vermittlung der Klöster), die vertikale Wassermühle (römischen Typs), die entwickelte Töpferei mit Töpferscheibe oder Töpferrad (RIETH 1960), die Herstellung von Glas.

Ähnliches gilt für weitere Züge des agraren Wirtschaftslebens. Den Dreschflegel entwickelte man im 3./4. Jh. im Rhein-Mosel-Gebiet (s. 3.2). Von dort kam er in den nachfolgenden Jahrhunderten rasch in umliegende Regionen. Im Südwesten lag anscheinend auch die Wurzel für die zelgengebundene Dreifelderwirtschaft. So nimmt G. SCHRÖDER-LEMBKE (1969) an, daß das Zelgenwesen, das Einzäunen von Feldern, „bis in die Zeit der Alemannensiedlung, also in das 4. und 5. Jh. zurückgeht", daß es dann in den folgenden Jahrhunderten „zur Verschmelzung des alemannischen Zaunwesens mit der fränkischen Dreifelderfruchtfolge" kam und die „flurzwanggebundene Dreizelgenwirtschaft ... von SW-

Deutschland auch nach Norden und Westen" strahlte. Im 13. Jh. war sie in Alt-
deutschland bereits das maßgebende Anbaumuster, das mit der ostdeutschen
Kolonisation in die ostelbischen Gebiete getragen wurde. – Ein weiterer Indikator für den Rang jenes südwestdeutschen Innovationszentrums ist das Kopftragen. Nach F. Krüger (1950) blieb das Tragen von Lasten auf dem Kopf im
ehemals provinzialrömischen Bereich teils auch nach der Völkerwanderungszeit
üblich. Da das Kopftragen bereits im 13./14. Jh. von Osten her durch den Rük-
kentragkorb zurückgedrängt wurde, müssen wir für das frühe Mittelalter eine
Ausstrahlung vom Südwesten aus annehmen, um die rezente Lagerung zu erklären; denn Kopftragen war im 19. Jh. noch weit über den römischen Limes
und die Rheingrenze hinaus üblich (Wiegelmann 1969).

Demnach kann man davon ausgehen, daß der deutsche Westen und Südwesten vor dem hohen Mittelalter die *modernste Zone* in der Sachkultur Mitteleuropas darstellte. Es kennzeichnet die Situation, daß Badorfer
und Pingsdorfer Töpferware aus dem Rheinland weithin verhandelt
wurde und anregend wirkte (Janssen/Follmann 1972). In den Osten
waren westslawische Völker eingerückt, die in der materiellen Ausstattung zurückstanden, jedenfalls keine bedeutenden Übernahmen von der
provinzialrömischen Kultur kannten. Aber auch den deutschen Nordwesten muß man für jene Zeit als Reliktgebiet ansehen. Obstanbau und
Steinbauten, moderneres Mahlen und entwickeltes Töpfern sowie die
Glasherstellung kannte man dort nur sporadisch oder in Randzonen.

Das hohe Mittelalter brachte mit der ersten Verstädterungs- und Ge-
werbephase mächtige Impulse. Jedoch wirkten sie sich in den ländlichen
Regionen Mitteleuropas sehr unterschiedlich aus. Obwohl die Städte
relativ gleichmäßig über das Land verteilt waren, wirkten ihre Impulse
im Norden in eine andere Richtung als im Süden: in N-Deutschland auf
eine Intensivierung der Agrarwirtschaft (und damit auf eine Stärkung
der spezifisch ländlichen Sachkultur), in S-Deutschland dagegen auf eine
Durchdringung der Dörfer mit städtischen Wirtschafts- und Sozialstruk-
turen, damit eine kulturelle Angleichung des Dorfes an die Stadt. –
Eine weitere regionale Differenzierung ergab sich aus der Lage der mittelalterlichen Gewerbezentren. Die Textilindustrie konzentrierte sich damals in Flandern und in Süddeutschland (zwischen Straßburg, Bodensee
und Nürnberg). Die regionale Breitenwirkung der mittelalterlichen Impulse erfolgt freilich erst im *späten Mittelalter*.

Impulse kamen seitdem von den Großstädten jener Zeit, die mit Getreide versorgt werden mußten. In Flandern entwickelte man dafür die
leistungsfähigere Getreidesichte, die beim Brotgetreide die schonender ar-

beitende, aber nicht so leistungsfähige Sichel ablöste. Bis zum 16. Jh. hatte sich das neue Erntegerät bereits bis in große Bereiche NW-Deutschlands, vom Niederrhein bis zur Unterelbe durchgesetzt. In den gleichen räumlichen und sachlichen Zusammenhang weist die Bockwindmühle, die beim Vermahlen des Getreides gegenüber den in NW-Deutschland vorher dominierenden Handmühlen eine enorme Verbesserung brachte. Ihre erste urkundliche Erwähnung im Deutschen stammt vom Niederrhein. Dort errichteten Zisterzienser 1253 eine Windmühle. Die Bockwindmühlen wurden in den flachen, windreichen Landschaften Norddeutschlands (und darüber hinaus) dann herrschend.

Ähnliche Neuerungen für die Landwirtschaft werden aus Oberdeutschland berichtet: Am Oberrhein und im westlichen Neckarland wurden bereits seit dem ausgehenden 13. Jh. die Hochäcker vom Ebenfeldbau verdrängt, „während sie in Ostschwaben und Bayern bis ins 19. Jh. vorherrschend blieben" (HUTTENLOCHER 1963). Dadurch konnte sich dort bereits im ausgehenden Mittelalter das „Haberreff", eine Gestellsense zum Hafermähen, durchsetzen, eine Neuerung, die dann nach Bayern und in die westdeutschen Mittelgebirge ausstrahlte (LÜHNING 1952).

Von den zum Textilgewerbe gehörenden Neuerungen (Trittwebstuhl, Handspinnrad, Flachsbreche) kennen wir die Novationszentren und Diffusionswege noch nicht genau. Wohl kann man mit R. JIRLOW (1926) das städte- und gewerbereiche Flandern als eins der Innovationsgebiete annehmen.

Die tiefgreifendste kulturelle Umschichtung in Mitteleuropa geschah durch die deutsche *Ostkolonisation* (12./14. Jh.). In den Gebieten östlich von Elbe und Saale begannen mit dem Nebeneinander von deutschen Kolonisten und Westslawen Akkulturationsprozesse säkularen Ausmaßes, auch in der Sachkultur. Von den Austauschprozessen sah man auf deutscher Seite primär das Geben aus der deutschen Kultur (z. B. SCHIER 1966), auf westslawischer Seite betonte man dagegen den Rang der eigenen Kulturzüge (z. B. HENSEL 1965, dazu: SCHIER 1969). Sicher ist, daß es neben den offenbar dominierenden deutschen Übernahmen einen sogenannten „rückläufigen Kulturstrom" gab, eine Übernahme von Kulturgütern entgegengesetzt zur Bevölkerungsbewegung. Als sachlicher Schwerpunkt deutet sich dabei das Transportwesen an (da der Rückentragkorb im 13./14. Jh. vom slawischen Gebiet nach Westdeutschland vordrang und die Worte „Kummet" und „Peitsche" mittelalterliche Lehnworte aus dem Westslawischen sind), ferner die Speisenkultur, für die Quark

(slaw. Lehnwort), Pilz- und Gurkenspeisen und wohl auch die brauchtümliche Stellung der Hirsespeisen (und anderer quellender Speisen) zu
nennen sind. Schließlich scheint die Flachsbreche im Mittelalter aus dem
Osten vermittelt worden zu sein (SZOLNOKY 1966).

Um die durch die ostdeutsche *Akkulturationssituation* ausgelösten Prozesse abschätzen zu können, benötigen wir solide, auf der ganzen Breite
des Materials fußende historische Untersuchungen. Als wichtigste der
letzten Jahre ist U. BENTZIENS Studie über die Pfluggeräte in Mecklenburg zu nennen (1969). Er konnte nachweisen, daß der Haken bei den
Slawen dominierte und der einsterzige Beetpflug (zumeist mit Pferdeanspann) mit den deutschen Siedlern ins Land kam. Später gab es ein kom-
pliziertes Hin und Her zwischen Haken und Pflug, das nicht mehr aus
der Akkulturationssituation der ersten Jahrhunderte, sondern aus den
sozialen und wirtschaftlichen Verhältnissen der nachfolgenden Zeit zu
verstehen ist.

Im Altsiedelland begannen seit dem hohen Mittelalter Wandlungspro-
zesse, die die Grundstruktur der ländlichen Kultur betrafen und regionale Unterschiede auf mehr als ein halbes Jahrtausend bestimmten. Im
Nordwesten zielte alles auf einen Ausbau, eine Verbesserung der Landwirtschaft. Von entwickelteren Geräten – wie der Bockwindmühle und
der Getreidesichte – war schon die Rede. Im hohen Mittelalter entwik-
kelte man dort zudem das bis zum 19. Jh. herrschende niederdeutsche
Hallenhaus. Es ist in diesem Zusammenhang weniger wichtig, ob der
Typ an klösterliche Zehntscheunen (Grangien) anschließt (HINZ 1964)
oder an Repräsentationshallen auf Burgen (SCHEPERS 1973). Entscheidend ist, daß ein entwickeltes Gefüge entstand, in dem sich menschliches
Wohnen dem Wirtschaften weitgehend unterordnete. Die tägliche Haupt-
arbeit, die Mahlzeiten, selbst das Schlafen (nicht nur des Gesindes) vollzog man in offenem Kontakt zur Wirtschaftsdiele und zum Vieh. Hochzeiten und Leichenmahle feierte man auf der Diele, zwischen den Rin-
dern. Daß man im hohen Mittelalter zu diesem ganz wirtschaftlich orientierten Haustyp kam und die Form im Nordwesten offenbar rasch Anklang fand, zeigt den vom Bürgerlichen weit entfernten Lebensstil nord-
westdeutscher Landgemeinden.

Jener Stil wurde begünstigt durch die Art der dortigen Städte. Es waren
nicht – wie in Flandern und in Oberdeutschland – *Gewerbestädte,* sondern primär *Händlerstädte.* Die im 12./13. Jh. ansteigende Bedeutung
der Hanse mit ihrem weitreichenden Handelsgebieten in Nord- und Ost-

europa brachte für N-Deutschland kaum Impulse zur Verstädterung des Landes, sondern vor allem Anstöße zur Intensivierung der Landwirtschaft. Die Händler benötigten Getreide für die Ausfuhr. Norddeutschland wurde für die Hanse zum entscheidenden Getreideproduzenten. Die meisten Händler waren in ihrer Tätigkeit dem Landwirt nahe (nicht wenige Landwirte handelten selbst), reiche Handelsleute und Fernhändler dagegen im Lebensstil weit oberhalb der Landbevölkerung, ohne Kontakt zu ihr. Daher bedingten die Hansestädte im Nordwesten keine Angleichung des Landes an die Stadt, sondern eine Steigerung agrarischer Wirtschafts- und Lebensformen.

Da die Hanse ihren Handel im 14. und 15. Jh. weiterführte, ja steigerte, als die spätmittelalterliche Agrarkrise sonst tiefe Wunden schlug, blieb

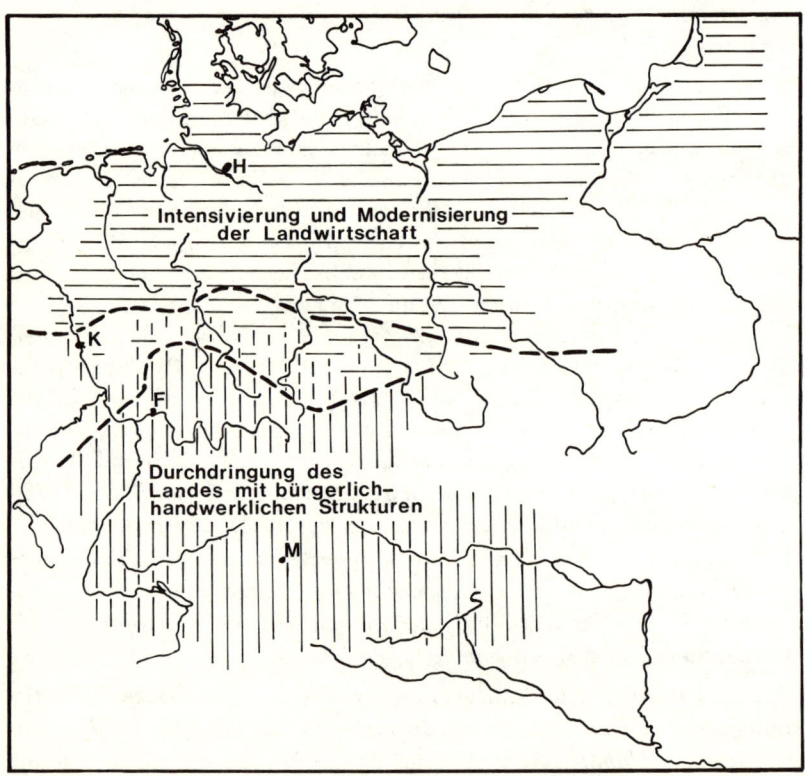

Abb. 4 Nord-Süd-Differenzierung der ländlichen Sachkultur im Spätmittelalter

die nordwestdeutsche Sachkultur von tiefgreifenden Umstellungen verschont. Das kommt in dem geringen Anteil spätmittelalterlicher Wüstungen zum Ausdruck. Im gesamten Nordwesten, vom Niederrhein bis zur Unterelbe war der Wüstungsquotient gering oder ganz unbedeutend (zumeist unter 9 %, z. T. 10–19 % der Orte: ABEL 1967). Da der Nordwesten auch im Dreißigjährigen Krieg zu den großen Schongebieten gehörte (G. FRANZ 1961), blieben dort mittelalterliche, agrarisch bestimmte Strukturen so lange prägend. Eine Neuorientierung begann erst im 17. Jh.

Anders in *Oberdeutschland*. Im hohen Mittelalter begann im Süden bereits das Stubenwohnen (s. 3.2). Die entwickelte höfische Kultur des Mittelalters war primär eine oberdeutsche Angelegenheit, dort residierten die staufischen Kaiser, dort gab es eine frühe Konzentration von landnahen Gewerbestädten, dort hatte man enge Kontakte zum städtisch und kulturell interessanten Mittelmeerraum. Von all dem blieben die süddeutschen Dörfer nicht unberührt.

Die entscheidende *gewerbebürgerliche Prägung* der süddeutschen Dörfer dürfte im Spätmittelalter erfolgt sein. In der tiefen Agrardepression des 14./15. Jhs. wurden in Mittel- und Süddeutschland durchweg 20–50 % der Siedlungen aufgegeben (ABEL 1967). (Lediglich Nieder- und Oberbayern blieben von derart scharfen Eingriffen verschont – wohl nicht zufällig Regionen, die auch geringere alte Verstädterung aufweisen.) Außer einer generellen Dezimierung der Bevölkerung durch die Pest war dafür die verzweifelte wirtschaftliche Lage der Landwirtschaft verantwortlich. Gewerbliche Erzeugnisse dagegen standen hoch im Preis. In der ökonomisch dahinsiechenden Landwirtschaft konnte sich kaum agrarischer Standesstolz entwickeln. Die Landbevölkerung strömte in die Städte, in denen sie neben Wohlstand Freiheit und Rechtssicherheit städtischen Lebens suchte. Diese Landflucht verschärfte den Mangel an Arbeitskräften auf den Dörfern und verstärkte den ohnehin beachtlichen Einfluß städtischen Lebensstils.

Anscheinend kann man im Süden die Art des städtischen Einflusses in der agraren Wohlstandsphase des hohen Mittelalters von jenem Einfluß unterscheiden, der in der agraren Krise des 14./15. Jhs. dominierte. Während im hohen Mittelalter eine breite Übernahme bürgerlicher (und höfischer) Prestigegüter anzunehmen ist – zugleich ein Erstarken des Selbstbewußtseins der Landwirte (damit ihrer Neigung, die eigenen Statussymbole zu betonen) –, war die Situation in der Agrarkrise des 14./15. Jhs. anders: Die ländliche Wirtschaft und die ländliche Kultur waren dem Städtischen über mehrere Generationen so hilflos unterlegen, daß sich ländliches Selbstbewußtsein kaum entfalten konnte. In dieser Situation scheint es zwischen Thüringen und Alpenrand, zwischen Hessen und Oberrhein zu einer weitgehenden Angleichung der ländlichen Strukturen an die der Stadt gekommen zu sein, einer fast „kopflosen" Angleichung, wie wir sie im 20. Jh. bei vergleichbarem Übergewicht der industriell-großstädtischen Welt in den Landgemeinden wieder erleben.

Die seit dem hohen Mittelalter zu fassende Trennung in eine *norddeutsche* und eine *süddeutsche Wandlungstendenz* setzte sich bis ins 16. Jh. fort. Im Nordwesten eine Steigerung der agraren Wirtschafts- und Lebensform, die auf dem Handel der Hanse fußte. Die selbstbewußte Haltung der Landbevölkerung gegenüber den Städten gründete sich nicht nur auf der wirtschaftlichen Position, sondern ebenso auf den dominierenden Großbetrieben und der Einzelhofsiedlung. Die bis in die Neuzeit herrschende Sozialstruktur mit der reichen Stufung vom Vollmeier bis zu Heuerling erinnert an die soziale Hierarchie der mittelalterlichen Grundherrschaft. In Oberdeutschland gab es dagegen schon seit dem hohen Mittelalter eine Durchdringung des Landes mit städtischen und gewerblichen Strukturen. Ein gewiß nicht beweisender, aber sprechender Indikator für den damals begründeten Nord-Süd-Gegensatz ist der Ort der großen Feste: Während man sie im Süden seit Jahrhunderten in Wirtshäusern feierte, konnte sich die Vergewerblichung des Gastwesens in Nordwestdeutschland bis ins 19. Jh. nicht durchsetzen. Man feierte – wie gesagt – selbst Hochzeiten auf der Diele, d. h. im Wirtschaftsteil des Hauses. – Ein anderer Indikator ist die Übernahme der gewerblichen Badestube von der Stadt aufs Land; denn nur „in Oberdeutschland, Österreich und der Schweiz wurde die gewerbliche Badestube auch... auf das Dorf übertragen. Im 15. Jh. dürfte die Badestube hier den Höhepunkt ihrer Ausbreitung... erreicht haben" (HÄHNEL 1975). Ferner sei auf die für Süddeutschland typische Übernahme des Zunftwesens in den Dörfern verwiesen. Dort gab es ländliche Töpfer-, Schäfer- und Fasnachtszünfte (vgl. 4.5).

Noch im 16. Jh. war Süddeutschland das modernste Gebiet der mitteleuropäischen Sachkultur. Allerdings kann man nur mit Einschränkung so urteilen, weil die Tendenzen im Nordwesten und im Süden in verschiedene Richtungen gingen. „Modern" besagt in diesem Zusammenhang: mehr städtisch geprägt, gewerblich entwickelter, eben der heutigen städtisch orientierten Situation näher. Seitdem drehte sich aber das Bild. Aus den Gutsbezirken der Ostseeprovinzen kamen zahlreiche Neuerungen der agraren Arbeitswelt und über die niederländischen und die nordwestdeutschen Städte vielfältige Neuerungen der „Neuen Welt" ins Land. Bis ins 16. Jh. hinein blühten die süddeutschen Städte durch ihre Nähe zu Italien, zu Venedig, generell durch ihre Vermittlerrolle zur

Handelswelt des Mittelmeeres. Diese Stellung war im 16. Jh. schon umstritten und im 17. Jh. endgültig dahin. Durch die *Verlagerung des Welthandels* waren nun England und die Niederlande führende Handelsmächte. Dadurch gerieten Franken, Bayern und Österreich in eine Abseitslage. Deshalb erholte sich dort die gewerbliche Wirtschaft nach dem Dreißigjährigen Krieg nur allmählich und die Landwirtschaft stagnierte. Da die Anstöße zur modernen Industrialisierung und Verstädterung seit dem späten 18. Jh. ebenfalls aus England kamen und zunächst Norddeutschland prägten, ergibt sich für die Zeit um 1900 in der mitteleuropäischen Sachkultur fast ein Gegenbild zu dem um 1500 gültigen. Während damals Süddeutschland die modernste Zone war, ist es nun Nord-, insbesondere Nordwestdeutschland. Auf den Karten des frühen 20. Jhs. markieren sich Franken, Bayern und Österreich als großes, kompaktes Reliktgebiet (s. Abb. 5).

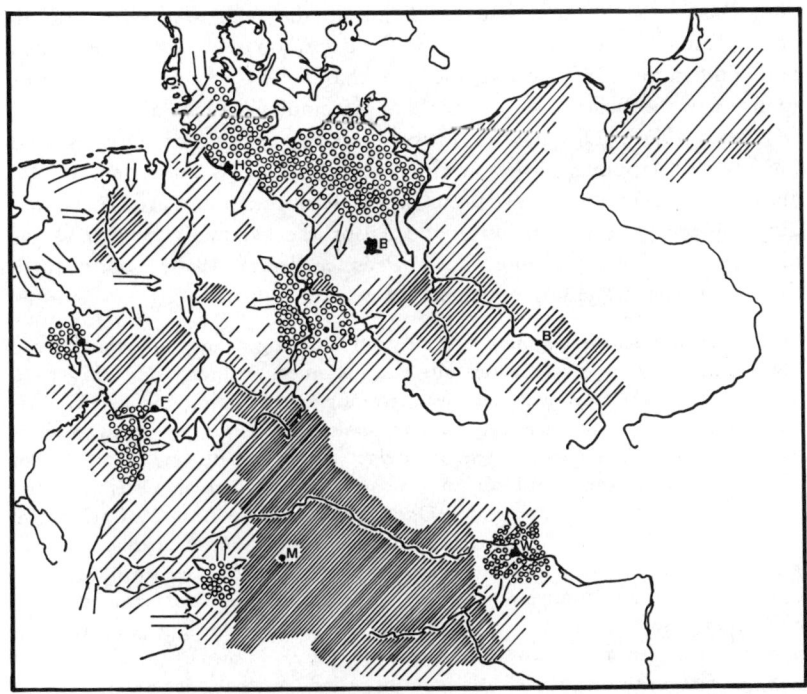

Abb. 5 Innovationszentren und Reliktgebiete der ländlichen Sachkultur in der späteren Neuzeit (17.–19. Jh.) (nach WIEGELMANN 1970).

Die *norddeutschen Modernisierungen* lassen sich gut für Arbeit, Speisenkultur und Kleidung fassen. Für die ländliche Arbeit gingen mehrere Impulse von den Gutswirtschaften der ostelbischen Provinzen aus. Mit der Konzentration des Ackerlandes auf die großen Gutsbetriebe, die seit dem 16. Jh. voll im Gange war, begann dort eine starke Tendenz zur Rationalisierung der Arbeit. Durch die ständige Vergrößerung des Gutslandes und die Intensivierung des Anbaus für den Export waren die Gutsbesitzer bestrebt, die Leistung der abhängigen Bauern und der anderen Arbeitskräfte zu steigern. So erhöhte man die Fronverpflichtungen der Bauern seit Beginn des 16. Jhs. rasch auf 3–6 Tage in der Woche. Zudem suchte man die Leistung pro Arbeitskraft zu erhöhen. Da moderne Maschinen noch nicht zur Verfügung standen, erreichte man es durch eine straffere Organisation der Arbeit und die Einführung effektiverer Handgeräte. All diese Maßnahmen beeinflußten das Kulturgepräge. Die Erhöhung der Frontage machten die Zeit zu einem kostbaren Gut. Das rationelle Umgehen mit der Zeit, das man sonst dem Einfluß der Industrialisierung zuschreibt, muß dort schon früh üblich geworden sein. Zudem zerstörte die allgemeine Abhängigkeit und das strenge Einspannen in die Belange der Güter das gemeindliche Eigenleben der Orte (KRAMER 1976). Die straffe, rationelle Organisation der Arbeit und die Zeitverknappung förderten eine Lebenshaltung, die seit dem 18. Jh. als preußische Disziplin, als preußischer Geist bekannt wurden: das bedingungslose Unterordnen unter die Ansprüche der maßgebenden Organisation; eine Lebenshaltung, die im Preußen des 18./19. Jhs. dann durch die soldatische Erziehung entscheidend geformt wurde.

Von den *Rationalisierungsmaßnahmen* sind der sogenannte „Wechselhaken" (zwei paar Zugochsen wechselten alle vier Stunden, während der Pflüger 16 Stunden durcharbeitete) und das gestaffelte Eggen bekannt (eine Person dirigierte vier Pferde vor vier Eggen). Aus zahlreichen Berichten ist zu ersehen, wie jene Rationalisierung die gesamte Arbeit straff ordnete (vgl. OTTE 1796). Einige Züge sind kartographisch zu fassen. So führte man in Ostelbien beim Wintergetreide die arbeitssparenden Garbenreihen aus 16 oder 20 Garben ein, und diese rationelle Form setzte sich dann in ganz Norddeutschland durch, während in Süddeutschland die Garbenhaufen mit wenigen Garben üblich blieben (ADV Kte. 82, WIEGELMANN 1964). Sehr gut ist die Tendenz in der Arbeitsteilung der Geschlechter zu greifen. So wie auf den durchorganisierten Genossenschaftsalmen der Schweiz Männer die ältere Frauenarbeit übernahmen und gleiches dann in Vorarlberg und im Allgäu geschah, so traten auch in Norddeutschland Männer in der Viehpflege und in der Milchverarbeitung an die Stelle der Frauen, seitdem man die schleswig-holsteinische und die westpreußische Milchwirtschaft im 16. Jh. modernisierte, seitdem ab dem 17. Jh. holländische Milchpächter in die Großbetriebe kamen und ihnen im 19. Jh. „Schweizer" folgten. In die gleiche Richtung ging in Norddeutschland die Tendenz bei der Feldarbeit, freilich nur zum Teil direkt von Rationalisierungen bedingt (für die man als leistungsfähigste Arbeitskräfte die Männer benötigte), zum Teil beeinflußt durch die im Zuge jener Rationalisierung neu eingesetzten größeren, effektiveren Geräte, die ebenfalls Männerarbeit begünstigten, ja oft forderten.

Das Vordringen der Hausichte von Flandern nach Nordwestdeutschland wurde schon genannt. Seit dem 16. Jh. setzten sich in den Ostseeprovinzen die schweren Gestellsensen zum Schnitt des Wintergetreides durch. Von dort drangen sie dann nach Süden und Westen vor. Es war das leistungsfähigste Schnittgerät der Neuzeit, bis zum Aufkommen der Mähmaschinen im 19. Jh. Wegen der Schwere der Arbeit wurde es durchweg von Männern gehandhabt. Als die Gestellsense für Brotgetreide seit der Mitte des 19. Jhs. in die Mittelgebirge und nach Süddeutschland vordrang, hatte in Ostelbien bereits der Einsatz von Maschinen begonnen. Dampfpflüge, Mäh-, Sä- und Dreschmaschinen setzte man dort zuerst und im großen Stil ein. Auch bei anderen Handgeräten – wie verbesserten Dreschflegeln und Kartoffelhacken – fungierten die Ostseeprovinzen mit ihren Großbetrieben als Innovationszentrum (vgl. dagegen BENTZIEN 1975: 35 ff.).

Anhand der *Arbeitsteilung* kann man die in Nord- und Süddeutschland so ungleichen Wandlungstendenzen ähnlich fassen wie bei den Häusern. So wie man im mittelalterlichen Norddeutschland ein Großgebäude mit dominierendem Wirtschaftsteil schuf, im Süden dagegen als markanteste Neuerung eine den Wohnwert verbessernde rauchfreie Stube vom Bürgerhaus übernahm, so konzentrierte man sich im Norden auch bei der Arbeit auf rein agrare Verbesserungen. Neben den genannten Neuerungen ist vor allem der seit dem Mittelalter vordringende und in der Neuzeit im Norden herrschende Pferdeanspann auf dem Felde zu erwähnen (JACOBEIT 1957). Pferde waren gegenüber Ochsen ein gewisser Luxus, da sie nicht – wie die Ochsen – „ins Fleisch wuchsen", keine hochwertigen Fleischlieferanten wurden; aber Pferde beschleunigten die Feldarbeit beachtlich. Im Süden behielt man bis um 1900 meist den Rinderanspann bei, und auch sonst bewahrte man dort bei der bäuerlichen Arbeit alte Muster. So säten oder eggten dort um 1900 noch in weiten Gebieten die Frauen bei der Getreidesaat (WIEGELMANN 1960). Daneben kamen im Süden beachtliche städtisch-gewerbliche Züge in die Dörfer, durch frühes Textil-, Gast-, Holz- oder Metallgewerbe. Im Süden differenzierten sich die Berufe nach städtischem Vorbild, im Norden wurde die ländliche Stall- und Feldarbeit dagegen so wichtig, daß sie in den Rang einer männlichen Berufsarbeit aufstieg.

Wie sich die regionalen Schwerpunkte der *Übernahmen aus bürgerlichem Milieu* änderten, kann man daran ablesen, daß Neuerungen seit dem 17. Jh. vor allem in NW-Deutschland aufgenommen wurden. Dafür sind aus der Eßkultur mehrere Züge zu nennen. Eine schon ältere Neuerung war die von den Niederlanden vordringende Sitte, mit Butter bestrichene Brotschnitten zu essen. Die Diffusion begann gewiß schon im 16. Jh., möglicherweise auch etwas eher. Seit dem 16. Jh. kam von Antwerpen, später von Amsterdam und seit dem 17. Jh. von Hamburg der bis dahin höchst kostbare, seltene Zucker in größeren Mengen ins Land. Die Zukkerraffinerien dieser Städte brachten eine allmähliche Verbilligung und damit ein soziales Absinken der begehrten Würze. Seit dem 18. Jh. änderte sich im deutschen Nordwesten dadurch die Speisenwürze grundlegend, beim Brot, beim Gebäck, den Suppen und den Kochspeisen. Die alte, später nur mehr im südöstlichen Mitteleuropa erhaltene saure und herbwürzige Geschmacksrichtung wurde damals abgelöst von süßen Speisen und der damals ebenfalls von den Niederlanden und ihrer städtischen Kultur beeinflußten scharfwürzigen Geschmacksrichtung (Pfeffer und Salz). Hinzu kamen die neumodischen Warmgetränke Kaffee und Tee. Seit dem späten 17. Jh. wurden sie in höfischen Oberschichten und reichen Bürgerhäusern üblich. Von diesen übernahm die Landbevölkerung NW-Deutschlands die neuen Getränke seit der Mitte des 18. Jhs. Dort drangen sie seitdem in die Gast- und Sonntagsmahlzeiten, schließlich in mehrere Alltagsmahlzeiten ein. Noch für den Beginn des 20. Jhs. konnte man auf den ADV-Karten ihre rasche und tiefgreifende Eingliederung im Nordwesten und die relative Reliktstellung von Franken, Bayern und Österreich erkennen, jenen ehemaligen Novationsgebieten vom Mittelalter bis zum 16. Jh. (WIEGELMANN 1967).

Ein ausgezeichneter Indikator für die Nachahmung bürgerlicher Kultur sind die *Eßsitten*, in diesem Zusammenhang besonders deshalb, weil sie nicht etwa speziell aus den Niederlanden herüberkamen und dennoch den Nordwesten als Neuerungsgebiet zeigen. Seit dem frühen 18. Jh. waren die modernen Eßgeräte (Gabel, Tischmesser, Löffel) und das Essen von einzelnen Tellern in bürgerlichen Kreisen üblich. Eine Übernahme dieser Tischsitten bedeutete für die Landbevölkerung eine beachtliche Investition für Geschirr und Eßbestecke. Die ersten Nachrichten darüber stammen wiederum aus NW-Deutschland, und zwar vom ausgehenden 18. Jh. Anscheinend gingen dabei reiche Bauerngegenden voran, z. B. die Nordseemarschen, die zudem vielfache Beziehungen zu den Städten hatten. Der nachfolgende Diffusionsprozeß, der bis in die Mitte des 20. Jhs. dauerte, zeigt NW-Deutschland als den bürgerlichen Kulturmustern am meisten aufgeschlossen. Während um 1930 Teile von Franken, ganz Altbayern und

Österreich (mit Ausnahme des stets modernen Wiener Raumes) noch generell an dem alten Essen aus einer gemeinsamen Schüssel festhielten, war die neue Sitte in den nordwestdeutschen Regionen praktisch generell durchgedrungen.

Ähnliche Lagerungen deuten sich für die *Kleidung* an. Nach den Beobachtungen von PH. W. GERCKEN, der Deutschland um 1780 bereiste, war die bürgerliche Kleidung damals in Franken, Bayern und Österreich auffallend altertümlicher als im Westen und Südwesten Deutschlands. So urteilt er z. B. über die bayerischen Bürger: In anderen Gegenden glaube man, sich lächerlich zu machen, wenn man nicht jeder Modelaune folgt. „So denken die Bayern nicht, ich habe in den größten Städten, auch sogar in München, die mehresten Bürger der ersten Klasse, auch sonst verschiedene Leute von Extraction und Ansehn, sehr simpel und öfters in Kleidern nach einem uralten Schnitt gehen sehen" (GERCKEN 1783/88: II 165). Er bereiste Norddeutschland nicht, so daß uns direkt vergleichbare Beobachtungen fehlen. Aber das von ihm in den Vergleich einbezogene Rheinland läßt gewisse Schlüsse auf die Situation im Nordwesten zu. Es kommt hinzu: die Übersichten über die ländlichen Trachten des späten 19. Jhs. zeigen, daß die norddeutsche Landbevölkerung in der Kleidung rascher modernisierte als die süddeutsche. Dieses Verhalten paßt mit den regionalen Unterschieden bei den Bürgern zusammen. Wegen der üblichen Imitationsmechanismen (s 2.3) ist damit ohnehin zu rechnen.

Der Überblick über die Männertrachten, den R. HELM (1932) bot, zeigt in einer breiten Zone vom Rheinland bis Mecklenburg, Ostpreußen und Schlesien – abgesehen von kleinen Inseln – nur Modekleidung. Auch in den Trachteninseln war dort die Männertracht fast ausschließlich durch Moden aus dem frühen 19. Jh. geprägt. Nordwestlich dieser Zone fand man etwas größere Trachtengebiete im Küstenbereich, in denen die Kleiderformen z. T. bis ins 18. Jh. zurückreichten. Südöstlich der modernen Zone gab es generell altertümlichere Männertrachten. Von Hessen und Franken bis nach Österreich waren sie von der Mode des 18. Jhs. geprägt und danach nicht mehr umgestaltet worden. In einzelnen Gebieten des Südens gab es selbst Trachtenstücke, die noch aus dem 17. oder 16. Jh. stammten.

Trotz der speziellen Sachbedingungen von Kleidung, Nahrung und Arbeit ergeben sich demnach für die Zeit vom 17. bis zum 19. Jh. mehrere Übereinstimmungen in den regionalen Tendenzen. Durchweg erwies sich Norddeutschland als modern, während das vom Mittelalter bis zum 16. Jh. modernere Süddeutschland zurückfiel und zu einem großen Reliktgebiet in der Sachkultur wurde.

Zweifellos haben wir mit dieser Skizze nur einen *Teil der regionalen Unterschiede* berührt. Wie kompliziert das Geschehen im einzelnen war, mögen folgende Hinweise andeuten: In die Strukturen der niederdeutschen Häuser konnte die sonst für den Nordwesten charakteristische

Modernität nicht so rasch einziehen. Die alte, urtümliche Raumeinheit von Wohnen und Wirtschaften wurde in vielen Gebieten erst seit 1800 aufgegeben. Auch bei den Speisen stehen neben Neuem alte Züge. Das grobe Vollkornbrot und der schlichte Gemüse-Fleisch-Eintopf des Nordwestens zeigen die Bedeutung des Alten.

Der Blick auf die Innovationszentren und Diffusionen seit dem Mittelalter mußte generell jene regionalen Unterschiede unbeachtet lassen, die davon unberührt blieben, etwa die Unterschiede zwischen Fachwerk und Blockbau seit dem frühen Mittelalter. Um ein vollständiges Bild zu erhalten, müßte man für einige synchrone Querschnitte feststellen, welches Ausmaß dem Wandel und dem Konstanten jeweils zukam. Erweiterte Kriterien des kulturellen Gewichts (s. 2.5) könnten dabei behilflich sein. – Als Aufgabe bleibt ferner, die Ergebnisse in eine Regionalanalyse der europäischen Sachkultur einzubringen, ein Ansatz, der von der ERIXON-Schule bereits mit guten Ergebnissen begonnen wurde.

3.4 Objekte als Gruppenmerkmale

Dieser Abschitt kann kurz gehalten werden, weil die Regeln des sinkenden Kulturgutes und der Kulturfixierungstheorie (2.3) an Beispielen aus der Sachkultur erläutert wurden. Damit sind bereits wichtige Prozesse der kulturellen Differenzierung (und Angleichung) von Sozialgruppen angesprochen (vgl. 4.5; 5.2).

Die augenfälligsten *Merkmale von Sozialgruppen* gehören der Sachkultur an: die Hippiekleidung jugendlicher Protestgruppen wie die Trachten älterer ländlicher Regionalgruppen. Das Schloß des Gutsherrn zeigte im Kontrast zur Tagelöhnerkate die Spannweite der im gleichen Gebiet wohnenden Schichten. Transportmittel waren vielfach Statussymbol, vom wohlgezäumten Roß des Ritters über die Kutschen bis zum BMW-Motorrad oder zum Mercedes. Daher lockten sie stets die Nachahmungssucht. Ähnliches gilt von erlesenen Speisen und von Tischgerät. Dagegen ist es bei der Arbeit anscheinend vor allem die Art der Tätigkeit, die Sozialgruppen kennzeichnet, bei Altersgruppen wie bei sozialen Schichten. TH. VEBLEN hat in seinen Analysen (1971) gezeigt, wie es dazu kam, daß selbst demonstrativer Müßiggang zum Statussymbol von Oberschichten werden konnte. Mit Kunstobjekten demonstrieren Gruppen, die sich auszeichnen möchten, neben dem Besitzstand ihr Kunstverständnis, ihre Kennerschaft.

Damit sind unterschiedliche Ausdrucksmöglichkeiten der Sachgüter angesprochen. Die *Kleidung* bietet wohl die differenziertesten Möglichkeiten, Gruppenzugehörigkeit und -grenzen anzuzeigen, aus verschiedenen Gründen: 1. Jedermann ist stets irgendwie gekleidet und die in der Öffentlichkeit getragene Kleidung kann von allen anderen gesehen werden. 2. Die Kleidungsstücke haben eine mittlere, heute sogar eine recht kurze Gebrauchsdauer. Daher kann man sich mit der Kleidung relativ rasch den wechselnden sozialen Konstellationen anpassen. 3. Von Kleidungsstücken hat man höchstens in extremer Not nur eine Garnitur. In der Regel besitzt jeder verschiedenartige Stücke für die gleiche Funktion (Hosen, Jacken, Krawatten, um nur das variantenarme Repertoire der Männer anzusprechen). Dadurch kann man den verschiedenen sozialen Situationen (mit Arbeitskollegen, in einer Festgesellschaft, in der Familie) und den verschiedenen Rollen gerecht werden. Ein einfacher Arbeiter, der in seiner Arbeitskluft genauso schlicht einherkommt wie alle, kann beim Schützenfest (und bei anderen Auftritten des Schützenvereins) durchaus in Offiziersuniform glänzen.

Diese Merkmale – stetiges öffentliches Zurschaustellen, rasche Änderungen in der Zeit, Variantenvielfalt für Situationen – machen die Kleidung zum besten Instrument für „Gruppenabzeichen" (HÄVERNICK 1959/62). Kein anderer Teil der Sachkultur bietet so reiche, diffizile Möglichkeiten. Mit der Kleidung kann man die ganze Skala der sozialen Zuordnungen ausdrücken: von der „persönlichen Note" des einzelnen über kleinere Gruppen (Jugendgruppen, Vereine usw.) bis zu Regionalgruppen und Großverbänden (Uniformen der Eisenbahner, der Soldaten), ja bis hin zu nationalen Kennzeichen (wie der Baskenmütze der Franzosen).

Durch Vergleich mit anderen Teilen der Sachkultur werden die reichen Möglichkeiten der Kleidung deutlich. Die *Nahrung* hat manche Züge mit der Kleidung gemein: eine kurze, ja eine viel kürzere Gebrauchsdauer als die Kleidung (vgl. 3.1). Auch hat man in der Regel eine ähnlich breite Skala von Varianten für die verschiedenen sozialen Situationen zur Verfügung (von der schlichten Mehlsuppe des Werktags bis zum Hochzeitsmenü mit acht Gängen). Der entscheidende „Nachteil" gegenüber der Kleidung liegt darin, daß der größte Teil der Mahlzeiten auf die Familien beschränkt, „nicht-öffentlich" ist. Die absolute Öffentlichkeit – wie bei der Kleidung – gibt es bei den Mahlzeiten kaum (wenn man von dem früheren Schauessen hochgestellter Personen absieht). Ferner darin, daß Mahlzeiten nicht stetig realisiert werden, sondern jeweils nur für kurze Zeiten. Es kommt hinzu, daß man Vielfalt und Luxus der Mahlzeiten nicht beliebig steigern kann. Bei Fahrzeugen, beim Haus und selbst bei der Kleidung kann man wesentlich höher gehen, bis zu mehreren teuren Autos, einem Privatflugzeug, bis zum eigenen Schwimmbad, zur Sauna, goldenen Armaturen im Badezimmer usw., bei der Kleidung bis zu teuren Pelzen und Schmuckwaren. Dagegen kann sich auch der Reichste bei einer Mahlzeit nicht mehr als sattessen. Die sozialen Unterschiede liegen deshalb bei der Kost verdeckter, sind nicht so spektakulär.

Dafür ein Beispiel: Nach dem Speiseplan des Reichsgrafen Joachim von Öttingen (vor 1520) erhielten die landwirtschaftlichen Knechte, Arbeiter und fronenden Bauern in Hochberg/Ries mittags vier und abends drei Gänge (je zwei mit Fleisch). Der Reichsgraf bekam mittags acht und abends sechs Gänge (fast nur Fleischgänge). Neben den einfachen Speisen aß er Wildbret, Zunge, Kalbfleisch und Geflügel, eine große Variation an Braten, an Fasttagen Fisch, zum Nachtisch ab und zu die kostbaren Reisspeisen. Derartiges fehlt auf den niederen Tischen. – Zwischen den beiden Extremen waren die Mahlzeiten nach dem Stand genau gestaffelt: 6 Gänge für Räte und Jungfrauen, 5 für Priester, Edelleute und Marstaller. Bis zu dieser Gruppe gab es auch stets eine Speise vom gräflichen Tisch, ferner Braten, an Fasttagen Fisch. All dies fehlte auf dem Tisch der Bauern und Knechte. So spiegelt der Speiseplan sehr genau die damalige Sozialgliederung: eine detaillierte Rangordnung mit dem herausragenden Grafen und einer klaren Trennung zwischen den höheren Ständen und dem niederen Volk. Derartige Gliederungen kann man aus Speiseplänen bis zum Ende des 18. Jhs. ablesen.

Anders ist die Position der *Bauten*. Mit den Kleidern haben sie die absolute Öffentlichkeit (der Hausansicht) gemeinsam, aber nicht die anderen Merkmale, da Häuser meist Generationen überdauern, nur in begrenztem Maße (durch neuen Anstrich, neuen Verputz, neue Fensterformen oder Anbauten) anderen Zeitsituationen anzupassen sind, auch keine Variationen bieten für wechselnde soziale Situationen. Dafür betonen sie andere Seiten: Durch die Vererbung von Häusern in den Familien kommt die Stabilität sozialer Unterschiede zum Ausdruck, die vom einzelnen nicht kurzfristig (und früher überhaupt selten) übersprungen werden kann. In Speisen und Kleidern sind dagegen neue Sozialzugehörigkeiten rasch darzustellen.

Die *öffentlichen Teile der Sachkultur* bieten so ein breitgefächertes Instrumentarium für Abzeichen sozialer Gruppen, wobei den Einzelheiten verschiedene Aufgaben zufallen. – Freilich änderten sich die Schwerpunkte im Laufe der Zeit und je nach der gesellschaftlichen Situation. Bei hierarchischen Strukturen – wie sie vom Mittelalter bis zum Ende des 18. Jhs. in Mitteleuropa herrschten, ja sich allmählich verstärkten – gab es stets entsprechende Stufungen in der Sachkultur. In den Armeen und Kirchen sind sie in Europa bis zur Gegenwart bewahrt. Je radikaler vom Staat die Gleichheit aller Menschen angestrebt wird, um so mehr wird sie sich in der Sachkultur ausprägen. Das Maß des zentraldirigistischen Druckes (durch entsprechende Gesetze, Zwangsorganisationen und isolierende Beeinflussung durch Massenmedien) spielt dabei eine große Rolle (vgl. 2.2). Schließlich wirken die Wirtschaftslagen ein. Als Faustregel kann gelten, daß es in Zeiten allgemeinen Wohlstandes zu einer Angleichung der Sachkultur verschiedener Sozialschichten kommt (s. 2.3), in Notzeiten dagegen häufig zu einer Verschärfung der Unterschiede, insbesondere dann, wenn die Unterschichten in eine an das Existenzminimum grenzende Not geraten (und es zu einem Zusammenbruch der kulturellen Systeme kommt), während die Mittel- und Oberschichten ihren Status mit leichten Abstrichen halten können.

Freilich ist noch eine weitere Bedingung zu beachten: Gruppenabzeichen sind nicht nur öffentlich, in der Regel handelt es sich auch um *Teile der Prestigesphäre*. Anscheinend werden rein funktionale Objekte selten zu Gruppenzeichen. So zeigte sich z. B. bei den Altstadtgrabungen der letzten Jahrzehnte, daß das notwendige Haushaltsgeschirr in früheren Jahrhunderten bei Armen und Reichen praktisch gleich war. Unterschiede gab es dagegen regelmäßig beim Tischgeschirr (nach Material, Verarbeitung und Dekor). Je größer der Bezug zur Prestigesphäre – so scheint es –, um so größer ist bei einem Objekt die Wahrscheinlichkeit zu sozialer Sonderung. Oder konkreter von den Objekten her argumentiert: Je größer der Anteil der über das Notwendige hinausgehenden Verarbeitung, je größer der Anteil des Dekorativen, je größer der Wertaspekt (gegenüber dem Nützlichkeitsaspekt), um so größer die Wahrscheinlichkeit zu sozialen Sonderungsprozessen. Bei Verfolgen derartiger Hypothesen wird man auch bei Teilen der Volkskunst zu regelhaften Aussagen kommen.

Die Kürze des Textes darf nicht zu dem Eindruck verführen, soziale Unterschiede seien in der Sachkultur weniger wichtig. Das Gegenteil trifft zu: Weil die aus Material gefertigten Objekte dominieren und sie im Spannungsfeld zwischen ökonomischer Lage und Prestigesystem liegen, prägen sich soziale Unterschiede sehr stark in der Sachkultur aus.

4. Glaube und Brauch, Fest und Spiel

4.1 Brauch und Fest

Sitte und Brauch sind Wörter, die für den Germanisten des 19. Jhs. mit anderem Inhalt gefüllt waren als für uns. Die ins Mythische und Religiöse hinaufgehobenen Volksbräuche, die ihre Wurzel in der Urzeit haben sollten, sind für uns sehr reale, in geschichtlicher Zeit gestaltete und im Lauf der Jahrhunderte bis in die Jetztzeit immer wieder gewandelte und den jeweiligen Zeitverhältnissen, der Region und sozialen Struktur angepaßte Gebilde (bei denen ein ursprünglich meist vorhandenes magisches Ziel oder eine zukunftsweisende Funktion durchaus zugegeben wird). Eine alte magisch-zaubrische Bedeutung war noch verschiedentlich bis in die Zeit zwischen den Kriegen gegeben, hat sich aber unterdes zu Feier, Festlichkeit und Spiel, zu Freude und Fröhlichkeit, Schauspiel mit eigener Beteiligung gewandelt, im Sinne wie es W. HELLPACH (1953) grundsätzlich skizziert hat. Der Wert dieser „Bräuche" für eine historisch eingestellte Volkskunde ist damit nur größer geworden. Eine Erforschung auf breiter sachlicher, zeitlicher und geographischer Basis ist möglich, da Bräuche und Feiern aller Art wegen ihres auffallenden und herausgehobenen Charakters wie wegen der Aussage, die man von ihnen erwartete, seit je besonders beachtet wurden.

Die sachlich geordnete Reihung von Einzelheiten des Volkslebens in Darstellung und Untersuchung ist in jüngster Diskussion schlecht weggekommen: man meinte, der *Kanon der Volkskunde* müsse fallen. Sicherlich hat er den Blick der Forschung eingeengt, sozusagen auf diese Reihung gebannt. Es haben sich viele mit einer rein antiquarischen Schilderung begnügt oder kamen in der Fragestellung über das Woher nicht hinaus. Die Volkskunde aber wird ohne den sachlichen Bezug nicht bestehen. Zu verlangen ist nur, daß man von bestimmter, möglichst über den Gegenstand hinaus relevanter Fragestellung ausgeht. Brauch, Fest, Feier in Einzelheiten darzustellen, liegt außerhalb der Möglichkeit und der Intention dieses Beitrages. Wir verweisen auf die materialreiche Zusammenstellung von P. SARTORI (1910–14), auf einschlägige Artikel im HDA und A. SPAMERS Beitrag (1938), wenn auch die Darstellungen weder in der Grundauffassung noch in der Erklärung des einzelnen Brauches neueren Erkenntnissen standhalten können. Eine neue Bibliographie bietet I. WEBER-KELLERMANN (1973).

An allgemein *theoretischen Beiträgen* aus jüngster Zeit seien diejenigen von HANS MOSER (1954, 1962) genannt, der aus seinen archivalischen Studien ein neues rationales Bild der Brauchentstehung, ständigen Wandels und der Abhängigkeit von den verschiedensten Faktoren in historischer Zeit darlegte. Selbst wenn man gewisse Überspitzungen – wie MOSERS (1961) Erklärung des Maibaumbeleges von Aachen als Hoheitszeichen des Vogtes – nicht annehmen kann, wird man die Fortschritte dankbar anerkennen. Seine Erkenntnis schließt nicht aus, daß ursprünglich Brauch eine magisch-zauberische, ja religiöse Funktion hatte. So bleiben die Vorstellungen von R. WOLFRAM (1972) von einer aus dem Alltag herausgehobenen, ins Mythische und Magische hineinragenden Bedeutung, einem Ursprung in diesen Bereichen, damit in sehr frühen Jahrhunderten ebenfalls in der Diskussion. In Nuancen verschiedene, aber grundsätzlich gleiche Gedanken wie bei Wolfram finden wir bei finnischen Forschern und vielen Volkskundlern Osteuropas (vgl. VILKUNA 1963). Auch die von A. ESKERÖD (1947) und I. WEBER-KELLERMANN (1965) in den Vordergrund geschobenen Motivationen der Brauchentstehung, die Interessendominanz, Spiel und Erotik, wirtschaftliche Gesichtspunkte, soziale Zuordnungen sind beachtenswert. Diese Motivationen spielen m. E. eher eine ausschlaggebende Rolle bei Veränderung von Form und Funktion, bei Beibehaltung oder Aufgeben und späterer Adaption eines Brauches. Es kommt darauf an, diese Gedanken in eine zeitliche Ordnung zu bringen.

Dem jüngeren Zeitgenossen erscheint es läppisch, und er hält es für unmöglich, daß Menschen einmal glaubten, Feuerrauch an bestimmtem Tage halte das ganze Jahr hindurch Hagel, Raupen oder Mißwuchs von dem mit Rauch überzogenen Felde ab. Doch war solche Meinung für den Menschen meiner Jugend selbstverständlich, zum wenigsten zweifelte niemand daran, daß die Windrichtung dieses Feuerrauches während „des ganzen Vorsommers" die gleiche bleibe. Die Entwicklung verlief natürlich nicht so genormt, wie sie uns HELLPACH schilderte. Als man z. B. das Jahresfeuer aufgab, blieb doch die Meinung über die orakelhafte Bedeutung der Windrichtung oder die Klage der Alten, das Unterlassen des Feuerbrauches habe die regenreichen Jahre um 1930 verursacht. Gar nicht so selten werden auch ursprüngliche Spielbräuche mit magischen Zutaten erweitert oder aufgeladen, Orakel und Vorzeichen wachsen gar den Sitten, die aus Schauspielen und Filmen in den Hochzeitsbrauch übernommen wurden, in vielfacher Weise zu.

Bei der vorgefaßten Meinung früherer Volkskundler über den Ursprung der Bräuche sind freilich viele Mitteilungen verfälscht. Daher sind alle Angaben *quellenkritisch zu prüfen.* Die Fehler reichen von Mißverstehen der oft kurzen und allgemeinen Angaben in den Quellen bis zu Mißdeutungen aus der Meinung, alle Bräuche seien uralt und mythisch-magischen Inhalts oder bestimmte Bräuche – wie das Johannisfeuer – seien in älterer Zeit allgemein verbreitet gewesen. Daher wurden Hinweise auf ganz andere Brauchhandlungen in den Komplex des Jahresfeuers hineingezwängt. Schließlich gibt es absichtliche Fälschungen, wie sie F. SIEBER (1968) aufgedeckt hat.

Die Verarbeitung von zahlreichen voneinander unabhängigen Mitteilungen gibt dem Forscher sehr rasch bestimmte Kriterien an Hand, die ihm eine Beurteilung von nicht originären Texten ermöglichen. Das sind etwa:

1. a) Formulierung der Antworten, wie wir sie aus der Literatur kennen. Gleichlautende Antworten verschiedener Gewährsleute.

   b) eine allgemeine Form der Auskunft: „Reinigung", „alles Schlechte soll vernichtet werden". Spezielle, differenzierte Mitteilungen sind meist ursprünglich: „Die Leute stellen sich zum Jahresfeuer, damit sie bei der Ernte kein Rückenweh haben", „damit sie keine Augenkrankheiten bekommen", „stecken einen angekohlten Stecken in den Kappes, damit keine Raupen hineinkommen".

2. eine lockere, unregelmäßige, unmotivierte Streuung der Belege einer bestimmten Antwort über eine größere Fläche hin verrät jüngere Entstehung, literarische oder volkspädagogische Beeinflussung, gewollte Prägung, während komplette kleinere oder größere Formareale eine autochthone oder ältere Entstehung andeuten.

Natürlich haben die neuen Formen – übernommen aus Medien aller Art – einen gleich hohen, nur anderen Aussagewert wie die sogenannten bodenständigen Traditionen. Da diese neue Gruppe in Motivation, Ursprung, Verbreitung, Wandlung und Funktion oft besser zu durchschauen ist, vermag sie vielfach dem Volkskundler mehr Aufschluß zu geben, während die Petrefakte und zeitwidrigen Lebensformen sehr oft ein Rätsel bleiben.

Die Formulierung von J. DÜNNINGER (1962) soll für eine *Definition* Ausgang bleiben: „Brauchtum ist gemeinschaftliches Handeln, das durch Tradition gewahrt, von der Sitte gefordert, in Formen vorgeprägt, mit Formen gesteigert ist, das ein Inneres sinnbildlich ausdrückt und funktionell an Ort und Zeit gebunden ist." – Die neue Forschung hat diese strengen Regeln deutlich gelockert. Aber es bleibt bei Bräuchen, wie bei Festen und Feiern, soweit sie sich in diesen Bezug stellen lassen, die regelmäßige Wiederholung zu bestimmter Zeit des Jahres, bestimmter Lebenslage oder bei gleichen Anlässen. Es bleibt die Gruppe als Träger, also das soziale Handeln, es bleibt im wesentlichen der gleiche Ablauf, unbeschadet von Veränderungen und Neuerungen, es bleibt der einmal festgelegte Ort. Volksbrauch ist also nicht mehr begrenzt auf natürliche, fast unbewußt rituelle und kultische, von Tradition und Gemeinschaft getragene Handlungen, er umfaßt alle Formen festlicher oder spielerischer Art, wenn sie sich in bestimmtem Rhythmus oder bei gleichen Anlässen wiederholen.

Die Bedeutung des Volksbrauches für die Wissenschaft liegt vor allem in den Aussagen, die außerhalb des engeren Brauchbereiches liegen. Als Ausdruck und Spiegelung geschichtlicher Situationen kann er zusätzliche Auskunft zu den historischen Zeugnissen geben. Er kann Beziehungen oft über weite Strecken und das Kulturgefüge sichtbar machen, wichtig vor allem für Zeiten und Regionen, für die andere Quellen fehlen. Der Volksbrauch spiegelt in der Zusammensetzung, in der typischen Wandlung von Form und Funktion die historisch gewordene Sonderart einer Landschaft. In neuerer Zeit, in der Volksbrauch als Teil der Erholung im Gegenbild zur Arbeit gestaltet ist, wirkt sich vor allem die soziale Situation aus. – Wichtigste methodische Grundlage ist der Vergleich der Lebensformen untereinander, von Landschaft zu Landschaft, von Epoche zu Epoche, Vergleich auch mit den Ergebnissen anderer Disziplinen der Geisteswissenschaft (vgl. 2.6).

Die *Gliederung* eines Komplexes wie Sitte und Brauch, Fest und Feier ist mehrfach versucht worden. Eine nach allen Seiten befriedigende Lösung gibt es nicht. Wie will man eine klare Scheidung zwischen Kalender- und kirchlichen Bräuchen bei Ostern vornehmen? Worin rechnet man die Spiele der Jugendklasse (etwa das Mädchenlehn), zum Maibrauch oder Lebensbrauch? Wohin ordnen sich Rechtsbräuche oder Erntebräuche, der Lichtbraten und das Lichterschwemmen der Handwerker in dem üblichen Schema? Der gleiche Brauch mag in einer Landschaft und für eine Zeitstufe dieser, an anderer Stelle und Zeit jener Gruppe zuzuordnen sein. Zu bedauern bleibt, daß nirgendwo eine Gliederung von einem einzigen Ordnungsprinzip aus versucht wurde. Im Vordergrund steht die Ordnung nach der Zeit des Geschehens, nach dem Kalendertag, nach einer bestimmten Phase im Arbeitsablauf, nach den Einschnitten im menschlichen Leben, überdeckt ist dieses Prinzip durch Aussondern bestimmter Brauchträger (Handwerker, Arbeiter, Hirten), bestimmter

Brauchformen (Spiele oder Brauchspiele, kirchlich, Rechtsbräuche), ja bestimmter Organisationsformen (Vereine, Gilden). Man vergleiche die Gliederung der Internationalen Volkskundlichen Bibliographie, die immerhin für die Zusammenstellung von rund 60 Jahren volkskundlicher Forschung gültig ist (zum Prinzipiellen vgl. 3.1).

Wir wollen nur spezielle Gesichtspunkte und Entwicklungen bei den einzelnen Sachgebieten herausheben. Eine vollständige Übersicht über Volksbrauch und Volksglauben wäre nicht bloß unmöglich, sie würde auch unserer Auffassung widersprechen, der Volkskundler solle sich nicht der Sache an sich zuwenden, sondern nur deshalb darauf eingehen, weil er so allgemeine Einblicke in Kulturentwicklung und Leben des Menschen gewinnen kann.

Bei den Feiern und Bräuchen zum *Ablauf des menschlichen Lebens* fällt besonders auf, daß dabei Gruppen und Gemeinschaften in Erscheinung treten (vgl. 4.5), die nach unserem Gefühl entweder überhaupt zeitwidrig oder zu dieser benannten Gelegenheit nicht am Platze sind. Da finden sich zum weltlichen Fest bei der Taufe oder Geburt in ländlichen Gegenden (wie in der Eifel oder in Schleswig-Holstein) beileibe nicht die Verwandten ein, und die Männer meiden eine solche Feier sorgfältig. Nur die verheirateten Frauen der Nachbarschaft oder des Ortes nehmen teil, ihr lustiges, lautes Benehmen steht in Widerspruch zu dem eingezogenen Wesen, das den Frauen sonst zukam. Die Mutter des Kindes liegt unbeachtet (bis auf kurze Besuche) in ihrem Zimmer. In voller Form gibt es den Brauch heute nur noch in wenigen abgelegenen Regionen. Im 16. Jh. war in Köln das Tauffest bereits eine ausgesprochene Familienfeier; von Nachbarinnen und anderen Frauen spricht WEINSBERG (1886–1926) kein einziges Mal. Diese neue städtische Form, die der bürgerlichen Familie entspricht, strahlte auf die Umgebung aus. Dabei bleibt bemerkenswert, wie hartnäckig alte Formen durchschlagen. Da nehmen an der Tauffeier nun Nachbarinnen und verwandte Frauen teil, die Männer der Familie sind schon zugelassen. Auf dem Hunsrück gibt es zwei Feste, eines gleich nach der Taufe für die Familie, sechs Wochen später ein solches für die Nachbarinnen, an dem auch die Mutter teilnimmt. Im Umkreis von Köln ist die eigentliche große Feier für die Nachbarinnen im Zuge der Aussegnung zudem mit kleinen schauspielartigen Szenen ausgeschmückt. In Städten, aber auch in vielen ländlichen Gegenden ist das Fest am heute allgemein später gelegten Tauftag, an dem dann Familie, Verwandte und Freunde nach Ermessen der Einladenden teilnehmen. Die Nachbarinnen als unabänderlicher Bestandteil der Tauffeier sind abgelöst, und die traditionelle Festgemeinschaft ist der freien Verfügungsgewalt des Einladenden gewichen (PEUCKERT 1951, MÜLLER 1936, ZENDER 1972).

Weitere uns fremde *Gruppen* finden wir im Ablauf des Menschenlebens noch an anderer Stelle: Die Gruppe der Jugendlichen, der Unverheirateten, vor allem der Burschen (die „Borscht"). Die Burschenschaft spielt nicht nur in der Anbahnung der Beziehung zu den Mädchen eine Rolle (WIKMAN 1937). In weltlichem wie kirchlichem Bereich hat sie ihre Position und ihre Aufgaben. Zu dieser Gruppe gehörten früher auch die ältesten Unverheirateten, und ein „alter Junge" ist üblicher Wortgebrauch. In Unkenntnis dieser wirklich alten Einteilung goß 1935 das Blatt der Hitlerjugend Hohn und Spott über eine konfessionelle Jugendgruppe, die eine 60jährige Mitgliedschaft feierte. Nur Hochzeit beendete die Jugend. So wurde das Begräbnis eines Ledigen fast bis in die Gegenwart als „Totenhochzeit" gefeiert. Noch viele heute anders gedeutete Eigenarten bei einem unverheiratet Gestorbenen erinnern an diese Auffassung: helle Farbe des Sarges, weißer Kranz, weiße Kerze, Brautkerze, Totenkrone (SEGSCHNEIDER 1976).

Die betonte Herausstellung der Sippe, aber auch der Nachbarschaft bei der Hochzeit wäre in diesem Zusammenhang zu nennen. Früher stand die Gruppe der Witwen für sich, die heute noch im Mittelmeerraum in ihren schwarzen Gewändern abgesondert vor den Häusern an den Straßen sitzen. Die Rolle des Taufpaten ist zu erwähnen, dessen Bedeutung sehr unterschiedlich ist, der sich aber z. B. in Bayreuth noch heute für den Werdegang seines Patenkindes zu interessieren hat, mit Vorschlägen kommt und etwa für die Ausbildung erhebliche finanzielle Opfer auf sich nimmt; anderwärts hat er als Freiwerber eine besonders festgelegte Stellung.

Als zweite Besonderheit des Lebensbrauches möchten wir den vielfach bewahrten *magischen Einschlag* hervorheben. Beim Totenbrauch nehmen wir solchen Einschlag als selbstverständlich hin. Noch gelten die zahlreichen Todesvorzeichen, wenn wir dabei auch seit etwa 1945 ein Abwenden von den zufälligen realen Vorkommnissen wie Halme über Kreuz, Käuzchen und Elster als Totenvögel usw. beobachten. Aber Geräusch und Lichterscheinung sowie „Spüren" werden als Todankündigung weithin noch ernst genommen. Auch Angst und Furcht vor dem Toten bestimmen noch vielfach das Verhalten: Verhängen des Spiegels, Niedersetzen des Sarges auf dem Weg zum Grab an bestimmter Stelle, Beigabe bestimmter Gegenstände usw., wenn auch hier die Furcht durch Pietät und die Beigabe seit etwa 1880 durch persönliche Erinnerungszeichen oder die Blume und den Kranz ersetzt ist, der sich vorher nur bei der Totenhochzeit fand.

Bei Taufe und Hochzeit hatten viele Handlungen Vorbedeutung für das kommende Leben, sie halten sich bis in die neueste Zeit, so etwa wenn das Zerreißen des Schleiers – der im Hochzeitsbrauch jung ist – oder ein Schokoladetrunk mit einer Bohne die nächste Braut anzeigen sollen. Zwar darf man solchen Orakeln den vollen Ernst absprechen, aber niemand kann die Meinung des einzelnen zu solchen Vorzeichen für die gegebenen Situationen abmessen.

Kennzeichnend scheint mir endlich, daß sich im Lebensbrauch sehr *alte Formen* bis in die Gegenwart hielten, ja oft noch in neuer Zeit aufgewertet wurden. Auf der anderen Seite aber bildeten sich im Totenbrauch Nachfolgebräuche, und bei der Taufe, vor allem aber bei der Hochzeit, wurden Neuerungen, Spiele und Scherze sehr rasch aufgenommen. Sie verbreiteten sich wie ein Lauffeuer über weite Landstriche.

Im Totenbrauch war in einem breiten Streifen zwischen mittlerer Weser und Elbe, in Schlesien und Hinterpommern die alte Geldbeigabe um 1930 noch durchaus und allgemein üblich (vgl. 5.1). Noch 1930 galt in Dresden in gutem Bürgerhause die Totenfrau als unehrlich. Diese „Heimbürgin" nahm das Eßgeschirr, das sie benutzte, mit nach Hause. Die Totenwache wurde gegen alle staatlichen und kirchlichen Verordnungen bis ins 20. Jh. beibehalten. Zahllose rituelle Handlungen mußten genau beachtet werden. Bei der Hochzeit stoßen wir auf manch unverstandenen Brauch, die merkwürdigen Masken, die dort auftauchen, die falsche Braut, das Schuhstehlen.

Wie immer, so erleben wir auch hier, wie die *Funktion* der gleichen Handlung modernen Verhältnissen angepaßt wird; während die Menschen im Danziger Hinterland dem als Vampir verdächtigten Toten ein Fischernetz mitgaben, ist die Mitgabe des Fischernetzes in der Niederung zum Berufszeichen des toten Fischers geworden. Aus der Haubung der Braut entwickelte sich über viele Zwischenstufen die Sitte, den Bräutigam mit einer Zipfelmütze zu bekleiden; damit konzentriert sich das Interesse auf diesen, und wir erleben nun, wie er um Mitternacht mit Zipfelmütze, langer Pfeife und Filzpantoffeln den ehrsamen Hausvater darstellen soll, von der Haubung der Braut aber nur dürftige Reste ge-

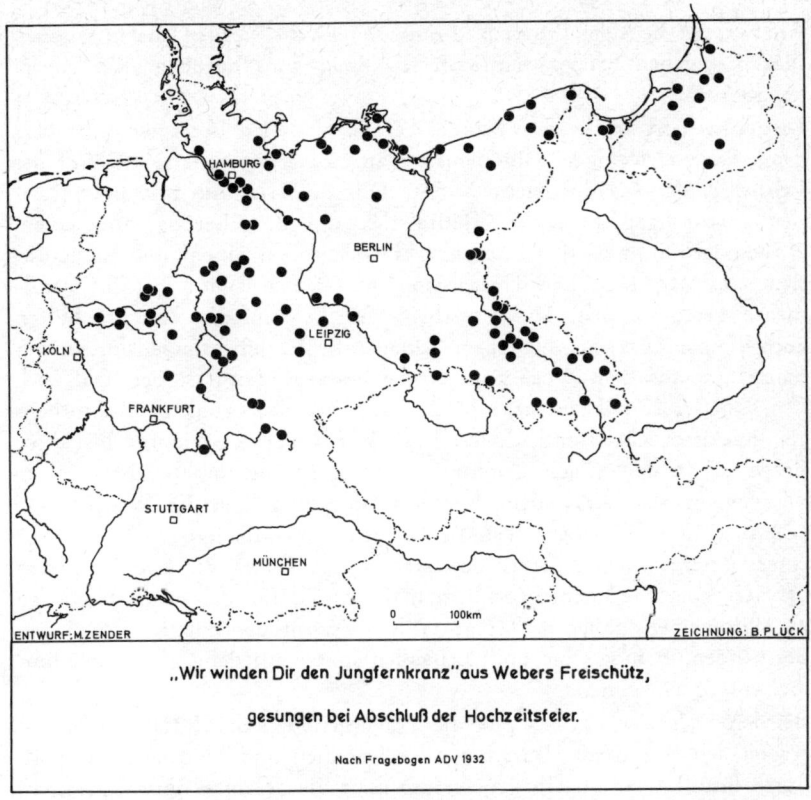

„Wir winden Dir den Jungfernkranz"aus Webers Freischütz,

gesungen bei Abschluß der Hochzeitsfeier.

Nach Fragebogen ADV 1932

Abb. 6 „Wir winden Dir den Jungfernkranz" im Hochzeitsbrauch um 1930

blieben sind. Einiges bietet sich den modernen Lebensverhältnissen als besonders günstig an. Requisiten aus anderen Bereichen, aus der bürgerlichen Hochzeitsfeier oder aus der Literatur wurden gerade bei der Trauung leicht übernommen. Das Lied „Wir winden Dir den Jungfernkranz" aus Webers Freischütz hat in hundert Jahren in einem großen Teil des deutschen Sprachgebietes Eingang in den Hochzeitsschlußbrauch gefunden und ist 1930 als fester Bestandteil aus mehr als hundert Orten überliefert. Das Zersägen eines Holzstammes vor der Haustüre durch das Brautpaar ist nach dem letzten Kriege über sogenannte Heimatfilme im Hochzeitsbrauch in Gegenden aufgetaucht, in denen der Brauch bis dahin vollständig unbekannt war. Bei dieser Lage ist es meines Erachtens ein nutzloses Unterfangen, wenn immer wieder Reste von Kauf- oder

139

Raubehe in heutigen Hochzeitsbräuchen gesucht werden. Es mag einen Nachhall geben, wissenschaftliche Gewißheit wird darüber nicht zu erhalten sein.

In der Gegenwart ist der Wandel gerade in diesen Bereichen besonders groß. Bis vor wenigen Jahren hielt man streng auf genauen Ablauf des Leichenmahls. Als die Kirche in der Diözese Trier die Beerdigung auf den Nachmittag festsetzte, fühlte sich die Bevölkerung von einem Zwang befreit, und das Leichenmahl wich sofort einem kurzen, einfachen Kaffeetrinken. Die Trauerzeiten und -zeichen sind bis auf Rudimente verschwunden. Die Vorschrift der Leichenhalle auf Friedhöfen auch kleiner Orte hat mit einem Schlage alle Verpflichtungen im Sterbehause und auf dem Wege zum Grabe beseitigt. Nun ist der Tod auch dem Dörfler fremd geworden. Dennoch bleibt das Problem des Sterbens als ungelöstes Rätsel und schwere Last. Wir bemerken, wie ungelöst diese Frage ist, in den vielen Unterhaltungen über Tod und Sterben. Heute verschweigt der Arzt dem Kranken sorgfältig den Ernst der Lage (ZENDER 1959–64, HAHN 1968). Dagegen verabschiedeten sich noch vor einer Generation in Dörfern des Sauerlandes Verwandte und Nachbarn offiziell vom Sterbenden, erklärten, die Sorge für die Hinterbliebenen zu übernehmen, gaben Grüße an früher Verstorbene mit und baten den Sterbenden, er möge den noch Lebenden später auf dem Weg zum Himmel entgegenkommen.

Bei den *Kalenderbräuchen* gibt die Trägergruppe keine Rätsel auf. Meist tragen den Brauch die Burschen oder Burschen und Mädchen, heute oft durch Schulkinder abgelöst, mehrfach auch die gesamte Einwohnerschaft des Ortes (selten die Familie, selten die Verheirateten), in ständisch gegliederten größeren Orten ein bestimmter Beruf (die Organisation eines Berufes) oder deren junge Mitglieder. Die Kalenderbräuche laufen – mit Ausnahmen – im hellen Licht der Öffentlichkeit ab, Abweichungen innerhalb einer Gruppe oder eines Ortes waren selten. Schon früh können solche Bräuche einer sozial herausgehobenen Gruppe zuwachsen: Der Bohnenball am Dreikönigstag als Angelegenheit der Gutsbesitzer und Honoratioren in Jülich schon um 1850. Die Kalenderbräuche hatten bis auf kirchlich bestimmte Brauchhandlungen schon im vorigen Jahrhundert jeden magisch zaubrischen Einschlag eingebüßt, waren zu Spiel und Belustigung geworden. Im ganzen können gerade die Kalenderbräuche zeigen, wie der ursprünglich dominierende magisch-kultische Gehalt, ja sogar der symbolische Charakter des Volksbrauches verloren geht.

Die Formen und die Termine lassen sich verschieden alten Zeitschichten und Regionen zuordnen, die Wanderwege und die Veränderungen lassen sich aufzeigen. An ihnen kann man das Kulturgefüge im europäischen Bereich erkennen.

Dafür einige *Beispiele:* Im Fastnachtsbrauch ist der Termin wie auch die Neigung zu gutem Essen und Trinken vom Beginn der Osterfasten bestimmt. In einer älteren Schicht aber lebt noch ein Stück vom frühantiken Jahresschluß am 28. Februar nach. Dahin gehören die Frauenbräuche, wohl auch Verkleidungen, dahin gehört das Jahresfeuer (s. 5.1). Im Zeitalter von Reformation und Humanismus sucht der Gebildete eine Erklärung für den Brauch. Er findet sie in der Geschichte oder auch in den Auseinandersetzungen seiner Zeit. So soll das Fastenfeuer nach Vorbild der Deutung des Winteraustreibens in Ostdeutschland im 15. Jh. in der Vernichtung der Götzenbilder, das Martinsfeuer, aus der Zeit der Kontroverstheologie, in der Verbrennung der Ketzerschriften seine Ursache haben. Das Johannesfeuer soll an die Verbrennung von Hus erinnern oder die Vernichtung – je nach Partei – des Papstes oder Luthers andeuten. Die volkspädagogische Einwirkung der Gegenreformation zeigt sich in der Veränderung des Brauches, den man noch nicht wie im 18. Jh. verbietet, sondern zeitgemäß umgestaltet. Das Feuer wird beim Aveläuten mit geweihter Kerze angezündet, während die Burschen, den Holzstoß umschreitend, das Glaubensbekenntnis beten. Der Holzstoß muß am Vortag errichtet werden, damit die Arbeitsruhe des Sonntags nicht verletzt wird (Luxemburg 1628). In diesen Jahrhunderten wird das Johannesfeuer Teil der Fürstenbelustigung. Im 18. Jh. oft verboten, wird im 19. Jh. der Volkstumspfleger schon früh darauf aufmerksam. Das Volk findet in Fortführung alter Meinung eine neue Begründung. Noch zu Anfang des 19. Jhs. ist überliefert, das Feuer erinnere daran, daß einmal eine verirrte Prinzessin durch Anzünden solcher Feuer gerettet worden sei.

Aber schon um 1840 gelten im Rheinland und in Baden die Feuer als Erinnerungszeichen an die angebliche Zerstörung der Burgen in der Französischen Revolution und als Freiheitsfeuer. Jetzt wird der Brauch des Jahresfeuers benutzt bei Siegesfeiern und bei der jährlichen Wiederkehr der Schlacht bei Leipzig oder des Sedantages, dann bei Geburtstagen der Fürsten; als Sonnwendfeuer wird es nun Eigentum der Jugendbewegung aller Richtungen, als angeblich altgermanischer Brauch von den „nationalen" Verbänden usurpiert, von den Nationalsozialisten verordnet, wird das Feuer nach 1945 weithin aufgegeben, dann bei Ostvertriebenen als Signum der Heimat wieder aufgenommen, zum Teil auch von den wenigen rechtsradikalen Gruppen versucht, aber im allgemeinen bleibt das Feuer nur, wenn es wie am Martinstag den Abschluß des Lichterzuges manifestiert oder wenn es zum Objekt der Fremdenwerbung geworden ist, wie am Ostertag zu Lügde in Westfalen.

Alle verschiedenen Gestaltungen sind irgendwo und -wann in Deutschland in der Entwicklung aufgehalten worden, bleiben im Termin etwa vor 1100, in der Form des Spätmittelalters, der Gegenreformation, des 19. und 20. Jhs. Genauso reichen die Meinungen über die Herkunft vom Spätmittelalter über konfessionelle Gegensätze, französische Revolutions- propaganda, die Meinungen der Romantiker bis zu den Phrasen des Nationalsozialismus. Alle diese Gestaltungen aus vielen Jahrhunderten liegen räumlich neben- und ineinander (ZENDER 1974).

Ostern mit seinen Bräuchen scheint wesentlich von christlichem Gehalt und kirchlichen Formen bestimmt. Zwar hat schon BEDA gesagt, das der Name Ostern von einer heidnischen Göttin Eostrae (verwandt mit Aurora) abgeleitet sei, Ostern gilt dem Sprachforscher heute noch als der Name eines vorchristlichen Festes. Diese Etymologie ist neuerdings von KNOBLOCH bestritten, doch hat sich die neue Deutung bisher noch nicht durchgesetzt. Immerhin ist der Termin des Osterfestes eindeutig vom jüdisch-christlichen Geschehen abhängig. Aber auch die volkstümlichen Formen sind weitgehend aus der kirchlichen Liturgie zu erklären. Die Osterspiele sind in ihrer Auswirkung auf das Volk nicht zu übersehen. Dazu kommt – letztlich von der Kirche bestimmt – das Ende der Fasten- zeit, damit hängt die Weihe neuer Speisen zusammen, auch gibt es rechtliche Eigentümlichkeiten, die vielleicht den Brauch der Ostereier beeinflußt haben (FRANZ 1909). Insgesamt sind Liturgie und Gottesdienst dieser Zeit von einer bei keinem anderen kirchlichen Fest erreichten Viel- falt und einem sonst ungewohnten Reichtum, symbolträchtig und an- schaulich wie sonst nirgends im Kirchenraum.

Es bleibt natürlich die Frage, ob und was aus diesem Osterbrauch letzt- lich auf vorchristlicher Grundlage beruht, ob etwa das kirchliche Oster- feuer und davon abgeleitet das weltliche Feuer an Ostern in älteren Vorformen vorgebildet war. Dafür spricht, daß die fränkische Kirche schon zur Zeit von Bonifatius eine Feuerweihe kannte, zu einer Zeit, in der sie in Rom noch unbekannt war (FRANZ 1909). Es ist die Frage, ob der Osterhase tatsächlich ein mißverstandenes Osterlamm ist, wie HEPDING wollte, und ob das Osterwasser eine Säkularisierung des an Ostern geweihten Taufwassers ist. Jedenfalls sind die Osterbräuche bis ins 20. Jh. so christlich und dennoch so vielgestaltig ausgerichtet, die weltliche Funktion trat so zurück, daß damit die Feier der Osterzeit sich ausgesprochen kirchlich bestimmt darstellte.

Das beginnt mit Palmweihe und Palmprozession am Sonntag vor Ostern, die ursprünglich als kleines Schaustück mit Palmesel, Christus und den 12 Apo- steln – wie heute noch in flämischen Orten – aufgezogen war. Die Palmzweige, in den Alpenländern und den Niederlanden, am Niederrhein und in Westfalen als Prangstücke geschmückt und umgetragen, waren doch christliche Apotropaica. Eine Vielfalt von in die kirchliche Liturgie eingebundenen Bräuchen füllt Karwoche und Ostertage: In der Karwoche die Klapperbuben, die die Glocken ersetzen. Feuer an einzelnen Kartagen wie in Schlesien, die als Erinnerung an das Feuer, an dem Petrus sich wärmte, oder die Fackeln der Henkersknechte gesehen wurden. Die Trauer an Karfreitag war gestützt durch Arbeitsverbote, die sich vor allem auf Hammer und Nagel bezogen. Am Samstag Feuerweihe, an allen Kartagen und am Ostermorgen Prozessionen, Andachten im Freien, Kreuzwege mit lange Zeit theatralischem Einschlag. Die kirchliche Liturgie im engeren Sinne bot die Parallelen mit Löschen der Lichter, Schweigen der Glocken und der Orgel, Entblößen des Altars, mit dem hl. Grab, vollständigem Abweichen von der üblichen Meßfeier bis zur Rumpelmette, bei der das Gepolter der Bänke an die Erdbeben in Jerusalem erinnern sollte. Auch die weltlichen Feuer am Ostersonntagabend waren und sind christlich geprägt bis zu den Auferstehungsliedern, die dabei gesungen wurden.

Spiel- und Naturfreude begannen sich schon im Spätmittelalter in den Städten im Ablauf des Osterfestes bemerkbar zu machen. Im 16. Jh. sieht H. WEINSBERG (1886–1926) im Osterfest in der Stadt Köln ein Frühlingsfest, das durch Einführung des Gregorianischen Kalenders zu seinem großen Ärger winterlichen Charakter annahm. Die vielen Eierwettspiele gewinnen am ehesten Abstand von der Kirche. Aber Osterspaziergang und Ostermarkt erhalten Anschluß als Emmausgang und -markt. Sehr spät, erst im 18. Jh., gewinnt der *Weiße Sonntag* als Erstkommuniontag eigene Bedeutung, zunächst bemüht sich die Kirche allein um feierliches Begehen ohne allzuviel Anklang bei den Beteiligten; die Kirche organisiert Spaziergänge für den Erstkommunikanten. Erst zwei Jahrhunderte nach Einführung dieser Feier interessiert sich auch die Familie dafür, und in ländlichen Gebieten wurde aus diesem Tag erst um 1930 ein Familienfest, das sich nun sehr vordrängt und heute das Bild der ausgedehnten Feiern beherrscht, wie überhaupt seit einem halben Jahrhundert das sehr verlängerte Wochenende zu Ostern für die Mehrzahl ausschließlich zu einem Naturfest geworden ist. Die *Konfirmationsfeier,* die ebenfalls zur Osterzeit (am Passionssonntag) stattfand, hatte entsprechend der größeren Bedeutung der Familienfeier bei Protestanten schon früher einen hohen Rang.

In etwa mag man *Pfingsten* dagegen stellen. Auch dieser Tag findet seine Begründung ausschließlich im kirchlichen Bereich. Aber hier bleiben religiöse und weltliche Feiern weitgehend getrennt, wenn man nicht in den vielen Wallfahrten dieser Zeit eine Mischung sehen will. Denn an Pfingsten oder an einem Tage danach fand in mittelalterlichen Städten die prächtig aufgezogene Holzfahrt statt. Sie besteht in Frankfurt noch bis in die Gegenwart im sogenannten „Wäldchestag" weiter, dem Pfingst-dienstag, an dem Frankfurt eine tote Stadt ist und alle Welt jenseits des Mains im Wald bei Lust, Spiel und Äppelwein zu finden ist. Die Pfingst-tage haben sich sekundär als Magnet für manche andere Festlichkeit – Schützenfest, Maitanz usw. – vom 1. Mai bis zum Johannistag erwiesen, die nun ohne Begründung und innere Beziehung zu Pfingsten abläuft, weil sich diese Tage als Ruhetage in meist schöner Jahreszeit anbieten. Die Mischung von weltlichem und kirchlichem Bereich blieb auf wenige nur sehr äußerliche Dinge beschränkt. So haben die verschiedenen Feste und Festzeiten ihr eigenes Gesicht und ihre eigene, dann aber auch wie-der exemplarische Geschichte.

Als letztes Beispiel nehmen wir die *Weihnachtszeit*. Dieser Komplex hat lange Zeit die Aufmerksamkeit der Forschung gefunden, der Volkskund-ler, vor allem der Religionswissenschaftler und Theologen, im 19. Jh. auch der germanischen Altertumskundler. Denn Weihnachten, seit der Mitte des 4. Jhs. als Geburtsfest Christi belegt, sollte die Feier des Son-nengottes und des Mithras zurückdrängen. Der Bezug zur Sonne und zum Licht war schon vorher in der christlichen Symbolik gegeben, „ein Licht zur Erleuchtung der Heiden" (Lukas 2, 32). Die Zeit von Niko-laus, dem 6. 12., bis Dreikönigstag müssen wir als Braucheinheit sehen. Sie ist erfüllt mit Lebensformen und Überlieferungen der unterschiedlich-sten Zeitschichten und Bedeutungen.

K. MEISEN (1931) glaubte in Ablehnung der vorchristlichen Elemente (vor allem des Zusammenhangs mit dem germanischen Götterhimmel), der *Nikolausbrauch* sei ausschließlich aus dem Legendenspiel entstanden. Schon die Beachtung des Unterschiedes zwischen reformierten und ka-tholischen Gebieten hätte warnen können. Denn in manchen reformier-ten Regionen spricht man zwar vom Nikolaus, versteht aber darunter junge maskierte Burschen, die nicht schenken, sondern sich bei ihrem Zug durch den Ort beschenken lassen. In Friesland nimmt die Maskerade an Nikolaus durchaus karnevalistische Züge an. Die Bezeichnungen (*Makol-wes, Pelznickel, Ruhklos),* konstante Requisiten wie Pelzwerk und Ket-ten, erweisen diese „Nikoläuse" als umbenannte Gestalten älterer Win-terumzüge. Sogar in katholischen Orten bleiben Reste dieser winterlichen Gestalten. Der Nikolaus, in schlechte Kleidung, in Pelz und Lumpen ge-hüllt, die Schuhe mit Stroh, Weiden oder Ruten gebunden, ist weit entfernt vom Bischof des Legendenspiels oder dem spätmittelalterlichen Brauch des Kinderbischofs. Zudem gibt es neben Nikolaus von Anfang an und früher mehr als in späten Jahrhunderten andere Schenktermine und Gestalten: Martin (11.11.), Barbara (4. 12.), Luzia (13. 12.). Die Geschenktage Neujahr (1. 1.), Weihnachten (25. 12.) und Dreikönigtag mit der Befana (6. 1.) sind als früherer Jahresbeginn Schenktermine geworden. Eine genaue Durchmusterung der Gestaltung der Nikolausfeier in Verbreitung und sozialer Schichtung macht deutlich, daß stadt- und klosternahe Gebiete, Bürger und hervorgehobene Schicht in der Auffassung des Nikolausbrauches sehr nach der kirchlichen Bischofsgestalt ausgerichtet waren oder noch sind. Nach der Reformation blieben in evangelischen Gebieten entweder die winterlichen Umzüge, oder die Angleichung an den Bischof Nikolaus wurde rückgebildet. Diese Gestalt wurde neutralisiert im Hl. Mann oder im Knecht Ruprecht, dem ursprünglichen Begleiter des Nikolaus.

Es schob sich aber unterdes das *Weihnachtsfest* als Geschenktag in den Vordergrund. Weihnachten hatte im Mittelalter eine rein kirchliche, allerdings sehr hohe Bedeutung mit Fasttag am 24. 12., drei Festtagen, drei Messen am 1. Feiertag usw. Noch bis 1914 hatten manche ländlichkatholischen Gebiete diese Einstellung zum Fest gewahrt. Soweit sich eigenes weihnachtliches Brauchtum herausgebildet hatte, blieb dies zunächst mit Krippe, Kindleinwiegen u. ä. in streng kirchlichem Rahmen. Geschenktag war Weihnachten im Mittelalter nur insofern, als es den Jahresbeginn bezeichnete, eindeutig zum Beispiel in der Stadt Köln im 16. Jh. Am Weihnachtsfest hängen weitere anders begründete Bräuche, Feiern und Spiele. Sehr vieles deutet auf Jahresübergang, betrifft dann auch nicht bloß Weihnachten, sondern die Zeit „zwischen den Jahren". Hierher gehören vor allem Los und Orakel. In Zusammenhang von Jahresübergang und dämonenmächtiger Winterzeit ergeben sich die Geisterzüge in diesen Wochen, die Arbeitsverbote für die Zeit vom 25. 12. bis 6. 1. Daß man in diesen Tagen keine Wäsche aufhänge, galt um 1950 noch in rheinischen Großstädten als Regel.

Der Wandel des Weihnachtsfestes wird aber besonders deutlich an Hand der allgemeinen Geschenksitte und der *Verbreitung des Weihnachtsbaumes* (LAUFFER 1934). Die Sitte, den hohen Festtag durch irgendwelchen Zimmerschmuck auszuzeichnen, ist ziemlich allgemein. Dabei mögen auf die Erde gestreuter Sand oder ausgebreitetes Stroh, ein Apfel auf dem Tisch dem Schmuckbedürfnis zunächst durchaus genügen. Auch die ältesten Belege (16. Jh.), die mit dem Weihnachtsbaum zusammengebracht werden, bedeuten eigentlich nur, daß zu solchem Schmuck Grünzeug („Wintermaien") zuerst in Zunftstuben gebraucht wird.

In der Tat wurden alle Wintergrüne benutzt: Kiefer, Tanne, Fichte, Mispel, Ilex, Buchsbaum. Das Wintergrün kann aber auch durch Kirschzweige, die zum Blühen gebracht werden, oder den sogenannten Barbaraweizen Kroatiens und Südfrankreichs dargestellt werden. Als zweites Schmuckelement gilt das Licht in dieser Zeit der langen Abende, gestützt durch die christliche Symbolik. Dabei ist der Julblock oder Weihnachtsklotz, ein brennender Holzstamm im offenen Herdfeuer, fürs deutsche Sprachgebiet nur in wenigen, möglicherweise zweifelhaften Belegen faßbar, dagegen in Südeuropa weitverbreitet und schon bei Martin von Bracara in spätantiker Zeit für das heutige Portugal belegt. Formen verschiedenster Art, Kronen, Lichtergestelle, Hängebäume, Apfelpyramiden usw. als Weihnachtsschmuck bestanden vor und neben kleinen Bäumchen.

Im 17. und 18. Jh. bildete sich dann im östlichen Mittel- und Niederdeutschland mit den Hauptorten Dresden und Berlin der mit Lichtern, Glasperlen, Äpfeln und Nüssen geschmückte Weihnachtsbaum heraus. Weg und Art seiner Ausbreitung lassen sich genau verfolgen. Die Erwähnung in Werthers Leiden, die Zeichnungen von MORITZ V. SCHWIND und LUDWIG RICHTER, das Wandbild „Luther unter dem Weihnachtsbaum", das zur weitverbreiteten Ansicht führte, LUTHER habe den Weihnachtsbaum eingeführt, sind für die rasche Verbreitung bedeutungsvoll. Genannt werden dann die zu Anfang des 19. Jhs. in fremdes Land verheirateten Prinzessinnen aus den zahlreichen mitteldeutschen Fürstengeschlechtern (etwa Wien und München, Paris), schließlich die preußischen Beamten in den Westprovinzen. Allgemein breitet sich der Weihnachtsbaum auf seinem Wege von den oberen sozialen Schichten zu den unteren, von Protestanten zu Katholiken aus. Diese Regel der Übernahme nach der sozialen Stufung wird mehrfach durchbrochen. Einige Gruppen werden oft genannt (Förster, Lehrer). Unmittelbar an der westlichen Staatsgrenze war der Weihnachtsbaum z. T. früher als in Nachbarregionen. Die Zollbeamten haben den Baum in ihren meist einsamen Wohnungen besonders geschätzt. Der fremde Chausseewärter bringt den Baum in einen Ort, Straßenarbeiter folgen ihm, während die Bauern den Brauch noch ablehnen. Von Bedeutung waren die Kriege: 1870/71 ist für Bayern ein oft genanntes Datum für die Einführung, nach 1918 fand der Baum Einzug in die letzten Orte der Eifel, des Mosellandes, am Niederrhein und in Westfalen. Um 1930 fehlte der Christbaum nur noch in der Grafschaft Bentheim und in Friesland, wo er aus religiösen Gründen abgelehnt wurde. Im Gefälle der Einführung des Weihnachtsbaumes ergab sich an bestimmter Stelle im Ablauf ein retardierendes Moment. Es bildete sich die Sitte heraus, daß die Kinder ärmerer Familien ohne Weihnachtsbaum in Gruppen durch den Ort zogen, in Häusern mit Weihnachtsbäumen bei brennenden Lichtern Weihnachtslieder sangen und anschließend mit Süßigkeiten, Gebäck, Äpfeln und Nüssen beschenkt wurden. Mancher Klein- oder Mittelbauer scheute Mühen und Aufwand dieses Brauches, und er zögerte, seinen Kindern einen Baum aufzustellen. Der Satz „Der Weihnachtsbaum sei allgemein eingeführt" hat eine sehr dehnbare Bedeutung; auch heute ist der Weihnachtsbaum, sind Geschenke an diesem Tage nicht überall in Familien ohne Kinder üblich.

Der Weihnachtsbaum, dessen Übernahme wir genau beobachten können, ist nun ein besonders instruktives Beispiel dafür, daß jede Neuerung sich in einem *Umfeld von Gewohnheiten* und gegebenen Umständen einrichten muß. Der Weihnachtsbaum am festlichen Heiligabend konnte in katholischem Bereich nicht ohne weiteres rezipiert werden. Der 24. Dezember war als Vigil strenger Fasttag. Die Metten waren bis ins frühe 20. Jh. am Weihnachtstag morgens um 5 oder 6 Uhr. Die Kinder mußten am Abend vorher zeitig zu Bett. So bildete sich im Rheinland der Brauch heraus, Bescherung erst am 25. morgens nach Besuch der Mette vorzunehmen und erst dann die Lichter am Baum anzuzünden. Damit war der Weihnachtsbaum zum Begleitstück des morgendlichen Frühstücks geworden. Es fehlte auch jene fast kultische Achtung vor dem Baum, die den Mitteldeutschen kennzeichnet. Der Weihnachtsbaum galt als ein Stück von Kinderspiel und Rummel, wie Kirmes oder Fastnacht. Aus dieser Einstellung war es dann selbstverständlich, daß im Rheinland im Jahre 1914 Familien auf den Baum verzichteten, ihn als unschicklich in dieser Zeit von Not und Trauer ansahen. Er fiel weg, genau so wie Kirmes, Karneval und Tanz. Im ganzen aber hat sich der Weihnachtsbaum so rasch verbreitet, weil er dem Bedürfnis unserer Zeit entsprach, Familienfeiern mit Symbolen zu betonen. Er entsprach dem Wunsch der bürgerlichen Familie des 19. Jhs.

Das Beispiel ist etwas breiter ausgeführt, weil der Unterschied zwischen primärer und autochthoner Entstehung, Verbreitung und sekundärer Übernahme gerade bei dieser Neuerung sehr deutlich wurde. Bei späterer Übernahme einer Einzelheit muß diese sich in einer gesicherten und festgefahrenen Umgebung einrichten. Dabei kommt es zu Gegensätzlichkeiten, unorganischen Entwicklungen, blinden Motiven, die uns bei älteren Gebilden als Kriterien bei der Entwirrung eines solchen Brauchknäuels dienlich sein können.

Die Beispiele, die wir auswählten, sollten die verschiedenen Betrachtungsmöglichkeiten illustrieren, sollten zeigen, wie verschieden Entwicklung und gegenwärtige Situation bei Brauch und Feier sein können. Im ganzen ein Gemisch von mitgeschleppten, in Herkunft und Bedeutung unverstandenen Verhaltensweisen und Handlungen, von Umgestaltungen und Anpassungen, von Neuerungen, die dann wieder zur Gewöhnung und zur Tradition werden, von Reduktionen und Abbauformen, Ersatzgestalten und Ersatzfunktion. Aber gerade in dieser Mischung von

Alt und Neu, von starrem Festhalten und Veränderung in Inhalt und Funktion, von Annahme und Ablehnung erweist sich die Besonderheit einer Zeit, von sozialen Gruppen, von Regionen.

4.2 Volksglaube

Volksbrauch und Volksglaube korrespondierten in vergangener Zeit. Ihr Verhältnis zueinander war bei Volkskundlern Gegenstand intensiver Überlegungen (BRÜCKNER 1966). Im allgemeinen resultiert der Brauch aus dem Glauben, doch mehren sich in historischer Betrachtung die Fälle, in denen eine Vorbedeutung, eine Abwehr- oder Zaubervorstellung sich nachträglich zu einer geselligen Form, einem Spiel einfinden. Ebenso schwierig ist das Verhältnis von Aberglaube und Religion zu bestimmen. Noch das Handwörterbuch des deutschen Aberglaubens (HDA) formulierte: Aberglaube ist der Glaube an die Wirkung und Wahrnehmung naturgesetzlich unerklärbarer Kräfte, soweit diese nicht in der Religionslehre begründet sind.

Damit ist die Gliederung in die subjektive Entscheidung des einzelnen gelegt, denn hier werden nicht bloß die einzelnen Konfessionen verschieden urteilen, sondern auch Angehörige ein und derselben Religionsgemeinschaft trennen Religion und Aberglaube nach persönlichem Urteil und im Ablauf der Zeit anders, ganz abgesehen von denen, die ohne Beziehung zu den herkömmlichen Religionen leben. Wir können nur den irrational-transzendentalen Bereich als Ganzes sehen und darin jene Vorstellungen von volkskundlicher Erfassung ausschließen, die vollständig von der Lehre der Kirche und der Theologen bestimmt sind, sowie die auf das Dogma bezogenen rituell festgelegten Handlungen, soweit sie im innerkirchlichen Rahmen verbleiben. Die Frage, ob durch die Wandlungsworte Brot und Wein in Leib und Blut Christi verwandelt werden oder ob wir es hier nur mit Symbolen zu tun haben, bleibt eine ausschließlich theologische Frage, der Glaube aber, daß eine Hostie nach der Wandlung Wölfe abwehre, oder die Meinung des Todkranken, der Empfang des Abendmahls werde ihm leibliche Gesundung bringen und nicht nur eine Hilfe bei Erscheinen vor Gottes Angesicht sein, das sind wirklich volkskundlich wichtige Aussagen. Das Heilswerk Christi, wie es in der Scholastik und in Vollendung durch THOMAS VON AQUIN oder durch die Reformatoren formuliert wurde, interessiert uns nicht, aber schon die Sieben Worte Christi am Kreuz, die Fünf Wunden, die sein Körper trug, sind uns in ihrem Symbolwert wichtig, und erst recht interessiert der Glaube, daß das Gebet zu den Fünf Wunden einem Sterbenden den Tod erleichtere.

Der Volkskundler kann den Volksglauben nur als Gesamtphänomen sehen und ihn im historischen Erscheinungsbild des Abendlandes nach allgemein menschlichen, autochthonen, antiken und christlichen Bestandteilen gliedern. Bei den bisherigen Versuchen der *Gliederung* hat man allerdings kaum berücksichtigt, in welchem Zusammenhang der Träger des Volksglaubens selbst die Vorstellungen sieht.

Unfest und reichlich verworren sind vorerst noch alle Versuche, Volksglauben und Volkssage im einzelnen zu gliedern. Hier bemühten sich seit Jahren verschiedene Gremien und vor allem L. RÖHRICH mit einigem Erfolg um eine gültige Einteilung. Wie soll man Totensagen und solche von Naturgeistern trennen? Wie kann man die geschichtlichen Sagen herauslösen?

Hier eine kurze Gliederung, die verschiedene Versuche verarbeitet:

A. Vorstellungen übernatürlicher Art
1. Geister
2. Volksmeinungen und Volkswissen
(Kuckuck > Sperber)
B. Kündung und Erforschung der Zukunft oder von Unbekanntem
1. ohne Zutun des Menschen
   a) Gegenstände, Vorkommnisse der realen Welt (Elster b. Haus, Holzwurm, Lostage)
   b) außerirdische Wesen und Geschehnisse (Schloßgeist, Kriegsheer in den Wolken)
2. vom Menschen bewirkt und veranlaßt
   a) durch Gegenstände und Handlungen (Bleigießen, Münze werfen, Kerzen anzünden als Orakel etc.)
   b) im Wesen des Menschen begründet (Zweites Gesicht, Propheten)
C. Abwehr von Bösem und Herbeiführen von Glück
1. Abwehr
   a) Abwehr von Unheil
   b) Verhindern von Heil
2. Herbeiführen
   a) von Heil und Glück
   b) von Unheil und Bösem

Sachlich können wir jeden Punkt dieser Gliederung weiter aufteilen und zwar gemäß der Geschichte der abendländischen Welt in nichtchristliche und christliche

Bestandteile und Vorstellungen. Dabei kommt in beiden Gruppen dem antiken Bestand besondere Bedeutung zu.

Das *Christentum* hat nicht bloß Objekte und Objektivationen vermehrt, auch die erstrebten Ziele von Abwehr, Heil und Glück sind zum Teil christlich bestimmt und verändert worden. Insbesondere strebt der Christ danach, seine unsterbliche Seele nach dem Tode zu retten, ihr als weiterlebendem Teil die ewige Seligkeit zu sichern. Real gesprochen erstrebt der Mensch ein Sterben in Gegenwart des Geistlichen, der den Kranken durch Abendmahl stärkt, mit Gebet, Weihwasser und Kerzen den Teufel vom Sterbebett fernhält und dem Kranken hilft, das vom christlichen Glauben bestimmte Glück zu erreichen. Doch bleibt eine derartige Veränderung des Strebens nach Glück und Heil, wie sie durch das Christentum in solch ausgeprägter Weise erreicht wurde, Ausnahme. Eine Arbeit über Volksglauben zu bestimmtem Zweck, etwa über Orakel, Hilfe bei Krankheit von Mensch und Tier wird immer Mittel sowohl von christlich wie nichtchristlich bestimmtem Volksglauben zu berücksichtigen haben. Anders ist es, wenn wir nicht das Ziel, sondern die Handlungen und Dinge selbst behandeln und untersuchen, Dann werden wir mit Recht über Wallfahrten, Votivgaben, den Teufel oder die hl. Gertrud schreiben. Aber auch dieser Bereich bleibt nicht frei von außerchristlichen Vorstellungen, wie umgekehrt volksmedizinische Mittel, Magie, Zauber, Hexen, Naturgeister, Amulette usw. von christlichen Meinungen überwuchert sind.

Auf eine umfassende sachliche *Darstellung* der einzelnen Sparten und Requisiten des Volksglaubens können wir verzichten und dafür auf das HDA verweisen, zugleich aber damit die Warnung vor den vielen mythologischen Deutungen verbinden. Allzu selbstverständlich werden in vielen Artikeln des HDA heutige Übung und Vorzeit in direkter Abfolge zusammen gesehen und germanische wie antike Vorformen angenommen.

Gerade im Volksglauben ist *antike Nachwirkung* unverkennbar. Aber in jedem Falle stellt sich die Frage, ob der Weg unmittelbar aus der Antike durch die Jahrhunderte des Mittelalters bis in die Gegenwart führt oder ob erst im Mittelalter über Kloster und Kirche, über die medizinischen Lehranstalten wie Salerno die Weisheit und Meinung antiker Zeit wieder aufgenommen und von diesen verbreitet wurden oder ob durch Humanismus und Renaissance, die gläubig auf die Antike schauten und kaum Kritik wagten, mit dem ganzen Olymp wieder Vorstellungen aus dem

Kreis von Magie, Zauber usw. bekannt wurden. Sogar geistliche Schrift-
steller des Spätmittelalters befragten antike Texte nach Wirklichkeitsge-
halt von Zauberei und Hexenwesen (STEMPLINGER 1922, 1925).

Nicht mit dieser Wiederaufnahme der Antike hängt allerdings eine entscheidende und bis ins 20. Jh. gültige Wandlung im Volksglauben während des *Spätmittelalters* und in der frühen Neuzeit zusammen. Der
Volksglaube ist nun weitgehend in das christliche Schema eingeordnet,
die Gestalten sind verchristlicht, verteufelt, aber auch vermenschlicht, da
Geister von Gott in die Hölle verstoßene Tote sind, also Menschen. Es
wandeln sich Hexen von Dämonen zu lebenden Menschen. W. E. PEUCKERT
(1942) hat diesen Wandel beschrieben und ihm große Bedeutung beige-
messen. Manche Petrefakte älterer Vorstellung blieben in einzelnen Motiven, z. B. den Wechselbalgsagen, in Geschichten von Zwergen, Kobol-
den, vor allem auch Alpengeistern. Aber jetzt ist der Volksglaube eingeordnet in die damalige Welt und Anschauung mit Christentum, Hölle,
mit Teufel und seinem Kreis, der die Welt durchzieht, mit dem Himmel
und seinen Engeln, mit Lebenden und ihren von Jenseitigem geliehenen
Kräften, mit Toten, die verdammt sind, oder Armen Seelen, die um Erlösung aus dem Fegfeuer flehen.

Seit jeher waren bestimmte natürliche *Wirkungen von Pflan*zen und anderen organischen wie anorganischen Stoffen bekannt. Die Kenntnis
davon mehrt sich in der Übernahme des antiken Wissens, und wir erhalten in der Überlegung damaliger Gelehrter schon eine erste naturwissenschaftliche Begründung, vermischt mit mancherlei magischen außerna-
türlichen Eigenschaften. Von da an datiert die eigenartige Mischung und
Zwischenstellung von Hilfen übernatürlicher Art, von natürlicher oder
vermeintlich natürlicher Wirkung, oft verstärkt durch transzendente Begründung oder Zusätze.

Zu der Anwendung der Segenformeln treten nun *natürliche Heilmittel*.
Zum Segensspruch bei Brand kommt nun der Umschlag mit Oel oder Pe-
troleum und Schweinegalle. Schon wurden gewisse Praktiken abgelehnt,
und Gelehrte drängten auf Verbot. So verlangt schon im 17. Jh. die Sor-
bonne das Verbot des Einschneidens bei Tollwutgefährdeten in Saint
Hubert, die Universität Löwen verteidigt den Brauch, und es wagt sich
die Meinung hervor, das „Einschneiden" treffe einen Nerv in der Stirn
des Kranken und damit werde das Gift an der Ausbreitung im Körper
gehindert. So endet dann auch die Meinung von den Pest- und Krank-
heitspfeilen im 18. Jh. in der Annahme von wirklichen pfeilschnell flie-

genden Insekten, die fast unbemerkt in Menschen und Tiere eindringen und Krankheiten verursachen, und Linné hat diese Insekten noch klassifiziert (HONKO 1959). Auch das Versehen der Schwangeren, das bis zum heutigen Tag gefürchtet wird, findet vermeintlich naturwissenschaftliche Erklärung. So wundert es uns nicht, wenn für das Ausreiten der Pferde am Stephanustage sowohl Erklärung im Volksglauben wie in der Tiermedizin gesucht wird.

Es bilden sich im 16. bis 18. Jh. Bräuche und Handlungen heraus, die auf rein natürliche Weise wirken sollen. Dahin gehört die Benutzung der Aromatica, von Rosmarin, Lorbeerblättern, Zitronen, Wacholder im Totenbrauch. Vielfach werden solch natürliche Mittel in den magischen Kreis hinaufgehoben, wie es etwa für PARACELSUS und die Alchimisten bezeichnend ist. Es treten zu natürlichen Heilquellen, nachdem der Besuch rasch zunahm, sekundär hl. Ärzten geweihte Kapellen. So wurden bei Gesundbrunnen in Schweich eine Kapelle der hl. Cosmas und Damian und zu Bad Kleinkirchheim eine Wallfahrtskapelle der hl. Katharina erbaut. Der naturwissenschaftliche Vorgang bleibt noch lange unbekannt, selbst wenn die Wirkungen beschrieben werden. Nur so ist die Angst vor der Pockenimpfung zu verstehen, die (so meinte man) zur Veränderung von Charakter und Physiognomie und zur Annäherung an das Rind führte. Noch im Kampf für den Blitzableiter und gegen das Gewitterläuten konnte das vermeintlich naturwissenschaftliche Argument, der Schall ziehe den Blitz an, das Glockenseil sei ein Leiter der Elektrizität, als Argument gegen das abergläubische Gewitterläuten auch bei Aufgeklärten Eindruck machen. Kompromisse aller Art boten sich an. Vom harten Zugreifen der Polizei bis zur Überredung mit der Predigt über Schutzpocken und Belohnungen finden wir eine ganze Skala zentraldirigistischer Maßnahmen. So scheint mir das Weißwurstessen und Biertrinken der Mütter und Ammen anläßlich der Pockenimpfung in Franken auf landesherrliche Fürsorge zurückzugehen.

Die natürlichen Mittel setzten sich auf Zeit durch, doch mitunter in kurioser Mischung mit den abergläubischen Praktiken und oft in großem zeitlichem Abstand zu ihrem Aufkommen. Zwar kennen die Obst- und Weinbauern Südtirols seit gut 20 Jahren das Abschießen der Gewitter- und Hagelwolken mit Hilfe von Chemikalien, aber in der Stadt Meran läuteten noch 1973 mitten in der Nacht die Glocken und sollten ein gewaltiges Donnerwetter vertreiben.

Dieser Schwebezustand zwischen Volksglauben und rationaler Erklärrung bleibt kennzeichnend vom Beginn der Neuzeit bis in die Gegenwart. Entscheidend für Annahme oder Ablehnung eines abergläubischen Berichts ist zunächst nicht so sehr der Charakter des Berichtes oder der Glaubensmeinung, sondern die Persönlichkeit des Berichterstatters. „Des unwissenden Volkes Rede" verfällt eher der Ablehnung als die Erzählung „des hochgelehrten Mannes, der sonst eben nicht abergläubisch ist" (DÜNNINGER 1964). Bei dieser Entwicklung aber ergibt sich eine soziale wie geographische Sonderung. *Bauern*, überhaupt das Dorf und die unteren Schichten der Stadt bleiben dem Volksglauben länger verhaftet als die *Bürger*. Schließlich gelten im 19. Jh. nur noch die Landleute als Träger traditionellen Aberglaubens; zu Unrecht, denn ERNST WEYDEN (1960) in Köln schildert aus den ersten Jahrzehnten des 19. Jhs. die Vielfalt des Aberglaubens in dieser Großstadt, wobei bestimmte Formen wie Orakel und Vorahnungen hervorstechen, also wohl nur ein Teil des Aberglaubens relevant geblieben war. Die Gleichsetzung von Bauer und traditionellem Volksglauben wurde so sehr zum Axiom, daß unbesehen und unwidersprochen gesagt werden konnte, der Bauer sei Irrationalem aufgeschlossen, der Stadtbewohner rational in seinem Gehabe (vgl. BREPOHL 1957). Wir würden bei traditionellen Vorstellungen des Volksglaubens für die dreißiger Jahre in etwa zustimmen, zugleich aber betonen, daß in der Stadt bestimmte Bereiche wie Astrologie, Chiromantie, Traumdeutung, der sogenannte „gesellige Aberglaube" (R. WEISS), also vor allem Formen, denen seit der Renaissance größere Bedeutung zukam und die über das Buch Verbreitung fanden, ihre Anhänger hatten, während solche Vorstellungen in Dörfern vielfach unbekannt geblieben waren. In Städten und auch auf dem Dorfe hat sich heute eine vollständig neue Form von Volksglauben gebildet: angeblich naturwissenschaftlich festgestellte Anschauungen über Strahlen, Magnetismus, Ursachen und Wirkungen von Wellen aller Art, übertriebene Vorstellungen vom Wert und Schaden bestimmter Speisen und der Umweltverhältnisse, eine im Gegenbild zur Forschung geschaffene regelrechte Pseudowissenschaft, die mit der damit verbundenen Lebensangst sehr oft von gewissenlosen Geschäftemachern gesteuert und ausgebeutet wird.

Aber über die sozialbestimmte Schichtung legt sich noch einmal eine geographisch unterschiedliche Verteilung des Volksglaubens, unterschiedlich in der Verbreitung einzelner Motive und Meinungen, unterschiedlich in der Tiefe und dem Verhaftetsein von Bevölkerungsgruppen im Volksglauben. Dabei darf der einzelne heute durchaus von der Norm abweichen. In Orten, in denen diese Meinungen noch selbstverständlich waren, partizipierte auch der Realist, sogar der Rationalist; er kannte die Vorstellungen, teilte die allgemeine Meinung darüber, aber für ihn selbst bedeutete der ganze Komplex in seinem Leben nichts. Zu dieser Gruppe gehörten Leute, die dem Volkskundler zahlreiche Glaubensberichte mitteilten, auch von deren Ablauf überzeugt waren, die aber irgendwann sagten: „Ich bin viel gewandert bei Tag und Nacht, es ist mir nie etwas begegnet, was nicht natürlich war." Ebenso gab es in rationaler Umgebung den heimlichen Gläubigen, der nicht darüber sprach, im Grunde seines Herzens aber seine Umgebung verachtete, weil sie von den Geheimnissen der Welt nichts ahnte (Brixius 1939). Überall können einzelne Vorstellungen unbeschadet für den Gesamtkomplex des Volksglaubens ausfallen, einerlei, ob die einleuchtende Erklärung naturwissenschaftlich begründet ist oder nicht (wie die Irrlichter als Dünste aus dem Sumpf).

Doch vollzieht sich das Verhältnis zum Volksglauben nicht allein im Bejahen, Zweifeln oder Verneinen, Verheimlichen des Ganzen oder von Teilen. Ganz allgemein neigt das Volk dazu, Sondergestalten unter größere Allgemeinvorstellungen zu subsumieren, etwa Feldgeister als wiederkehrende Tote zu sehen. Wiederkehrende Tote, Teufel, Hexenglauben und Gottesstrafe sind die wesentlichsten Gruppen dieser Ordnung. So mag es kommen, daß (wie in Lothringen) alle Gespenstergestalten in den Hexenglauben eingeordnet sind (Merkelbach-Pinck 1943).

Die *gegenwärtige Lage* und das Verhältnis des heutigen Menschen zu den Vorstellungen des Volksglaubens ist schwer zu beschreiben. Selten haben wir so eindeutige Daten wie bei den Pariser öffentlichen Verkehrsmitteln des Jahres 1885, als an drei Freitagen am 13. die Zahl der Fahrten sehr stark abnahm. Es fallen nacheinander alle jene Vorstellungen oder Notfälle aus, für die die Wissenschaft eine eindeutige stichhaltige und durchsichtige Erklärung geben kann und dem einzelnen wirksame Hilfe gewährt. Stufenweise Einengung sehen wir besonders deutlich in der Heiligenverehrung. Nacheinander fallen Anrufungen bei vielen Krankheiten. Um 1930 verbleibt die Heiligenverehrung in katholischen Gebieten als Hilfe nur noch bei Vieherkrankungen, Kinderkrankheiten, Nervenleiden und psychisch beeinflußbaren Krankheiten. Die Verehrung bei Seuchen, die noch im 19. Jh. in Cholera- und Typhuszeiten allgemein üblich war, fiel durch die Kenntnis der Bazillen und wirksamen Impfung bis etwa 1914. Eine ähnliche Entwicklung sehen wir bei den Heilsegen. Gehalten haben sie sich bei bestimmten Nöten. Brandwunden, Zahnweh, Verrenkungen, Wurm im Finger, Kinderausschlag werden zum Teil noch in der Gegenwart besprochen. Es bleiben also jene Krankheiten und Beschwerden, die psychisch beeinflußbar sind. – In der Heiligenverehrung treten heute seelische Nöte, Sorgen um die Familie und um Examen sehr hervor, wie die Eintragungen in den in Wallfahrtskirchen aufliegenden Bittbüchern erweisen. Dabei wendet man sich an „moderne" Heilige, wie Rita, und an noch nicht kanonisierte Personen, wie Bruder Jordan oder Pater Rupert Mayer.

Reste der traditionellen Gestalten und Vorstellungen mögen noch hie und da ein Dasein fristen, wie etwa die Sammlung von ASSION (1972) andeutet. Auch der verzweifelte Kampf des Herrn Kruse aus Hamburg gegen den Hexenglauben wie die anschließenden Prozesse lassen uns noch etwas von der Relevanz dieser überkommenen Vorstellungen ahnen. Aber ein Wiederaufleben von Gespenster- und Hexenglauben wie in den angelsächsischen Ländern (DORSON 1976) vermag ich bei uns vorerst nicht zu erkennen. Im Gegenteil, sogar in Gebieten, die um 1930 noch vollständig dem Volksglauben verhaftet waren, ist dieser heute auf wenige Elemente der Krankheitsbehandlung und der Orakel beschränkt. Zwar nehmen astrologische Kalender um die Jahreswende in den Kiosken immer noch einigen Raum ein, doch meine ich einen merklichen Rückgang in den letzten 10 Jahren zu sehen. Die aus der Demoskopie bekannten Zahlen helfen nicht viel weiter, da sie wenigstens 10 Jahre alt sind (NOELLE/ NEUMANN 1956–74). Dennoch scheinen mir die Werte der *Demoskopie* als Hinweise wichtig. Danach steigt für den Zeitraum 1950–1964 die Ablehnung der Astrologie von ca. 50 auf 60 % der Befragten. Die Zahl der Anhänger fiel von 30 auf 20 %. SCHMIDTCHEN hat auf interessante Zusammenhänge zwischen Kirchenneutralen und denen, die an ein Nachleben nach dem Tode und an Astrologie glauben, hingewiesen. Ich sehe die Zusammenhänge einfacher – Astrologiegläubige sind Menschen, die dem Irrationalen aufgeschlossen sind, aber nicht mehr durch die Lehren der Kirche in ihrem Glauben an Astrologie gebremst sind (SCHMIDTCHEN 1973).

Daß „es vielleicht Hexen gibt", wird 1956 wie 1973 von rund 90 % abgelehnt. 1 bis 2 % sind von der Existenz fest überzeugt (NOELLE/NEUMANN 1956–74, Bd. 2 u. 5). Andere Beobachtungen sprechen von 25 %, die an Hexen, und von 48 %, die an Geister glauben (HAACK). Auf einer Karte kann man lediglich die Siedlungen ohne Rücksicht auf die Einwohnerzahl darstellen. Dennoch ist der Vergleich mit der Abb. 7 von 1930 bemerkenswert. Überraschend hoch ist die Zahl der Befragten, die einen Spuk in einem Hause erlebt haben wollen (12 %). Sie deckt sich fast mit den Gläubigen. Noch weitere 6 % der Bevölkerung geben vor, daran zu glauben, auch wenn sie noch nichts erlebt haben. Das ist fast eine Umkehr zu den ländlichen Verhältnissen alter Zeit, in der auch die große Zahl der Menschen ohne Erlebnis ebenso in den Volksglauben verstrickt war wie der Erlebnisträger.

Zu der Stellung der Astrologie paßt, daß in der Gegenwart Orakel, Zukunftsdeutung und Zeichen von einem recht großen Teil der Bevölkerung ernstgenom-

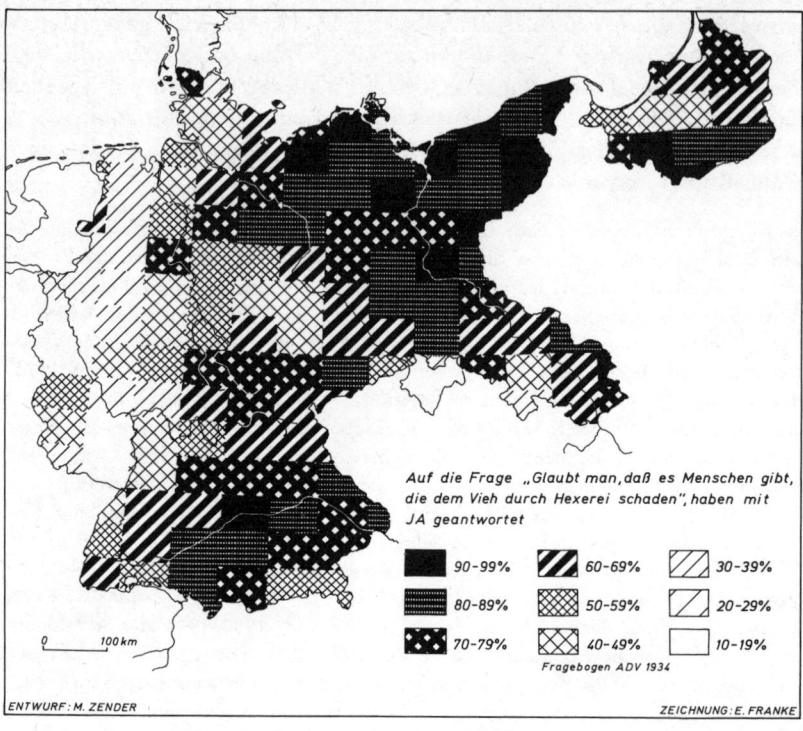

Abb. 7 Verbreitung des Hexenglaubens um 1930

men werden. Dabei überrascht nicht, daß 1958 mehr als die Hälfte der Befragten an das „Zweite Gesicht" im allgemeinen, das heißt ein Vorherwissen, glaubten und rund 20 % selbst ein solches Erlebnis hatten. Der Volkskundler weiß aus Gesprächen, daß für diese Meinungen alle Schichten unseres Volkes in Frage kommen. Aber auch die Glücksbedeutung des Kaminfegers (1958: 49 %, 1973: 41 %), Bedeutung von Zahlen oder Zeichen (1954: 46 %), erweisen den modernen Menschen als für den Aberglauben anfällig. Dabei sollen zwei Beobachtungen nicht übersehen werden. Die positiven Anteile gehen ab 1950 kontinuierlich zurück, je weiter wir von der Lebensangst und Ungewißheit, von Kriegs- und Nachkriegsjahren abrücken. In jenen Jahren waren, wie jeder weiß, fast alle Menschen in irgendeiner Weise persönlich betroffen und in den Bann solcher Vorstellungen gezogen. Dieser Glaube geht zurück, je mehr wir sicheren Boden unter den Füßen fühlen. Weiter aber gibt es Fälle, in denen das Dorf (die Gemeinde unter 2000 Einwohnern) einen geringeren Prozentsatz positiver Antworten zeigt als die Stadt. Im Dorf kommen nämlich die Antworten auch

156

von solchen, die von den jüngeren Aberglaubensformen noch nicht erreicht sind, die heute das Glaubensbild der Stadt beherrschen.

Nur unvollkommen offenbart dieser grobe Raster die Tatsache, daß in der Stadt und in der Gegenwart jeder Mensch seine Entscheidung ändern kann und je nach der allgemeinen oder *persönlichen Situation* aus der Ablehnung zum Bejaher bestimmter Vorstellungen werden kann, ja er sich aktiv in diesem oder jenem Sinne betätigt, aber vielleicht auch ebenso rasch darauf verzichtet und den ganzen Vorgang bei sich verdrängt. Oder sollten die Zahlen der Unentschiedenen von 11 % (Hausspuk), 14 % (Komet), 10 bis 20 % (Astrologie) in der Statistik dieses Schwanken andeuten? Das Verhältnis der Menschen zum transzendenten-irrationalen Bereich hat sich grundlegend geändert. An Stelle der aus Gründen der Tradition und Gleichordnung fast zwangsmäßigen Einordnung des Menschen in überlieferte Glaubensvorstellungen ist die freie Entscheidung des einzelnen getreten, nur mehr beengt durch die Unmöglichkeit, alle Rätsel des menschlichen Lebens zu lösen und den Ablauf eines jeden Lebens genau und nach eigenem Willen zu bestimmen. Dazu vermag der Mensch aus persönlicher Überlegung und weithin im Gegenbild zur Wissenschaft eigene neue Glaubensvorstellungen zu entwickeln. An Stelle der Starre im Verhältnis zu überlieferten Formen ist eine große Mobilität in Einstellung und Gestalten getreten. Diese Art des Volksglaubens nimmt ab oder zu, je nachdem die allgemeinen Lebensverhältnisse Sicherheit garantieren oder den Menschen als Spielball einer ungewissen düsteren Welt und Zukunft erweisen.

4.3 Kontinuität und Wandel

Das Thema Kontinuität ist politisch belastet, nicht bloß in Deutschland. Auch bei anderen Völkern wird Kontinuität vorausgesetzt, um als eigenständiges Volk zu bestehen (vgl. 1.3). Es kann also nicht aus rein deutschem Gesichtspunkt darüber gehandelt werden. Schon im Rheinland erhält die Diskussion in bezug auf die Kelten, die Antike und die gallorömische Kultur ein ganz anderes Gesicht, während östlich der Elbe auch die ältere Forschung das slawische Erbe in Betracht zog. Germanomanie und Keltomanie standen lange Zeit gleichrangig nebeneinander. Es mag richtig sein, daß in Deutschland mit Ablehnung des romanisch-christlichen Einflusses und im Annexionsanspruch Frankreichs auf das linke Rheinland wegen des keltisch-römischen Erbes die Frage der germanischen und antiken Kontinuität besonders emotionsgeladen war und von Anfang an politisch und propagandistisch genutzt wurde.

Die Frage nach der Kontinuität ist nicht bloß dem Volkskundler gestellt, ja der Volkskundler kann in dieser Diskussion kaum das entscheidende Wort sprechen. Die *Geisteswissenschaft* insgesamt, insbesondere alle historischen Disziplinen, stehen vor dem gleichen Problem. Das Problem des Wandels in der Zeit und darin eingeschlossen der Zusammenhänge über alle Kulturbrüche hinweg wie die Frage nach dem Verhältnis der hineinverflochtenen Neuerungen zu älteren Lebensformen betreffen nicht bloß „den historischen Wandel" vergangener Jahrhunderte und beziehen sich nicht bloß auf die Grundlegung der europäischen Völker, die gleiche Frage stellt sich im Blick auf den Wandel, der sich vor unseren Augen vollzieht. Latent und in wechselnder Dringlichkeit stellte sich das Problem zu allen Zeiten und an allen Orten. Immer ändern sich Formen, bilden sich neue; im unterschiedlichen Anschluß an Vorbilder oder vorhandene Gegebenheiten werden Formen in gleicher oder anderer Funktion bewahrt. Ältere scheinen in der Neuerung oder Angleichung noch durch. Es ist eine keineswegs unumstößliche Absprache, daß Kontinuität sich nur auf Zusammenhänge über Kulturbrüche und geschichtliche Umwälzungen hinweg beziehen soll. Graduell gibt es natürlich gewaltige Unterschiede; wie weit sie prinzipiell gelten, wäre zu prüfen.

Der Volkskunde kommt in dieser Diskussion über den historischen Wandel Bedeutung zu, denn nach älterer Auffassung hatte das Volk frühere Lebensformen besonders gut und fast unverändert bewahrt, und noch CHR. MEIER meint, daß sich in den einfachen Lebensgütern der unteren Klassen vieles über die Völkerwanderung hinweg gerettet habe und darin eine Möglichkeit lag zu dem späteren Eindringen antiken Lebens und antiker Geistigkeit nördlich der Alpen. Der entscheidende Beitrag zum Kontinuitätsproblem kommt in der Gegenwart nicht so sehr von den vielen, in sich sehr gegensätzlichen Aufsätzen der Moser-Festschrift (BAUSINGER/BRÜCKNER 1969), sondern dem Vortrag von CHR. MEIER und der Schrift, die H. TRÜMPY (1973) herausgab.

Meier sieht zunächst gleichbleibende Grundbedingungen, ein institutionalisiertes Wirkungsgefüge wie die *Antike*, in dem sich viele Einzelheiten wandeln können, ohne die Struktur anzugreifen. Es kann sich dann eine neue Identität herausbilden, wie es im frühen Mittelalter geschieht. Dabei hatte nach Meier eine ziemliche Änderung schon von der frühen Kaiserzeit bis zum 4. Jh. diese neue Wesenheit vorbereitet. Bestimmte Kulturgüter können trotzdem kontinuierlich weitergegeben werden, es kann Kontinuität im einzelnen gewahrt werden in Dingen des Berufslebens und der täglichen Bedürfnisse, aber auch der Feste, des Glaubens, der Erzählung. Es blieben aus der Antike erhalten der Zusammenhang der Mittelmeerwelt, große Bereiche der Verwaltung und die Lebensformen des Christentums, wie sie sich in der Berührung des Religiösen mit der Antike herausgebildet hatten. Dennoch bricht das Wirkungsgefüge der antiken Kultur zusammen, und damit bricht strukturell gesehen die Kontinuität ab. Diese Diskontinuität aber führt Germanen und Römer zusammen, wegen der Diskontinuität im Großen blieben Kontinuitäten im Kleinen tragbar. Dazu scheint besonders wichtig der Hinweis auf die Kontinuität in Byzanz, das im Laufe der Jahrhunderte, und erst recht im Augenblick des Untergangs von Byzanz im 15. Jh., die wichtigsten Anstöße zur Übernahme antiken Kulturgutes und zur Renaissance bot. Graduell verschieden aber strukturell gleich ist das Verhältnis der weitgehend germanisch durchsetzten Gebiete zwischen Rhein und Loire zum stärker antikverbliebenen Südfrankreich und nördlichen Italien. Einflüsse von dort führten zu einem im einzelnen veränderten und damaligen Verhältnissen angepaßten Aufleben und Verstärken antiker Geistigkeit und antiken Lebens im romanisch-germanischen Grenzgebiet nördlich der Alpen.

Was wir hier als Beispiel im wesentlichen an Hand von CHR. MEIERS Ausführungen (in: TRÜMPY 1973) über Antike und Mittelalter skizzierten, entspricht im Grundsätzlichen andern Kulturbrüchen.

So steht Kontinuität im Zentrum der historischen Diskussion (vgl. HÜBINGER 1968). Den klassischen Philologen und Althistoriker wie Archäologen beschäftigte etwa die Frage, welche *Götter in christlichen Heiligengestalten* weiterlebten. Wir wissen heute, daß ein solcher Zusammenhang nur sehr selten besteht, aber auch, daß der christliche Heiligenkult ohne den antiken Heroen- und Dämonenglauben nicht denkbar gewesen wäre (LUCIUS 1904). Dennoch gibt es im einzelnen Zusammenhänge. So hat L. KRETZENBACHER (1958, 1959, 1973) mehrere Fälle von Kontinuität untersucht und dabei seine Aufmerksamkeit vor allem den Zusammenhängen zwischen Ost- und Westkirche zugewandt.

Georg (der Landmann) geht ohne Zweifel auf eine altmorgenländische Kultgestalt zurück, die in Islam wie Christentum Aufnahme fand. Das Minnetrinken zum Gedächtnis eines Heiligen ist eine Substitution des germanischen Trunks zu Ehren der Götter, wie aus dem Leben von Olaf Trygvason eindeutig hervorgeht, der im Traum aufgefordert wird, von nun an nicht zu Ehren der Götter, sondern des hl. Martin zu trinken. Wie weit aber ist die heutige Form der Segnung von Wein an Johannes Ev. (27. Dezember) vom heidnischen Brauch entfernt und in eines der vielen christlichen Sakramentarien verwandelt (CAHEN 1921)! Daß der hl. Stephanus als Pferdepatron seit althochdeutscher Zeit und die skandinavischen Umzüge mit ihren Gesängen am zweiten Weihnachtstag (St. Stephanus) nicht aus der christlichen Gestalt abzuleiten sind, ergibt die Kultgeschichte mit ihren gegensätzlichen Schwerpunkten von Kult und Volksglaube einwandfrei. Vorchristliche Grundlage ist daher wahrscheinlich.

Michael als Nachfolger von Wodan wird jeder annehmen, der auf der Godesburg bei Bonn eine Michaelskapelle sieht. Aber Michaelskapellen auf Bergen zu bauen, konnte andere Gründe haben. Der hl. Michael sei auf dem Monte Gargano in Süditalien erschienen, dann wehrt Michael mit seinem Schwert die Dämonen ab, die durch die Lüfte ziehen. Beide Gegebenheiten führten zur Vorliebe der Michaelskapellen auf Höhen. Daß Svantevit und Goderac als slawische Götter durch die hl. Vitus und Godehard abgelöst wurden, wird man füglich bestreiten. Goderac zum wenigsten ist wahrscheinlich bewußte Erfindung (FELLENBERG 1970).

Dennoch wird man der stabilitas loci bei Kulten eine gewisse Bedeutung beimessen. Wir wissen aus dem Norden, daß etwa in Alt-Uppsala die Kirche auf einer Kultstätte bei den Königsgräbern des 6. Jhs. errichtet wurde. In Finnland ist die offizielle Übergabe eines heidnischen Kultplatzes an die Kirche urkundlich belegt. Die Quellheiligtümer des Nordens gingen meist in kirchlichen Besitz über. Wir kennen viele Kirchen, die in römischen Gemäuern eingerichtet wurden – dazu gaben allein schon die Mauerruinen Anlaß –, so ist damit nicht ohne weiteres kultische Kontinuität gegeben. Wir wissen vor allem, daß in Wallfahrtskirchen die Modeheiligen wie Generationen aufeinander folgen, auf Martin folgt Leonhard, dann Rochus, schließlich Judas Thaddäus. Man kann sich aber durch äußere Gleichheiten täuschen lassen. LINCKENHELD hat aus mancherlei Bräuchen und Meinungen, dazu aus vorgeschichtlichen Steinmalen eine keltische Götterverehrung beim Quirinuskult erschlossen. Doch handelt es sich hier um eine späte Verknüpfung des „Quirinusstuhles“, eines Menhirs, mit der Verehrung des Heiligen. Genau so verhält es sich bei einer Dreiergruppe in Luxemburg (Quirinus, Ferreolus und Ferutius), die dortige Archäologen als Nachfolger einer Götterdreiheit sahen. Diese Gruppe reicht nicht über das 17. Jh. zurück. Ein Kontinuum liegt allenfalls im Gedanken vor, drei Heilige zu einer Einheit zusammenzufassen, für die sich aber Vorbilder etwa in der Dreifaltigkeit finden und reale Anlässe aus dem Aufbau eines Altars ablesen lassen (ZENDER 1967). Auch der „bayerische Herrgott“, der hl. Leonhard, ist in Süddeutschland und als Pferdepatron so spät bekannt geworden, und sein Patronat ist so leicht aus dem mißverstandenen Attribut, der Kette, zu erklären, daß wir keinen germanischen Gott zu bemühen brauchen, wie es die Sekundärliteratur lange tat.

Im allgemeinen ergeben sich selbst bei gleichbleibenden Formen bedeutende *Verschiebungen* von Inhalt, Funktion und geographischer Verteilung (vgl. 5.1). Fastnacht als Feier und Übergangsbrauch zum Abschluß des Jahres ist uns nicht mehr präsent. Der 22. Februar, ursprünglich ein

Totenfest der Spätantike, kirchlich Cathedra Petri, wird im Mittelalter zum Tag des Frühjahrsbeginns und mit mancherlei Bräuchen ausgerüstet, von denen sich nur weniges in abgelegenen Gebirgsgegenden wie dem Sauerland, dem Schwarzwald und in Südtirol bis ins 19. Jh. gehalten hatte (L. SCHMIDT 1962, ZENDER 1965). Einige Requisiten dieses Tages aber fanden unverstanden Unterschlupf im Fastnachts- und sogar im Martinsbrauch. Der Tag ist in Gebirgsgegenden um 1930 noch Termin des Gesindewechsels und weiter als Pachttermin bekannt. Sogar der 2. Februar als Gesindewechsel ist letztlich nur eine Verlegung des Peterstages auf den Monatsanfang und daher ohne das antike Totenfest des Februars nicht denkbar. Die Ableitungen aus dem antiken Fest finden wir also nur noch als Horste in Gebirgsgegenden oder als kaum noch erkennbare Reste und Verflüchtigungen im Laufe der Zeit.

Eindrucksvoll scheinen immer Einstellungen und Meinungen, die über Jahrhunderte, ja Jahrtausende gleichblieben. Votivgaben, Tempelschlaf, Staub des Tempels als Heilmittel usw. reichen von Epidauros über die mittelalterlichen Wallfahrten, die Votivtafeln der frühen Neuzeit bis zu den Marmortafeln der Gegenwart. Aber hier liegt eher eine allgemeine, dem Menschen eigentümliche Einstellung vor, die zu gleichen oder ähnlichen Handlungen führte und keine echte durchlaufende Kontinuität zu sein braucht.

Ganz allgemein läßt sich sagen: Beziehungen über Kulturbrüche hinweg sind in den einzelnen Objekten und bei vielen Bruchstücken gegeben. Dabei sind im historischen Wandel auch bei diesen isolierten Formen Veränderungen, Anpassungen an eine neue Umwelt in Zeit und Raum, eine neue Einordnung und vor allem eine veränderte Funktion fast immer festzustellen. Weiterführen von Vorformen ist weit häufiger als vollständige Neubildung.

Dagegen ist Kontinuität eines in sich geschlossenen Weltbildes selten. Kontinuität für eine über einen großen Teil der Kultur übergreifende Gesamtschau, nach der die Germanomanen der 30er Jahre verzweifelt suchten, hat es nicht gegeben. Kontinuität fehlt im allgemeinen auch in Inhalt, wie in Funktion und Bedeutung der Formen. Es sind eben doch nur Fäden in einem Gewebe, die verbinden, die aber im Gewebe von Kette zu Kette sich ändern und zu einem neuen Gesamtbild führen. Die einzelnen überalterten Formen allerdings leben oft nur erstarrt und relikthaft in abgelegenen Landschaften bis zum heutigen Tag. Alle Bräuche und Feste, die blühen, die zu den kulturell und sozial tragenden Schichten gehören und breite Areale besetzt halten, sind jung, oder sie haben in neuer Zeit, meist nach dem 16. Jh., eine entscheidende und durchgreifende Erneuerung erfahren. Nur solch junge Bräuche werden „gepflegt", entweder weil nur sie dem heutigen Menschen annehmbar erscheinen und sie nicht zeitwidrig sind oder weil ältere Lebensformen in Landschaften hängenblieben, die vom „Folklorismus" der Gegenwart noch nicht erfaßt sind, z. B. der Glückauf-Gruß der Bergleute (HEILFURTH 1958).

Wir fragen uns abschließend, aus welchen *Antrieben* dieser Mechanismus gespeist wird. Warum hält der Mensch in solch oft kurioser Weise an überlieferten Formen fest, warum können solche schon vergangenen Formen, wenn sie irgend eine Entwicklung dem Menschen wieder nahe bringt, wenn etwa bestimmte antik-christliche Lebensformen vom Mittelmeer rhoneaufwärts bis ins Rheinland getragen werden (s. 5.1), solchen Anklang finden, obwohl sie so wenig in die allgemeine Situation passen, daß sie oft unter ziemlichem geistigen Aufwand dieser neuen Situation angeglichen werden? Warum haben Erneuerung und Veränderung unter Anknüpfung an überkommene Formen ein derartiges Übergewicht gegenüber absoluten Neuerungen? Mir scheint die Bedeutung von Vorbild und Erfahrung dafür entscheidend zu sein. Es ist der gleiche Vorgang, den wir auch in der Industrie erlebten, als die ersten Automobile nach Art der Pferdekutschen, mit hohem Bock und einer halsbrecherischen Lenkung, konstruiert waren, obwohl gar keine Pferde mehr die Sicht versperrten. Hier spielt die Bedeutung der primären Erlebnisse in Jugend und Heimat mit, die zum Maßstab fürs Handeln werden. Das Vorhandene gibt Sicherheit, das Experiment bringt Angst und Ungewißheit.

Die Frage nach der Kontinuität berührt somit grundlegende Vorgänge im Leben und Dasein der Menschen. Ältere Situationen und Vorformen sind auch aus dem gegenwärtigen Bild nicht wegzudenken. Es mögen an sich nur getrennte Elemente mitgenommen werden, in ihrer Summierung tragen sie dennoch zum speziellen Bild einer Menschengruppe oder einer Landschaft bei. Die Kultur der Rheinlande wäre nicht so gestaltet, wie sie es heute ist, wenn nicht die Jahrhunderte der Römerherrschaft das Gesicht von Landschaft und Menschen mitgeprägt hätten. So kann ich nicht denen zustimmen, die in der Frage der Kontinuität eine question négligeable sehen. Im Gegenteil, für jede historische Disziplin und damit auch für die Volkskunde ist die Erforschung von Kontinuität und Veränderung, von Wiederaufnahme und Neuerung für jeden dieser Punkte in gleicher Weise, gerade im Blick auf die Gegenwart, wichtig und grundlegend.

4.4 Konfessionsgebiete als Beispiel regionaler Differenzierung

Von RICHARD WEISS (1962) stammt der Satz, daß sich Konfessionsgrenzen im Erscheinungsbild des Volkslebens viel stärker auswirken als Sprachgrenzen. Dabei dachte er nicht in erster Linie an Handlungen und Objekte eines speziell kirchlichen und volksreligiösen Lebens. Wegekreuz und Bildstock, Konfirmation und Erstkommunion, Ablauf von Trauung und Beerdigung, die Karfreitagsfeier, Wallfahrten, Prozessionen und Segnungen und viele andere Dinge sind selbstverständlich an die Konfession gebunden. So scheint es wenigstens auf den ersten Blick, und so ist es cum grano salis richtig.

Die Konfession wirkt sich aus:

1. durch die verschiedenen religiös-kirchlichen Formen,
2. durch die aus der Theologie abgeleiteten Formen im Volksleben,
3. durch die unterschiedliche Einstellung zum Leben,
4. durch Gebot und Verbot im säkularen Bereich,
5. dadurch, daß sich durch die Konfession eigene Verkehrskreise bilden, ihre Grenzen sich als Schranken erweisen für Neuerungen, in Bewahrung von Archaismen, in der innerlandschaftlichen Weiterentwicklung von Form und Funktion.

Manche katholischen und *mittelalterlichen Relikte* blieben im protestantischen Bereich bis ins 19. Jh. bewahrt. Im ganzen war das Luthertum gegenüber der Tradition duldsamer als der Calvinismus und erweist sich mehrfach als direkt traditionsbewußt. Die Kirchen behalten z. B. ihre Heiligentitel. Die Gottesdienstordnungen bleiben bis ins 18., ja bis ins 19. Jh. hinein noch vielfach mittelalterlichen Formen verhaftet, wie die Agende der Hannoverschen Landeskirche. Hagelfeiertage werden noch gefeiert, Patrozinien und Wallfahrtstage leben als Jahrmärkte weiter. Eine Schäferzunft hat weiterhin am alten Patronatstag Bartholomäus ihren Gottesdienst (HORNBERGER 1955). Die Bergleute feiern am 4. Dezember ihren Barbaratag (HEILFURTH 1956/57). Nicht bloß Wilsnack wurde noch lange nach der Reformation von Polen aufgesucht, ein Altar in der evangelischen Kirche von Veitsbronn bei Fürth ist noch bis in die Gegenwart Ziel einer Wallfahrt aus katholischen Orten (G. FRAUENKNECHT in: Festschrift Zender 1972). Noch bis 1900 gab es auf dem

protestantischen Hunsrück zwei ehemalige Wallfahrtsorte für Kinderkrankheiten, deren Stellen weiter besucht wurden. In einem Falle banden
evangelische Mütter Kinderhäubchen mit Korn an Baumzweige bei der
wüsten Kapelle (KYLL 1957).

Die Feier der Kirchweih, der Kirmes, und der Fastnacht ist in evangelischen Gebieten vielfach beeinträchtigt und abgeschafft, dennoch treffen
die Grenzen dieser Feste nur bruchstückweise mit den konfessionellen Unterschieden zusammen. Fast alle südwest- und mitteldeutschen protestantischen Gebiete haben an beiden Feiern festgehalten.

Sobald wir den von Dogmen und theologischer Lehre oder kirchlicher
Anordnung direkt bestimmten Teil verlassen, wird sehr deutlich, daß
die Zuweisung einer Lebensform zu evangelischem oder katholischem
Volksteil eigentlich niemals vollständig und nirgends einhellig für das
ganze deutsche Sprachgebiet zutrifft. Irgendwelche *Beeinflussungen und
Angleichungen* gibt es immer und überall. Verwischungen, parallele, viel-
leicht nur zeitlich verschiedene Entwicklungsphasen sehen wir bei beiden
Konfessionsgebieten für die gleiche Form. So trifft zwar das Wort von
R. WEISS für jedes begrenzte Gebiet zu, aber in der großen Übersicht
wird sich beim gleichen Beispiel immer ein Ausgleich, ja oft eine direkte
Umkehrung in andern Landschaften ergeben. Es ordnet sich also in einem
weiteren, dem Kirchlichen nur angenäherten Bereich noch vieles nach den
Konfessionen; allerdings trifft diese Zuweisung nach Zeit, Raum und
sozialer Schicht nur partiell zu.

Einige Beispiele: Der Kirchturmhahn weist meist auf eine katholische, in einigen
Landschaften aber auf eine evangelische Kirche hin. Der Lichterumzug am Martinstag gilt im Rheinland mit Ausnahme des Bergischen als speziell katholischer
Brauch, das Feuer erinnert an die Verbrennung der häretischen Bücher. An der
mittleren Weser und in Thüringen feiert der Lichterzug seit dem 18./19. Jh. den
Geburtstag Martin Luthers. Die Folge ist, daß die katholischen Orte des Eichs-
feldes den Martinszug weit von sich weisen und umgekehrt evangelische Schulen
des Rheinlandes nur zögernd und mit Bedenken verspätet an den dortigen
organisierten Lichterumgängen teilnahmen. Aus dem einen ins andere Gebiet
versetzte Lehrer und Pastoren erlebten Überraschungen und harte Auseinandersetzungen, als sie den Brauch in heimischer Art am neuen Ort durchsetzen
wollten.

Bei den Grabbeigaben ist der Einfluß der Konfession durchschlaggebend, aber
wiederum nur derart, daß bestimmte Vorkommen landschaftlich in unterschiedlicher Weise konfessionell gebunden sind. Beim Brauch der Geldbeigabe
fällt in Mitteldeutschland das Eichsfeld, umgeben von intensiver Belegdichte,

vollständig aus, während Schlesien den Brauch (in katholische Vorstellungen einbezogen) Ort für Ort überliefert. In Kempten war Geldbeigabe nur Angelegenheit der evangelischen Minderheit. Löffelbeigabe gilt nur im evangelischen Ansbach. Verwischungen finden ihre Begründung in der regional unterschiedlichen Einstellung der Menschen zur anderen Konfession. Allgemein gehört die Beigabe des Gesangbuches zum evangelischen Toten, der Rosenkranz zum Katholiken; in Schlesien aber erhält auch der Katholik – als echtes Gegenstück zum protestantischen Brauch – das Gebetbuch in die Hand. Darin manifestiert sich die oft bezeugte Affinität der beiden Konfessionen in Schlesien (ZENDER 1959–64).

Totenkrone und Totenkranz sind in bestimmten Ausprägungen vorzugsweise evangelischen Gebieten eigen, weiße oder blaue Kleidung oder Schärpen bei ledig Verstorbenen, als Symbole der Jungfräulichkeit und in bezug auf Maria entsprechen eher katholischer Auffassung, doch ist die Vermischung dieser Formen über die Trennwände der Konfessionen weder nach der einen noch der anderen Seite ungewöhnlich (SEGSCHNEIDER 1976).

Nicht bloß die Konfessionsgrenzen als solche wirken. Auch innerhalb der konfessionell einheitlichen Gebiete bestimmen die religiöse Haltung und Obrigkeit einzelne Ausformungen, so wenn auf dem Hunsrück in genau abgegrenztem Kreis weder Fest noch Tanz bekannt sind, aber auch die Bauerndörfer der Westeifel bis 1914 auf den Kirmestanz verzichteten oder Teile des Emslandes das Missionsfest als einziges weltliches Fest benennen. Die Tatsache, daß Mosel- und Saarland um 1930 den Samstag noch nicht als Hochzeitstag angenommen hatten, die Gebiete ab der Nordeifel ihn jedoch häufig vermelden, hängt mit der unterschiedlichen *Einstellung der Kirchenverwaltung* von Trier und Köln zusammen. Fasten an Karfreitag hat sich neben katholischen nur in archaischen evangelischen Gebieten gehalten. Trennung in diesen äußeren Formen mag selbstverständlich sein, aber es zeigen andere Beispiele, daß die Unterschiede tiefer greifen. Der katholischen Feuersegnung steht der Feuerzauber oder Feuerreiter vorzugsweise bei der evangelischen Bevölkerung gegenüber. Der Anrufung der Heiligen in Notfällen steht die – im Vergleich zur Eifel – ungleich größere Bedeutung von Segensformeln „des Brauchens" bei der evangelischen Bevölkerung des Hunsrücks gegenüber. Es ließe sich noch anführen, daß die Bibel in evangelischen Kreisen bei den Omina und Orakel von größerer Bedeutung ist, während sie bei Katholiken fast fehlt.

Merkwürdigerweise zeigt sich der Hexenglaube nach der Umfrage um 1930 in norddeutschen evangelischen Gebieten durchgängiger und ungebrochener als in katholischen. Natürlich wußte man auch hier von Hexen, glaubte an deren Macht, aber – so scheint das Verbreitungsbild anzudeuten – die intensive Belehrung in Predigt und Unterricht wie in der Beichte hatte bei Katholiken den Glauben wenigstens so weit erschüttert, daß man auf Befragen nicht unbedingt dazu stand (vgl. o. Abb. 7).

Es braucht nicht erläutert zu werden, daß der Tauftermin konfessionell verschieden sein sollte und es auch ist: bei Katholiken galt bis ins 20. Jh. der 1. bis 3. Tag nach der Geburt, bei Evangelischen ist die Taufe erst nach Wochen, oft nach drei Monaten. Die Verbreitungskarten von L. MARTIN im ADV (in: ZENDER 1959–64) für die Zeit um 1930 zeigen schon ein sehr verwischtes Bild. Katholiken in konfessionellen Mischgebieten und in Schlesien neigten dazu, die Taufe hinauszuschieben, wenigstens bis zum folgenden Sonntag, bei Protestanten drängt eine bestimmte kirchliche Richtung auf Verkürzung der Zeit. In der Gegenwart nähern sich die beiden Konfessionen in ihrem Verhalten zum Tauftermin. Immerhin wurden noch Mitte der 60er Jahre 80 % der in der Bonner Klinik geborenen katholischen Kinder auch in der dortigen Kapelle, d. h. innerhalb von 8 Tagen getauft, während evangelische Eltern ihre Kinder nur ausnahmsweise dort taufen ließen. Nicht so deutlich sind die Angleichungen bei der Zahl der Paten. Noch im 17. Jh. galt in Schlesien die Zahl der Taufpaten als eines der Kennzeichen, ob eine Gemeinde katholisch oder evangelisch war. Es kam zwar im Laufe der Jahrhunderte zu keiner vollen Kongruenz, aber die katholische Kirche ging in Deutschland allgemein von der kanonischen Beschränkung auf einen Paten ab, ließ zwei, in Schlesien gar drei zu, während umgekehrt in manchen evangelischen Gebieten die Zahl auf drei gesenkt wurde, wobei die soziale Komponente wichtig wurde.

Selbst in *Zeiten der Kontroverse* sind Übernahmen nicht selten. Das Buch von der Geistlichen Hausmagd wird zwischen den Konfessionen hin- und hergegeben und dabei verändert (SPAMER/HAIN 1970). M. SCHARFE (1968) hat an den evangelischen Andachtsbildern die mannigfachen Berührungen und Überlagerungen in Anliegen, Bildgegenstand, Einzelmotiven und in der Bildkomposition zwischen den beiden Konfessionen gezeigt. So kommt denn noch recht spät eine hl. Barbara in eine evangelische Kirche oder im 18. Jh. aus traditionellen Gründen eine hl. Gertrud auf eine Zunfttruhe in Hamburg. Die Wandbilder der Fa. May aus Frankfurt wurden auch in ihren katholischen Inhalten in Dänemark bekannt und landeten schließlich in den Häusern des Freilichtmuseums Kopenhagen (BRÜCKNER 1973). Die Wahl der Vornamen bezieht, sogar wenn Heiligennamen gegeben werden, nur sehr bedingt die Motivation aus der religiösen Einstellung, der Unterschied zwischen den beiden Konfessionen ist dennoch deutlich. Einige Arbeiten geben Auskunft. In zwei rheinischen Diasporagemeinden ist sehr anschaulich gezeigt, wie über Jahrhunderte die Vornamen bei beiden Gruppen verschieden sind, wie sie sich aber doch in zeitlichen Kurven folgen, wobei dem Evangelischen der Vortritt zukommt, wie die Kurven sich mehrfach überschneiden und berühren und die Wahl auf die andere Seite abfärbt (AMMERMÜLLER 1973). Selbst bei einer sehr bewußten isolierten evangelischen Gruppe im Ennstal (Steiermark) wurden ausgesprochen gegenreformatorische Namen wie Ignaz, Aloys und Joseph übernommen. Dort erbeten übrigens noch um 1960 Protestanten ausdrücklich den gesegneten Palmzweig von katholischen Nachbarn als Schutz für den eigenen Stall. – Es bleibt also eine vielfältige Stufung im volksreligiösen Bereich zwischen den beiden Konfessionen (BRÜCKNER 1974).

Die Fastnachtfeier wurde von der Kirche nach der Reformation verboten. Das Schembartlaufen in Nürnberg ist Paradebeispiel: Die Gesellen verspotteten bei ihrem Umzug den Reformator und provozierten damit das endgültige Verbot (ROLLER 1965). Aber sogar im Rheinland verzichteten evangelische Orte wohl oder übel auf Fastnacht, und Burschen, die in katholische Nachbarorte zum Tanzen gingen, wurden mit Kirchenstrafen belegt. In manchen überwiegend evangelischen Städten wie Lübeck hat sogar die moderne Karnevalsfeier, wie sie von Köln ausging, den Widerstand bis zum heutigen Tag nicht überwunden. Das Mädchenlehen wurde während des 16./17. Jhs. in den reformierten Orten Hessens und der Rheinlande bis auf geringe Reste ausgerottet.

Doch spielt in all dem die kirchliche Behörde noch mit. Der in sich geschlossene Verkehrskreis von Katholiken gegen Protestanten und umgekehrt ist von Wirkung, wenn, wie die Mundartforscher an zahlreichen Beispielen feststellten, Dialektgrenzen mit solchen der Konfession zusammenfallen. Bekannt ist, daß man noch vor zwei Jahrzehnten und zum Teil bis heute in der Stadt Marburg die Konfession der ländlichen Besucherinnen an Kleidung und Haartracht erkennt. Da aber schwingt wohl die Einstellung zum Leben in der gedeckten Tracht der evangelischen Orte und der farbenfrohen Kleidung der katholischen Orte mit, einer Kleidung, die erst nach der Reformation entstand (HAIN 1936).

Besonders aufschlußreich sind jene Beispiele, die nicht auf offizielle Anordnung oder Verbote zurückgehen, sondern *Ausfluß einer konfessions-*

bestimmten Einstellung und Haltung sind. Allgemein erweisen sich bestimmte Lebensformen und Neuerungen als zuerst im Protestantismus üblich, sie haben sich dort gebildet, sich zunächst in evangelischem Gebiet ausgebreitet und meist mit einer zeitlichen Stockung erst später nach Überwindung mancher Barrieren in katholischen Bereichen festgesetzt. Nicht so eindeutig wie bei andern Beispielen stellt sich die Ausbreitung der Geburtstagsfeier dar. Denn diese ist an sich mittelalterlich, kurz vor der Reformation kam die Namenstagsfeier auf, die sich zunächst auch im lutherischen Bereich bis ins 17. Jh. hielt. Noch bis vor ein, zwei Jahrzehnten brachten die Kalender eigene Rubriken für katholische und evangelische Namenstage. Die Gegenreformation förderte die Feier des Namenstages, evangelische Kreise verzichteten darauf. Dort gewann die Geburtstagsfeier, mit ihr das Familienjubiläum, rasch an Bedeutung, und im 19. Jh. ist (mit wenigen Ausnahmen) eine klare Trennung erreicht: Geburtstagsfeier ist evangelisch, Namenstag katholisch. Aber schon am Ende des 19. Jhs. übernimmt in deutlich sozialem Gefälle und von der Stadt zum Land auch der Katholik die Geburtstagsfeier, so daß dann weithin für jedes Familienmitglied zwei Feiertage gelten. Damit trennen sich die Konfessionen um 1930 in diesem Falle nicht mehr so klar und direkt wie früher, sondern wir erhalten jetzt das Schema

Geburtstag allein = evangelisch

Geburtstag und Namenstag = katholische Städte, Industrieorte und konfessionelle Mischgebiete

Namenstag = katholische Dörfer und Landstädte

Seither hat sich das Gebiet der ausschließlichen Namenstagsfeier noch weiter eingeengt, ist aber noch nicht vollständig verschwunden. Andererseits sind Katholiken, die auf die Namenstagsfeier vollständig verzichten, selbst unter den der Kirche Entfremdeten in der Minderzahl (ADV I).

Zwar kommt Rosmarin schon im Ledigenbegräbnis des 16. Jhs. in Köln vor, aber die Aromatica als natürliche Wirkpflanzen im Totenbrauch gehen in großem Umfange auf die ersten naturwissenschaftlichen Erkenntnisse des 16./17. Jhs. zurück, sie gelten vorwiegend in evangelischen Orten als seuchenabwehrend und sind daher für Sargschmuck und Begleiter wichtig. Dabei scheinen in der Übernahme mittel- und südwestdeutsche evangelische Gebiete fortschrittlicher als Nieder- und Ostdeutschland. Zitrone, Lorbeer, Rosmarin und viele andere Aromatica gehören hierher, auch wenn sie vereinzelt in katholischen Orten vorkommen.

Zum Kreis solcher evangelischen Neuerungen gehören weiter das kirchliche Erntedankfest, der Adventskranz (der allerdings in Österreich mit violetten Schleifen vollständig in die katholische Liturgie eingegliedert ist), das Geschenk an den Schulneuling, die Weihnachtsfeier in der Familie, die Silberne und die Goldene Hochzeit usw. Im Protestantismus hat sich das später typisch bürgerliche Familiengefühl offenbar früher herausgebildet.

Auf katholischer Seite kennen wir solche Neuerungen als primäre Formen kaum. Hier ist der Rückgriff auf ältere „traditionelle" Lebensformen beliebter, die dann umgestaltet, organisiert und angepaßt werden, wie Karneval in Köln, Fastnacht in den Alpenländern, der Martinszug im Rheinland, Weihnachtsschießen, Krippenspiel, Dreikönigssingen. Sie gelten als altes Brauchtum. Diese Formen greifen nur ausnahmsweise auf die evangelische Bevölkerung über. Vereinfacht könnte man sagen, den evangelischen Neuerungen im festlichen Bereich stehen auf katholischer Seite Erneuerungen, Weiterbildungen aus älterem Bestand gegenüber, die dann auch auf Katholiken beschränkt bleiben.

Damit berühren sich unsere an vielen Einzelzügen gewonnenen Erkenntnisse mit den allgemeinen Lehren von MAX WEBER. Anscheinend wirken hier verschiedene *Grundeinstellungen.* G. SCHMIDTCHEN (1973) hat die durch Demoskopen ermittelten Unterschiede zwischen den Konfessionen sorgfältig zusammengestellt. Zwar sieht er regional bedingte Unterschiede z. T. als Niederschlag konfessionellen Gegensatzes. Auch anderes ist zu schematisch und vordergründig in den Ursachen. Insgesamt aber scheinen mir seine Darlegungen wichtig. Die Reformation bedeutet kultur- und sozialgeschichtlich Anpassung der Religion an die Erfordernisse einer neuen Zeit. Der Katholizismus bleibt mit Symbolik, Vergleich und einem bis ins einzelne durchgeformten Lehrgebäude noch mittelalterlichem Denken verpflichtet. Der Katholik mag sich daher in der Übernahme der modernen industriebestimmten Lebensweise schwerer tun und beim Einstieg in die säkularisierte Gesellschaft gehindert sein, wie Max Weber es gezeichnet hat.

G. SCHMIDTCHEN hat recht, wenn er in Nachfolge von MAX WEBER sagt, daß der Protestantismus ein gegenüber modernem Denken offenes System darstellt und der Protestant ein ungebrochenes Verhältnis zur modernen industriellen Gesellschaft hat. Der Katholizismus und der einzelne Katholik habe auf dem Wege in diese Welt Hindernisse zu überwinden, da eine dem säkularisierten Denken stärker verschlossene Art ihn abhalte, der Katholizismus sei nicht so offen für den Fortschritt. Bekanntlich standen diese Sätze voller Brisanz lange Zeit im Meinungsstreit der Parteien. Sollten nicht gerade die beiden Einstellungen zusammen der Gemeinschaft förderlich sein? Wahrscheinlich wirken dabei verschiedene Faktoren zusammen; denn es fragt sich, ob nicht für den sozialen und bildungsmäßigen Rückstand der Katholiken die Tatsache verantwortlich ist, daß in der Reformation traditionsgebundene Schichten eher dem alten Glauben treu blieben, daß insbesondere Städte und Bürger früher und energischer der Reformation zugewandt waren, daß ländliche Bezirke eher katholisch verblieben, ohne daß damit Zwang und Einwirkung des Landesherrn auf das religiöse Bekenntnis unterbewertet werden. In Preußen dürfte die sozial niedrigere Stellung der Katholiken durch Maßnahmen des Staates im 19. Jh. mitbedingt sein.

4.5 Gruppenspezifische Unterschiede

In einer Zeit, in der Volkskunde im wesentlichen Bauernkunde war und das „Volk" als einheitliche, dörflich bestimmte Schicht gesehen wurde, hat man die Beziehung zwischen Stand und Traditionsform wohl gesehen, sie wurde aber nicht zum Problem. Wir kennen Formen, die für alle Menschen, einerlei welchen Standes, gleich waren. Als aber die Bauern zur Minderheit wurden und andere Stände – Handwerker, Arbeiter, Handelsleute, Beamte und Angestellte – an Bedeutung gewannen, wurden deren eigene Lebensformen in ihrer Sonderung beachtet und Objekt spezieller Forschung. Vor allem seit die Frage nach der Änderung der Formen und nach Funktion, Bedeutung und den Ursachen für die Unterschiede sich stellte, gerieten Stände und soziale Schichten in das Blickfeld des Beobachters (vgl. 5.2).

Aber auch dem Bauernstand selbst kommen aus dem breiten Band der Traditionen einzelne Formen als ihm eigentümlich und von seiner wirtschaftlichen Tätigkeit abhängig zu. Gerade in der Gegenüberstellung von zwei Arbeiten, die sich einem bäuerlichen Arbeitsbrauch zugewandt haben, wird der Unterschied in der Sichtweise deutlich.

Vor 100 Jahren hat W. MANNHARDT (1875) in seinen Wald- und Feldkulten zentral über Bräuche bei der Ernte gehandelt. Dabei abstrahiert er fast vollständig von den Trägern des Brauches und untersucht die losgelösten Brauchformen nur auf ihre Aussage über Alter, Ursprung und ursprünglichen Sinn. Er sieht in diesen Bräuchen den Niederschlag eines Pflanzen- und Baumkultes, einer

Zeit, die die Pflanzen beseelt glaubte. Die Erntefeste sind für ihn Fruchtbar-
keitskulte, die Brauchgestalten dieser Feiern Sinnbilder und Verkörperungen des
Fruchtbarkeitsdämons. Was die Träger des Brauchs um 1870 sich dabei dachten,
was sie damit bezweckten, wie sich bestimmte wirtschaftliche und soziale Gegebenheiten auf Veränderung, Erhaltung oder Schwund des Brauches auswirk-
ten, das lag damals außerhalb des Gesichtskreises.

Unter Benutzung desselben Quellenmaterials schrieb fast ein Jahrhundert später
I. Weber-Kellermann (1965) ebenfalls über Erntebrauch. Im vollen Gegensatz
zu Mannhardt will die Verfasserin am Beispiel des Erntebrauches die Abhängigkeit volkstümlicher Lebensformen von wirtschaftlichen und sozialen Gegebenheiten und im Gefolge der schwedischen Forschung von den dem Träger des Brauches wichtigsten Interessen erweisen. Dabei scheint ihr der Landarbeiter der ak-
tivste Brauchgestalter und der Antagonismus Gut–Arbeiterstand vor allem
brauchfördernd zu sein. Nach ihrer Darstellung ergeben sich in bezug zu den
sozial-ökonomischen Verhältnissen drei große Räume: Ostdeutschland damals
mit den großen Gütern, wo unter Einfluß des jungen Landarbeiterstandes Erntefeste und Feiern vollständig umgeformt wurden, in diesen Veränderungen finde
die soziale Verfassung und Arbeitsordnung ihren Ausdruck; Nordwestdeutschland mit stärkerem großbäuerlichen Anteil und verschiedenen Stadien der Umformung; endlich das westliche Mitteldeutschland und Süddeutschland mit zum
Teil älteren Formen und ihren einzelnen Reduktionsstufen bis zum vollständi-
gen Schwund des Erntebrauches in kleinbäuerlichen Gebieten. Im einzelnen zeigt
die Verfasserin, wie sich etwa das Zusammenarbeiten von Mäher und Binderin
brauchgestaltend auswirkte. Es kommt hier nicht darauf an, die Aussage des
Buches im einzelnen zu diskutieren, etwa die Behauptung, daß Spiele im Ablauf
des Erntefestes Ausdruck sozialen Antagonismus seien. Es kommt hier darauf
an, den Gegensatz in der Betrachtungsweise aufzuzeigen, wobei wir der Her-
kunftsforschung größere Berechtigung zugestehen, als es I. Weber-Kellermann
tut. An einigen Stellen möchte man die Untersuchung weiterführen, weil gerade
im Detail gezeigt werden kann, wie die Brauchveränderung auf soziale Wandlung reagiert, daß aber auch der Einfluß sozialer Änderung seine Grenzen hat.

Es läßt sich etwa zeigen, daß die kleinbäuerlichen Gebiete der Eifel und
des Hunsrücks von Erntebräuchen frei sind, aber die mittelbäuerlichen
Gebiete der Westeifel genau wie die Bezirke des rheinischen „Nieder=
landes", d. h. der Gegend von Euskirchen und Bonn bis zum Niederrhein, einen Erntebrauch kennen. Hier war ohne Zweifel der Gegensatz
klein/mittelbäuerlich von Auswirkung. Aber dafür, daß in der Westeifel sich eine alte Bezeichnung des Erntefestes gehalten hat und der
Ernteschluß zwar deftig, aber ohne Lärm und Getue gefeiert wurde, während der Erntebrauch im Kölner Raum in „schauspielhafter Fülle und der
Freude am Spiel" aber in traditionsfreien Formen abläuft und am Nie-

derrhein wieder traditionelle Namen und Spiele an Bedeutung gewinnen, für diesen Unterschied lassen sich keine sozialen Bezüge herstellen. Gleicher sozialer Lage wird sehr verschiedenartig begegnet. Während an der Saar im Zuge der Industrialisierung der traditionelle Ernteschluß von der Getreideernte auf die Kartoffelernte verlegt wurde (s. 5.1), wird in der gleichen sozialen Entwicklung das Erntefest am Rande des Ruhrgebietes zum bäuerlichen Signum und für den Landarbeiter zu einem dem Richtfest beim Hausbau gleichgeordneten Anspruch. Dafür, daß an der mittleren Weser der Erntebrauch etwa um 1930 zum regelrechten Fest wurde (auch im Empfinden des Volkes) und in weiten evangelischen Gebieten das kirchliche Erntedankfest sich durchsetzte, dafür lassen sich ebensowenig soziale Gründe anführen.

Grundsätzlich bleibt, daß der Erntebrauch sich ständig wandelte, daß neben Horsten und Inseln alter Übung Zonen mit Veränderungen und Neuerungen liegen, wobei im ganzen das Erntefest – entgegen wirtschaftlichen Gegebenheiten – erstaunlich konservativ wirkt. Der Erntebrauch hat natürlich seinen magisch-zaubrischen Einschlag bei uns längst verloren, es blieb bis zu Anfang des 20. Jhs. etwas von der Freude über die Befreiung von Angst und Sorge um die Ernte und die Freude über die Fülle der Nahrung nach Monaten der Not und Einschränkung. Mehr und mehr aber gewannen die Freude und Lust zu Feiern die Oberhand, gebremst durch die Hinwendung zum Religiösen, Dank an Gott vor allem in evangelischem Bereich und auch – nicht bloß bei den Nationalsozialisten – Gestaltung als Berufsfest und bäuerliche Manifestation, wie sie für Handwerker seit je selbstverständlich war.

Aus der Veränderung des Erntebrauches verstehen wir, daß in Deutschland *Bräuche beim Säen* und während des Wachsens wie zu Beginn der Ernte fehlen oder doch zurücktreten und blaß sind. Hier wird der Gegensatz zu andern Zonen sehr deutlich. Als Beispiel nenne ich die Ausführungen von RANTASALO (1919–1925), nach denen im Norden die Arbeiten auf dem Acker und die Zeit des Wachstums von magischen und zaubrischen Zutaten gefüllt sind. Bei näherem Zusehen ist auch bei uns die Leere nicht so vollständig. Nur ist das ganze einschlägige Tun im katholischen Volk durch religiöse Handlungen und Meinungen ersetzt, von der Tageswahl für Saat, Wettersegen, Flurprozessionen, Hagelfeiertagen, Kornbeten, Tanzverbot vor der Ernte, Wetterheiligen bis zum Palmstrauch und Krautwisch. Von diesen Bräuchen hatte sich der Hagelfeiertag in evangelischen Orten noch bis ins 19. Jh. erhalten. Im übrigen sind bei Getreide alle magischen Handlungen verschwunden, die etwas be-

wirken wollen. Orakel und Vorhersagen für Wetter, Wind und Frucht-
barkeit aber blieben bis zum 2. Weltkrieg allgemein, zum Teil auch noch
länger von Bedeutung (also Lostage, Wind des Fastenfeuers, Medardustag
usw.). Nur bei bestimmten Sonderpflanzen wie Flachs waren zauberhafte
Praktiken noch länger üblich, aber auch diese sind schon um 1900 ins
Spiel verkehrt, wie der Fastnachtstanz der Frauen, der das Wachsen
von Flachs fördern sollte. Im ganzen zeigt sich, daß eine technisch-ratio-
nale Haltung des Landwirts sich mit einer magisch-zaubrischen Einstellung vor allem auf religiöser Grundlage über ein Jahrhundert kreuzte
und beide nebeneinander lebten.

Innerhalb des bäuerlichen Rahmens wirken sich in landschaftlich sehr
unterschiedlicher Weise die Unterschiede *Großbauer–Kleinbauer–Knecht*
und Tagelöhner aus. In Bayern–Österreich ist z. B. das Verhalten dieser
Schichten traditionell geregelt und abgesetzt. Beim Leichenmahl im Gasthaus gibt der Großbauer ein regelrechtes Essen mit Wein, der Kleinbauer
Gulasch mit Bier. Dort aber, wo das Leichenmahl und die Hochzeitsfeier
mit Beisteuer und Hilfe aller Nachbarn veranstaltet werden, ist die Feier
in Zutaten verschieden, aber in der Grundausstattung für Arme und
Reiche gleich.

Die Stellung des Arbeiters auf den Bauernhöfen war – auch abgesehen
von den früher andersartigen Verhältnissen in Ostdeutschland mit Guts-
betrieben und Landarbeitern – sehr unterschiedlich. Da sind einerseits
die Kötter und Heuerlinge Niederdeutschlands mit ihrer an den Hof ge-
bundenen Situation, die aber Heirat und auskömmliches, wenn auch be-
engtes Leben erlaubte. Auf der anderen Seite gab es die „Ehehalten"
(Knechte und Mägde) Oberdeutschlands mit unvorstellbar hartem Leben. In Mitteldeutschland ist Knecht- und Magdsein eine Übergangszeit
für den jugendlichen Nachkommen von Klein- und Mittelbauern, die auf
Höfen dienten, die meist nicht wesentlich größer waren als der heimische
Besitz. Diese Jugendlichen übernahmen bei der Heirat vielfach den elter-
lichen Betrieb. Derartig unterschiedliche Situationen wirkten sich auf die
brauchtümliche Gestaltung des Gesindelebens aus. Während in der Westeifel Knecht und Magd in das Leben von Familie und Dorf einigermaßen
eingegliedert waren und sie den Gesindemarkt gegen die Empörung von
Verwaltung und Bürger verteidigten, kannte der Hunsrück, wo die
Dienstboten für evangelische Gebiete aus den katholischen Dörfern
stammten und daher eine regelrechte Kaste bildeten, einen eigenen
Brauch. Hier hatte sich im „Wanderschtag", in dem Gesindewechseltag
nach Weihnachten, ein dieser Gruppe eigentümliches Feiern herausgebil-

det, an dem sonst niemand teil hatte. In der niederrheinischen Ebene ergab die soziale Situation des verheirateten, auf Geldlohn eingestellten Knechtes die große Bedeutung der sogenannten Spieltage Anfang Februar, die der Knecht für eigene Arbeiten benutzen konnte und für die ihm die Pferde des Hofes zur Verfügung standen. Im allgemeinen aber war das Leben des Knechtes, der sein Leben lang nicht weiterkam, überaus hart, ohne Hoffnung und Möglichkeit zum Aufstieg. Besonders getroffen war das Kind der Armen, da es oft im Schulalter als Hütekind in fremde Häuser kam und sich dort zurechtfinden mußte (GRIESSMAIR 1970, SAUERMANN 1972 b).

Die Dorfhandwerker, an Intelligenz, Fertigkeit und Besitz eine Auslese aus den Minderbemittelten, den Bauern meist verbunden und bei der Arbeit auf dem Hof meist gut gestellt (da das Ansehen des Hofes auf dem Spiele stand), hatten nur Bruchstücke des städtischen handwerklichen Brauches gewahrt oder übernommen. Sie bezeichneten sich während des ganzen 19. Jhs. als Bauern, selten als „Ackerer und Achatschleifer", „Ackerer und Töpfer". Manche von ihnen, die in der Gesellenzeit neue Ideen aufgenommen hatten, verharrten ihr Leben lang in Streit mit den Autoritäten, aber auch den Dorfeinwohnern. Die meisten fügten sich dem Dorf wieder ein. Sie konnten von großem Einfluß sein, kannten alle Höfe innen und außen, und der Bauer nahm durchaus ihren Rat an. Unter den Handwerkern fanden wir die besten Erzähler mit einem vielfältigen Repertoire. Sie hatten aus der Stadt einen Schatz an neuen Liedern, aber auch an sonstigen Neuerungen mitgebracht. Die Namen von einzelnen dieser Handwerker und ihre Taten und Ansichten werden noch nach Generationen kolportiert.

Alle diese Gruppen, mag auch der soziale Stand die Ausformung im einzelnen bewirkt haben, fügten sich in ihrem Leben dennoch bis auf Ausnahmen einer allgemeinen dörflichen Ordnung und Lebensauffassung ein. Eine wirkliche Sonderstellung nahmen Viehzüchter und Schäfer ein, die dann allerdings wieder mit ihrer Sonderheit eine Landschaft prägen konnten.

Selbst ein Kundiger, der Einblick in die heutige Landwirtschaft besitzt, mag sich über einen scharfen Schnitt zwischen Viehzüchter und Ackerbauer wundern; denn heute gelten beide Gruppen als Teil der Landwirtschaft. Aber bis in dieses Jahrhundert hinein unterschieden sich Viehzüchter und Hirten, dort wo sie einen wesentlichen Anteil an der Bevölkerung darstellten, durchaus von Ackerbauern. Dabei war dieser

Unterschied in Gebieten mit überwiegender Bedeutung der Viehzucht, wie den Alpenländern, sehr kraß, während im deutschen Mittelgebirge er zwar noch greifbar, aber nicht sehr ausgeprägt ist.

R. WEISS (1941) hat versucht, Wesenszüge des Hirtenlebens herauszuarbeiten. Die Hirten, ursprünglich Nomaden, haben in der Transhumanz und in Resten von Wanderbevölkerung einiges bewahrt. Wichtig und auch brauchproduktiv erweisen sich die Einsamkeit des Hirten, sein Zusammenleben mit den Tieren, die für Zeit geschaffene neue Wohngemeinschaft mit eigener Ordnung, die in Teilen der Alpen genossenschaftlich organisierte Arbeit, die einseitige Produktion, der starke Gegensatz von Sommer- und Winterzeit in allen Lebensverhältnissen. Aus diesen Gegebenheiten leiten sich nicht bloß Bräuche wie Auftrieb und Abtrieb mit ihren Schmuckformen ab, die den Sennen und Besitzern mehr als ein Spiel bedeuten. Auf den festlichen Abtrieb wird sogar dann nicht verzichtet, wenn es zwischenzeitlich einen Todesfall in der Familie gab. Hierher gehören ebenso Betruf wie Alphorn und Jodler, die magische Wolfabwehr, die im europäischen Norden bis in die dreißiger Jahre relevant war, die Feier bestimmter Heiligentage und bestimmter Heiliger, etwa die überragende Bedeutung des landfremden Wendelin in der Schweiz. Dem einsamen Leben des Hirten entspricht die Lust, alle Geräte in besonders reicher Weise zu verzieren. Im Grunde kennen wir diese Lust am Ornament bei jedem Hirtenbub, der an seinem Hütestab die Rinde in Ornamenten abschält.

Als ausgesprochener Sonderstand heben sich die *Schäfer* heraus (JACOBEIT 1961), die sich in dem ständisch stark gegliederten Südwestdeutschland seit dem Spätmittelalter in eigenen Zünften zusammenfanden, mit eigenen Schäferfesten voll religiösen Einschlags und den sogenannten Schäferläufen. Diese sind unterdes längst ohne Schäfer zu beliebten folkloristischen Veranstaltungen geworden. Noch nach dem 1. Weltkrieg führte der Rückgang des Berufes die hessischen Schäfer zu einem Zusammenschluß, der zwar mit Hilfe zugewanderter Schwaben Spiel und Feier gestaltete, aber eben den Ernst des Berufes auch in seinen Treffen wahrte (HORNBERGER 1955). Diese Zünfte und Feste blieben im allgemeinen auf Südwestdeutschland beschränkt, Versuche in Mitteldeutschland und im Rheinland schlugen fehl, hier blieben die Schäfertreffen anläßlich der großen Herbstmärkte (etwa Mayens) ohne feste Organisation, aber zum Teil gerade in dieser Form von großer Intensität. Aus den süddeutschen Schäferfesten hat sich ein Element herausgelöst und in westlichen verstädterten Randgebieten bis zur Stadt Luxemburg verbreitet und dort mit der Kirmes verbunden; das sind der Schäfertanz des Saarlandes und der Hämmelsmarsch der Stadt Luxemburg, der heute in allen Dörfern des Großherzogtums nachgeahmt wird und nach 1945 zum Signum des luxemburgischen Brauchlebens geworden ist.

Der Schäfer selbst ist für den Dorfbewohner eine zwiespältige Person, sehr oft ein Landfremder, schon daher voll magischer Kräfte (der „Deutsche Schäfer" ist der große Zauberer Flanderns), als Heilkundiger mehrfach weitberühmt, durch Schäferpoesie und das Schullesebuch auch dem einfachen Menschen herausgehoben, aber als Kostgänger den Bauern vertraut. Er gilt als faul, in der Zeit des Niedergangs der Schäferei mit recht als dumm. Aber er hat bestimmte Kenntnisse und Praktiken, die überraschend wirksam sind. So ist die „Schäferkunst" ein besonders gutes Beispiel für die Durchmischung von magischen Handlungen, für die oft angeblich naturwissenschaftliche, aber unhaltbare Erklärungen gegeben werden, und von ausgebreiteten Kenntnissen natürlicher Wirksamkeit. Die Meinung, an sich abergläubischen Vorstellungen und Praktiken liege eine bis dahin nicht erkannte natürliche Art der Wirkung zugrunde, greift rasch um sich. Der Aberglaube, Schafe würden durch Flötenspiel fett, führt sogar zu landesherrlicher Verordnung, jeder Schäfer müsse spielen können. Schafen bei Pocken ein Ohr mit glühender Nadel zu durchbohren, erhält durch die Kuhpockenimpfung plötzlich eine angebliche naturwissenschaftliche Grundlage (JACOBEIT 1961).

Wenn wir in der Volkskunde die historische Komponente als bedeutsam ansehen, so muß dem *Handwerkerleben* ein ausgedehntes Kapitel gewidmet sein. Dabei befindet sich der Handwerkerstand in der Stadt in Regression (ähnlich wie der Bauer im Dorfe), er war aber dort früher lebensbestimmend. Der Handwerker unterschied sich vom Arbeiter, der nach Stunden und Tagen bezahlt wurde, dadurch, daß er nach der fertiggestellten Ware bezahlt wurde (Preiswerk). Handwerker und ihre Organisationen, die Zünfte, stehen seit Mitte des vorigen Jahrhunderts im Zentrum wirtschafts- und stadtgeschichtlicher Forschung (vgl. ENNEN 1972), die sich allerdings besonders den Fragen der Entstehung und Verfassung der Zünfte und der wirtschaftlichen Leistung von Handwerk und Zunft zuwandte. Es wäre falsch zu sagen, daß Alltag und Feier der Handwerker nicht beachtet wurden, aber sie standen nicht so im Vordergrund wie die anderen Fragen (Lit. s. 5.2).

Als allgemeine Erkenntnis halten wir fest, daß die Brauch- und Feiergestaltung des Handwerkers schon seit Jahrhunderten all jene Merkmale kennt, die uns heute als Zeichen modern städtischer Brauchformen gelten, also die Spiel- und Schmuckformen, die Gestaltung durch wenige für eine große Öffentlichkeit, die Organisation von Fest und Feier, die Unterdrückung der magischen Komponente. Weiter sind wichtig die vom Handwerker und seiner Zunft selbst gesetzten Schranken und Ordnungen, das bewußte Streben nach Konstanz, die Sorge um Bewahrung des überlieferten Ranges und bestimmter Vorrechte. – Den ganzen Komplex der Feste und Feiern der Handwerker gliedern wir am besten in solche, die 1. direkt mit der Arbeit zu tun haben; 2. die das Leben der Handwerker untereinander betreffen; 3. Bräuche und Formen, die den Handwerker dem übrigen Volk gegenüberstellen.

Bei der *Arbeit* gelten genaue, oft erstarrte und sinnlose Regelungen bis in Kleinigkeiten und eine weitgehende Spezialisierung. Nur in wenigen Fällen gibt es darüber eine eingehende Schilderung. Lesenswert ist die Darstellung der Steinmetzarbeit durch FISCHER (1962). Jedes Handwerk hatte sein besonderes kennzeichnendes Kleidungsstück. Es unterscheidet etwa die Farbe der Schürzen (Arlon), die Art die Ärmel zu krempeln (Schmiede), das Handwerksgerät zu tragen, die Arbeit zu beginnen oder zu beenden (die drei Schläge der Schmiede).

Als Festtage in Zusammenhang mit der Arbeit kennen wir den *blauen Montag,* über dessen Herkunft viel gerätselt wurde. Wochentage nach Farben zu nennen, ist weitverbreitet. Die Feier des Montags statt des Sonntags ergab sich wohl aus der Tatsache, daß der Sonntag des Handwerkers dem Kundenverkehr gehörte und daher der Montag arbeitsfrei war mit typisch städtischen Erholformen, weiten Spaziergängen der Handwerker über die Dörfer, Einkehr in bestimmte Wirtschaften usw. Als zweites sei das *Lichtfest* genannt, der Lichtbraten, den es an dem Tage gab, von dem ab bei Licht gearbeitet werden mußte (daher auch Teufelsbraten), und vor allem dann, wenn die Lichtarbeit aufhörte. Dann ließen die Handwerker das Licht den Fluß hinabschwimmen. Das ist ein Brauch, den später Kinder von den Handwerkern übernahmen, der dann zu anderen Tagen stattfand, z. B. gemäß dem Namen an Lucia, zu Fastnacht, dem Termin des brauchtümlichen Jahresfeuers, oder an einem wirklichen oder sagenhaften Gedenktag einer Feuer- oder Hochwasserkatastrophe. Primär scheint mir der Brauch dem Handwerker eigen, obwohl LEOP. SCHMIDT (1960 a) die Entwicklung genau umgekehrt sieht und dafür durchaus beachtliche Gründe beibringt. Er glaubt an alte Lustrationsbräuche, die später auf die Handwerker eingeengt wurden. Jedoch muß man beachten, daß dieser Lichtbrauch – auch wenn er nicht mehr dem Handwerker zugeordnet ist – fast nur in Städten, sehr selten in Dörfern vorkommt und mir so der Ursprung bei einer städtischen Schicht gesichert scheint. Damit haben wie ein erstes Beispiel für die Übernahme eines Handwerkerbrauches durch die Allgemeinheit eines Ortes, wobei die Funktionsänderung fast selbstverständlich ist. Daß dieser Brauch letztlich in der Freude des Menschen an Feuer und Licht verankert war, soll nicht bestritten werden.

Im Handwerkerleben gaben bestimmte Gelegenheiten Anlaß, ein reiches und vielfältiges Brauchtum herauszubilden, das, da es *auf die Handwerkertreffen beschränkt* blieb, der Außenwelt nur partiell oder auf Umwegen bekannt wurde, z. B. die Lossprechung der Lehrlinge. Gehalten haben sich die derben Bräuche bei der Lossprechung der Druckerlehrlinge. Da waren die Aufnahme in die Gesellenbruderschaft oder Herberge, Ankunft und Abschied eines wandernden Gesellen, die Treffen der Gesellen in der Herberge, Morgensprache, das festliche Leben auf den Zunftstuben, insbesondere die religiösen Gedenktage, dann die sogenannten Meisteressen. Diese Feste zeichnen sich alle durch einen übertriebenen, in alter Zeit genau beachteten Formalismus, barocken Überschwang und gesteigerten Prunk aus. Im einzelnen läßt sich kaum sagen, was handwerklicher Eigenwuchs ist, was allgemein den Initiationsriten, was burschenschaftlichem Brauch oder dem Leben der Studenten entnommen ist, oder umgekehrt auch aus dem Gesellenleben in die Bereiche der Dorfjugend und Studenten ausgestrahlt hat. Der Lossprechung mußte noch die Aufnahme in die Gesellenbruderschaft folgen, ohne die der wandernde Geselle hilflos und arbeitslos war. Diese Aufnahme war weithin eine Nachahmung kirchlicher Riten, etwa der Taufe.

Die Gesellen selbst behaupteten, daß die genaue Kenntnis von Form und Rede die *Herberge und Bruderschaft* vor Unwürdigen geschützt habe. Auch dem Meister, bei dem der Geselle um Arbeit und eine Gabe vorsprach, wurde damit auf den ersten Blick Gewißheit gegeben, ob er einen Kundigen oder einen Intrusus vor sich hatte. Bei allen Festen und Zusammenkünften fallen die Betonung und der Zusammenhang von Brauch und Arbeit auf. Der „Willkomm", ein reichgezierter großer Trinkkrug, war als Handwerkszeug gearbeitet. Die Laden und Schilde trugen die Embleme des Handwerks. Gesellen und Meister ehrten ihr Handwerk. Es ist bezeichnend, daß alle von Handwerkern gesungenen Berufslieder das Handwerk loben, es z. B. in der Bibel verankern. Die Spottlieder, etwa auf Schneider und Weber, werden natürlich zum Spott nur von Berufsfremden gesungen. Das scheint uns selbstverständlich.

Aber bei Bauernliedern ist es genau umgekehrt (STROBACH 1964). Bauernklagen (Ich armer Bauer) singt der Bauer, während das Lob des Land- und Schäferlebens vom Stadtbewohner und von dem Lehrer mit den Schulkindern gesungen wird, oft zum Ärger des Landwirts („Der Bauer ist der reichste Mann, das ist gewißlich wahr").

Bei den sogenannten *Meisteressen* anläßlich der Zunftaufnahme, die bis Ende des 18. Jhs. üblich waren und die zu einer oft unerträglichen Belastung des Handwerkers führten, spielte – nun im Verhältnis von Meister zu Meister – die Pflicht zur Repräsentation und Wahrung der Gleichwertigkeit eine große Rolle. Ebensoviel aber bedeutete dem Handwerker die Möglichkeit, bei solcher Gelegenheit dem kargen und eintönigen Leben in der Familie und im Haus, in dem sich Kinder, arbeitende Gesellen und Kunden oft im gleichen Raum drängten, zu entfliehen, um unbeschwert und seltenen Genüssen hingegeben im Kreise seiner Zunftgenossen zu feiern. Nicht die Familie, sondern diese Männergesellschaft war Mittelpunkt des festlichen und geselligen Lebens. Zu Hause hatte der Meister immer in offizieller Rolle zu posieren. So sind, wie H. MÖLLER (1969) gesagt hat, diese üppigen Schmäuse komplementäre Ventilhandlungen. Und noch ein Grund. Das Individuum erlebt sich selbst nur aus der Sicht anderer Mitglieder der gleichen sozialen Schicht (A. GEHLEN).

Noch ausdrücklicher war das Motiv der Repräsentation bei den Gelegenheiten, bei denen Zunft und *Handwerker an öffentlichen Feiern* teilnahmen oder sich in der Öffentlichkeit zeigten. Das war der Fall bei dem Teil der Zunftfeste, der sich in der Öffentlichkeit abspielte, und dort vor allem in Gottesdiensten, Umzügen und Spielen beachtet wurde. So war es ebenfalls bei den Begräbnisfeierlichkeiten für ein verstorbenes Mitglied, eventuell den Jahrgedächtnissen der Verstorbenen, dann bei der Beteiligung an allgemeinen Festen der Stadt oder bei bestimmten Bräuchen, die einmal Allgemeingut gewesen waren, im Laufe der Zeit aber zu Vorrecht und Sondergut einer bestimmten Zunft geworden waren.

Die *religiöse Bindung* der Zunft war grundlegend, wobei der Streit des 19. Jhs., ob bei Entstehung der Zünfte das religiöse oder das wirtschaftliche Element ausschlaggebend war, uninteressant geworden ist.

Jede Zunft hatte ihren eigenen Patron, gewählt als angeblichen Standesgenossen, wegen seines Attributes oder einer Begebenheit in seiner Legende. Während Bauernpatrone regional meist auf kleinen Raum beschränkt blieben, galten Zunftpatrone oft über den ganzen mitteleuropäischen oder abendländischen

Raum hinweg wie Crispinus und Crispinianus für Schuhmacher, Eligius für Goldschmiede, dem von Spanien bis Stockholm, Krakau, Prag und Budapest besonders kostbare Kunstwerke geschaffen wurden. Zunftpatrone sind oft außerhalb des üblichen Flusses der Heiligenverehrung aus der Lektüre dickleibiger Heiligenlegenden der Gegenreformation bewußt und dann nur für einen Ort gewählt. Seither wählt man vor allem Berufszugehörige (NEUBNER 1929). Es gibt da merkwürdige Beispiele, so wenn in Österreich eine Bäckergilde eine sonst vollständig unbekannte Person wählt, und zwar den Bäcker, der die 11 000 Jungfrauen auf ihrer Wallfahrt nach Rom begleitete und dann wie diese bei Köln von den Hunnen getötet wurde. Nach einem Schild im Wiener Museum wurde in Tirol St. Winnocus Patron der Müller, Winnocus, der selbst Kundigen nur aus dem flämischen Ortsnamen Winoksbergen bekannt ist. Das Verhältnis zum hl. Patron ist nicht eigentlich mit Anschauung erfüllt. Weithin gilt Severus von Ravenna als Weberpatron. Im Rheinland, wo Severinus von Köln seit alters eine kultmächtige Gestalt ist, glaubten die Weber vielfach, Severinus sei ihr Patron.

In Bonn waren die Stiftungstage oder Tage von Statutenerlaß die Zunfttage, so daß bis in die Gegenwart Pauli Bekehrung (Januar) als Patronatstag der Schneiderinnung und Maria Heimsuchung (2. Juli) für die Bäcker gefeiert wurden. Stärkste Einwirkung von oben spüren wir, wenn 1719 in Bonn die Maurer auf den hl. Matthias als Patron zugunsten des hl. Joseph, des Namenspatrons des regierenden Kurfürsten, verzichteten. In Bonn wurde das Zunftwesen damals reorganisiert, dabei fanden sich Metzger und Vergolder in der gleichen Innung wieder, weil die beiden früher getrennten Innungen den hl. Lukas als Patron hatten, die Metzger, weil Lukas den Stier als Attribut hatte, die Vergolder, weil Lukas ein Maler gewesen sein soll. Der Zusammenschluß allein aus diesem Zusammentreffen zeigt, wie eng und unauflöslich noch damals Tradition und rationales Wollen (Aufklärung) ineinander verflochten waren. (ED. ENNEN).

Mag auch Reglementierung im religiösen Bereich der Zünfte nicht auszuschließen sein, immer wieder stellen wir fest, daß die typischen Einstellungen des einfachen Mannes das religiöse Verhalten der Zünfte bestimmen. Diese Haltung wirkte in die offizielle Kirche hinein. Im Drang nach Repräsentation gründen die Zünfte ihren Patronen Altäre, die nicht mehr nach Heiligen, sondern nach Stiftern genannt werden (z. B. der Pecken Altar). Die Zunftmesse ist feierlich bei großen gestifteten Lichtern. Die Zünfte stiften Fenster und Statuen, in den Fenstern sind wie in Freiburg/Br. großflächig und auffallend die Handwerkszeichen (etwa schwarze Schaftstiefel) angebracht. Gerade der Wunsch nach eigenen Messen an diesen gestifteten Altären führte im Spätmittelalter zu dem von den Reformatoren gerügten Mißstand der Meßpriester. Aber diese Altäre waren so beliebt, daß die Reformation sie vielfach schonen mußte und sie zum

Teil bis zum heutigen Tag erhalten blieben. Nicht bloß die Zunft, der mündige Stadtbürger überhaupt gewann im Spätmittelalter Einfluß auf die Gestaltung des kirchlichen Lebens, und wir können nachweisen, daß viele Formen in der Kirche, die uns als vorchristlich und heidnisch erscheinen und die den Ärger der Reformatoren hervorriefen, dieser Schicht bürgerlichen Einflusses zuzurechnen sind.

Das *Begräbnis* zeigt noch einmal die Sondergruppe in voller Funktion. Ein ehrliches Begräbnis auf dem Gottesacker war dem mittelalterlichen Menschen unabdingbar. Sobald der Geselle auf der Herberge angenommen war, war bei seinem Tod Teilnahme am Begräbnis für alle Pflicht. Bei Seuchen, bei denen manche sich zurückziehen wollten, wurden die Strafen für Fernbleiben verdoppelt. Die Nachbarn, die sonst die Sorge für den toten Körper übernehmen, traten unter Handwerkern schon im 14. Jh. vollständig zurück. Wie in jedem Handwerkerbrauch wird hier Rang und Stellung sehr beachtet. Die Zahl der Lichter ist genau festgelegt. Bahre oder Leiche ist mit einem kostbaren, mit den Emblemen des Handwerks verzierten Tuch bedeckt. Voraus wird ein Totenschild getragen. Beim Leichenmahl fanden sich alle Zunftgenossen oder Mitgesellen ein, und Klagen über Excesse und Üppigkeit füllen die Berichte. Natürlich ordnet sich diese Feier in den allgemeinen Totenbrauch ein, aber gerade in diesen Gruppen in Abwesenheit der Verwandten wird Trauer sehr rasch von der Lustigkeit der geselligen Gruppe überdeckt, so wie es heute beim „Fellversaufen" der Vereine nach einer Beerdigung der Fall ist.

Der Totenbrauch der Handwerker liefert ein instruktives Beispiel für die allgemeine Feststellung, daß eine früher allgemein oder weitverbreitete Sitte im Laufe der Zeit auf eine Gruppe eingeschränkt, zum Signum dieser Gruppe wird und dabei eine neue Bedeutung erhält. Seit der frühen Neuzeit fand vor allem die Zitrone Aufnahme in den Beerdigungsbrauch zuvörderst städtischer und evangelischer Gebiete. Als die Beigaben zu schwinden begannen, blieben die Zimmermannsgesellen dabei, ihrem toten Kameraden Zitronen ins Grab zu geben. Der Brauch fällt nun auf, wird aufgewertet und ausgeschmückt. Zimmerleute begleiten den Sarg mit geschulterten Äxten. Der Brauch wurde fixiert, da nun – so schon in den dreißiger Jahren – die Illustrierten in gewissem zeitlichem Abstand Bildberichte dazu brachten. Aber es war nun ein Spezialbrauch der Zimmerleute geworden, der das „saure Leben" des Toten und des Zimmermannes überhaupt symbolisieren sollte (SCHWAMMBERGER 1965).

Noch auffälliger ist das Streben nach Selbstdarstellung bei den Gelegenheiten, bei denen der Handwerker in für die Öffentlichkeit bestimmten *Handwerksfesten* oder allgemeinen städtischen Festlichkeiten mitwirkt. Der Handwerker sucht immer und überall seinen Stand zu ehren, seinen Rang zu wahren, Qualität seiner Arbeit und ihre Kunstfertigkeit unter Beweis zu stellen. Er will sich nicht der Gesamtheit einordnen, sondern aus ihr heraustreten und auffallen. Daher werden halbvergessene, inzwischen ungewöhnliche Lebensformen beibehalten, ebenso werden Neuerungen übernommen, und man möchte möglichst bald ein Besitzrecht an ihnen geltend machen. Altes und Neues haben die gleiche Funktion: Die Aufmerksamkeit der großen Menge auf eine Sondergruppe und deren Leistung zu lenken. Damit erklärt sich die Neigung zur Übertreibung mit riesengroßen Gegenständen.

Zu den berufseigenen Festen vor der großen Öffentlichkeit rechnen wir etwa das Umführen des Mastochsen durch Metzger an Fastnacht oder Pfingsten, das Umtragen übergroßer Würste von 500 Ellen Länge an Fastnacht. Bäcker erschienen mit einer gewaltigen Brezel, die Küfer verfertigten ein 10 Meter hohes Faß, Töpfer fertigten den viele Fuß hohen Bunzlauer Topf (MUMMENHOFF 1924). Auch solche Formen leben bis in die Gegenwart. In den Niederlanden ist es Brauch, der Wöchnerin eine große Brezel zu schenken. Der Königin Juliane schenkten die niederländischen Bäcker aus diesem Anlaß eine Brezel, die mehrere Zentner wog.

Die *Tänze* der Handwerker an bestimmten Tagen zu erklären, war Volk und Forschung in gleicher Weise angelegen. Dem Volk galt jeweils ein besonders, meist sagenhaftes Ereignis als Anlaß zur Entstehung; der älteren Forschung, vor allem auch der NS-Zeit, waren diese Tänze wie auch die Umzüge, etwa das Schembartlaufen, Anlaß zu mythologischen Spekulationen. Es soll nicht geleugnet werden, daß auch hier manch älteres Element Unterschlupf fand und weiterlebte.

Besonders hat man auf den von TACITUS bereits geschilderten Schwerttanz hingewiesen, und es mag sein, daß dieser Brauch als solcher, wenn auch nicht in seiner lokalen und individuellen Ausformung, alte Wurzeln hat (WOLFRAM 1936). Wir bemerken dabei eine durchaus konträre Entwicklung. Ein Schwerttanz kann zum Signum einer Gruppe, etwa der Schwertfeger, werden und nun als deren Eigenart überleben. Ein Handwerkertanz wie der Schäfflertanz in München hat dagegen jede Beziehung zu den Böttchern verloren und ist längst zu einem eifrig gepflegten Charakteristikum der Stadt München geworden. Beispiele, nach denen ein sonst allgemeiner Brauch im ständisch gegliederten Stadtbereich einer Sondergruppe als heftig verteidigtes Vorrecht zusteht und sich nun hält, während der gleiche Brauch im Vorland der Stadt untergeht, finden sich leicht. Da sind etwa die Wollenweber von Münstereifel, die am Blasiustag ein Feuerrad schoben, oder die Metzger von Trier des 18. Jhs. mit ihrem Feuerrad am 1. Fastensonntag. Ihnen stehe dies Recht zu, weil sie das Bild von Apollo bei der Christianisierung von diesem Berg, dem Polsberg (an sich ein Paulusberg), gestürzt hätten. Dahin gehört der Eierwettlauf einer Gesellengruppe in Lausanne zu Ostern usw. In gleicher Weise werden aber auch Einzelhandlungen verteidigt. Die Gerber in Lüttich revoltierten einmal, weil man ihnen das Glockenläuten an einem Lambertusfest untersagte, das nach ihrer Meinung an die Tapferkeit der Gerber in einer Schlacht erinnern sollte.

Als im 19. Jh. die strenge Zunftordnung zerbrach, verschwand der Großteil dieser Bräuche, oder aus einem Heischegang der Lehrjungen wurde ein Gang der dörflichen Schulkinder in der Nähe der Stadt. So wurde aus dem Blasiusjagen der Lehrlinge in der Stadt Köln des 16. Jhs. ein Heischegang am 3. Februar in den Dörfern des Vorgebirges.

Mit der Französischen Revolution und den Ereignissen des Jahres 1848 setzte sich überall die *Gewerbefreiheit* durch. Zünfte und Innungen mochten weiter bestehen, sie verloren aber rasch an wirtschaftlicher Bedeutung; größere Gewerbebetriebe, Fabriken entstanden allenthalben. Viele Gesellen fanden dort Arbeit, für sie änderte sich das Leben. Sie wohnten nicht mehr in der Meisterfamilie, nicht mehr alle wanderten. Die Gesellenstube war für sie nicht mehr lebensnotwendig. Allerdings hielt sich zunächst die alte Art mit Zunftbrauch und Gesellenwandern noch in der 1. Hälfte des 19. Jhs., ja bis in die sechziger Jahre ziemlich ungebrochen. Das Wandern nahm sogar durch die neuen Verkehrsmittel zu. Zwischen Paris, Moskau, Budapest, Amsterdam und Riga waren deutsche Gesellen in hergebrachter Weise unterwegs. Gesellenstuben bestanden zum Teil noch. Aber in den späteren Erinnerungen dieser wandernden Gesellen werden Verfall der alten Ordnung und Neuerungen deutlich (FISCHER 1958).

Schon bemerken die Gesellen, daß sich Bettler, Tippelbrüder in ihre Reihen drängen, und sie haben oft Mühe, diese aufdringlichen Burschen abzuschütteln. Es hilft nichts. Zu Anfang des 20. Jhs. ist „Handwerksbursch" in deutschen Mundarten synonym mit Bettler geworden. Der Zusammenbruch beginnt sehr deutlich schon um 1830 in den Großstädten, geographisch am Rande des deutschen Gesellenbrauches und in Orten mit größeren Betrieben. Eine Welle der Nostalgie, in der Erinnerung des Alters wohl noch verstärkt, erfaßte die eigentlichen Handwerkergesellen, so wie wir es ein Jahrhundert später im Blick auf Dorf und Bauer erleben.

Trotz des Verfalls der Handwerkersitten hielt sich das Wandern der Gesellen in Resten bis ins 20. Jh., auch Gesellenstuben gab es noch, aber – wie ein Handwerker schrieb – dort „war geistig nichts zu gewinnen". Die Mißstände und Ärgernisse dieses Lebens riefen zunächst die Kirchen auf den Plan.

Die evangelische Kirche, vor allem FRIEDRICH VON BODELSCHWINGH, gründete seit 1834 die sogenannten „Herbergen zur Heimat", von denen bis 1914 450 bestanden. Doch spielte der Geselle dabei eine sehr passive Rolle. Daneben bestanden der 1832 in Basel gegründete „Verein für Sonntagsruhe für Arbeiter, Lehrlinge und Knaben", seit 1836 in Barmen der „Christliche Verein für junge Handwerker und Fabrikarbeiter". Beide Vereinigungen breiteten sich aus, doch blieb ihnen mit ihren strengen Frömmigkeitsbräuchen eine größere Wirkung versagt.

Der Barmer Verein scheint Vorbild gewesen zu sein für die Gründung des ersten katholischen Gesellenvereins in Elberfeld (1846) durch Kaplan ADOLF KOLPING, der zunächst Schustergeselle war und mit 32 Jahren Geistlicher wurde. Kolping selbst hat gesagt, von den Protestanten habe er gelernt, wie man es nicht machen solle. Eine zu enge Bindung an die Kirche lehnte er ab, religiöse und politische Streitigkeiten sollten unterbleiben. Protestanten sollten auf Wunsch aufgenommen werden – so war August Bebel zwei Jahre lang Mitglied. Geselligkeitsabende und Erlaubnis zu rauchen, Wein und Bier zu trinken, waren wesentliches Bindemittel. Dazu gab es mit Hilfe von Meistern, Lehrern usw. Abendkurse in theoretischen und praktischen Fächern. Theaterspiel der Gesellen, Karnevalsfeiern, aktive Beteiligung an Fastnachtsumzügen, großartige Feier der Stiftungsfeste mit Kommers und einem Festabend mit Tanz waren die Regel. Leider ist die Fülle der Schriften über Kolpingvereine zu sehr im Stile der Legenden gehalten, so daß wir nicht wissen, ob etwa in Theaterspiel und Fastnacht ein Nachklang der alten Gesellenvereine nachwirkte. Daß die Studentenkorporationen ebenfalls Vorbild waren, erkennt man an der Bezeichnung „Senior". Die Kolpinghäuser, wie sie mit Gastwirtschaft, Festsaal, Schlafräumen um 1860 in allen größeren und kleineren Städten entstanden, waren Mittelpunkt für die zugehörigen Gesellen (vor 1914 rund eine Viertel Million). Nach dem Verbot durch die Nationalsozialisten entstanden die Vereine nach 1945 neu, doch erreichten die Kolpingsvereine angesichts der gewandelten sozialen Situation nicht mehr die Vorkriegsbedeutung. Aber noch immer stellt etwa der Bonner Kolpingverein die interessanteste Gruppe des Rosenmontagszuges.

Neben diesen evangelischen und katholischen Einrichtungen gab es noch eine dritte Form, die ebenfalls vom Gesellenwandern ihren Ausgang nahm. Es sind die sogenannten Zahlstellen um 1880, etwa der Drechsler, in denen jeder dem

Drechslerverein zugehörige Geselle bei Vorsprache einen kleinen Betrag erhielt. In diesen Zahlstellen wurden – wie in den Arbeiterbildungsvereinen in der Zeit der Bismarckschen Sozialistengesetze – politisch streng neutrale fachliche Vorträge gehalten, wie überhaupt für die fachliche Weiterbildung gesorgt und damit ein wirkliches Zentrum geschaffen wurde. Diese Vereine und Zahlstellen münden zwar später in Ortsgruppen der sozialdemokratischen Partei. Aber sie stellten ursprünglich doch mehr dar als verborgene Ortsgruppen dieser Partei. Das Streben nach Bildung war wohl Ausfluß der Meinung, daß das Heil des Arbeiters und seines politischen Einflusses von der Bildung abhänge, aber es war auch ein wirkliches Bildungsbedürfnis. Wir lesen bei BROMME (1971), daß Arbeiter große Teile des Faust auswendig vortrugen und welche Achtung diesen Arbeitern zukam. Man sprach zwar von Arbeitervereinen, aber ihre Mitglieder waren Handwerker wie der Sattlergeselle FRIEDRICH EBERT, der Drechslermeister AUGUST BEBEL, der Buchdrucker FRIEDRICH SCHEIDEMANN und der Tischler WALTER ULBRICHT, der noch vor 1914 durch Holland und das Rheinland gewandert war. Es spinnen sich also doch mancherlei Fäden aus dem Handwerkerleben der Zunftzeit in neue Organisationen wie auch in das Leben der Allgemeinheit.

Im 19. Jh. änderte sich das Leben sowohl in wie außer dem Hause grundlegend. Für den Handwerker gab es drei Möglichkeiten.

1. Der Handwerker bleibt trotz des Wandels Handwerker.

2. Der Handwerker erkennt die Möglichkeiten der Gewerbefreiheit, er weitet seinen Betrieb aus, wird reich und Fabrikherr oder gehört wenigstens zur großbürgerlichen Klasse des 19. Jhs.

3. Der Versuch scheitert, oder der Handwerker findet sich als Facharbeiter wieder, wie die meisten Gesellen, die nun trotz der geringen Gesellenlöhne heirateten.

Der vergehenden Welt des Handwerkers steht seit dem 18. Jh. die des Verlags, der Manufaktur und der Fabrik, des *Heim- und Fabrikarbeiters* gegenüber.

Es kann nicht unsere Aufgabe sein, hier die Wandlung vom Handwerksbetrieb über Manufaktur und Heimarbeit zur Fabrik mit ihren Hallen und der großen Zahl von Arbeitern zu schildern. Wir legen auch nicht dar, wie die Heimarbeiter (Weber und Spinner) nach zunächst gutem Verdienst einen Lohnsturz hinnehmen mußten, der unerhörtes Elend brachte, wie aber auch der Arbeiterlohn, zum Teil aus traditionalistischen Gründen, von der Basis aus ungenügend war.

Dem Status des Heimarbeiters kommt für unsere Frage, den Einfluß der Arbeitssituation auf das Volksleben, besondere Bedeutung zu. Der Mensch ändert sich dabei zwar in sozialer und wirtschaftlicher Hinsicht, dennoch bleibt er eingeordnet in einen Teil der vorgegebenen Bindungen. Er bleibt in Kontakt mit allen Verwandten und Bekannten, lebt in dem für andere Zwecke geschaffenen Haus, ja wahrt einen Teil der bäuerlichen Arbeit, und ihm bleibt das ganze Traditionsgefüge bekannt. Die charakteristischen Änderungen, die sich dabei ergaben, hat sehr eindrücklich R. Braun am Beispiel des *Zürcher Oberlandes* herausgearbeitet.

Das Familiengefüge änderte sich. Fast alle heiraten, viele davon in jungen Jahren. Frau und Kinder arbeiten mit, die Vorherrschaft des Mannes, wie sie in den Handwerkerfamilien gegeben war, fällt weg, die Frauen sind gleichberechtigt. Die *Hauswirtschaft*, vor allem die Vorratswirtschaft, wird vernachlässigt, Kochen zur Nebensache. Die älteren Kinder arbeiten auf eigene Rechnung und bezahlen Kostgeld. Die Wohnung wird zu einer Zeit, in der bäuerliches Wohnen reicher und vielgestaltiger wird, vernachlässigt. Wenige dürftige Möbel genügen (Schneider 1967), wobei allerdings die regionalen Unterschiede zu beachten sind. Die Nähe der Stadt wirkt sich aus: Den Stühlen und dem Schrank in Godesberg entsprechen im Taunus Bänke und Kisten (um 1800). Die Arbeiter kaufen nach dem vorhandenen Geld und nicht nach dem Bedarf, mal viel, mal sehr wenig und zwar bezogen direkt auf die Person, denn der Heimarbeiter will nicht Besitz vermehren wie der Bauer, sondern seine Person herausstellen. Daraus entsteht bei Verwaltung und Kirche der Vorwurf der Putzsucht und des Genusses, des Lebens in den Tag hinein. Aber es spricht hier im Grunde nur der Lebens- und Kulturwille einer neuen Schicht, sie greift dabei zu Requisiten, die bei der Ausbildung einer sozialen Situation neu waren und die nun wieder zu Traditionen werden.

Die Nachwirkung der dörflichen Lebensformen auch in dieser neugestalteten Welt bleibt zu beachten. Außerhalb von Arbeit und Familie bleibt man lange der Tradition verhaftet, der ererbte Kirchenstuhl wird in oft kuriosen Kompromissen verteidigt. Sehr schön hat Braun gezeigt, wie sich aus den Lichtstubeten, den Zusammenkünften der Jugendlichen an Winterabenden, gesellige Arbeitsverbände beim Spinnen für alle Beteiligten im ganzen Jahr und zum Teil mit Singen und Erzählen und nun auch Vorlesen gebildet haben. Vorlesen und Lesen, sogar die Gründung von *Lesegesellschaften* Ende des 18. Jhs. im Zürcher Oberland deuten an, daß hier die von der Stadt gebotene neue Welt einer vergröberten aufgeklärten Bildung von diesen aus der traditionsbeschwerten Umwelt gelösten Menschen mit Freuden aufgenommen wurde.

In ähnlicher Weise treten nun, wie ein Heimarbeiter sich im Alter rühmte, „theatralische Belustigungen an Stelle der schmutzigen abgeschmackten Dorfbräuche und sinnloser Fastnachtsfreuden". Aber es bleiben die herkömmlichen Brauchtermine für die neuen Belustigungen. Parallel dazu, ja schon früher einsetzend, vollzieht sich im Zürcher Oberland seit dem 17. Jh. ein von Braun eingehend beschriebener Übergang vom Volksliedsingen über mehrere Zwischenstufen bis im 18. Jh. zu Gesanggruppen und *Musikgesellschaften* mit regelrechten Konzerten damals moderner Musik, die dann erst nach 1815 sich als Vereine konstituierten.

BRAUN faßt seine Erkenntnisse zusammen: „Die volkstümliche Geisteshaltung löst sich aus den kirchlich traditionellen Bindungen. Der Mensch findet entweder zu neuen religiösen Gruppen, den Sekten und Erneuerungsbewegungen, oder das Volk sucht in einem diesseitsgläubigen Bildungsstreben mündig zu werden."

Diese ganze Entwicklung läßt sich in den säkularen Vorgang der Lösung des Menschen aus vorgegebenen Bildern einordnen, der Verselbständigung des Menschen. Solche Neuerungen greifen schließlich auch auf andere soziale Gruppen über, wenn 1. die neue Gruppe das zahlenmäßige Übergewicht hat, 2. wenn aufgrund der wirtschaftlichen Entwicklung eine solche Restgruppe ihre Brauchformen nicht mehr beibehalten kann. (Zu einem Reisighaufen für das Jahresfeuer muß überhaupt einmal Reisig aufbereitet sein und müssen Helfer da sein, um das Reisig auf einen Berg bringen zu können.) 3. Wenn die neue Gruppe als besser gilt und anerkannt wird. 4. Wenn die neue Gruppe einen ausgesprochenen Willen zur Kulturgestaltung zeigt, der etwa durch einen allgemeinen Kulminationspunkt in Bildung, rationaler Lebensauffassung und verfeinerten Lebensformen gestärkt ist. Ein Bild, wie es R. BRAUN für das Zürcher Oberland mit Meisterhand gezeichnet hat, war dank einer vorzüglichen Quellenlage und einer intimen Kenntnis dieses Landes möglich. Wir kennen bisher kein vergleichbares Beispiel. Aber für einige Landschaften mit Heimindustrie und Verlagswesen gibt es Vergleichsmöglichkeiten.

Wir gehen kurz auf Verhältnisse im Bergischen und in der Gegend von Mönchen-Gladbach ein und verweisen auf die Darstellung der Lage im Erzgebirge und in Thüringen (s. 5.1).

Im *Bergischen Land* haben wir um Wuppertal und Solingen seit alters Heimarbeit und Verlagsindustrie zum Teil bei Weben und Spinnen (Bandwirkerei), in Solingen bei der Klingenfabrikation.

Kennzeichnend für die Bandwirker scheint die Tatsache, daß diese Arbeit noch vollständig vom Volksglauben überlagert wurde, noch bis in die dreißiger Jahre dazu *Sagen* berichtet wurden (HENSSEN 1928). Hexen beschädigten einen Webstuhl oder brachten in der Nacht das hergerichtete Gewebe in Unordnung. Bestimmte Hausgeister werden ganz in das Heimgewerbe hineingezogen. Die besondere Arbeitssituation der Heimarbeiter erweist sich als sagenbildend. Der Bandwirker trug Samstag früh

die fertige Ware nach der Stadt und kehrte am Abend mit neuem Roh-
material und dem Wochenerlös zurück. Bei diesen Gelegenheiten zeigten
sich die Gespenster, und es gab recht typisch vor allem Huckauferlebnisse,
so daß aus der besonderen wirtschaftlichen Situation dieser Sagentyp zum
Charakteristikum des Bergischen wurde und offenbar sich deswegen
Sagenerzählen dicht vor den Toren der Großstadt bis zum 2. Weltkrieg
halten konnte.

Diese Durchmischung neuer Arbeitsweise und überlieferter, aber ange-
paßter Traditionsformen bemerken wir gerade in den Orten dieses Ver-
lagssystems. In Solingen mußten die Frauen der Schleifer die Halbfabri-
kate zum Schleifkotten an der Wupper und später wieder zur Stadt tragen. Sie trugen diese Lasten, wie früher dort üblich, auf dem Kopfe.
Während im allgemeinen Leben diese Art zu tragen rasch zurückging und
oft nur noch behelfsmäßig vorkam, wurde der Brauch für die Schleifer-
frauen direkt zum *Berufssymbol*. Die Unterlage, ein kranzartiges gefüll-
tes Kissen, wurde noch um 1920 von diesen Frauen besonders aufmerksam angefertigt und reich mit Arbeitssymbolen, Namen und Jahreszahl
bestickt, so reich, wie wir es kaum in alten Trachtengebieten kennen. So
wurde hier eine Traditionsform in die neue Arbeitswelt hineingenom-
men, von dieser adoptiert, nun in ihrer Aussage überhöht und zum
Signum dieser Gruppe gestempelt.

Im Bergischen paßte sich auch die *Nachbarschaft* an. Während im allgemeinen zum Nachbarn „eigen Rauch und Feuer" gehört, sind im Bergischen schon im 19. Jh. eingemietete Familien gleichberechtigte Nachbarn.
Ja aus der besonderen Situation der Arbeiter und Mieter heben sich
neue Nachbarschaftspflichten ab. Der bäuerliche Nachbar und Pferdebe-
sitzer ist verpflichtet, falls ein Mieter aus seiner Nachbarschaft umziehen
will oder muß, Wagen und Pferde für diesen Umzug zu stellen, der ja
nun aus der Nachbarschaft herausführt. Organisch wird Altes zum Neuen
und ins Neue übergeleitet. In auffälliger Parallele zum Zürcher Oberland aber setzen sich auch neue Formen durch. Auch das Bergische ist
für seine frühe und allgemeine *Musikpflege* mit Gründung von Musik-
vereinen seit 1800 (Burscheid) bekannt, mit anspruchsvollen Veranstaltungen. Der Ausdruck das „singende klingende bergische Land" ist heute
noch Topos der dortigen folkloristischen Fremdenverkehrswerbung. Auch
in kirchlicher Hinsicht gibt es Parallelen, wenn auch im Bergischen die
kirchliche Entwicklung meist nicht zur Loslösung aus der offiziellen Landeskirche führte, sondern sich in Erweckungsbewegungen und Evangeli-

sation auswirkte. Lesevereine wurden schon Mitte des 19. Jhs. in Weilern von Kleinbauern und Plüschwebern gegründet.

Wie sehr die Veränderung auf älterem Zustand aufbaut, aber eine bestimmte soziale Lage Besonderheiten bestimmt, zeigt die *Nachbarschaftsentwicklung am linken Niederrhein*. Spätestens seit dem 16. Jh. traten dort neben die Bauern, die zum Teil sehr wohlhabenden Halfen, die im 19. Jh. Eigentümer waren, Weber und Spinnarbeiter. Auch diese hatten dort eigen Rauch und Feuer, waren also als Nachbarn selbstverständlich anerkannt. Gerade hier aber hat wohl der soziale Unterschied zu Spannungen in der Nachbarschaft geführt. Es bildete sich eine sehr eigenartige Form der Ablösung der realen Nachbarschaftshilfe (Grabmachen, Leichenbitter) durch Geld heraus, wobei dann einer der Nachbarn gegen Bezahlung diese Arbeiten übernahm. Die Form des Ausbietens solcher Verpflichtung, das sogenannte „Wischen" (von angeschriebenen Preisen wischte der Ansteigerer alle Zahlen bis zu der, die den Preis festlegte), wie auch die Belege für die Bezeichnung „Wischen" erweisen, daß diese Brauchänderung bereits vor der 2. Hälfte des 18. Jhs. eingetreten war.

Im 19. Jahrhundert bringt die Mechanisierung ein unvorstellbares Elend über die große Masse Arbeiter. Die Weber nehmen den Kampf auf, jede Minute wird genutzt, Sonntagsarbeit ist selbstverständlich. Kinder werden vom 5. Lebensjahr zur Arbeit angehalten. Grauenvoll, daß Kinder Erholung und Entspannung in den Schulstunden fanden, daß der sonntägliche Kirchgang – nach Aussagen von Frauen um 1880 die einzigen frohen Stunden – wegen mangelnder Kleidung ausfiel. Im 19. Jh. lebte ein großer Teil des Volkes am Rande des Existenzminimums und bei der raschen Zunahme der Bevölkerung in unvorstellbarer Wohnungsnot. Noch um 1880 hatte fast die Hälfte aller Wohnungen in Berlin nur ein Zimmer, dazu kamen die vielen tausend Schlafgänger, denen bloß ein Bett zur Schlafenszeit zur Verfügung stand. Erst ab 1880 bis 1913 kam es zu einer Milderung der großen Not. Die Löhne stiegen im Vergleich zur Preisschraube auf das anderthalbfache. – Was bedeutet nun diese neue wirtschaftliche Situation für das Leben des Menschen, welche Aussagen kann der Volkskundler dazu machen?

Die Familie des Bauern ist eine Arbeits- und Produktionseinheit. Beim Heimarbeiter ist die Einheit des Arbeitsplatzes gewahrt, nicht mehr die Produktionseinheit der Familie; denn oft erhält jedes Familienmitglied für sich Ware und Entgelt. Bei der *Fabrikarbeit* geht die Einheitlichkeit der Produktion verloren und ebenso die Einheit des Arbeitsplatzes. Die Arbeitszeit liegt für die einzelnen Familienmitglieder oft zu verschiedenen Stunden. Anfang und Ende sind auf die Minute festgelegt. Gemeinsames Einrichten, Sparen ist selten. Es fehlt ein wirkliches Zuhause, der Haushalt der frühen Fabrikarbeiter ist nur noch Konsumgemeinschaft oder nur Schlafgemeinschaft. Es erhalten nun der Fabrikraum und die Gruppe der Arbeiter in diesem Raum ihre eigene Bedeutung (das folgende nach BRAUN 1965). Vor allem aber die Stunden nach Verlassen der Fabrik, der Heimweg und die Gelegenheiten, die sich dort bieten, sind herausgehoben.

Im 19. Jh. sind die Klagen sehr lebhaft und vielfältig über den Lärm, Schabernack, Schaden und Zerstörungen an Gartenzäunen, Schildern, Laternen usw., die die von der Arbeit Heimkehrenden unterwegs anrichteten. In den überlangen Arbeitszeiten und der strengen Arbeitszucht waren offensichtlich den Menschen Freiheitsgrade vorenthalten, so daß sie, sobald sie das Fabriktor durchschritten hatten, die volle Freiheit genießen wollten. So ist der Moment des *Arbeitsschlusses* eine der wenigen Gelegenheiten, bei der eine eigene Gestaltung in Zusammenhang mit Arbeit in etwa zu beobachten ist. Der Arbeiter war mit seinem Verlangen nach Kontakt in die Öffentlichkeit gedrängt. Man traf sich gleich nach der Schicht in der Wirtschaft. Da war ein Gedränge, lustiges Leben, Gesang und Musik, da gab es Bier und Schnaps, Kartenspiel, Rauchen, Diskussionen, Erzählen und Späße. Rund ein Drittel aller Arbeiter kehrte an Lohntagen in Wirtschaften ein, und sogar in wirtschaftlich schlechten Zeiten rechnete man mit einem Monatsverbrauch von 10 Liter Bier und einem Liter Schnaps je Arbeiter. Wirtschaftsbesuch und Trinken waren wirklich Akte der Geselligkeit.

Aber die Auswirkungen waren entsetzlich. Alle, Staat, Kirchen, Arbeiterführer, stehen ziemlich ratlos vor dem Phänomen der *Trunksucht*. Nicht bloß bei den Kirchen, insbesondere der evangelischen, auch bei den sozialdemokratischen Führern war die Neigung zur Gründung von Abstinenzvereinen und zu Prohibitionsgesetzen groß. Der Belgische Sozialistenführer CAMILLE HUISMANS hat in jahrelangen parlamentarischen Auseinandersetzungen ein Verbot des Schnapsausschanks durchgesetzt und dieses Gesetz als seinen größten Erfolg angesehen.

Landschaftliche Unterschiede waren nur in Nuancen festzustellen. So wird in Schlesien immer wieder die Tanzwut getadelt. Die ständige Not, die Aussichtslosigkeit führte den Menschen in eine passive Lebenshaltung. In der Sicht der Sozialpolitiker des 19. Jhs. ist diese Lebensart als moralische Verkommenheit, ein mattes Gehenlassen, dumpfes Hinbrüten bezeichnet, wie W. SOMBART formuliert hat, „eine ungegliederte Masse von Einzelwesen, die völlig mit der Vergangenheit gebrochen haben ... und mit einem Bankerott ihrer alten Ideale ihr neues Leben beginnen".

Es kommt zwar schon früh in der Fabrik und bei der Arbeit zu *einzelnen Brauchhandlungen*. Sie werden m. E. überbewertet. Aber der Volkskundler vergangener Zeit klammerte sich direkt an solche Vorgänge wie Bekränzen neuer Maschinen, Eigennamen für diese, wie den Hammer Fritz, Einbeziehen von Lokomotiven, Maschinen und Arbeitsvorgängen in Sagen. Sogar bei R. BRAUN (1965) finden wir noch einiges dazu: Fastnacht in der Fabrik, der Fabriksilvester in der Schweiz, bei dem Frauen einen besonderen Schnaps spendierten. Namenstag und Geburtstag und die wichtigen Arbeitsjubiläen werden am Arbeitsplatz gefeiert, oder der Jubilar wird mit einem in Öl gemalten Porträt geehrt, das in der Fabrik hängen bleibt (Finnland).

Ein neues Fest, wie das Bergfest in den staatlichen Gruben des Saarlandes, war in preußischer Zeit von der Verwaltung geschaffen, fand aber großen Anklang und wurde sozusagen zum festlichen volkstümlichen Termin: z. B. „6 Wochen vor dem Bergfest" (WERNER 1934). Wir erleben nun bei Verschwinden solcher Feste ähnliche *nostalgische Stimmungen,* wie sie dem Gebildeten in bezug auf Bauernbrauch angelastet werden. In der Schweiz gab es fabrikeigene Krankenkassen mit großen gemeinsamen Festen, dem Kassenball. Als diese Kassen in einer allgemeinen Krankenkasse zusammengeschlossen wurden und die Feste fehlten, wurde mit fast den gleichen Worten deren Verschwinden beklagt, wie wir sie bei unseren Heimatpflegern hören und schon von den Handwerkern kennen: „Wer hätte im Jahre 1922 ... daran gedacht, daß schon in wenigen Jahren das Schicksal derart über uns hereinbrechen werde ... Machtlos müssen wir preisgeben, was uns heilig war ... Wir wollen diesen Schicksalsschlag tragen eingedenk der schönen Stunden ... auf den Generalversammlungen ..." (BRAUN 1965). Der Wegfall der Bergfeste im Saarland zur Zeit der Verwaltung nach 1918 brachte die Bergleute besonders auf.

Eigenschöpfungen der Arbeiter treten im allgemeinen Bild des 19. Jhs. zurück. Vorherrschend ist der Eindruck einer durchaus passiven Lebenshaltung des Arbeiters, der sich kaum der Not und der Kargheit des Lebens erwehren konnte. Bezeichnend scheint mir bis zur Gegenwart ein verschieden großer, aber immer vorhandener Traditionsüberhang gegenüber der sozialen Situation.

In Gebieten mit althergebrachtem Volksbrauch werden diese Bräuche im Zuge der Verarmung umgestaltet. Heischegänge und Maskenzüge werden im 19. Jh. in sozial einschichtigen Orten meist Angelegenheit der Schuljugend, sonst aber vielfach der sozial gedrückten Gruppen. Diese Bräuche werden in der Sicht der Öffentlichkeit reine *Bettelzüge,* wodurch die Bessergestellten oder deren Kinder sich erst recht von der Teilnahme ausgeschlossen fühlen. Noch um 1920 verkleideten sich in vielen Orten des Rheinlandes zu Fastnacht nur die Kinder der Armen, und sie erbettelten Gaben sowohl in ihrem Heimatort wie in den umliegenden Dörfern. Diese Streifzüge endeten oft in Streit und Diebstählen. Zwar meldet ein

Heimatbuch noch den Zug der Drei Könige am 6. Januar, aber es waren drei arme Frauen aus dem benachbarten Steinbruchort, die als Könige mit ihrem Stern bettelnd durch die Dörfer zogen (Mayen). Wie Bettler benahmen sich auch die kleinen Maskierten in manchen rheinischen Orten. Sie sangen kein Heischlied, sondern traten hinter die Tür und beteten, so wie in Eifeldörfern um 1930 die Bettler ihre Gaben forderten, mit Gebeten für die Verstorbenen des Hauses, für die Bewohner usw. Kein weiteres Wort wurde gesprochen.

Alles, was wir im Volksleben in Fest und Feier an Neuerungen im 19. Jh. sehen, entspringt und entspricht der *bürgerlichen* (z. T. der großbürgerlichen) *Welt*. Der Karneval Kölner Art ist dafür typisch: Gestaltet von Kölner Bürgern (1823), reichen und wohlhabenden Leuten, die Handwerker und Kleinbürger mitziehen; das einfache Volk bleibt bis auf Ausnahmen Zuschauer. Gleiches gilt für die zahlreichen Familienfeste und Familienjubiläen, für Weihnachten, Silberne und Goldene Hochzeit, mit Einschränkung auch für Namens- und Geburtstag, die, recht gefeiert, einen Geldaufwand erforderten, den die Arbeiter nicht aufbringen konnten. Mit dem bürgerlichen Einschlag ergibt sich ein reichlich antiquierter Einschlag in diesen neugestalteten, angeblich aber alten oder uralten Bräuchen, die nun konserviert werden.

Der Arbeiter, der in der Gegenwart im öffentlichen Leben und im Volksleben präsent und aktiv ist, gewinnt erst *nach 1880* einen eigenen Status. Es besteht weitgehend Einigkeit darüber, daß die ersten Sozialgesetze für Krankenkasse und Rente, so ungenügend sie sein mochten, für den grundlegenden Wandel verantwortlich waren. Unverkennbar kamen allerdings auch vorher schon, sobald Verdienst und Einkommen nur etwas über dem Existenzminimum lagen, Erholung und Freude zu ihrem Recht. Aber Konstanten einer eigenen Arbeitererholung bildeten sich noch nicht heraus. Der Besuch im Gasthaus auch am Sonntagnachmittag ist vorher belegt. Ausflüge an Ostern und Pfingsten werden als kleine Feste gefeiert. Aber noch und zum Teil auch seit langem werden Bräuche und Feiern von anderer Seite gesteuert, ohne daß dem Arbeiter der Gegensatz auffällt oder er versucht, den Widerspruch zwischen Arbeit und Feier zu beseitigen. Sogar ein Aktivist wie BROMME (1971), der sich ausgesprochen antimilitaristisch betätigte, ist beeindruckt von der staatlich verordneten Sedansfeier. Noch 1970 ging die störende dreitägige Kirmes für die Arbeiter des Glanzstoffwerkes Oberbruch allen drängenden Notwendigkeiten der Fabrik vor.

Selbst als nach 1880 die Schicht der Arbeiter im politischen und öffentlichen Leben durchaus präsent war, ist die Einwirkung von Arbeit und Arbeiterstand auf die Feier- und Brauchgestaltung kaum zu spüren. Die Mehrzahl der in Fabriken arbeitenden Menschen war in anderer Umgebung aufgewachsen und war zunächst nicht in Fabriken tätig. W. BREPOHL (1957) hat zusammenfassend den Aufbau des Ruhrvolks geschildert, wobei die Menschen zunächst aus Westdeutschland, seit etwa 1870 aus Ostdeutschland und seit der Jahrhundertwende aus dem östlichen und südöstlichen Ausland zuwanderten. So sehr diese Menschen in ihrem alltäglichen, öffentlichen Gehaben aus dem heimatlichen Bild heraustrebten und sich den Verhältnissen im *Ruhrgebiet* anpassen wollten, so blieb in der Wohnung und erst recht in Fest und Feier vieles aus der Heimat gewahrt. Es ergab sich damit für den einzelnen eine Spannung und Diskrepanz im Leben, der nicht jeder gewachsen war. Brepohl schildert, wie die Zuwanderer in den ersten Jahren im Ruhrgebiet ständig den Arbeitsplatz wechselten und es lange dauerte, bis sie aus ihrer Isolierung herausgefunden hatten und die ihnen passende Umwelt gefunden oder sie sich der Umwelt angepaßt hatten.

Es werden auch am fernen Ort Freizeit, Feier und Volksbrauch nach dem Vorbild der Heimat und den Erlebnissen der Jugend gestaltet. Die Menschen gleicher Heimat- und Jugendbilder aber sind meist über einen großen Wohn- und Arbeitsbereich verteilt und voneinander getrennt, stoßen sich mit ihren Überlieferungen an dem Verhalten ihrer Umgebung, und diese steht dem Tun des einzelnen verständnislos gegenüber.

Will der Zugezogene also der Erinnerung leben, so muß er Menschen seiner Heimat suchen. Als Treffpunkt bot sich der Bahnhof an, so wie wir es heute vielfach bei den Gastarbeitern beobachten können. Auch diese Sitte ist möglicherweise eine Erinnerung an die Heimat, wo die Dorfjungen am Sonntag zum Bahnhof zogen und das Treiben beobachteten. Es entstehen nun die landsmannschaftlichen Vereine, oft von kirchlicher Seite gefördert, aber auch aus national-politischen Motiven gegründet. In diesen Organisationen gibt es eine Art kollektive Gegenwehr gegen die fremde Umwelt und die Eingliederung, es kommt damit zu einer Idealisierung des heimatlichen Traditionsgefüges, zu seiner Pflege, und dieses erhält für den Menschen als Heimatbild einen neuen Stellenwert. In ihrer Arbeit sind allerdings diese Vereine doppelgesichtig. Sie stützen einerseits die Erinnerung an Jugend und Heimat und helfen anderseits ihren Mitgliedern bei der Eingliederung in die neue Umwelt. Diese Vereine waren oft durchaus retrospektiv; sie hatten Veränderungen in der Heimat ebensowenig zur Kenntnis genommen wie die Franzosen in Kanada. So feierten noch um 1955 die Slowenen im Ruhrgebiet Feste wie den Vitustag, die im Staate Titos beseitigt waren. Volkslieder und Märchen hielten sich bei diesen Menschen länger als in der Heimat, so wie wir es umgekehrt als gängiges Erlebnis von den Sprachinselforschern hörten. Noch 1970 konnte ein tschechischer Volkskundler im Ruhrgebiet bei späten Auswanderern Märchen aufschreiben. Noch bis fast zum 2. Weltkrieg feierten die Polen ihre Hochzeiten nach heimischer Art mit festlichem Aufzug zur Kirche und zur mit Papiergirlanden geschmückten Wohnung. Beerdigungsbrauch wurde sogar gegen polizeiliche Eingriffe verteidigt. Wir wissen, daß die Polen den Toten die heimischen Beigaben zulegten. Sie verlangten, daß der Sarg auf dem Friedhof noch einmal für den Abschied geöffnet werde. Nach Verbot durch die Polizei halfen sich um 1930 die Polen in der Weise, daß sie ein Glasfenster in den Sargdeckel einsetzen ließen (HUSMANN 1957).

Die Loslösung aus dem heimatlichen Gefüge war natürlich nicht aufzuhalten. Bei im Ruhrgebiet geborenen Menschen und erst recht bei deren Kindern verloren sich die festgefügten Lebensformen, Rudimente aber können über Generationen bleiben, Vornamen etwa zeugen von der Herkunft. Aber sobald zwei Menschen aus verschiedenen Herkunftsgebieten sich mit ihren eigenen Traditionen zusammenfinden, muß es zu Konflikten kommen. Und darüber gibt es recht lustige Schilderungen, etwa wenn die schlesische Schwiegermutter dem eben angeheirateten bayerischen Schwiegersohn am Ostersonntagmorgen nach heimischem Brauch einen Eimer Wasser über den Rücken schüttete (HUSMANN 1957). Nun muß etwa vor einer Hochzeit überlegt werden, welche Elemente aus den unterschiedlichen Hochzeitsfeiern übernommen werden. Das ist die Zeit, in der alle Familienbräuche Deutschlands in einem Mietshause verteilt auf die verschiedenen Stockwerke und Wohnungen vorkommen. Die Formen der Überlieferung werden dem Träger bewußt, vor allem auch in ihrer landschaftlichen Gebundenheit. Jetzt weiß der Träger von einem schlesischen oder einem bayerischen Brauch. Nun ist die Entscheidung möglich, ob und welche Lebensformen beibehalten werden.

In lebhafter Auseinandersetzung zwischen den Generationen und Menschen verschiedener Herkunft und persönlicher Einstellung gestaltet sich das Leben. Da sieht man dann an Lätare die Großmutter mit ihrer Enkelin mit verheultem Gesicht in der Bonner Straßenbahn, die Großmutter in der einen festen Hand die Enkelin, in der andern den Sommertagsstecken, den die Enkelin zu tragen sich weigerte, auf dem Weg zu Verwandten. Da stapft im Regierungsviertel die alte Frau in auffälliger Tracht und Frisur allein zur Kirche. So bäumen sich noch alte Leute gegen die Entwicklung auf. Aber der Einfluß der äußeren Lebensumstände, Größe der Wohnung, Verhältnis von Arbeit und Freizeit, Zuordnung zu neuen Gruppen etwa der Arbeitskameraden machen sich bemerkbar. So trifft man die Wahl des Hochzeitstages nach ökonomischen Gesichtspunkten. Das ist für den Arbeiter der Samstag, es bleibt aber zunächst die Sitte der ursprünglichen Dorfhochzeit, zwei Tage zu feiern. Bei der Hochzeitsfeier selbst bleiben die Arbeitskameraden ausgeschlossen – vielleicht nimmt einer als offizieller Vertreter teil –. Dafür hat sich der Polterabend rasch als Feier für die Freunde von der Arbeit ausgebreitet und sich übersteigert, sowohl im Alkoholgenuß wie im Brauch des Polterns selbst, das in einer vor die Türe gekippten Lastwagenladung leerer Maggiflaschen schon zu wirklicher Belästigung ausartet (HUSMANN 1957). Der Polterabend gilt heute in Gegenden, die den Brauch vorher nicht kannten.

Die Stabilität des Brauches alter Art ist der Veränderung und einer labilen Lage gewichen. Dennoch halten sich Reste. Noch bei Enkeln von aus der Westeifel stammenden Arbeitern an der Ruhr behält die Nikolausbescherung einen etwas höheren Rang als sonst im Ruhrgebiet, wenigstens *ein* Spielzeug für jedes Kind findet sich in solchen Familien noch bei der Bescherung.

Aus all dem ergibt sich, daß eine neue soziale Situation sich nicht sofort, sondern erst in zeitlichem Abstand im Erscheinungsbild auswirkt. Die Prägung durch Herkunft und Jugend bleibt für einen Großteil der Menschen dominant. Es führt kein Weg an der Erkenntnis vorbei: Volksbrauch wirkt in konservativem, retardierendem Sinne, eine Erkenntnis, die für den einen Stein des Anstoßes ist, für den anderen Stabilität und Sicherung einer organischen Entwicklung bedeutet.

Stabilität wird noch aus anderer Quelle gespeist. Die eingesessene Bevölkerung des Ruhrgebietes hat die Veränderung im 19. und 20. Jh. mit Staunen und Unruhe wahrgenommen. Die *Altbürger* schlossen sich ab. Der Bergarbeiter war dort – im Gegensatz zum Saargebiet – lange deklassiert (Datteln: CROON/UTERMANN 1958). Die heimischen Überlieferungen werden nun als Besitz der Einheimischen aufgewertet und verteidigt. So wird 1922 aus Altenessen berichtet: „In meinem Bezirk hat sich das Nachbarschaftswesen bis in die heutige Zeit erhalten. Besonders bei Sterbefällen unterstützen sich die Nachbarn, halten Leichenwache und besorgen sämtliche Geschäfte wie Bestellen der Verwandten. Das gilt aber nur für Einheimische, nicht für Zugezogene." Mit Obstination spricht zur gleichen Zeit in Duisburg der Einheimische vom Likstraot und meint damit die Hauptgeschäftsstraße, die Dannewitzstraße. Nirgendwo sonst im Rheinland waren bis zum 2. Weltkrieg heimatkundliche Studien so intensiv wie im Ruhrgebiet. Nur weil beide Gruppen lange Zeit nebeneinander lebten, konnte im endlichen Zusammenwachsen das ein oder andere an regionalen Besonderheiten bestehen, so wie in einer Dortmunder Siedlung das brauchmäßige Einladen zur Beerdigung eine Nachbarsfrau übernommen hat, nur der Kreis der Einzuladenden von Fall zu Fall wechselt (KLAGES 1958).

Zeitweise schien ein neues *Verhältnis zur Natur* wesenhaft für den Arbeiter, da die lebende Natur Seltenheitswert erhielt. Symbol ist der Blumenkasten der Berliner Wohnung. Einen Höhepunkt dieser Bewegung zur Natur sehen wir in der Jugendbewegung, in den Naturfreunden, in den Schrebergärtenvereinen mit ihren Erntefesten, die ja teilweise zu Veranstaltungen der SPD wurden, im kirchlichen Erntedankfest, das in Städten und vor allem in Vororten mehr bedeutete als in den Dörfern. Ob nicht das Ankämpfen gegen das Einerlei und den gleichmäßigen Ablauf des Alltags in Reisen, lauten Festen, Autofahrt, Sport usw. mit den zahlreichen Vereinen substantieller ist? Dabei scheinen mir Vereine von Arbeitern desselben Werkes nicht so sehr dem Wunsch der Arbeiter als dem der Fabrikherren zu entsprechen, wobei die Wirkung der Reklame (Sportverein Bayer-Leverkusen) durchaus ihre Bedeutung hat. Geselligkeitsvereine stehen im Vordergrund. Im Ruhrgebiet hat der Brieftaubensport schon sein eigenes festes Ritual mit Preisverleihung, Geschenk an die Frauen der Preisträger herausgebildet, während in Oberbruch das Gehabe mit Brieftauben viel einfacher ist.

Kennzeichnend aber scheint mir für die *erste Hälfte des 20. Jhs.* die Übernahme des gesamten im 19. Jh. geschaffenen bürgerlichen Brauchtums durch die Arbeiterschicht, so der Geschenksitte an Weihnachten mit dem Weihnachtsbaum. Weithin vergessen oder in archaische Gebiete abgedrängt ist zur Zeit die Sitte, daß arme Kinder von Haus zu Haus ziehend die Weihnachtsbäume der reichen Familien ansehen, Weihnachtslieder singen und Geschenke in Empfang nehmen, wie überhaupt Heischegänge der Armen, entweder verschwunden sind (SCHWEDT 1968) oder wieder für alle Kinder möglich sind. Aber Schultüte, Osterhase, Familienjubiläen, Karneval gehören ebenso zum Arbeiterstand wie die Einrichtung mit Teppich, Sofa, Glasschrank, Sesseln und Fernsehen.

Erst im letzten Jahrzehnt hören wir *kritische Stimmen* zu dem Festbetrieb, nicht bloß von sogenannten Progressiven oder den amtlichen Stellen der Kirchen. Im langsamen, aber stetigen Rückgang des Weihnachtsbaumes, in den vielen Reisen in karnevalslose Gebiete zur Fastnacht, in der wachsenden Abneigung der älteren Schüler und Lehrer gegen den

Martinszug im Rheinland, der nach Verbot in der Nazizeit schon 1945 in Jahren der Not mit Begeisterung wieder aufgenommen wurde, in all dem zeigt sich, daß die bürgerlichen Brauchformen des 19. Jhs. schon vereinzelt, aber in steigendem Maße mit Reserve beurteilt werden und einzelne sich schon fernhalten. Protagonisten dieser Abkehr sind, wenn ich recht sehe, die Intellektuellen und das reiche Bürgertum. Am ehesten wird dabei die Arbeiterschicht im Verhalten Jugendlicher zu den Lichterzügen angesprochen. Mir scheint allerdings zur Zeit die Haltung des Arbeiters als sozialer Gruppe zu Feier und Fest noch eher die Andersartigkeit dieses Standes anzudeuten, als sich durch eigene Schöpfungen zu manifestieren.

5. Zusammenschau

5.1 Zeiträumliche Betrachtung. Ergebnisse der Kulturraumforschung

In den „Kulturströmungen" (AUBIN/FRINGS/MÜLLER 1926) hatte die
Volkskunde die Rolle des Kronzeugen übernommen für die damals formulierten Hypothesen, daß die räumliche Verbreitung von Sprache und
Kultur – bis dahin als Ausdruck der Besiedlung und der Stammesgebiete
gesehen – Ergebnis einer Entwicklung im Gleichklang mit der Geschichte
sei. Auch die Traditionen der Bauern hätten sich in ihrer Verbreitung
den Territorien des Spätmittelalters angepaßt, seien also von sehr späten
historischen Gebilden abhängig. Wir wissen heute zwar, daß die Kongruenz mit der mundartlichen Gliederung nicht so vollständig war, wie
damals behauptet wurde. Dennoch bot die Methode, aus Kulturarealen,
ihren Grenzen und ihrer inneren Gliederung Erkenntnisse zu gewinnen,
der Volkskunde einen neuen Weg, eine vollständig neue Grundauffassung.

Präzise und knapp hat H. AUBIN (1930) die neue Auffassung dargelegt.
Konstitutive Elemente, Umweltbedingungen, späte historische Einwir-
kungen und kulturelle Faktoren sind an der *Bildung der Stämme* beteiligt. Diese können also zu verschiedenen Zeiten entstanden sein. Auch in
der Gegenwart ist „Stammesbildung" möglich. Die Stämme sind keine
konstanten Größen, sie sind wandelbar und verändern sich ständig in
ihrer Ausdehnung wie in ihrem kulturellen Habitus und Zusammenge-
hörigkeitsgefühl. Im Anschluß an die Kulturströmungen hat F. STEINBACH
(1926) in eigenen Arbeiten gerade mit Hilfe von volkskundlichem Material mit Enthusiasmus die These vertreten, daß auch die Sprachgemein-
schaften und Sprachgrenzen Ergebnis eines solchen Ausgleichs seien, das
Volk also vornehmlich eine Kultureinheit darstelle.

Diese Gedanken sind zwar nicht noch einmal speziell für den volkskundlichen Bereich überprüft worden. Aber wenn wir von Territorien
und jüngeren Verkehrsgemeinschaften als prägenden Kräften ausgehen,
so können die traditionellen Lebensformen, die in der Gestalt des 19. Jhs.
Grundlage der Forschung waren, nicht in erster Linie Spiegelbild germanischer Vergangenheit sein. Diese Kulturareale spiegeln vielmehr politi-

sche, wirtschaftliche und kulturelle Situationen sehr verschiedener Zeiten, wobei späten Prägungen große Bedeutung zugemessen wurde. Allerdings erfüllten sich nicht alle Hoffnungen der 20er Jahre, insbesondere wurden die Schwierigkeiten für die einzelnen Kulturbereiche bald sichtbar. Die in den folgenden Jahren veröffentlichten Karten zur Volkskultur zeigten komplizierte und vielgestaltige Verbreitungsbilder. Allerjüngste Einflüsse hatten verändernd gewirkt. Viele Gefahren barg der Versuch in sich, aus dem Nebeneinander im Raum ein Nacheinander im Ablauf der Zeiten abzulesen und historischen Wandel durch die Jahrhunderte hin allein aus den Karten zu erkennen.

Wir suchten daher Beispiele aus dem Volksleben, bei denen wir in älterer Zeit (zum Teil bis ins Frühmittelalter zurückgreifend) genügend *historische Belege* kennen, Beispiele, bei denen wir den Ausgangspunkt bestimmter Kulturbewegungen genau festlegen und nun fast von Jahrzehnt zu Jahrzehnt die Diffusion verfolgen können; Arbeiten über Heiligenverehrung und die Karten über Grabbeigaben der Gegenwart, zu denen wir durch die Frühmittelalterarchäologie ein großes Vergleichsmaterial besitzen. Neuerdings haben wir aus dem gleichen Grunde der Vergleichbarkeit mit historischen Daten für den Volkskundeatlas die Wahl bestimmter Wochentage für die Trauung gewählt. – Natürlich stellen sich zu diesem Vorhaben Fragen. Wie weit ist etwa die Heiligenverehrung in Annahme und Kultstätte vom Kirchenvolk abhängig, wie weit Ergebnis einmaliger zufälliger Akte? Die behandelten Themen liegen zum Teil am Rande der Volkskultur. Wie weit ist von den erarbeiteten Fällen aus ein Schluß auf andere Teile der Kultur möglich und tragbar?

Schon in dem volkskundlichen Beitrag der Kulturströmungen erwies sich das beschränkte Untersuchungsgebiet (die Rheinprovinz) als empfindlicher Mangel. Ein Vergleich über große Strecken hin ist aber nur mit gleichmäßig aufbereitetem Material möglich, das eine noch so umfangreiche Literatur nicht bieten kann (s. 2.4). Ein beim ersten Blick über die Grenzen gewonnenes Ergebnis schließt direkt an rheinische Forschungen, vor allem an F. STEINBACH an. Staats- und Sprachgrenzen erwiesen sich nur selten und erst seit dem Spätmittelalter als Grenzen von Kulturformen. Diese überspannen also in einem sehr unterschiedlichen Geflecht die Völker Europas. Wenn auch Kulturformen nur ausnahmsweise einem Volke eigentümlich sind, so bleibt die *spezielle Aufgabe der Volkskunde* im Rahmen der Kulturraumforschung, die Eigenart einer Landschaft oder Menschengruppe in der geschichtlich gewordenen Form des Volkslebens, die Prägung von Mensch und Kultur in historisch gewordener Zeit zu untersuchen. Nach dem Gesagten kann diese Besonderheit nicht in den einzelnen Brauch- oder Traditionsformen an sich liegen, die Besonderheit zeigt sich erst in der Zusammensetzung des gesamten Volksgutes, in der typischen Wandlung der äußeren Form und endlich in der Änderung von Bedeutung und Funktion.

Dringlicher als vor 50 Jahren stellen sich heute *zwei Fragen*. Volkskunde kann nicht mehr Bauernkunde sein, wie es möglich war, als die Mehrheit der Bevölkerung in der Landwirtschaft tätig war und bäuerliche Lebensweise als Norm gesehen wurde. Die heutige vielfältige soziale Schichtung, in der den Bauern ein Anteil von 5 bis 7 % zukommt, das Übergewicht neuer sozialer Gruppen (s. 5.2), haben die Gestaltung bestimmter Handlungen durch einzelne Stände in den Vordergrund gebracht. Gibt es denn noch den Raum als prägenden Faktor? Nehmen wir nicht als räumliche Einheit, was in Wirklichkeit eine soziale Einheit darstellt? Müssen wir nicht vorrangig auf die soziale Gruppe und erst in zweiter Linie auf die Verbreitung in der Landschaft beziehen?

Endlich kennen wir den Vorwurf, daß wir historisches Material benutzen, also Sammlungen des 19. Jhs., Antworten von 1930, die zudem sehr oft die Zeit um 1900 betreffen. Hat sich nicht die Welt auf eine Kulturvereinheitlichung hin verändert? Der Volkskundeatlas benutzt – das kann nicht anders sein – historisches Material. Wir haben mit den Umfragen um 1930 einen Zustand vor der durchgreifenden Veränderung unserer Lebensweise erfaßt und damit noch Züge kultureller Ordnung, die dem Menschen über Jahrhunderte, ja über Jahrtausende half, das Leben zu bestehen. Aber ebenso wichtig scheint mir, daß wir um 1930 die Vorformen zur heutigen Situation sehen und erkennen, wie sich damals schon neue Ansätze – als Inseln und sogar größere Verbreitungszonen – zeigen mit Neuerungen, die heute als große Areale schon das ganze deutsche Gebiet bedecken. Sogar in diesen der Industriegesellschaft angepaßten Formen zeigen sich auch in der Gegenwart noch landschaftliche Unterschiede, wie überhaupt die Neuerungen in ihrer Verbreitung gewissen Gesetzmäßigkeiten unterliegen (ZENDER 1959, 1959–64, 1965; BACH 1960).

Ein abgesichertes Bild der *kulturräumlichen Struktur* Deutschlands oder Nordwesteuropas zu zeichnen, ist vorerst noch nicht möglich. Es fehlen in weiten Teilen vergleichbare Aufnahmen. Als vorläufige Erkenntnis läßt sich einiges sagen: Im Vergleich des *Raumes zwischen Seine und Elbe* mit dem übrigen Europa fällt vor allem die kleinkammerige Gliederung auf. Zwar gibt es auch hier Unterschiede. Der Nordseebereich in Holland und Niedersachsen, der sich gegenüber dem Binnenland sehr scharf absetzt, zeigt größere Areale, ebenso die Ile de France und die Normandie. Aber im allgemeinen folgen sich von Lyon und den Alpenräumen bis zur Zuiderzee und von der Champagne bis nach Schwaben und zur Rhön auf allen Karten in großer Zahl Verbreitungsgebiete verschiedener Formen, oft nur von einem Durchmesser von 20 bis 30 km. Im ganzen zeichnet sich ein verwirrendes Bild, für uns ein Zeichen ständiger Überschichtung im Laufe der Jahrhunderte, gebildet von den Resten ehemals großer Kulturgebiete, die sich aus den verschiedenen Epochen erhalten haben, sich veränderten oder anpaßten. Die Karten zeigen schon im deutschen Osten viel weitere Areale, die sich in Rußland noch einmal vergrößern. Aber auch Westfrankreich und Spanien sind kulturräumlich gesehen viel großgliedriger. Am ehesten wären noch Zonen in Südosteuropa und Jugoslawien zu vergleichen, wo wir ebenfalls sehr kleine Kulturbezirke kennen. Ein solch unruhiges Bild verrät, wieviele Komponenten und verschiedenartige Anstöße im Laufe der Jahrhunderte eingewirkt haben.

Für *Ostdeutschland* gibt es andere Fragen. Das osteuropäische Erbe steht in politisch belasteter Diskussion. Es gibt natürlich in Ostdeutschland Lebensformen, die den Zusammenhang mit Osteuropa nicht verleugnen können. Ebenso oft ist es so, daß sich in Ostdeutschland Reste einer ursprünglich weitverbreiteten Lebensform gehalten haben, die in Westeuropa und Westdeutschland ausgeräumt ist. Es gibt aber auch Eigenbildungen, die einmal modern waren, die sich meist wegen der besonderen sozialen Struktur nur in Ostdeutschland ausbreiteten. Ausgesprochen nordwestdeutsche Formen überschreiten in breiter Front die Elbe, erfassen ganz Mecklenburg und Vorpommern, verlaufen dann als immer schmaler werdender Keil an der hinterpommerschen Küste und verlieren sich dort. Die Grenze zwischen Mecklenburg und Brandenburg, das schon stärker nach Thüringen hinweist, ist sehr scharf.

In *Franken und Südwestdeutschland* ist die berufsständische Gliederung besonders weit getrieben. Die Ausgliederung der Schäfer in eigener Zunft ist hier nicht Ausnahme, es gibt sogar die Bauernzunft in diesen Gemeinden, die in Südwestdeutschland bis zur Mosel mit Rathaus, Mauer, fest geregelten Verpflichtungen als Organisierungsfaktor von wesentlich größerer Bedeutung sind als im übrigen Mittel- und Niederdeutschland (ZENDER 1960).

Modernen Charakter zeigen Niederösterreich, das Rhein-Main-Gebiet, der Umkreis um Berlin. Das Oberwesergebiet fällt als eigenständiges Neuerungsgebiet älterer Zeit heraus. Hessen mit seiner aus den ersten nachreformatorischen Jahrhunderten stammenden, aber auf dieser Stufe beibehaltenen sehr sachlich und real bestimmten Lebensart war gleichwohl trotz der konfessionellen Sperre Vorbild für das angrenzende Westfalen.

An einigen Beispielen sei ausgeführt, welche Beiträge die Kulturraumforschung für Volkskunde und verwandte Wissenschaften zu leisten vermag. Bei der Herausbildung des westeuropäischen Kulturgefüges sind das Ausmaß der Kontinuität und das Verhältnis von bodenständigen Formen und den Bestandteilen christlich-antiker Zeit von ausschlaggebender Bedeutung (vgl. 4.3).

Auch der Volkskundler kann einigermaßen sicheren Boden mit den Jahrhunderten nach der Völkerwanderung betreten. Das Maß an Kontinuität läßt sich nur in einem europäischen Überblick in seinen vielen Facetten erkennen. Wir nehmen als Beispiel die Verbindung der *christlichen Formen mit der vorchristlichen Grundlage*. Dazu bieten die spätchristianisierten Gebiete Skandinaviens und des Baltikums feste schriftliche Nachrichten in ziemlicher Zahl. Im Baltikum hatten sich die heidnischen Vorstellungen neben der Kirche bis in die Zeit nach der Reformation vor allem in den Hof- und Dorfkapellen Estlands und Lettlands gehalten, die damals gegen den Willen ihrer Besitzer zerstört wurden. Auch bei Wallfahrtsorten wie Heiligenlinde (Ostpr.) oder dort verehrten Heiligen wie Antonius dem Eremiten als Pferdeschützer ist der Zusammenhang nicht zu leugnen. Zwar gilt auch für Skandinavien und das Baltikum die naive Meinung nicht mehr, daß Olaf Thor, Michael und Petrus direkt Wotan ersetzt hätten. OHLSEN (1967) hat noch kürzlich vor der Annahme solch direkter Kontinuität gewarnt und dabei betont, wie kompliziert und indirekt die Zusammenhänge sind, wie Parallelen und Neubildungen vielleicht noch eine unbedeutende Einzelheit aus altem Bestand aufnehmen, bei andern Fällen ein echter Zusammenhang und das Erbe offenkundig sind.

Im großen Überblick und Vergleich aber gewinnen wir die rechte Relation und Einschätzung für die Unterschiede in der Kontinuität in Europa. Eindeutig haben sich nämlich christliche Formen in Südeuropa bis nach Oberdeutschland hinein im Volksleben in vielfältiger und intensiver Weise durchgesetzt und sich mit weltlichen Formen vermischt. Diese Mischung nimmt nach Norden stufenweise ab und schon in Niederdeutschland ist die Berührung sehr viel lockerer. Am Beispiel der Ortsnamen ist diese Stufung leicht zu verdeutlichen. So fallen z. B. die mit Heiligennamen gebildeten Ortsnamen (St. Remy, Court-St. Etienne) von Südfrankreich bis zum Pas de Calais von 35 % auf 2,5 % und in Deutschland von den Alpen bis zur Nordsee in gleicher Weise (HELBOK 1935, ZENDER 1957). Andere Kulturbereiche bieten weitere Beispiele, die Verchristlichung des Erntebrauches alter Art in Südfrankreich, die Rolle des Paten, die Bedeutung christlicher Sinnbilder als Abwehr.

Nach der Völkerwanderung war die volkliche und kulturelle Mischung westlich der alten Limesgrenze weit vorgeschritten, kritische Haltung zu den eigenen Traditionsformen ist angesichts der vielen neuen Eindrücke anzunehmen. Unter diesen Umständen haben antik-christliche Formen und Inhalte die Menschen in den neuen Siedelgebieten viel stärker erfaßt, auch wenn wir die römische Grenze im späteren Kulturbild nur verschwommen erkennen. Aber Länder und Völker, die ihren eigenen kulturellen Status vor der Bekehrung wiedergewonnen hatten, hielten auch weiterhin die eigene Welt vom Christentum eher getrennt, als jene Zonen, in denen das Christentum in der antiken Form von Anfang zum Aufbau einer neuen Kultur beitrug. Die hier erörterten Probleme lassen sich differenzieren mit einer Fülle von genauen örtlichen und zeitlichen Daten an Hand der *Heiligenverehrung* und Patrozinien.

Wir kennen als Patrozinien von rheinischen Stadtkirchen Heilige, deren zentrale Kultstätte in einem Gebiet südlich etwa von Loire-Besançon liegt: Lupus von Troyes und Columba von Sens in Köln, Symphorian von Autun und Victor von Marseille in Trier usw. Diese Kirchen gehören sehr früher Zeit an. Die Erklärung dieser Patrozinienwahl ist vor allem nach den Arbeiten von FR. PRINZ (1965) und EUGEN EWIG klar. Als sich die Verhältnisse nach der Völkerwanderung zu regeln begannen, fanden die bedrängten Christengemeinden im Rheinland Unterstützung in Südfrankreich, in Gebieten, die einen Rest antiken Lebens gerettet hatten. Diese südfranzösischen Patrozinien sind uns nur Zeugnis für einen viel tiefergreifenden Einfluß. Vom Mittelmeer her gerät das ganze Rhonegebiet in einer kraftvollen Kulturbewegung unter den Einfluß wieder auflebender spätantik-christlicher Geistigkeit, einen Einfluß, der über Lyon bis ins Rheinland nach Trier und bis in die Ile de France führt. Dieser Durchbruch spätantiker Geistigkeit quer durch Mitteleuropa von Oberitalien und dem Mittelmeer über die Ile de France und die Rheinlande nach Norden reicht in Ausläufern bis nach England und letztlich bis nach Skandinavien. Diese Vertikale gegenüber der im übrigen horizontalen Gliederung Europas ist schon früher beobachtet von STEINBACH (1926), in der Stadtgeschichte (E. ENNEN 1972), bei FRINGS in der Germania Romana (FRINGS/ MÜLLER 1966/68). Sie erweist sich nicht bloß als Klammer, sondern ist zum Teil Grundlage für spätere Expansionsherde im Pariser Becken wie an Maas und Rhein. Es ist damit ein Vibrationsraum und Eruptionsraum geschaffen, der nicht zur Ruhe kam, sondern immer von neuem Änderungen und Neuerungen hervorrief und sie verbreitete, wogegen sich der Osten wie der Westen als beharrlicher erwiesen. Zu diesem Komplex lassen sich nun nicht nur aus der Heiligenverehrung, sondern auch aus dem gegenwärtigen Volksleben Verbreitungsbilder beibringen. Schon STEINBACH (1926) hat sich mit Intensität dem Hausbau im Gebiet an der germanisch-romanischen Sprachgrenze zugewandt. Er hatte den frühen Zusammenhang der dortigen breitgelagerten, quadratischen Steinhäuser samt ihrer Hohlziegel mit dem Mittelmeerraum erkannt. Auch die verhältnismäßig frühe Entstehung war für ihn ebenso klar wie das Fehlen einer direkten Kontinuität zu den römerzeitlichen Bauten. Nun ist es überraschend, daß zwar eine gewisse Affinität zu den Bauernhäusern des Mittelmeerraumes und Oberitaliens besteht, aber eine direkte Ableitung nicht möglich ist. Kenntnis einiger fränkischer Häuser bei Trier und bei Metz wie die Verbreitung machen wahrscheinlich, daß dieser Haustyp sich zwischen Savoyen und Limburg erst zu Ende des 1. Jahrtausends gebildet hat.

Das zweite Beispiel betrifft einen Brauch. In ähnlicher Lagerung rittlings über der Sprachgrenze liegt von Savoyen bis auf die Höhe von Aachen und Maastricht und nach Ost und West ausufernd das Abbrennen des *Jahresfeuers am 1. Fastensonntag.* Dieses Datum deutet, als ursprünglicher Fastnachtstermin, auf eine Verbreitung dieses Feuers vor dem 11. Jh. hin. Denn erst seit dem 11. Jh. beginnen die Fasten mit Aschermittwoch und nicht mehr wie früher am Tag nach Invocabit. Andererseits führt der Termin, wie sich aus Einzelheiten ergibt, den alten römischen Jahresanfang, den 1. März, weiter, der sich noch in Oberitalien als Termin für ein ähnliches Feuer erhalten hat. Demnach hat sich das Fastenfeuer aus dem antiken Jahresanfangsfeuer, aber erst in nachantiker Zeit – die christlichen Fasten bestimmen ja den Termin – entwickelt. Wir können festhalten, daß sich im frühen Mittelalter ein Brauch mit antiker Grundlage geändert hat und eine zeitgemäße Form fand.

Ein drittes Beispiel: Im Indiculus superstitionum et paganiarum des 8. Jhs. kommt das Wort *spurcalia* vor. TH. FRINGS hat sich eingehend mit diesem Wort beschäftigt, da es im niederländischen *sprokkelmaand* – Februar weiterlebt; das Wort fand sich in gleicher Bedeutung im Rheinland, wo es sich aber noch in zweiter Bedeutung als *Spörkelse* und nun mit einem merkwürdigen Glauben, später einer scherzhaften Redensart verbunden findet. Die *Frauen machen im Februar das Wetter,* und jene Frau, die gerade dran ist, heißt die *Spörkelse.* Wir erfahren über Wort und Brauch aus der Quelle des 8. Jhs. nichts weiter. Die Ableitung von *spurcus* „schmutzig" und die späteren Bedeutungen und Brauchhandlungen ließen Frings zu Recht vermuten, daß damit irgendein Fruchtbarkeitsfest gemeint war, das mit solch abfälligem Namen von der Kirche belegt wurde. In unserem Zusammenhang ist wichtig: Dieses Wort stellt offenbar eine Neubildung in nachantiker Zeit dar. Im klassischen Latein fehlt es ebenso wie in den romanischen Sprachen und Dialekten der Gegenwart. Dennoch ist es über die Meinung von den wettermachenden Frauen eng mit ähnlichen Vorstellungen im Mittelmeerraum von Rumänien bis nach Südfrankreich verbunden. Es ist die Frage, ob das Wort *Spürkel* je in der Romania heimisch war. Die zugehörige Meinung ist wie etwa auch das Wort *Paschen* über den Niederrhein bis nach Dänemark und Schweden getragen worden. Der ganze Komplex gehört an sich in den Jahresschlußbrauch, so wird er denn auch in Niedersachsen abgewandelt und dem modernen Jahresschluß angepaßt: Die Frauen haben an Silvester das Sagen. Die alte Vorstellung aber bleibt im Rheinland, in einigen weitverstreuten Randrelikten und in Dänemark erhalten.

Die drei Beispiele zeigen, wie auf antiker oder mittelmeerischer Grundlage in einer Sekundärlandschaft in jenem Zwischenraum zwischen Germania und Romania in nachantiker Zeit Neuerungen entstehen, die dann nach Ost und West weit vorgetragen werden (PRINZ 1965, ZENDER 1959, FRINGS/MÜLLER 1966/68, ZENDER 1973).

Zu dieser Veränderung antiken Lebens nördlich der Alpen lassen sich die Beispiele häufen. In der Liturgie der fränkischen Kirche bilden sich neue regionale Formen, für den Volkskundler besonders interessant bei der Osterfeier, bei der die Feuersegnung im fränkischen Bereich in den Gottesdienst eingefügt ist und die Speisensegnung ihren eigenen Charakter erhielt. Beide wurden erst Jahrhunderte später in die römische Liturgie übernommen (FRANZ 1909).

In der Heiligenverehrung wird in Gallien in spätantiker Zeit in der überlokalen Verehrung eines Nichtmärtyrers, nun des hl. Martin, ein gegenüber Italien neuer Typ geschaffen. Die Übernahme des *Martinkultes* durch die Franken ist geradezu ein Symbol für den für das Abendland entscheidenden Vorgang der Rezeption von Christentum und Antike nach der Völkerwanderung.

Der hl. Martinus, zu Lebzeiten ein römischer Offizier, als Bischof ein Vertreter der christlichen Spätantike, wird sozusagen zum himmlischen Bannerträger des Frankenreiches. Die vis regni liegt nun im Pariser Becken und von hier breitet sich der Martinskult aus, schon vor 750 in vielen Patrozinien bezeugt. Dem Volkskundler ist wichtig, was geblieben ist, denn die Patrozinien haben nur den Wert historischer Zeugnisse, sie bedeuten für die Verehrung in der Gegenwart kaum etwas. Wir alle kennen den Martinsheischezug oder wissen von den oft opulenten Festessen mit Martinsgänsen an seinem Tag. Diese Feiern hängen natürlich irgendwie mit dem Kult zusammen. Aber zwischen Volksleben und kirchlicher Verehrung ergibt sich doch eine Diskrepanz. Volksbräuche verschiedener Art am Martinstag finden sich nur in Deutschland und den Niederlanden. Für Frankreich mit seinen 3675 Martinskirchen konnte der vielbändige *Manuel de Folklore Français* von VAN GENNEP den dortigen Martinsbrauch auf 2 Seiten darstellen. Wiederum erweist sich die Sekundärlandschaft als Brauchträger. Die volkstümliche Verehrung des Heiligen als Schutzpatron der Haustiere ist gar auf die Ränder seines Kultes im Osten und Südosten von Böhmen über die Alpenländer bis Kroatien beschränkt, genauso wie das Martinsgansessen in Estland und Schweden noch lange überlebte. Es kann nur so sein, daß in diesen nachträglich oder spät erreichten Gebieten eine solche Lebensform in neue Zusammenhänge geriet, dort von neuen, nun tragenden sozialen Schichten übernommen wurde, auf diese Weise zunächst überlebte und schließlich mit anderer Funktion neuen Auftrieb erhielt. So beziehen sich etwa in Thüringen und an der Weser die Martinszüge seit langer Zeit auf Martin Luther und haben durch diesen Bezug neue Lebenskraft erhalten. Im Ursprungsgebiet aber erstarrte der

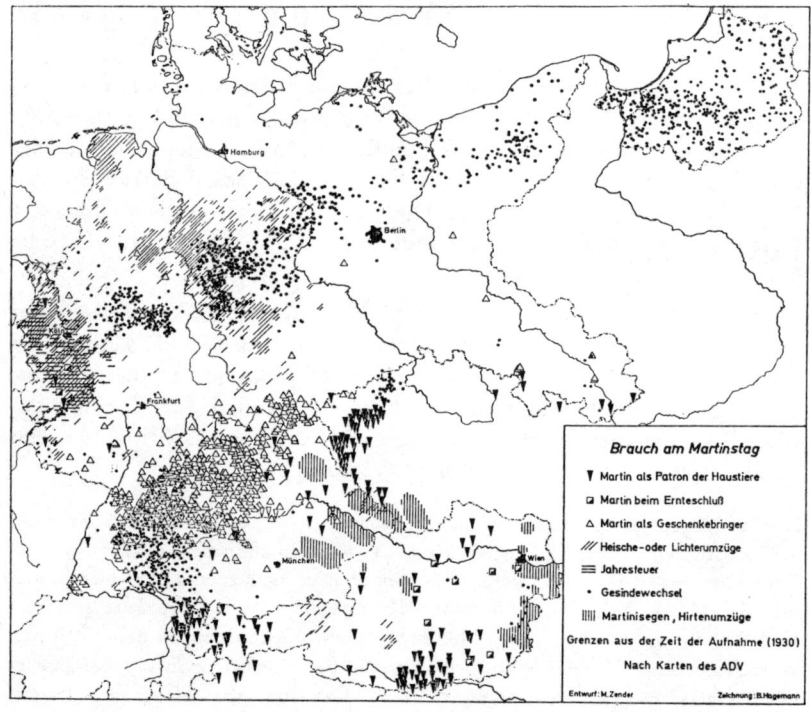

Abb. 8 Brauch am Martinstag (aus ZENDER 1971)

Kult in der Zeit, in der die ihn tragenden Schichten ihre Bedeutung verloren, erstarrte, ehe er im Volksleben bleibenden Niederschlag finden konnte (ZENDER 1971).

Damit gewinnen wir Einblick in einen im Volksleben *regelhaften Vorgang:* Formen des Volkslebens bleiben am Rand ihres Verbreitungsgebietes lebensfähig, dort entstehen für sie neue Funktionen und von dort breiten sie sich erneut aus.

Wir geben noch ein aus mehreren Gründen wichtiges Beispiel. In Thüringen, in einer Zone von Hannover bis Bamberg, dann in Oberschlesien war es noch um 1930 üblich, *dem Toten eine Münze* in die Hand zu legen und so symbolisch das Erbe abzukaufen: „Hier hast Du das Deinige, laß mir das Meinige."

Im Wendland und an einigen isolierten Orten legt man dem Toten die Münze in den Mund (SCHWEBE 1960). Es handelt sich eindeutig um den antiken Brauch des Charonspfennigs, der zwar im Ostmittelmeerraum noch besteht, aber im Westen fast überall, in Frankreich total verschwunden ist. Wie aber kommt diese antike Sitte nach Thüringen und Oberschlesien? Der oberschlesische Brauch gehört zu einer Gruppe, die vom Ostmittelmeer ausgehend über den Balkan und die mährische Senke bis nach Schlesien reicht, wie an Hand von Brauch einzelheiten zu erkennen ist, die zum Teil auf patristisch-ostkirchliche Literatur zurückgehen. Das thüringische Gebiet gehört in anderen Zusammenhang. Wir kennen die Sitte in der Antike, dann bei dem Beigabenreichtum der merovingerzeitlichen Gräber und wissen, daß sie damals aus antikem Bereich übernommen, in fränkischer Zeit nach Alemannien, Bayern und Thüringen verbreitet wurde. Im 8. Jh. wurden Beigaben verboten. Sie hielten sich jedoch am Rande des damaligen karolingischen Reiches im Osten noch bis ins 9./10. Jh. Hier müssen Beigaben dann zum selbstverständlichen Requisit des damaligen Grabes geworden sein, so daß sie nicht bloß in den Gräbern westlich von Elbe und Saale eine wichtige Funktion als Symbol der Besitzablösung hatten. Die Sitte ist offenbar bei Missionierung und Kolonisation auch in früher slawischem Gebiet östlich von Elbe und Saale heimisch geworden. Beigabe von Geld und anderen Gegenständen blieb dort bis fast in die Gegenwart.

Wir halten an dieser Stelle rückblickend nur eines fest. Antike Lebensformen, in der Zeit nach der Völkerwanderung im Gebiet zwischen Seine, Rhone und Rhein den neuen allgemeinen Lebensverhältnissen angepaßt, werden aus diesem zentralen Raum weitergetragen. Den volkstümlichen Niederschlag finden wir mehrfach nicht mehr in diesem Zentralraum, sondern weitabgelegen in Böhmen und Kroatien, so die Verehrung des hl. Martin als Viehpatron, in Thüringen und Sachsen Geldbeigaben oder in Dänemark Reste (im Frauenbrauch und etwa das Wort Paschen) oder eben das Feuer am 1. Fastensonntag in der Rhön (ZENDER 1959–64).

Der Raum zwischen Loire und Rhein bleibt in der Merowingerzeit expansiv, auch wenn sich die Zentren verlagern, zunächst in die Ile de France, wie etwa in der Kultverbreitung des hl. Remigius deutlich wird, wobei die großen Kulturstraßen über Maas, Mosel und zum Mittelrhein hervortreten, dann in der Verehrung des karolingischen Hausheiligen, des hl. Dionys von Paris, die beide das Land zwischen Seine und Elbe für die damalige Zeit als kulturell zusammenhängend erweisen. Mit dem 8. Jh. setzt sich entsprechend der politischen Situation das mittlere Maasland mehr und mehr durch. Als Beispiel nennen wir die Verbreitung des Lambertuskultes, der sich von etwa 750–1000 ausbreitete. Auch hier bleibt die Elbe als Grenze sehr deutlich. Sogar die späteren Siedler aus den Westgebieten verzichteten darauf, diesen Kult aus der Heimat nach den nun christianisierten Gebieten zu tragen. Der Kult der hl. Gertrud, der ebenfalls im Maasland in Nivelles seinen Ausgang nimmt und sich vor allem im Zeichen der karolingischen Tradition zunächst bis etwa 1200 ausbreitet, reicht schon um 1300 mit einzelnen Kultstätten bis nach Schleswig und in den Ostseebereich.

Es folgen als *neue Kultzentren* auf die Maaslande im 12. und 13. Jh. *die Rheinlande*, vor allem Köln mit der Verehrung der Kölner Mägde und ihren Tausenden von Reliquien und den hl. Drei Königen, die als hohe Standespatrone so recht mittelalterlichem Denken gemäß waren, die als Adelspatrone galten, aber in Köln recht bald zu Schutzherren der Reisenden und Kaufleute wurden, und deren Altäre nun sowohl in den Niederlanden, wie in ganz Niederdeutschland bis nach Skandinavien hinauf von Kölner Handel und Verkehr zeugten.

Aber in diesen Jahrhunderten ist nicht bloß neu, daß Köln über den Niederrhein hinweg auch nach den nördlichen Niederlanden zu kulturellem Einfluß kommt, daß die Elbe als Kulturgrenze wegfällt und nun ein Kult wie der der Drei Könige ungehindert auch in Ostdeutschland und in Skandinavien seinen Niederschlag in Kultstätten findet, es wiederholt sich in gewisser Weise jener Vorgang der Veränderung von außen herangebrachter Kulturformen. Der hl. Gertrud waren in Stralsund und einigen skandinavischen Orten um 1300 Kirchen geweiht, von denen zum wenigsten die in der Frankenvorstadt Stralsund ihren Zusammenhang mit dem Ursprungsland verrät. Gertrud galt damals schon gemäß ihrer Legende als Patronin der Reisenden und Schützerin vor dem

Tod. Als nun im 14. Jh. die Pest die Menschen dahinraffte, traf diese Gei-
ßel Gottes besonders hart die großen Handelsstädte, denn nun starben
Kaufleute fern der Heimat in Orten, in denen kein geordnetes Begräbnis
für sie bereitet war. Unter diesen Umständen erhielt die hl. Gertrud
einen besonderen Rang. Die zahlreichen, nun gegründeten Fremdenspi-
täler und Friedhöfe wurden der hl. Gertrud geweiht, und es entstand als
besonders charakteristischer Typ das Gertrudenspital oder die Gertruden-
kapelle auf Friedhöfen vor den Toren der Stadt. Diese neue Form einer
Gertrudenkultstätte, entstanden im südlichen Ostseeraum, breitete sich
rasch von dort aus und erfüllte mit Ablegern Skandinavien und den
ganzen Ostseeraum. Aber diese Gertrudenspitäler werden nun im Zeichen des Verkehrs und der Hanse auch in Westdeutschland bekannt, und
wir finden die Gertrudenspitäler von Schleswig und Mecklenburg ausgehend auch in Niedersachsen, Westfalen bis zum Rhein und zur Zuiderzee. Parallel dazu verläuft die Ausbreitung des Olafkultes auf dem Fest-
land, die in gleicher Weise von den hansischen Beziehungen getragen war
(ZENDER 1959).

Zu dem Übergreifen kontinentaler, oft niederländischer und westnieder-
deutscher Formen auf Skandinavien läßt sich die Ausbreitung eines *Jahresfeuers an Ostern* heranziehen. Diese Beziehung bleibt vom späten Mit
telalter ab konstant. Schweden und mit ihm Finnland stehen unbeschadet
des Mitte des 17. Jhs. einsetzenden Einflusses aus England bis fast zur
Gegenwart unter der Einwirkung des Festlandes. Politische Ursachen,
der Dreißigjährige Krieg, die schwedischen Besitzungen in Pommern und
an der Nordsee, die Reformation sind zur Begründung anzuführen. Die
Gründe genügen nicht. Durch die erste Zeit war im Zuge der Hanse
offenbar eine Affinität geschaffen, die weiter wirkte.

Die *Feier des Namenstages* war kurz vor der Reformation in Deutschland
aufgekommen, ihr wurde aber mit der Reformation die Grundlage ent-
zogen (vgl. 4.4). Diese vergehende Feier aber haben gerade zu jener Zeit
die Schweden übernommen, sie kam in Schweden von den Bürgern zu
ärmeren Schichten und Bauern, wurde im 18. Jh. in Finnland bekannt,
galt vor 30 bis 40 Jahren in finnischen Dörfern als nachahmenswerte
Neuerung mit eigener festlicher Ausgestaltung, zu einer Zeit also, als
selbst Katholiken bei uns von der Namenstagsfeier zur Geburtstagsfeier
übergingen. – Die Weihnachtskrippe haben schwedische Kirchen seit 1890
nach deutschem Vorbild hie und da eingeführt, die Zahlen mehrten sich,
bis in den letzten 20 Jahren allenthalben in Schweden Krippen stehen,
obwohl bei uns sogar in katholischen Kreisen dieser Brauch sehr kritisch

beurteilt wird. Es bleibt auch hier in den Beziehungen zu Schweden die Konstanz über Jahrhunderte zu beachten, die sicher durch die geographische Lage gestützt wird, aber heute kaum noch im politischen und wirtschaftlichen Bereich eine Grundlage hat (TALVE 1966, BRINGÉUS 1972).

In Westdeutschland haben sich im Spätmittelalter die Gewichte verschoben. Zwar bleibt das Rheinland unter nachbarlich-romanischem Einfluß. Picardie und Wallonie wirken nach Köln hinein, wie wir an lautlichen Eigentümlichkeiten einzelner Lehnwörter ablesen können. Brabant wird zum Vorbild. Oberdeutschland steigt zum wirkungsstarken Expansionsherd auf. Seit dem Hochmittelalter drängen ja oberdeutsche Sprachformen rheinabwärts und gestalten die Mundart im Rheinland um. Es bleibt hier vieles, selbst wenn einige wichtige Beispiele von FRINGS, heute anders erklärt, wegfallen. Aber was uns wichtiger ist, *Kölns Wirkungskreis* wird eingeengt. Er reicht bis zu den Eifelbergen und am Rhein bis ins Maifeld. Das hat wohl auch die Dialektgeographie schon gesagt. Aber welche historischen und sozialen Grundlagen zur Begrenzung dieses sogenannten Kölner Raumes beitrugen, darüber ist aus den Mundartformen wenig zu erkennen. Grundlage für die rheinischen Verhältnisse ist eine Konstante, die durch alle Zeiten zu beobachten ist. Während in Westfalen traditionelle Lebensformen um 1930 von der modernen industriellen Welt noch halbwegs unabhängig bleiben (wenn wir vom Ruhrgebiet und einem kleinen Bezirk bei Bielefeld absehen), schlug im Rheinland die Sozialstruktur stets sehr rasch in der Volkskultur durch.

Betrachten wir die Lebensformen in der Stadt, so zeigt sich sofort, daß etwa der Brauch einen anderen Sinn als auf dem Dorfe hatte. Die typische Veränderung im Volksbrauch vom magischen Gehalt zu Festlichkeit und Spiel in den Städten hat schon seit der frühen Neuzeit von Köln ausgehend den weiten Umkreis dieser Stadt erfüllt. Auch die heute beliebte Organisation ist schon seit Jahrhunderten Signum des Brauchs im Kölner Raum. Anhand von historischen Nachrichten läßt sich diese Veränderung für den Kölner Raum ziemlich genau festlegen. Vom späten Mittelalter bis zum 19. Jh. hat sich jene Veränderung des Volkslebens vollzogen. In diesem Prozeß folgen zeitlich aufeinander die festliche Gestalt der Kirmes mit allerlei Spielen, die Feier der Kirmes durch den Junggesellenverein, die vereinsmäßige Organisation der Altersklasse mit Versteigerung, statt wie ursprünglich Verteilung der Mädchen, Umwandlung der Fastnacht zum Karneval (1823), der organisierte Martinszug. Das alles gibt es in weitem Umkreis um Köln. Damit haben sich Elemente städtisch-bürgerlicher Lebensweise unter dem Eindruck des Stadtlebens von Köln durchgesetzt. Aber sie betreffen nicht bloß Städte und gewerbliche Orte, hatten vielfach gar nicht ihren Ursprung in der Stadt. Auch Dorf und Bauer richteten sich in diesem Raum seit langem nach der Lebensweise des Bürgers. Sicher spielte das höhere Einkommen des Bauern in der Kölner Bucht eine Rolle, aber diese städtisch-bürgerliche Lebensart greift weit in die Nordhänge der Eifel hinein, in Gebiete also, die sozial wesentlich schlechter gestellt waren als die Bauern der Südeifel, die in älteren Verhaltensweisen stehen blieben.

Im Gegensatz zu Köln stehen *Eifel und Moselland.* Dieses Land blieb bis fast in die Gegenwart wesentlich bäuerlich. 1925 waren dort noch 70 % der Bevölkerung in der Landwirtschaft beschäftigt. Natürlich hat auch hier – bis auf Reste – der Brauch seine magische Bedeutung verloren, aber damit wird der Brauch auch aufgegeben, so daß dieses Land zwar voll archaischer Reste, aber braucharm ist. Was an Brauch geblieben ist, ist einfach, ohne Schmuck und Farbe, und es führt von hier kein Weg zu einer festlichen Gestaltung wie im Kölner Raum. Heute allerdings übernimmt man dort unbesehen die fremden Brauchformen aus dem Kölner Land. Soziale Momente führen in Teilen des Westmosellandes dazu, daß die dortige mittelbäuerliche Bevölkerung ungewöhnlichen Aufwand für Wohnhaus und Ausstattung kennt und dabei moderne Stilformen ohne Verzug übernimmt.

Vor allem im Kölner Raum wird diese Anpassung aus dem 18./19. Jh. heute stabilisiert, konserviert und verteidigt, so daß der Umkreis um Köln zur Zeit in seinem Brauchleben ein etwas altertümliches Bild zeigt, aber damit sein Lokalkolorit wahrt (Zender 1965, 1972).

Es scheint uns bemerkenswert, daß wir in Belgien den gleichen Gegensatz zwischen Brabant – Flandern, dem Condroz und der Gegend von Namur mit seinen überreichen Festzügen einerseits und andererseits den Hängen südlich des Ardennenkammes mit seinen einfachen und schlichten Bräuchen haben. In älterer Zeit muß der Austausch zwischen Köln und Brabant rege gewesen sein. Es bleiben trotz dieses gemeinsamen Grundzuges in den einzelnen Formen doch Unterschiede.

Daß in den neueren Industriegebieten im allgemeinen die Entwicklung viel weiter gegangen ist, wissen wir. Mit wenigen Sätzen seien Sachsen und das Saarland in dieser Hinsicht skizziert (für das Ruhrgebiet vgl. 4.5).

In *Sachsen* war mit dem frühen Beginn der Industrialisierung vor allem in der Form der Verlags- und Heimarbeit in den Dörfern, wobei die Arbeit in die Familie hineingetragen wurde, die Auswirkung auf das Privat- und öffentliche Leben durchgreifend.

An Hand der Literatur ist es allerdings schwer, ein Bild vom Zusammenhang von sozialem Status und Festbrauch zu entwerfen. Denn sogar die Arbeiten aus Sachsen um 1930 betrachten Fest und Brauch merkwürdig isoliert und, gefangen vom Reichtum der Formen, antiquiert. Nur F. SIEBERS Sagenbeitrag (in: FRENZEL/KARG/SPAMER 1932) läßt etwas ahnen von durch moderne Entwicklung bedingten landschaftlichen Unterschieden.

Bergbau und Textilindustrie haben das Land geformt. Diesen Industrien folgten an Bedeutung Papier, Musikinstrumente, Spielwaren. So war der Freistaat Sachsen um 1930 mit nur 12 % Bauern und 350 Einwohnern je km² das industriereichste Land der Erde. Zu 90 % Kleinbetrieben mit bis zu 5 Arbeitern gehörte rund ein Viertel der Einwohner, der Anteil der arbeitenden Frauen war besonders groß.

In den rein beschreibenden älteren Publikationen fällt die Farbigkeit des Volkslebens in Brauch und Fest auf. Schmuckform und technische Fertigkeit sind dabei von Bedeutung. Die Jahrmärkte sind um 1930 noch durchsetzt mit traditionellen Elementen, kennen etwa ein Puppentheater mit seinem Repertoire aus den Volksbüchern. Auf der Dresdener Vogelwiese als Mittelpunkt bis zum letzten Kriege das Vogelschießen, dazu schon um 1600 ausgesprochene Bauernlustbarkeiten, Wettlaufen, Vorführungen von Bauerntänzen für die andern sozialen Gruppen und eindrucksvoller als anderswo theatralische Bauernaufzüge vor dem Fürsten. Gruppen, die den Bauernstand schon fast als interessanten Außenseiter sehen. Auch die Fertigkeit im Schnitzen der Weihnachtsleuchter, etwa des Bergmanns mit seinem Leder, die vielfigurigen beweglichen Darstellungen des Weihnachtsgeschehens und der Bergwerke verraten den Einfluß der Heimarbeit auf den Volksbrauch (SIEBER 1960; WEBER-KELLERMANN 1958).

Erst die Karten des Volkskundeatlas enthüllten den *besonderen Charakter von Sachsen und Thüringen.* Dort fallen Sachsen und die Gegend von Halle–Merseburg als Träger von Neuerungen auf. Nur hier gibt es Zigarren und Zahnbürste als Grabbeigabe. Nur hier ist das Gesangbuch in der Hand des Toten eine Attrappe. Schon seit langem hatte das Jahresfeuer in Mitteldeutschland seinen brauchtümlichen Charakter verloren. Daher konnten Feuer zu politischen Tagen dort so großen Anklang finden, vom Feuer am 18. Oktober über den Sedanstag bis zu

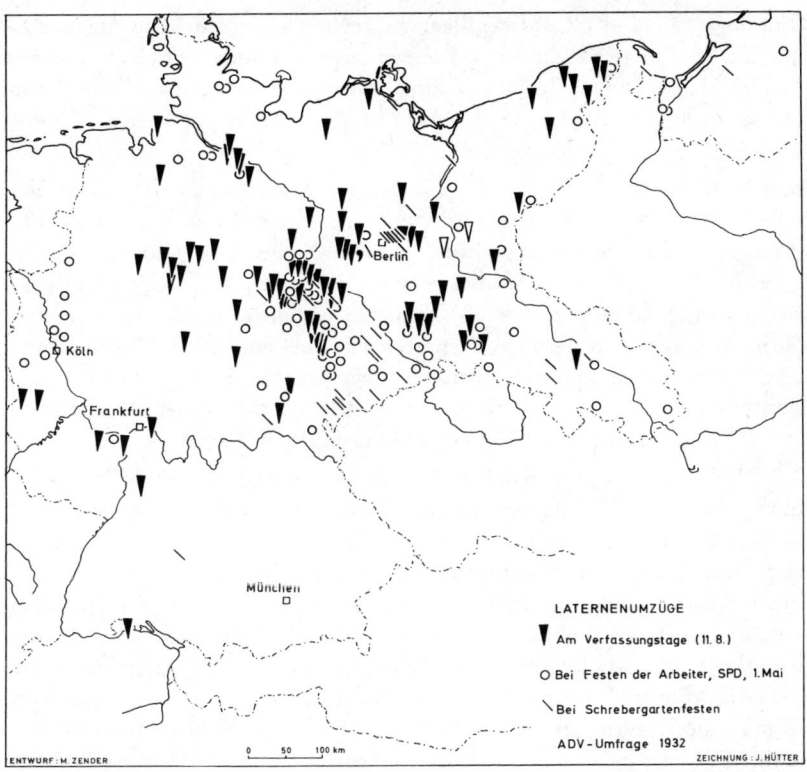

Abb. 9 Laternenumzüge zu politischen Anlässen, um 1930 (aus ZENDER 1974)

Lichterumzügen bei politischen Feiern schon der Weimarer Zeit, den Jahresfeuern der Jugendbünde, den von Nationalsozialisten verordneten Sonnwendfeuern. Der Muttertag ist aus Amerika in Deutschland nach 1918 bekanntgeworden. Sachsen mit Teilen Thüringens meldet für 1932 in 90 bis 100 % aller Orte die Feier des Muttertags als allgemein und in den Familien üblich. Das ist ein Prozentsatz, der weder von der Umgebung Hamburgs oder von Köln noch vom Ruhrgebiet erreicht wurde. Zusammenfassend können wir sagen: Sachsen war um 1930 volkskundlich gesehen die modernste Landschaft Deutschlands, war jene Industrieregion, in der das Volksleben am besten den Erfordernissen der industriellen Gesellschaft angepaßt war. Aber damit war kein vollständiger Untergang der Überlieferungen verbunden. Die Formen sind verändert

213

und angepaßt und oft aufwendiger als früher. Das Bild kann viel farbiger sein und merkwürdig kontrastieren zu einem bäuerlichen Reliktgebiet, das zwar Petrefakte bewahrt, aber einförmig, ja eintönig sein kann (FRENZEL/KARG/SPAMER 1932; ADV I, ADV-NF; ZENDER 1959–64, 1974).

Meine Kenntnis des benachbarten Sudetenlandes und vor allem des tschechischen Nordböhmens reicht nur zu einer Arbeithypothese aus. Auch diese Gebiete kennen – wenn auch nicht bei den gleichen Formen, aber in der typischen Wandlung der diesen Gegenden eigentümlichen Bräuche und Überlieferungen – ähnliche Verhältnisse wie das moderne Sachsen. Wenn dem so wäre, so hätten wir eine einheitliche Entwicklung unter verwandten sozialen Anstößen über Staats-, Sprach- und Konfessionsgrenzen hinweg, ein von der Industrie geprägtes Gebiet, das grob von Prag bis Magdeburg reicht (vgl. HEILFURTH 1972b, 1973).

Im *Saarland* mit seiner Kohlen- und Eisenindustrie verlief die Entwicklung langsamer. Der Arbeiterstand mehrte sich aus dem natürlichen Bevölkerungszuwachs und durch Zuwanderung aus volkskulturell gleichen Gebieten. Arbeiter waren in großem Umfange Pendler, der Arbeitsplatz blieb fremd. Diese Arbeiter lebten mit ihren Vorstellungen auf dem Dorfe. Der Erlös aus der Arbeit im Bergwerk floß noch lange in die bäuerliche Wirtschaft. Im Jahre 1925 war ein Drittel aller Bergleute Hauseigentümer. Hier paßten sich traditionelle Vorstellungen mit einiger Mühe und Zögern der neuen Welt an. Aus dem Wilden Jäger wurde einheitlich eine historische Gestalt, ein Förster Malditz, der umgeht, weil er gegenüber den armen Leuten die Forstgesetze anwandte; Alp oder Mahr sind durch das Drückmännchen ersetzt. Das traditionelle Erntefest am Schluß der Weizenernte wurde in gleicher Weise als Hahnfangen an den Schluß der Kartoffelernte verlegt. Die Kirchweih blieb als Dorf- und Verwandtenfest erhalten, sie endete nur am Montag mittag mit einer neuen, den Umständen entsprechenden Sitte: Alle Kirmesbesucher brachten den Hausherrn zur Bahn, wenn er gegen Mittag abfuhr, um gegen 14 Uhr zur Schicht einfahren zu können. Charakteristisch für das Saarland war, abgesehen von besonderen Situationen, um 1930 die Beibehaltung traditioneller Lebensformen aber ihre Anpassung an die neuen Gegebenheiten.

Noch schärfer würden die Unterschiede, wenn wir fremde Industrieriere heranzögen, etwa das luxemburgische Industriegebiet, in dem der Arbeiter lange Zeit ein verhinderter Bauer war und als solcher lebte.

Die jüngste Tendenz, die für Veränderungen und Neuerungen verantwortlich ist und die nur in lockerem Verhältnis zu den Zonen der Industrialisierung steht, wird in den Arbeiten über Berufsspott, neuere Redensarten und gesellschaftlichen Aberglauben deutlich (GROBER-GLÜCK 1974, 1975). Die Industriezonen spielen schon noch ihre Rolle. Aber Innovations- und Expansionszentren sind nach dem Material von 1930/35 die Verwaltungszentren – die *Millionenstädte,* vor allem Berlin. Ebenso wären Hamburg und Wien, etwas zurücktretend Frankfurt und München zu nennen. Die Sonderung Nord- gegen Süddeutschland wird hier besonders deutlich. Gerade bei diesen jüngsten Neuerungen spielt Köln keine Rolle mehr, und auch das Ruhrgebiet zeigt keine Expansionskraft.

Mir scheinen zwei Gründe bei Köln wichtig zu sein. 1. Die Kölner Sprache ist im Verhältnis zur Schriftsprache und zu den andern Umgangssprachen zu sperrig. 2. Kölner Neuerungen waren im Grunde immer retrospektiv, wie der Kölner Karneval. Alle Vereine fühlen sich zur Erhaltung des Brauchtums verpflichtet. Wie schon gesagt, verteidigt Köln zur Zeit einmal Erreichtes.

Es bleiben also offensichtlich noch sehr lange in der industriellen Welt landschaftliche Gegebenheiten mitbestimmend, die Ergebnis der natürlichen Lage und der Einwirkung des Menschen im Laufe der Zeit sind. Damit ordnet sich die Volkskunde, wenn sie diese Besonderheiten beachten will, den historischen Wissenschaften ein. Damit bleibt auch der Raum, die Verbreitung als Aspekt der Forschung von Bedeutung.

Mit einigen Sätzen sei noch einmal der besondere Beitrag der Volkskunde zur geschichtlichen Landeskunde hervorgehoben.

1. Die Volkskunde kann besonders für die ältere, an Quellen arme Zeit zusätzliche Erkenntnismöglichkeiten erschließen.

2. Sie kann in manchen Fällen aus der Art der Gestaltung die geistigen Hintergründe, Motivationen und Anstöße für Änderungen und Verbreitungen erschließen.

3. Da die traditionellen Lebens- und Arbeitsformen im allgemeinen nicht an die Sprache gebunden sind, bleiben weitgespannte Zusammenhänge über ganz Europa hin eher sichtbar.

4. Besonders faszinierend scheint immer wieder die Möglichkeit, den Niederschlag bestimmter Situationen der Vergangenheit oder einmaliger Akte im Volksleben zu beobachten, dabei zu erleben, was geschichtliche Vorkommnisse für den einfachen Mann und seine Lebensgestal-

tung bedeuten und wie sein Alltag und sein Feiern von der Geschichte her bestimmt sind.

5.2 Die soziale Differenzierung der Kultur

Mensch, Kultur und Gesellschaft sind komplementäre Größen. Sie stehen in wechselseitiger Abhängigkeit und damit in einem Funktionsnetz von Relationen. Im geschichtlichen Ablauf konkretisiert sich diese Interdependenz in sich wandelnden Lebensformen und Lebensweisen, Manifestationen des menschlichen Potentials, im Zusammenwirken Kultur zu schaffen und zu tradieren. Aus universalhistorischer Einsicht in diesen Sachverhalt entstand eine frühe Definition von „Kultur" als „Inbegriff von Wissen, Glauben, Kunst, Moral, Recht, Sitte, Brauchtum und allen übrigen Fähigkeiten und Gewohnheiten, die der Mensch als Mitglied der Gesellschaft sich angeeignet hat" (TYLOR 1871) – eine Begriffsbestimmung freilich, in der die „materiellen" Komponenten zu kurz kommen, all das, was RICHARD MEISTER als „wirtschaftliche Kultur" der „sozialen und geistigen Kultur" (dazu gehören neben dem von Tylor Genannten vor allem die Sprache und alle sprachlichen Äußerungen) vorgeordnet hat (HEILFURTH 1975).

Kultur umfaßt so „die gesamte vom Menschen geschaffene Umwelt". Aber sie realisiert sich faktisch über die Erde hin in einer Vielzahl von Konfigurationen, so daß man konkret nur im Plural von „Kulturen" sprechen kann, die alle an die soziale Existenz des Menschen gebunden sind. Es ist das Verdienst der Kulturanthropologie, unter vergleichender Auswertung des immensen ethnographischen Materials auf Grund des globalen Überblicks, der in unserer Epoche erstmalig in der Geschichte der Menschheit gewonnen worden ist, darauf mit besonderem Nachdruck hingewiesen zu haben.

Eine kritisch-analytische Anthologie kulturanthropologischer Definitionen des Begriffs „Kultur" wirft Licht auf den großen Spielraum der Konzepte (KROEBER/KLUCKHOHN 1963). Unter den Hauptmerkmalen wird die Überlieferungsbindung als *soziales Erbe* betont, wobei Erbe im Lebensablauf der Generationen zugleich „verschieden alt und verschieden zeitgemäß" ist. „Das Moment der ‚Ungleichzeitigkeiten' charakterisiert jede Kultur – Ungleichzeitigkeiten im Standard verschiedener sozialer Schichten und Gruppen, Ungleichzeitigkeiten aber auch zwischen verschiedenen Gebieten der Kultur" (BAUSINGER 1971).

Richtunggebend für ein kulturelles Ganzes, sei es groß oder klein, ist sein Wir-Bewußtsein, sein Wert- und Normsystem, sein von der Mehrheit der beteiligten Menschen anerkannter „way of life" samt dem Autoritätsgrad, der für allgemeine Geltung sorgt. Die materiell-technische Ausrüstung im engeren und weiteren Sinn des Wirtschaftens tritt in den Definitionen zurück, nicht dagegen „Kultur als Mittel zum Lösen von Problemen, als Lernen, als Schaffung von Gewohnheiten; die strukturelle Bedeutung der Kultur; Kultur als Geschaffenes, als Artefakt; als Idee und Symbol. Es liegt auf der Hand, daß dieser Kulturbegriff nicht nur soziologisch, sondern gleichzeitig psychologisch relevant ist. Im Grunde treffen wir auch hier wieder auf die Dreiecksbeziehung Person – Gesellschaft – Kultur. Die Übernahme der Kultur durch die Person (Enkulturation) erfolgt in einem Prozeß des Lernens; Lernen aber ist ein sozialer Prozeß. Damit stimmt auch die Definition von C. L. KLUCKHOHN und W. H. KELLY überein: ‚Eine Kultur ist ein historisch abgeleitetes System von expliziten oder impliziten Leitvorstellungen für das Leben, das zumeist von allen oder von besonders berufenen Mitgliedern einer Gruppe geteilt wird'" (KÖNIG 1969 b). Wendet man den Blick von den „Ethnien" (MÜHLMANN 1964) zu den „Kulturnationen", weitet sich das Bild.

Kultur in differenzierten und pluralistischen Gesellschaften, mit denen es die Volkskunde zu tun hat, gliedert sich in ein System von Kultursektoren und von *Partial- und Subkulturen* – der Begriff „Subkulur" ist hier wertfrei verstanden (SACK 1971) – im Rahmen unzähliger Varianten von Sonderformen auf der schier endlosen Palette menschlicher Gesellung. Denn es gibt in einer großen Spielbreite ein Netzwerk kleiner und großer, geschlossener und offener, formeller und informeller, dauerhafter und zeitgebundener, genossenschaftlich und hierarchisch bedingter Strukturen, zu deren unterscheidender Kennzeichnung auch die von Max Weber entwickelte Typologie herangezogen werden kann. Als besonders geeignet hat sich die auf C. H. COOLEY zurückgehende Einteilung in Primär- und Sekundärgruppen erwiesen. Zu jenen zählt etwa die Familie, die Spielgruppe, die Nachbarschaft, Formen, die dem vitalen Lebensgefüge zuzurechnen sind – zu diesen dagegen z. B. die Schule, der Betrieb, das Militär, institutionelle Gruppierungen, die viel stärker zweckrationalen Charakter tragen. Diese Kontrastierung entspricht bis zu einem gewissen Grad der von „Gemeinschaft und Gesellschaft" (F. TÖNNIES), ist aber brauchbarer, nicht nur weil sie weniger ideologiegeladen, sondern auch klarer definierbar ist und weil die Bezeichnung „Gesellschaft" sich begrifflich für das Ganze der Mensch-Mensch-Zusammenhänge eingebürgert hat. Die soziale Gruppenbildung korrespondiert jedenfalls mit einem bunt gefächerten Spektrum der kulturellen Konfigurationen sowohl insgesamt als auch partiell. Ihre Prägung und ihr Gepräge können systemimmanente Ursachen haben, aber sie können auch von außen angestoßen werden. Die Forschung muß beide Möglichkeiten in ihr Interpretationsnetz einbeziehen, die endogenen und die exogenen (s. 2.1).

Homo creator (MÜHLMANN 1962) ist „höchst erfindungsreich" in der Gestaltung immer neuer Formen der menschlichen Lebenswelt, nicht nur in den Ober-, sondern auch in den Mittel- und Unterschichten, die im Zentrum des volkskundlichen Interesses stehen. Die Volkskunde hat diese Formenfülle in vieler Kleinarbeit vorwiegend unter historischen und regionalen Aspekten nach den einzelnen Sachgebieten untersucht, nach Häusern, Trachten, Bräuchen, Liedern, Erzählgut usw., doch viel weniger nach den sozialen Systemen und Subsystemen, in denen die Einzeläußerungen jeweils ihren Stellenwert, ihren „Sitz im Leben", haben, Geltung und Funktion gewinnen und im geschichtlichen Fluß des Werdens, Seins und Vergehens Kraft bewahren oder ihre Bedeutung verlieren und dann als Zeugnisse alter Zeit ins museale Stadium geraten.

Wenn die Volkskunde aber damit ernstmacht, jeweils auch den historisch-sozialen Hintergrund in ihren Untersuchungen zu durchleuchten, stößt sie überall auf dieses Ineinandergreifen gesellschaftlicher Formen und kultureller Äußerungen, und die weiterführende Frage ist immer das Problem der Aufdeckung von Lebens- und Funktionszusammenhängen, die die Teile zueinander in ein Verhältnis bringen, gleichviel ob in eines der Integration oder des Konfliktes. Hier sind in der ganzen Bandbreite des Untersuchungsfeldes Ein- und Auswirkungen im horizontalen und vertikalen Mobilitätsgefüge, also in prozessualen Abläufen und den sie prägenden makro- und mikrostrukturellen Komponenten verschiedener Art und Intensität, aufweisbar.

Im gesellschaftlichen Gesamtbereich überschneiden sich zwei große Gruppierungsformen, in einem Wortspiel gesagt: „verwandtschaftliche" und „verbandschaftliche" (HELLPACH 1954). Den Kristallisationskern in der verwandtschaftlichen Ordnung bildet die *Familie* (KÖNIG 1946, PEUCKERT 1955, SCHELSKY 1967, WURZBACHER 1969 a, MÖLLER 1969, WEBER-KELLERMANN 1974 u. a.) mit ihrer kulturellen Integrations- und Ausstrahlungskraft. Ihre beherrschende Position für die Vermittlung des jeweils gültigen Kulturmusters an den Nachwuchs steht außer Frage, denn in ihr vollzieht sich der Regel nach durch das Aufziehen des Kleinkindes die „zweite, soziokulturelle Geburt" des Menschen (CLAESSENS 1972), d. h. der grundlegende Beginn der Sozialisation und Enkulturation, die sich dann durch weitere Bildungsagentien im Umkreis der Familie wie Spielgruppen, Kindergarten, Nachbarschaft, Schule, Jugendbund fortsetzen.

Die alte „Großfamilie" war als Selbstversorgungsgemeinschaft ausgesprochen kulturproduktiv. Die Kategorie des „Hausfleißes" in der Form des „handwerklichen" Schaffens der Familienmitglieder für den Eigenbedarf (RIEGL 1894, HEILFURTH 1967) beleuchtet diese Form der Kreativität. Die industrielle Revolution brachte für weite Bevölkerungsteile durch die Trennung von Haushalt und Betrieb einschneidende Funktionsveränderungen. Anstelle des traditionellen Familienzusammenhangs wurde die „Kleinfamilie" zur vorherrschenden Form, die als „Intimgruppe außerhalb der Arbeit" in der Hauptsache auf personalen Bindungen beruht. Die weitreichenden soziokulturellen Konsequenzen dieser Entwicklung sind augenscheinlich, mit neuen Freiheiten und mit neuen Verpflichtungen verbunden, d. h. auch mit neuen Be- und Entlastungen dadurch, daß die Existenz der arbeitenden Menschen sich in zwei Sphären vollzieht: dem privaten Bereich in Ehe und Familie – dem Freizeitbereich – und andererseits dem Berufsbereich mit spezifischen Leistungsanforderungen. So sind veränderte Formen der Lebensgestaltung, der Wertorientierung und des kommunikativen Zusammenwirkens entstanden im Gegenüber von Arbeit und Freizeit, die sich kulturell vielfältig auswirken, wenn man an Geselligkeit, Unterhaltung, Konsum, Bildung, Sport, Hobbies, Folklore-Pflege, Tourismus usw. denkt.

Die andere „Grundform der Gesellschaft", die *Gemeinde* (KÖNIG 1958), umfassender formuliert: die verbandschaftliche kommunale Daseinsordnung, übergreift Familie, Freizeit und Betrieb. Unter dem Gesichtspunkt der Sozialisation und Enkulturation ist innerhalb dieser Dimension die Nachbarschaft (KRAMER 1954, KLAGES 1958, ZENDER 1960, RULAND 1963 u. a.) durch das Fluidum ihrer unmittelbaren Erlebbarkeit hervorzuheben. Für die Soziokulturforschung eröffnet sich hinsichtlich der Gemeindestrukturen und des Gemeindelebens ein weites wichtiges Arbeitsfeld mit unbegrenzt vielen Ansatzmöglichkeiten in Geschichte und Gegenwart, vom Dorf (HAIN 1936, WURZBACHER 1954, ZENDER 1956, ROTH 1968, SCHWEDT 1968 u. a.) bis zur Großstadt (L. SCHMIDT 1940, PFEIL 1950, HELLPACH 1952, COMMENDA 1958/59, R. MACKENSEN u. a. 1959 usw.), über alle Zwischenformen einschließlich der Stadt-Land-Beziehungen (KAUFMANN 1975) unter Anlehnung an die entfaltete empirische Gemeindeforschung der Sozialwissenschaften und unter Auswertung der Lokalbeschreibungen und Ortschroniken, die in großer Zahl vorhanden sind. Auch die Großstädte sind alles andere als „formlose Sandhaufen von Individuen" (MAX WEBER), sondern offenbaren beim näheren Eindringen in ihre Funktionssysteme mehr oder weniger dichte Gewebe von Partial- und Subkulturen sowohl in den Zentren als auch in den

Vorortgürteln, die dann ins offene, immer stärker zersiedelte Land übergehen.

Das Kultursystem der Gemeinden, selber eine Teilkultur von hohem Rang, differenziert landauf, landab die Gesamtkultur und umfaßt ein äußerst vielschichtiges mikrokulturelles Leben, dessen Träger auf weiten Strecken besondere *Vereinigungen* verschiedenster Funktion und Validität sind. Ihre Gattungen und Arten alle auch nur aufzuzählen, würde den hier zur Verfügung stehenden Raum sprengen. Die einschlägige Forschung, die seit einiger Zeit in Gang gekommen ist (SCHMITT 1963, FREUDENTHAL 1968, V. L. LIDTKE, E. H. WALLNER u. a. in: WIEGELMANN 1973) hat herausgearbeitet, daß die „Vereine" und „Verbände" im Unterschied zu den älteren Gesellungsformen wie Zünften, Gilden, Innungen, Bruderschaften, Männerbünden usw. ausgesprochene Sozialgebilde der demokratisch-industriellen Kultur darstellen, mit spezifischen (wirtschaftlichen, politischen, kirchlichen, beruflichen, geselligen, sportlichen, folkloristischen usw.) Aufgaben, und daß zu ihrem Wesen gehört, „aus freier Initiative" entstanden zu sein. Dieser Trend hält an, wie die Lebendigkeit der „Bürgerinitiativen" in der Gegenwart bezeugt.

Es wäre falsch, „Vereinigungen" in einem polarisierenden Modell etwa unter dem Gesichtspunkt des Alters (vor und nach der industriellen Revolution!) in primären und sekundären Gruppen prinzipiell kontrastieren zu wollen, weil es sich dabei nicht um entgegengesetzte Kohäsionstypen, sondern um unterschiedliche Kompositionen frei beweglicher Funktionsmerkmale von Beziehungen handelt, um „Bauprinzipien", um „Grade der Verbindlichkeit", die hier eine schwächere, dort eine stärkere Rolle spielen können. Zugespitzt formuliert: Zu keiner Zeit gibt es primäre Gruppen ohne sekundäre Elemente und sekundäre Gruppen ohne primäre. Das „Sekundäre" ließe sich vielleicht annähernd mit der Tauschformel „do ut des" umschreiben als Regel des Zusammenwirkens auf kooperativer Basis – jenem wichtigen Ferment einer Kultur, die auf Pluralismus aus ist.

In nuce lassen sich Ansätze dazu schon in der *Kooperation von Mann und Frau* und deren Arbeitsteilung (WIEGELMANN/HØJRUP/PEDERSEN/ LÖFGREN 1975) erkennen, ein Ergänzungs- und Spannungsverhältnis zugleich, das seine Spuren in jede Kultur eingräbt (vgl. 3.3). Die nach der oder jener Richtung sich anbahnenden Lösungen in der Form von Konfrontationen oder Ausbalancierungen gehören zu den essentials der menschlichen Lebenswelt. Insofern kommt den männlichen und weiblichen Rollenzuweisungen, ihrem Rollenverhältnis und -verständnis, einschließlich der Phänomene, die mit den Vokabeln Patriarchat und Matriarchat anzusprechen sind, überall im Kulturgefüge und -geschehen Bedeutung zu, einschließlich auch der entsprechenden Gruppierungen und Bewegungen, in der Gegenwart ganz besonders durch die Akzente der Frauenemanzipation. Im Prozeß der Demokratisierung gipfelt die Bemühung um Abbau der patriarchalischen Privilegien in der Forderung nach „gleichrangiger Gefährtenschaft" (WURZBACHER 1969 a).

Auch die *Generationsstrukturen* schlagen sich vielfältig soziokulturell nieder und zwar in allen Altersklassen. Hier liegt ein breites und offenes Forschungsfeld vor der Volkskunde mit einer außerordentlich gestaffelten Differenzierung in Geschichte und Gegenwart. Die Welt des *Kindes*, vom Kleinkind bis zum Schulkind, ist und wird nach vielen Seiten hin untersucht; Stichworte wie Kinderlied, -reim, -sprache, -spiel, aber auch Kinderarbeit usw. deuten es an (BOESCH 1924, BEITL 1942, PEESCH 1957, FREITAG 1974 u. a.). Ein ganzes Bündel von Fragen unseres Themenkreises wirft das Übergangsstadium vom Kind zum Erwachsenen auf (ROSENMAYR in: KÖNIG 1969 a). Das *Jugendalter* (u. a. TENBRUCK 1962, WURZBACHER 1965, 1969 b, SEIDELMANN 1970/71, MEHNERT 1976) umfaßt den Lebensabschnitt der Reifung und Entfaltung, aber auch der Einengung und Preisgabe des kindlichen Weltbildes und Spielraumes, der Ablösung vom Elternhaus, der Lehre und Ausbildung, der Entwicklung zur Selbständigkeit. Jugendbewegungen mit „bündischen" Zusammenschlüssen oft subkultureller Prägung mit eigenen Wertmustern einschließlich der „Jugendkultur"-Postulate als Ausdruck von Protesthaltungen gegen das Überlieferte, aber auch der Bereitschaft zur Erneuerung des Bestehenden sind ebenso dafür kennzeichnend wie die „Initiations"-Notwendigkeit angesichts des Generationswechsels mit dem Einmünden in die „Normal"-Kultur. Im soziokulturellen Daseins- und Erfahrungsbereich der *Erwachsenen* ergeben sich wiederum Differenzierungen aller Art, auch „kalendarische Abgrenzungen". Die mittlere und ältere Generation als „bestimmende Kraft" hebt sich von der „der Alten" und „der ganz Alten" ab mit eigenen Lebensrhythmen und -einstellungen, mit Lebenserfüllung, -bewältigung und -befriedigung aber auch den Beschwerlichkeiten, die beim Altwerden nicht fehlen (ROSENMAYR in: KÖNIG 1969) bis hin zum „Elend der alten Leute" (R. SCHENDA 1972) als allgemeinem sozialem Problem und zugleich als zeitbedingter Folge der Strukturveränderungen im gegenwärtigen Bevölkerungs- und Kulturaufbau.

In jeder Kultur vermitteln soziale Institutionen Wert- und Normsysteme. Zu den Kräften, die in diesem Sinn hinter der Prägung der europäischen Lebenswelt stehen, gehört in erster Linie das Christentum als

Kirche und Religion mit seiner kulturformenden und -modifizierenden Glaubenssubstanz, die sich seit der Missionierung allseitig durch Herausforderung und Anpassung auswirkt, seit der Reformation in der Polarität von Katholizismus und Protestantismus (vgl. 4.4). *Glaubensgemeinschaften* mit konfessionellen Patterns sind die Folge einer Strukturierung, die durch das dogmatisierende Herrschaftsprinzip „cuius regio eius religio" eingeleitet wird und sich dann in sämtlichen Bereichen der Kultur fortsetzt, auch im Säkularisierungsprozeß und seinen Pro- und Kontrabewegungen, vor allem im Marxismus und in den zahlreichen sektiererischen Gruppen und Gruppierungen, auch hinsichtlich des diffizilen Phänomens der Frömmigkeit, das freilich häufig ins Private führt, ohne seine Kulturrelevanz zu verlieren. Ähnliches gilt für das Verhältnis von „Glauben" und „Aberglauben" (vgl. 4.2) in einer rationalisierten Kultur, in deren Untergrund zahlreiche mehr oder weniger informelle religiöse und pseudoreligiöse Gemeinschaften, oft mit superstitiösen oder ideologischen Nährböden, existieren (HDA, MATTHES 1967/69, KARBUSICKY in: Kontakte 1969, HEILFURTH 1972b).

Das Verhältnis von *Minoritäten* (u. a. FRANCIS 1965, GREVERUS 1972, 1973, HEILFURTH 1974 b) und Gesamtkultur ist unter religiösen, ethnischen und sprachlichen Gesichtspunkten ein altes Problem in der Gemengelage von Völkern und Staaten. Im Nachkriegs-Europa besitzt es infolge der massenhaften Bevölkerungsumgruppierungen eine hohe Brisanz, die in der Bundesrepublik Deutschland durch erfolgreiche Akkulturation weithin gelöst erscheint, wenn auch die „landsmannschaftliche" Frage noch immer virulent ist. Hinsichtlich der kulturellen Prozesse des Austausches, der Adaption und Integration, aber auch der Konflikte und Spannungen bildet unsere gegenwärtige Umwelt insgesamt ein subtiles sozialkulturelles „Forschungslaboratorium"; es bedarf freilich dringend des stärkeren wissenschaftlichen Engagements, um die bisherigen Untersuchungen (KARASEK-LANGER 1959, Jb. f. Vkde. d. Heimatvertriebenen 1955 ff., HANIKA 1957, LEMBERG/EDDING 1959, BAUSINGER/BRAUN/ SCHWEDT 1963, BURSZTA 1964, GRÜNN 1968, SCHROUBEK 1968, G. WEBER 1968 u. a.) unter größeren Aspekten weiterzuführen, jetzt auch unter Einschluß der Gastarbeiterfrage (BRAUN 1970 u. a.).

Das Phänomen der *Desintegrierten* hat die Volkskunde auch bereits in einer stabileren Kultursituation als der unseren interessiert, etwa unter dem Thema der „Einzelgänger" (G. FISCHER 1962), der „verfemten Berufe" (DANCKERT 1963) oder auch der sog. „Fahrenden", die in ihrer weitgespannten Funktionsbreite und Mobilität von jeher Träger kultureller Diffusion gewesen sind. Unter diesem Gesichtspunkt sind auch alle Arten der saisonalen „Wanderarbeiter" zu nennen.

Ein gewichtiges Thema innerhalb der Untersuchung sozialer Prägung der Kultur bilden *Arbeit und Beruf*. Schon in frühen volkskundlichen Ansätzen wird das Problem in der Frage nach Überlieferungen und Äußerungen in Beschäftigungsgruppen laut. Im Anschluß an Herder fordert z. B. 1776 G. A. Bürger in einem Appell zur Erfassung von „Volksliedern" auf, die Bauern, Hirten, Jäger, Bergleute, Handwerksburschen, Bootsknechte, Fuhrleute u. a. zu befragen (HEILFURTH 1974 a). Und 1813 hat JAC. GRIMM „die Aufgabe gestellt, ‚die Sprache, Lieder und Gewohnheiten der Handwerker und aller Stände, der Jäger, Schiffer, Bergleute, Studenten, Landsknechte, des Adels- und Bauernstandes‘ wissenschaftlich aufzuzeichnen" (WOLF 1958). Wo volkskundliche Erhebung empirisch vorgeht, tritt das sozial strukturierte Gefüge zutage.

Bereits aus diesen beiden frühen Forschungsanregungen werden die drei Sektoren wirtschaftlicher Gliederung der Kultur sichtbar (MULLER 1961, ZAHN 1964, NEULOH 1973): 1. der primäre Sektor der Urproduktion, 2. der sekundäre Sektor der Weiterverarbeitung, der Güterherstellung (der damals das Handwerk umfaßt hat), 3. der tertiäre Sektor der Dienstleistungen (der in einigen der genannten Gruppen auftaucht). Das nachfolgende Schaubild verdeutlicht, wie sich die großen Umschichtungen der Beschäftigungsstrukturen im Zuge der Auswirkungen des Industrialismus in den letzten beiden Jahrhunderten statistisch niederschlagen und wie die Entwicklung, wenn sich nichts Entscheidendes ändert, weiterläuft (Abb. 10).

Wir beschränken den Begriff *Dienstleistungen* freilich in keiner Weise auf „wirtschaftliche" Funktion im engen Sinn, sondern folgen einer Terminologie, die ihn auf den gesamtkulturellen Bereich ausdehnt, also Politik und Verwaltung, Handel, Transport und Verkehr, Vermittlung von materieller und immaterieller Bedarfsdeckung, von Schutz, Recht, Fürsorge, Betreuung, Heilung, Unterhaltung, Information, Bildung und Seelsorge usw. umfaßt. Die ungeheure Fülle beruflicher Konkretisierungen (vgl. NEULOH 1973 u. a.), die durch moderne Berufszweige ständig weiter aufgegliedert und kompliziert wird, erlaubt es in unserem Rahmen nicht, auf Einzelheiten einzugehen.

Der Blick über die immensen beruflichen Aufgliederungsmöglichkeiten zeigt die hohe Relevanz der Arbeit für die kulturelle Differenzierung (u. a. WEINSTOCK 1954, HEILFURTH 1967). Arbeit umfaßt zunächst ein-

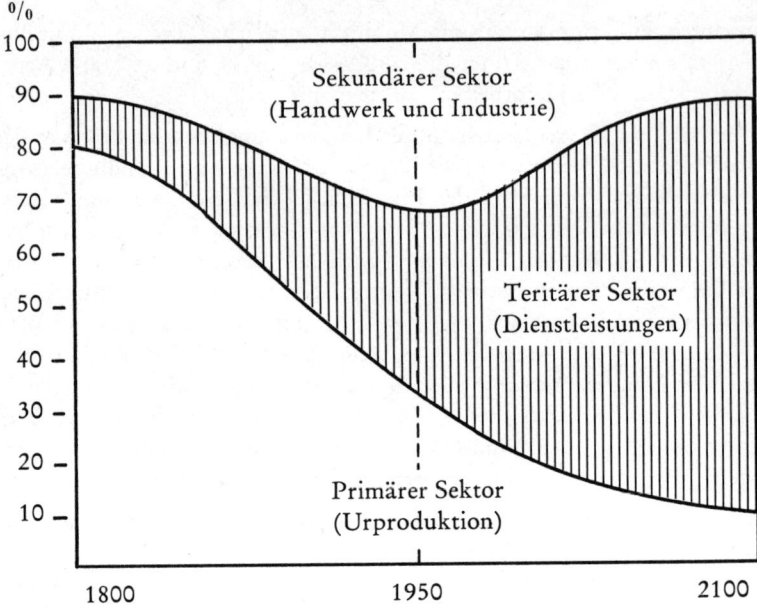

Abb. 10 (Nach Otto Neuloh: Die weiße Automation, Köln 1966, S. 115)

mal all das, was an Tätigkeit, an Leistung, an Mühsal erforderlich ist, um die vitalen Bedürfnisse zu decken. Sie gehört infolgedessen zu den Grundnotwendigkeiten, wenn Menschengruppen überleben wollen. In dem Zusammenhang sei daran erinnert, daß der Begriff „Kultur" dem Primärsektor elementarer Arbeit entstammt; etymologisch bedeutet das Wort ja zunächst nichts anderes als „Pflege", Bebauung und Bestellung des Landes. Die Sprache hält damit fest, wie eindeutig das gesamte opus humanum auf den urproduktiven Formen der menschlichen Leistung basiert.

Von daher ist verständlich, daß die Volkskunde seit der Romantik überwiegend „Bauernkunde" war und über lange Zeiten hin blieb (BAUSINGER 1961), obwohl der bäuerliche Anteil der Gesamtbevölkerung mit den Auswirkungen der industriellen Revolution ständig zurückging.

Im primären Sektor bilden die der *Land-, Weide-, Gewässer- und Waldwirtschaft* zugehörigen Tätigkeiten einen vielgliedrigen Komplex von dominantem Gewicht: die Bauern (z. B. NIEDERER 1956, REDFIELD 1956, KRAMER 1957 BAUMGARTEN/BENTZIEN 1963, FÉL/HOFER 1969, 1972,

224

1974), Winzer (z. B. Honold 1941, Weinhold 1973), Hirten und Schäfer (z. B. Hornberger 1955, Jacobeit 1961, Földes 1961, 1969), Fischer (z. B. Mitzka 1940, Peesch 1961), Jäger (z. B. Schwenk u. a. 1971), Waldarbeiter aller Art (z. B. Schmitter 1953, Grünn 1960) usw. Die entsprechenden, vom jeweiligen Arbeitsablauf im Jahreszyklus geprägten Kulturmuster und -details konkretisieren sich in großer Mannigfaltigkeit.

Das *Bauerntum* als die breite tragende Basis ist in seinen geschichtlichen Ausprägungen von großer kultureller Traditionstiefe, aber alles andere als ein monolithischer Block. Er weist im Koordinatensystem von Zeit und Raum eine kaum übersehbare Vielfalt an unterschiedlichen Formen auf in Verbindung mit gesellschaftlichen, ökonomischen, politischen, rechtlichen, religiösen und technischen Implikationen sowie durch historische Ereignisse wie Bauernkrieg, Bauernbefreiung, Landflucht, Bodenreform, Enteignung und Verstaatlichung. Auch die bäuerliche Betriebsstruktur und die Formen der Zusammenarbeit sind von dieser Vielfalt seit alters nicht ausgenommen, wie Untersuchungen über Gesinde und Landarbeiter zeigen (u. a. Bentzien 1964, Musiat 1964, Griessmair 1970, Sauermann 1972 b, Kramer 1974). Aber dennoch gibt es eine alles überwölbende urproduktive bäuerliche Lebens- und Arbeitswelt auf dem Fundus der organischen Natur und ihres Kreislaufes.

Ackerbau und Viehzucht leiten die im *diachronen Stufungsgefälle der Kultur* so wesentliche Phase der Seßhaftigkeit ein und damit eine sozialstrukturell „wirklich entscheidende Zäsur" von säkularen Ausmaßen: den Übergang von der Jäger-Sammler-Kultur zur Bauern- und Hirtenkultur im Neolithikum (u. a. Varagnac 1959, Linton 1955, Gehlen 1956, 1957). Erst allmählich sind diese Zusammenhänge offenbar geworden, als mit dem einschneidenden Geschehen des Heraufziehens der Industrialisierung ein gesellschaftlicher Umformungsprozeß der Kultur einsetzte, der, was die Tiefe der gesamtgeschichtlichen Zäsur anlangt, nur mit jener Kulturschwelle des bäuerlichen Seßhaftwerdens in einem Atem genannt werden kann (u. a. Dreitzel 1971).

Die Bemühungen um eine Gliederung in soziokulturelle Großstufen und -phasen sind auch in der deutschen Volkskunde erörtert worden (vgl. Peuckert 1942, 1948 u. a.) in der Abfolge vorbäuerlicher, bäuerlicher und bürgerlicher Kultur mit Ausblicken auf die industrielle Epoche und das Entstehen einer „proletarischen Kultur" (Peuckert 1931). Volkskundliche Untersuchungen haben zur Aufhellungsmöglichkeit dieser Gliederungsphänomene speziell in einer intensiven „Survival"-Forschung beigetragen, durch die an zahlreichen Beispielen aufgezeigt werden konnte, wie gerade im Substratgewebe der menschlichen Lebenswelt von Stufe zu Stufe des Kulturprozesses und seiner Ablösungszäsuren aus den vorausgehenden Phasen zahlreiche Elemente fortleben, die mehr oder weniger weit zurückreichende Vorstellungen unter veränderten Verhältnissen bezeugen. Was die Volkskunde hier seit ihrer Entstehung an Ergebnissen vorweisen kann, ist für die Aufhellung der „Melting-pot"-Situation in der gesellschaftlich-kulturellen Übergangslage des gegenwärtigen Zeitalters von Bedeutung, sofern man bei solchen Untersuchungen unvoreingenommen sowohl die traditionellen wie auch die progressiven Komponenten und Faktoren im Spiel der Kräfte und Gruppen angesichts des Syndromcharakters der heutigen Daseinsstrukturen (HEILFURTH 1975) analysiert und bewertet.

Zu den entscheidenden Differenzierungs- und Umprägungsvorgängen im Kulturgefüge zählen seit langem Arbeitsteilung und *Berufsspezialisierung* (u. a. KÖNIG 1969 a, NEULOH 1973) Hand in Hand mit den Verschiebungen in der Beschäftigungsstruktur überhaupt, die sich in allen drei Sektoren verfolgen lassen. Uns interessiert hier dieser Prozeß insofern, als er zugleich zu einer Vielfalt von Gruppenbildungen führt, die die Kulturszenerie beleben.

Einen großen selbständigen Bereich im Sektor der Urproduktion stellt das *Montanwesen* dar. Es umfaßt Bergbau und Verhüttung, das Aufsuchen, Erschließen, Gewinnen, Fördern und Aufbereiten der Bodenschätze sowie deren Weiterverarbeitung und Nutzbarmachung im sekundären Sektor; von daher ist der Schritt in die handwerkliche und industrielle Sphäre geschichtlich und funktionell immer gegeben und die Montankultur in ihrer spezifischen Eigenart und Formkraft mit einem breiten Spektrum an Ausprägungen (HEILFURTH 1954, 1956/57, 1958, 1965, HEILFURTH/GREVERUS 1967, CLAUSS 1957, FRITZSCH/SIEBER 1957, KIRNBAUER 1958, WOLF 1958, FOJTÍK/SIROVÁTKA 1961, LIGĘZA/ŻYWIRSKA 1964, WILSDORF/ULRICH 1966 u. a.) als wichtiges wegbereitendes Fundament der Industriekultur (HEILFURTH 1972 b) anzusehen, das seine Bedeutung unter den veränderten Bedingungen genauso behält wie die Landwirtschaft.

Im sekundären Sektor bildet das *Handwerk* den Grundstock aus komplexen Anfängen (vgl. 4.5). An ihm läßt sich lebendig veranschaulichen, wie sich eine gewerbliche Tätigkeit „berufsständisch" auffächert, mit charakteristischen Sonderformen wie dem Leistungsgefüge Meister–Geselle–Lehrling und den zünftigen Zusammenschlüssen als Interessenvertretungen, Erziehungs- und Fürsorgegemeinschaften, aber zugleich auch Geselligkeits-, Brauchtums- und Repräsentationsgruppen (MUMMENHOFF 1924, HAHM/WISSELL 1929, RUMPF 1955, FISCHER 1958, 1962 u. a.). Seit der Aufklärung hat sich die Volkskunde in zunehmendem Umfang mit dem breiten Spektrum handwerklicher Produktion befaßt, auch durch die Untersuchung vieler Einzelhandwerke und ihrer Lebens- und Arbeitsformen (z. B. E. WEISS 1923, 1927, WICHERT-POLLMANN 1963, SPIES 1964, J. NAUMANN 1972, HÖCK 1972/73).

Das Handwerk formiert sich soziokulturell vorwiegend innerhalb des *Bürgertums,* das sich mit der Entwicklung des Städtewesens herausbildet und dann im Aufbau der kapitalistisch-industriellen Wirtschaft eine Schlüsselstellung einnimmt. Freiheit und Freizügigkeit, Geld und Bildung, die soziokulturellen „bürgerlichen" Kennzeichen, äußern sich in allen Bereichen dieser Gesellschaftsgruppe. Sie umfaßt als Sammelbecken den alten und neuen Mittelstand mit verschiedenen Schwerpunkten in Raum und Zeit, insbesondere das in sich heterogene Kleinbürgertum (MÖLLER 1969 u. a.) und sein Gegenüber, wieder mit sehr unterschiedlichen Kräften im geschichtlichen Ablauf, so daß eine bestimmte mittlere Linie des „Lebensstiles" nur innerhalb einer großen Bandbreite erkennbar wird, auch wenn man das komplizierte Problem der gesamten bürgerlichen Welt auf das Kriterium der „Klasse" reduziert.

Einer von Grund auf veränderten Szenerie sieht sich die Volkskunde gegenüber, wenn sie sich der *Industriegesellschaft* mit ihren Kulturmustern zuwendet, die durch eine „soziale Expansion" ohnegleichen entstanden sind. Ihre Struktur im Gefolge der industriellen Revolution (z. B. BRAUN u. a. 1972/1973) ist voll innerer und äußerer Spannungen und Widersprüche, aber zugleich von einem gewaltigen Ausbau der Produktion und Konsumtion getragen, Phänomenen, die nur zum geringen Teil „soziales Erbe", sondern vielmehr Folgen von Innovationen sind, die mit dem universalen Prinzip des Industrialismus und seinen Bauelementen der Technik, Planung und Organisation zusammenhängen. Mit seinem Einsetzen und Durchdringen beginnt das „Aussterben" einer Reihe von alten Berufszweigen in verwickelten Ablösungsprozessen, andere festigen sich dagegen durch bedarfsdeckende Beständigkeit und die Einstellung auf die veränderte Situation, so daß sie trotz des großen Übergewichts der industriellen Gesamtstruktur erhalten bleiben.

Dieses Gesamtgeschehen ist alles andere als einheitlich. Im Gegenteil: überall zeigen sich soziokulturelle Desintegration, Diskontinuitäten und Aufspaltungen, vor allem im antagonistischen Verhältnis der sich formierenden Arbeiterschaft zu den „ständischen" Gruppierungen und Institutionen, im Kampf des Proletariats um ein menschenwürdiges Dasein in den industriellen Frühphasen mit ihren schroffen Trennungen von Arbeit und Leben, mit heute unvorstellbar langen Schichtzeiten und niedrigsten Löhnen in einer freizeitlosen Fron (u. a. HEILFURTH 1967, 1973). Unter solchen Verhältnissen konnte sich eine *„Arbeiterkultur* – deren Erforschung immer stärker zu einem volkskundlichen Desiderat geworden ist – nur in sehr schwachen Ansätzen" verwirklichen, „Arbeiterkultur nicht in dem Sinne, daß hier eine in sich geschlossene, autochthone und autonome Kultur zu registrieren wäre, sondern Arbeiterkultur gerade in ihrer oft hilflosen und verzweifelten Auseinandersetzung mit der dominierenden bürgerlichen Kultur" (BAUSINGER 1973). Dennoch gibt es – schon von der Klassenlage und dem Aufbruch des Sozialismus her – eine Fülle spezifischer kultureller Manifestationen der Arbeiterschaft in Lebens- und Denkformen, in Wertorientierungsmodellen, in Verhaltensweisen, in Solidaritäts- und Protestäußerungen, die den Begriff „Arbeiterkultur" rechtfertigen (vgl. z. B. WEISSER 1948, MOKRE 1955, MÖCKLI VON SEGGERN 1965, POPITZ u. a. 1972 usw.). Auf diesem weiten, noch wenig bestellten Untersuchungsfeld sind die Ansätze zur Industriegebietsvolkskunde (BREPOHL 1957, SKALNÍKOVÁ 1959, BRAUN 1960, 1965, FOJTÍK und SIROVÁTKA 1961 u. a.) bedeutsam mit dem Aufweis der tiefgreifenden strukturellen Umschichtungen der gesamten Soziokultur, aus denen sich die Arbeiterschaft formiert hat, sowohl mit Differenzierungs- als auch mit Anpassungsprozessen in ihrer konkreten Daseinswirklichkeit. Unter ideologisch-marxistischen Impulsen sind in der DDR besonders auch die sozialkritischen Fragen eingebracht worden, vorwiegend im historischen Rückblick (z. B. STEINITZ 1954/1962, STROBACH 1964, JACOBEIT/MOHRMANN 1973), während die Gegenwartsaspekte kaum in Angriff genommen sind. Ein neuer Überblick über die „volkskundlichen Forschungen in der DDR" (STROBACH/WEINHOLD/WEISSEL 1974) stellt fest: „Bei der Divergenz der Standpunkte und der unzureichenden Klärung der theoretisch-methodologischen und konzeptionellen Grundprobleme, die die Hereinnahme der Kultur und Lebensweise des Proletariats in den Umkreis der volkskundlichen Forschungsgegenstände notwendigerweise impliziert, konnte keine einheitliche Auffassung erzielt werden."

Aus dem Industrialismus gehen auch die „Tendenzen zur Einheitskultur" hervor, eine Konsequenz des „kompakten Angebots früher sozial begrenzter Vorstellungen an alle Schichten und Gruppen" (BAUSINGER 1961), und dasselbe gilt für sämtliche Gebrauchsgüter und Dienstleistungen, deren Verbrauch sich mit dem Wachstum der Kaufkraft in den breiten Schichten Stufe um Stufe steigert. Der wirtschaftliche Aufstieg ist so mit kulturellen Nivellierungsprozessen verschränkt, formelhaft ausgedrückt mit der „Verbürgerlichung" einerseits und mit der „Proletarisierung weiter Bevölkerungskreise" andererseits (BAUSINGER 1973), Gegenläufigkeiten, die dringend der interdisziplinären Untersuchung harren, um das Phänomen der „Industriekultur" und ihrer Teilkulturen weiter zu klären.

Zu den wesentlichen Errungenschaften für die Arbeitnehmerschaft insgesamt – natürlich mit großen Unterschieden und Spannungsfeldern von Region zu Region, von System zu System – zählt die *Freizeiterweiterung,* die Gewichtsverlagerung von der Arbeitsüberlast in den Anfängen der Industrialisierung zur Freizeitprävalenz, die in Verbindung mit der Einkommenszunahme, der Expansion des Konsums, des Anstiegs der Kommunikations-, Bildungs- und Unterhaltungsmöglichkeiten, der Hebung der sozialen Sicherheit und Betreuung, dem fortschreitenden Chancenausgleich und der Ausbreitung der allgemeinen Menschenrechte vieles ehemals Konträre ausbalanciert (ZAHN 1964 u. a.), ohne freilich, vom Einzelnen und Ganzen her gesehen, Perfektion erreichen zu können. Den Zuwachs an Komfort, den diese Entwicklung für den „Normalverbraucher" mit sich gebracht hat, verdeutlicht das folgende Schaubild, das die breite Grundwelle einer „Einheitskultur" in Details erkennen läßt:

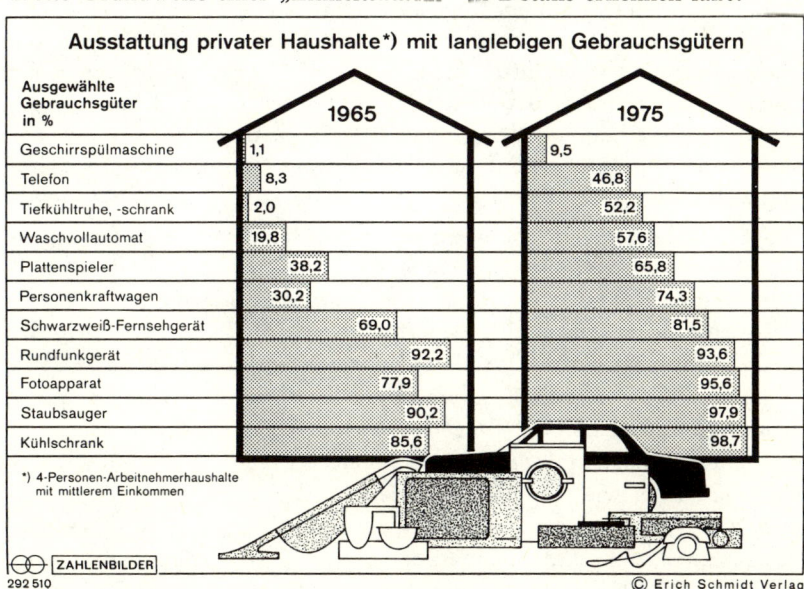

Ausstattung privater Haushalte*) mit langlebigen Gebrauchsgütern

Ausgewählte Gebrauchsgüter in %	1965	1975
Geschirrspülmaschine	1,1	9,5
Telefon	8,3	46,8
Tiefkühltruhe, -schrank	2,0	52,2
Waschvollautomat	19,8	57,6
Plattenspieler	38,2	65,8
Personenkraftwagen	30,2	74,3
Schwarzweiß-Fernsehgerät	69,0	81,5
Rundfunkgerät	92,2	93,6
Fotoapparat	77,9	95,6
Staubsauger	90,2	97,9
Kühlschrank	85,6	98,7

*) 4-Personen-Arbeitnehmerhaushalte mit mittlerem Einkommen

ZAHLENBILDER
292 510

© Erich Schmidt Verlag

Abb. 11 Stand in der Bundesrepublik 1975 (nach Angaben des Statistischen Bundesamtes)

229

Von spezifischer Bedeutung für den erreichten Standard ist auch die Entfaltung aller Sparten des Dienstleistungssektors in der Auswirkung auf die Gesamtkultur sowohl als auch auf die Sublimierung beruflicher Arbeit in diesem Bereich mit seiner Differenzierung, Erweiterung und Vermehrung.

Durch die Ökonomisierung und Funktionalisierung des Daseins im Zeitalter der Industrialisierung ist die personale und soziale Rolle des *Spiels* als eines bedeutsamen Elements im Kulturaufbau auf weiten Strecken zurückgedrängt (HUIZINGA 1956) — im Gefolge der Bemühungen um ein neues Gleichgewicht zwischen Arbeit und Freizeit erobert sie wieder Raum in der Lebensgestaltung als ausgleichende Qualität (HEILFURTH 1967), wie sie betont im Sport zum Ausdruck kommt, der in der modernen Freizeitszenerie mit ihrer breiten Auffächerung einen signifikanten Platz innehat.

Die permanent im Ausbau begriffene Freizeitforschung (ANDREAE 1970, SCHEUCH/MEYERSOHN 1972 usw.), die infolge der Arbeitszeitverkürzung immer größere Bedeutung gewinnt, macht von mannigfachen Aspekten her deutlich, wie intensiv sich hier eine industriell geprägte Zivilisation ausbreitet mit einem großen Angebot an „Allerweltskultur" (HEILFURTH 1975) aus Überlieferungs- und Innovationsfaktoren, innerhalb deren die Massenkommunikationsmittel (z. B. MEYN 1974) eine besondere Rolle spielen. So ergibt sich insgesamt das Bild einer höchst differenzierten Struktur aktiven und passiven Freizeitlebens, gleichsam als Kontrast zur wachsenden „Sozialdisziplinierung" (G. OESTREICH) in einer „verwalteten Welt".

Die *Erforschung sozialer Strukturierung* von Kulturen und Subkulturen erfordert interdisziplinär-synoptische Verfahren, will man in dem vertikalen und horizontalen, diachronen und synchronen Liniengewirr Bezugseinheiten nicht nur ermitteln, sondern auch interpretieren. Sowohl in der geschichtlichen wie in der gesellschaftlichen Perspektive (vgl. EISERMANN 1974) ergibt sich eine große Pluralität. Beim tieferen Eindringen in die Strukturkomplexe und die Teilgebiete menschlicher Lebenswelt zeigt sich, wie umfangreich und vielfältig der Formenreichtum an Partialkulturen ist, je nachdem, wie man gliedert, wie man die Akzente setzt und welchen Bereich man anleuchtet, und zwar einmal unter historischen Gesichtspunkten, zum andern im Blick auf die gegenwärtige Ausformung, in der überall Überlieferungen und Innovationen durch die „Gleichzeitigkeit des Ungleichzeitigen" (BLOCH) ineinander greifen.

Die Kategorie „Lebenswelt", die durch die kulturanthropologischen Einsichten in die Differenzierung menschlicher Daseinsstrukturen ihre Relevanz gewonnen hat, erstreckt sich auf verschiedene Dimensionen, die durch natürliche, zeitliche und soziale Horizonte begrenzt sein können, und gliedert sich in verschiedene Struktur- und Funktionsbereiche. Ihre Begrifflichkeit vertieft in jeder Hinsicht jene Konzeption von „Lebenskreisen", die früher einmal als ein Forschungsziel der Volkskunde thematisiert worden sind (A. HABERLANDT 1933), ohne daß die Anregung damals weiter ausgebaut worden ist.

Der in Anlehnung an ein Kant-Wort formulierte Satz „Geschichte ohne Soziologie ist blind, Soziologie ohne Geschichte ist leer" (E. TOPITSCH) läßt sich auch auf das Verhältnis der Volkskunde zu den beiden Wissenschaften in wechselndem Austausch der Positionen anwenden. Jedenfalls fällt durch diese Formel Licht auf das wichtige Problem, das in diesem Abschnitt behandelt ist, die Kohärenz von Sozialgeflecht und Kulturprozeß. Die Veränderbarkeit der sozialen Strukturen im historischen Ablauf bedeutet auch Wandel der kulturellen Äußerungen und Konstellationen. Freilich muß man sich hüten, beim Verfolg solcher Aus- und Umformungen diese Vorgänge als einlinig im Sinne des exzessiven Evolutionismus zu sehen, man muß sich vielmehr bemühen, die Komplexität der gesellschaftlichen und kulturellen Konnexe im Auge zu behalten. Es gibt kein allgemeines Gesetz ihrer wechselseitigen Verflechtungen und Auswirkungen. Der jeweilige Zusammenhang läßt sich im Pluralismus der Faktizitäten immer nur von Fall zu Fall durch gründliche Spezialuntersuchungen klären. Die Polaritäten zwischen Makro- und Mikrostrukturen, zwischen großen Trends und kleinen Schritten, zwischen Systemen und Komponenten erfüllen alle Situationen, und es ist schwierig, in Gesamtübersichten die Einzelheiten richtig einzuordnen und sie in den übergreifenden Geschehenszusammenhängen so zu berücksichtigen, daß man dem Ganzen gerecht wird. Der Detailforscher, der diesen und jenen konkreten Fakten nachgeht, hält vielfach allgemeine und systematische Zusammenfassungen für Hypertrophien, andererseits bewertet häufig derjenige, der theoretisch orientiert ist und synoptisch arbeitet, die „Andacht zum Unbedeutenden" in falscher Weise abschätzig. In Wirklichkeit ist die Kooperation beider erforderlich, um die Volkskunde vorwärts zu bringen.

6. Aufgaben

1. Wegen der Weitläufigkeit der Aufgaben und den dafür zu wenigen Wissenschaftlern muß in besonderem Maße auf *Konstanz und Konzentration der Forschung* geachtet werden. So ist es z. B. notwendig, die Arbeiten zur Geschichte der Volkskultur konsequent weiterzuführen. Denn die bei Jüngeren vorhandene Tendenz, sich auf die weitere Gegenwart zu beschränken, bedeutete, ein bisher zentrales und für die Zusammenarbeit der historischen Disziplinen unentbehrliches Forschungsfeld aufzugeben, einer übertriebenen Aktualitätsanpassung zu opfern. Weder dem eigenen Fach, noch der interdisziplinären Kooperation wäre damit gedient.

Durch die Vielzahl der Nachbardisziplinen hat das Fach die Chance zu vielseitiger Anregung und Kooperation, aber auch die Versuchung zur Zersplitterung, zu allzu raschem Aufgreifen von Themen, die in anderen Fächern gerade aktuell sind. Dadurch läßt man frühere Themen vielfach ohne gründliches Ausdiskutieren liegen oder schreitet über den Objektbereich des Faches hinaus. Ein Überschreiten kann heute insbesondere in Richtung auf soziale Probleme und politische Themen beobachtet werden. Natürlich ist es jedem unbenommen, Nachbarfelder zu beackern und z. B. die 1848er-Revolution als Kommunikationsprozeß oder das soziale Elend der alten Leute zu untersuchen. Z. T. ist es um der interdisziplinären Zusammenarbeit willen direkt notwendig, auf andere Felder überzugreifen. Aber man darf daraus nicht den Schluß ziehen, man habe den Bereich des Faches erweitert. Es darf auch nicht dazu führen, daß die zentrale Aufgabe: Kulturanalyse aus dem Blick gerät, und es für Außenstehende wie den Studenten schwierig wird, den Kern volkskundlicher Forschung zu erkennen. Diese Gefahr ist bei dem kleinen Fach mit dem großen Objektbereich besonders groß.

Ferner ist es sinnvoll, die Kräfte jeweils auf einige Schwerpunkte zu konzentrieren. Dafür wurde schon einiges geleistet. Es kann auf die internationale Folklorismusdiskussion (Zs. f. Volkskunde 1969), auf die allgemeine Theoriediskussion, die Erörterung der Kulturfixierungstheorie (SVENSSON 1973 a), die thematischen Kongresse und die Sammelbände – z. B. zu den Stadt-Land-Beziehungen (KAUFMANN 1975), zum Kontinuitätsproblem (BAUSINGER/BRÜCKNER 1969) oder zum Landtransport in

232

Europa (FENTON/PODOLÁK/RASMUSSEN 1973) – verwiesen werden. In dieser Art ist unbedingt weiterzuarbeiten, wobei darauf zu achten ist, daß begonnene Schwerpunkte konsequent verfolgt, ausdiskutiert werden.

Dafür bieten Arbeitsgruppen gute Voraussetzungen. Die vorhandenen sind freilich meist an Sachbereichen orientiert: Hausforschung, Nahrungsforschung, Erzählforschung, Liedforschung etc. Wenige sind regional ausgerichtet – wie Alpes orientales –, kaum eine bisher auf Problemkreise oder auf Phasen des Wandels. In diesen Richtungen bleibt manches zu tun.

2. Derartige Arbeitsgruppen und thematische Schwerpunkte sollte man heute international planen. Die eingangs (1.1) geschilderte Ausweitung des Faches zu einer Europäischen Ethnologie ist keine Sache der Fachbezeichnung, sondern der Arbeitsrichtung. An die von den Finnen bereits um 1900 begonnene *internationale Ausrichtung* der Erzählforschung (FFC), an die von Sigurd Erixon und seinen Schülern vorgelegten Studien zur europäischen Sachkultur und die vorhandenen europäischen Arbeitsgruppen ist anzuknüpfen.

In mehreren Instituten hat man die Arbeit bereits auf andere Regionen Europas ausgeweitet, z. B. in München und Marburg auf Südosteuropa und das östliche Mitteleuropa, in Kiel auf Skandinavien, in Zürich auf die Mittelmeerländer, in Münster auf die nordischen Länder und die Niederlande.

Die Erweiterung des Bereichs auf die europäische Kultur wird durch die gegenwärtige Internationalisierung aller Bereiche nahegelegt, aber sie ist auch aus historischen Gründen geboten; denn in der europäischen Geschichte dominierten die internationalen Phasen gegenüber den nationalen (vgl. MEISEN 1952). Dadurch gibt es durchgängige Grundzüge der Kultur, die genauere Vergleiche des Verschiedenartigen erst ermöglichen (vgl. 2.6).

3. Die Forderung nach *interdisziplinärer Zusammenarbeit* sollte in einem Fach mit so zahlreichen Kontaktflächen zu Nachbarfächern selbstverständlich sein. Dennoch muß man sie als erst zum Teil erfüllte Aufgaben bezeichnen. Kennzeichnend ist die Beteiligung an den seit einem Jahrzehnt entstandenen Sonderforschungsbereichen. Obwohl sicherlich um fünfzig derartige historische und sozialwissenschaftliche Forschungsgruppen bestehen, ist das Fach nur in zweien vertreten. In einigen der Forschungsunternehmen „Neunzehntes Jahrhundert" waren Volkskundler

freilich beteiligt. Eine interdisziplinäre Verankerung ist zudem im Institut für geschichtliche Landeskunde in Bonn seit Jahrzehnten vorhanden. Die in den späten sechziger Jahren als Modewelle über die deutschen Universitäten hereinbrechende Gründung von Fachbereichen hat dafür keine entscheidende Förderung gebracht.

Interdisziplinäre Zusammenarbeit ist aus mehreren Gründen notwendig und auf verschiedenen Ebenen möglich. Weil Kultur wesentlich von den exogenen Dominanten (der Wirtschaft, dem Staat etc., s. Abb. 1) geprägt wird, muß die Volkskunde ihre theoretischen Konzepte mit denen der jeweiligen Nachbardisziplin konfrontieren, zudem mit anderen Kulturwissenschaften, Völkerkunde und Kulturanthropologie.

Wegen der vielfachen Verflechtung der Kultur ist die Zusammenarbeit ähnlich bei konkreten Problemen nötig, in Sachfragen mit dem thematisch angrenzenden Fach, bei generellen Aufgaben mit den komplexeren Nachbarfächern (s. 1.1).

So wie die europäische Ausrichtung des Faches ein Forschen in verschiedenen Regionen Europas nahelegt, so fordert die interdisziplinäre Verflechtung, daß der Volkskundler wenigstens eines der Nachbarfächer von Grund auf kennt.

4. Wenn man konkrete Aufgaben als dringend einstufen soll, so kann das hier nur für Richtungen geschehen, nicht für Einzelthemen.

a) Eine dringende Aufgabe ist die *Systematisierung der Dokumentation* und der Materialbearbeitung. Regionalismen sind dabei noch erstaunlich wirksam. Der Einsatz von Computern ist wegen der ungünstigen Relation von Aufgabe und Personal unentbehrlich. Eine Datenbank für europäische Kulturen wäre nötig, nicht nur für die Menge des Museumsmaterials, der Flächenbefragungen und der historischen Quellen, sondern gerade auch für das zerrinnende Material der zahllosen Lokalstudien.

b) Um die methodische Diskussion im eigenen Fach zu fördern und für die Nachbardisziplinen überschaubar zu machen, muß ein *methodisches Handbuch* der Europäischen Ethnologie erarbeitet werden. Dadurch dürfte es auch zu methodenbewußterem Arbeiten kommen, zu einem besseren methodischen Niveau. In der Methodik muß das Fach nicht nur in Einzelaspekten (historische Arbeit, schriftliche Umfragen und kartographische Bearbeitung), sondern generell das hohe Niveau der historischen und sozialwissenschaftlichen Diskussion erreichen. Im Kreis um die Ethnologia Europaea wurde mit Vorarbeiten für ein derartiges Handbuch begonnen.

c) Die konkrete Arbeit muß in stärkerem Maße unter generelle, *theoretische Aspekte* gestellt werden. Nicht als ob nur theoretisch gearbeitet werden sollte; die oft verlästerten Dokumentationen haben – wenn sie repräsentativ sind – ihren Wert in sich; auch ist nicht gemeint, es gehe um „reine Theorie" – die deutschsprachige Volkskunde begann 1969 ihre dritte zu abstrakte Theoriediskussion. Das genügt. Theoretische Erörterung hat in einem historisch-empirischen Fach ihren Sinn darin, daß sie auf konkreten Analysen fußt und diese wiederum zu fördern vermag.

Zunächst müssen die relativ realitätsnahen Konzepte, die Modelle und Theorien mittlerer Reichweite konsequent weiterentwickelt werden, wie Diffusions- und Adoptionsmodelle, Kulturfixierung und Zentraldirigierung. Derartige theoretische Begriffe und Konzepte sind nötig, um Hausforschern wie Erzählforschern, um den Studien in verschiedenen Regionen und Zeiten eine gemeinsame theoretische Basis und damit die Möglichkeit zu fruchtbarer Diskussion zu geben. Sie sind zudem für die interdisziplinäre Zusammenarbeit unerläßlich.

d) An Problemkreisen, die bisher im Schatten der Forschung standen und jetzt wachsendes Interesse finden, sind vor allem drei zu nennen: Akkulturation, soziale Prägung der Kultur und der kulturelle Wandel, insbesondere durch die Industrialisierung.

Obwohl Europa seit der Frühzeit ein Gebiet großer Wanderungen ist, hat man die durch das Aufeinanderstoßen unterschiedlicher Kulturen ausgelösten *Akkulturationsprozesse* noch nicht so intensiv untersucht, wie sie es verdienten. Jedoch mehren sich die Studien. Das Interesse wurde ausgelöst durch die Zwangswanderungen nach dem 2. Weltkrieg und erneut durch die Millionen südeuropäischer Arbeiter, die in die Industrieländer strömten. Dadurch gewann man neues Verständnis für vergleichbare historische Prozesse und Themen wie Wanderhandel/Wanderarbeit und ihre Funktion in der Kulturvermittlung. Daher ist zu hoffen, daß historische und rezente Akkulturationsprozesse nun intensiver untersucht werden.

Nachdem die regionale Differenzierung und die alten historischen Schichten der Kultur über Jahrzehnte im Vordergrund des Interesses standen, fragt man heute vielfach zunächst nach *sozialen Unterschieden*. Diese Blickwendung ist bedingt durch die neue Leitwissenschaft Soziologie und die Erfahrung, daß in der gegenwärtigen verstädterten Gesellschaft und beim Dominieren der Massenkommunikation die regionalen und historisch gewachsenen Unterschiede zurücktreten. Daher ist es legitim, daß dem Eruieren von sozialgeprägten Kulturmustern, den Subkulturen, der Kultur von Randgruppen erhöhtes Interesse zuwächst, und nicht verwunderlich, daß die neuen Gesichtspunkte in die historischen Studien ausstrahlen.

Insgesamt kommt der Analyse des *kulturellen Wandels* in Zukunft besondere Bedeutung zu. Darauf deutet das Vordringen der Innovationsforschung in den Sozialwissenschaften und der Erforschung der industriellen Welt in der Sozialgeschichte. Diese gut dokumentierten jüngeren Zeitphasen haben nicht nur den Vorteil der Aktualität, sie bieten vor allem die Chance, Mechanismen des Wandels sehr genau herauszuschälen, die Bedingungen für typische kulturelle Reaktionen exakt zu analysieren. Derartige Resultate, die Allgemeines zum kulturellen Wandel zu bieten vermögen, sind vor allem in planmäßig angesetzten Mikroanalysen zu erwarten. Mikroanalysen zum kulturellen Wandel (oder zu kulturellen Strukturen) werden wahrscheinlich ohnehin zu dem zentralen Ansatz empirischer Arbeit. – Fundierte Regeln über das Funktionieren kulturellen Wandels helfen wiederum den historischen Studien, zu abgesicherten Schlüssen zu kommen, selbst wenn die Quellen nur Bruchstücke bieten. Allerdings ist die wechselseitige Befruchtung von historischer und rezenter Arbeit keine Einbahnstraße; denn umgekehrt kann man manche Mechanismen in überschaubaren Verhältnissen der historischen Zeit besonders klar erkennen.

Diese Skizze einiger allgemeiner Aufgaben möchte ich abschließen mit dem Hinweis auf die komplexen Aufgaben ganzer Arbeitsrichtungen: der Periodisierung, der kulturräumlichen Gliederung und der Zusammenschau kulturellen Gepräges nach sozialen Gruppen. Selbst von der historischen und der regionalen Richtung des Faches, die seit Jahrzehnten im Vordergrund standen, sind erst wenige Ansätze für diese synoptischen Ziele zu verzeichnen. Die Kriterien für derartige Gliederungen sind noch nicht ausdiskutiert, und zusammenfassende Darstellungen wagten erst einige. Weitere Studien in dieser Richtung wären nicht nur fachintern stimulierend, sie würden auch die Diskussion mit den historischen, regionalen und soziologischen Nachbarfächern bereichern.

7. Literatur

Das Verzeichnis enthält nur die im Text abgekürzt zitierten Titel. Weitere konnten leider aus Raumgründen nicht aufgenommen werden.

Generelle Literaturübersichten findet man bei SPAMER (1934/35, Bd. 2), PEUCKERT/ LAUFFER (1951), BACH (1960), BEITL (1974), HEILFURTH (1974 a), am vollständigsten freilich in den Bänden der *Internationalen volkskundlichen Bibliographie*. Für eine wertende Übersicht sei auf die Rezensionen der wichtigsten Zeitschriften verwiesen: Zs. f. Vkde (1891 ff.), Österr. Zs. f. Vkde (1895 ff.), Schweizerisches Archiv f. Vkde (1897 ff.), Hess. Bll. f. Vkde (1899 ff.), Dt. Jb. f. Vkde (1955 ff.), Demos (1960 ff.) usw. – Thematische Bibliographien sind in den einzelnen Kapiteln genannt. – Vgl. ferner L. SCHMIDT 1976.

Folgende Abkürzungen wurden im Text und im Literaturverzeichnis verwandt:

Bd.	= Band	NW	= Nordwest
–bll.	= –blätter	s.	= siehe
dt.	= deutsch(e)	vgl.	= vergleiche
Jb.	= Jahrbuch	Vkde	= Volkskunde
Jh., Jhs.	= Jahrhundert, Jahrhunderts	Zs.	= Zeitschrift

AARNE, A./THOMPSON, St. 1961: The Types of the Folktale (FFC 184). – Helsinki.

ABEL, Wilhelm 1966: Agrarkrisen und Agrarkonjunktur. 2. Aufl. – Hamburg u. Berlin.

– 1967: Geschichte der dt. Landwirtschaft vom frühen Mittelalter bis zum 19. Jh. 2. Aufl. – Stuttgart.

ADV: Atlas der dt. Volkskunde.
s. HARMJANZ/RÖHR 1937–39.
s. ZENDER 1958 ff., 1959–64.

AMMERMÜLLER, Eva 1973: Konfessionelle Unterschiede der Taufnamen? In: Rhein. Jb. f. Vkde, 21. Jg.: 9–113.

ANDERSON, Walter 1934/40: Geographisch-historische Methode. In: MACKENSEN 1930/40, 2. Bd.: 508–522.

ANDREAE, Clemens A. 1970: Ökonomik der Freizeit. – Hamburg.

ANDREE, Richard 1904: Votive und Weihegaben des katholischen Volkes in Süddeutschland. – Braunschweig.

ARENDS, Fridrich 1818–20: Ostfriesland und Jever in geographischer, statistischer und besonders landwirtschaftlicher Hinsicht. 3 Bde. – Emden (Neudruck: Leer 1974).

ASSION, Peter 1972: Weiße, Schwarze, Feurige. Neugesammelte Sagen aus dem Frankenland. – Karlsruhe.

AUBIN, Hermann 1930: Die geschichtlichen Grundlagen der Dt. Stämme (1930). Jetzt in: H. AUBIN: Grundlagen und Perspektiven geschichtlicher Kulturraumforschung. Bonn 1968.

AUBIN, H./FRINGS, TH./MÜLLER, J. 1926: Kulturströmungen und Kulturprovinzen in den Rheinlanden. – Bonn. (Neudruck: Darmstadt 1966).

BACH, Adolf 1960: Deutsche Volkskunde. 3. Aufl. – Heidelberg.

BARABÁS, Jenö 1971: Invention, Innovation and Endogenous Development in European Folk Culture. In: Studia ethnographica et folkloristica in honorem Béla Gunda, red. J. SZABADFALVI/Z. UJVÁRY. – Debrecen: 303–314.

–   1974: Von der Entstehung der Tradition. In: In memoriam A. Jorge Dias. – Lissabon, 1. Bd.: 41–53.

BAUMGARTEN, K./BENTZIEN, U. 1963: Hof und Wirtschaft der Ribnitzer Bauern. – Berlin.

BAUSINGER, Hermann 1961: Volkskultur in der technischen Welt. – Stuttgart.

–   1965: Volksideologie und Volksforschung. Zur nationalsozialistischen Volkskunde. In: Zs. f. Vkde, 61. Jg.: 177–204.

–   1968: Formen der „Volkspoesie". – Berlin.

–   1969: Kritik der Tradition. In: Zs. f. Vkde, 65. Jg.: 232–250.

–   [1971]: Volkskunde. – Darmstadt.

–   1973: Verbürgerlichung – Folgen eines Interpretaments. In: WIEGELMANN 1973: 24–49.

BAUSINGER, H./BRAUN, M./SCHWEDT, H. 1963: Neue Siedlungen. 2. Aufl. – Stuttgart.

BAUSINGER, H./BRÜCKNER, W. (Hrsg.) 1969: Kontinuität? Geschichtlichkeit und Dauer als volkskundliches Problem. – Berlin.

BEITL, Richard 1932/33: Korndämonen. In: HDA, 5. Bd.: 249–314.

–   1942: Der Kinderbaum. Brauchtum und Glauben um Mutter und Kind. – Berlin.

–   1974: Wörterbuch der dt. Volkskunde. 3. Aufl. – Stuttgart.

BENTZIEN, Ulrich 1964: Die mecklenburgischen „Drescher" und die Einführung des Maschinendrusches. In: Dt. Jb. f. Vkde, 10. Jg.: 25–42.

–   1969: Haken und Pflug. – Berlin.

–   1975: Arbeit und Arbeitsgerät der Bauern zur Zeit des dt. Bauernkrieges. In: Der arm man 1525. Volkskundliche Studien. – Berlin: 22–51.

BENTZIEN, U./STROBACH, H. 1975: Entwicklungstendenzen der bäuerlichen Kultur zur Zeit des dt. Bauernkrieges. In: Der Bauer im Klassenkampf, hrsg. v. Gerh. HEITZ u. a. – Berlin: 251–277.

7. Literatur

BERNT, A./[später:] BINDING, G. (Hrsg.) 1959 ff.: Das dt. Bürgerhaus (Bd. 1: H. G. GRIEP, Das Bürgerhaus in Goslar, Tübingen 1959; Bd. 20: R. FRICKE, Das Bürgerhaus in Braunschweig, 1975).

Bibliographie, (Internationale) volkskundliche 1918 ff. – Straßburg, Berlin etc.

BOESCH, Hans 1924: Kinderleben in der dt. Vergangenheit. – Jena.

BOHNENBERGER, Karl u. a. 1961: Volkstümliche Überlieferungen in Württemberg. – Stuttgart.

BORNEMANN, Fritz 1938: Zum Form- und Quantitätskriterium. In: Anthropos, 33. Jg.: 614–650.

BRANDLMEIER, Karl Paul 1942: Medizinische Ortsbeschreibungen des 19. Jhs. im dt. Sprachgebiet. – Berlin.

BRAUN, Rudolf 1960: Industrialisierung und Volksleben. – Erlenbach-Zürich.

–   1965: Sozialer und kultureller Wandel in einem ländlichen Industriegebiet (Zürcher Oberland) unter Einwirkung des Maschinen- und Fabrikwesens im 19. und 20. Jh. – Erlenbach-Zürich u. Stuttgart.

–   1970: Soziokulturelle Probleme der Eingliederung italienischer Arbeitskräfte in der Schweiz. – Erlenbach-Zürich u. Stuttgart.

BRAUN, Rudolf u. a. (Hrsg.) 1972/73: I. Industrielle Revolution. Wirtschaftliche Aspekte; II. Gesellschaft in der industriellen Revolution. – Köln u. Berlin.

BREPOHL, Wilhelm 1957: Industrievolk im Wandel von der agraren zur industriellen Daseinsform, dargestellt am Ruhrgebiet. – Tübingen.

BRINGEMEIER, Martha 1931: Gemeinschaft und Volkslied. – Münster.

–   1974: Priester- und Gelehrtenkleidung. – Münster.

BRINGÉUS, Nils-Arvid 1968: Das Studium von Innovationen. In: Zs. f. Vkde, 64. Jg.: 161–185.

–   1969: Nachlaßverzeichnisse als Quellen für das Studium von Landwirtschaftsgeräten in Südschweden. In: HANSEN 1969: 28–35.

–   1972: Die Einführung der Weihnachtskrippe in schwedischen Kirchen. In: Festschrift Zender 1. Bd.: 182–194.

BRIXIUS, Lothar 1939: Erscheinungsformen des Volksglaubens. Ihre Geltung in einem Dorf der Südost-Eifel. – Halle.

BROMME, Moritz Th. W. 1971: Lebensgeschichte eines modernen Fabrikarbeiters. – Frankfurt.

BRÜCKNER, Wolfgang 1966: Bildnis und Brauch. – Berlin.

–   1973: Die Bilderfabrik. Dokumentation zur Kunst- und Sozialgeschichte der industriellen Wandschmuckherstellung. – Frankfurt.

–   1974 (Hrsg.): Volkserzählung und Reformation. – Berlin.

BUCHNER, Franz Xaver 1936: Volk und Kult. – Düsseldorf.

BURSZTA, Jósef (Hrsg.) 1964: Stare i nowe w kulturze wsi koszalińskiej [Altes und Neues in der Kultur des Koszaliner Dorfes]. – Poznań.

CAHEN, M. 1921: La Libation. Etudes sur le vocabulaire du vieux Scandinave. – Paris.

CLAESSENS, Dieter 1972: Familie und Wertsystem. 3. Aufl. – Berlin.

CLAUSS, Herbert 1957: Bergmännische Arbeitsvorgänge in volkskünstlerischer Gestaltung. In: Dt. Jb. f. Vkde, 3. Jg.: 407–446.

COMMENDA, Hans 1958/59: Volkskunde der Stadt Linz. 2 Bde. – Linz.

CROON, H./UTERMANN, K. 1958: Zeche und Gemeinde [= Datteln]. – Tübingen.

DANCKERT, Werner 1963: Unehrliche Leute. Die verfemten Berufe. – Bern u. München.

DENEKE, Bernward 1969: Die Mode im 19. Jh. In: W. ARTELT/W. RÜEGG (Hrsg.), Studien zur Medizingeschichte des 19. Jhs. – Stuttgart: 84–118.

DIAS, Jorge 1968: Verbreitung und Geschichte der Dreschmethoden auf der iberischen Halbinsel. In: Zs. f .Vkde, 64. Jg.: 186–202.

DORSON, Richard M. 1976: Volksleben in Amerika. – Göttingen.

DREITZEL, Hans Peter (Hrsg.) 1971: Sozialer Wandel. Zivilisation und Fortschritt als Kategorien der soziologischen Theorie. 2. Aufl. – Neuwied u. Berlin.

DÜNNINGER, Josef 1962: Brauchtum. In: Dt. Philologie im Aufriß, hrsg. v. Wolfgang STAMMLER, 2. Aufl. – Berlin: 2571–2640.

– 1964: Fränkische Sagen vom 15. bis zum Ende des 18. Jhs. – Kulmbach.

ECKSTEIN, D./BEDAL, K. 1974: Dendrochronologie und Gefügeforschung. In: Ethnologia Europaea, 7. Jg. (1973/74): 223–245.

EISENBART, Liselotte C. 1962: Kleiderordnungen der dt. Städte zwischen 1350 und 1700. – Göttingen.

EISERMANN, Gottfried 1974: Soziologie und Geschichte. In: KÖNIG 1973–74, Bd. 4: 340–404.

EK, Sven B. 1960: Economic Booms, Innovations, and the Popular Culture. In: Economy and History (Lund), 3. Jg.: 3–37.

EMMERICH, Wolfgang 1971: Zur Kritik der Volkstumsideologie. – Frankfurt/M.

ENNEN, Edith 1972: Die europäische Stadt des Mittelalters. – Göttingen.

ERIXON, Sigurd 1950–51: An Introduction to Folklife Research or Nordic Ethnology. In: Folk-Liv 14./15. Jg.: 5–15.

– 1955: Zentralgeleitete und volkstümliche Baukultur. In: Festschrift Will-Erich Peuckert. – Berlin: 79–85.

– (Hrsg.) 1957: Atlas över svensk folkkultur. I. Materiell och social kultur. – Uddevalla.

ESKERÖD, Albert 1947: Årets äring. – Stockholm [Summary].

FÉL, E./HOFER, T. 1969: Proper Peasants. Traditional Life in a Hungarian Village. – Budapest.

– 1972: Bäuerliche Denkweise in Wirtschaft und Haushalt. – Göttingen.

– 1974: Geräte der Átányer Bauern. – Kopenhagen.

FELLENBERG gen. REINOLD, Josef 1970: Die Verehrung des Heiligen Gotthard von Hildesheim in Kirche und Volk. – Bonn.

FENTON, A./PODOLÁK, J./RASMUSSEN, H. (Hrsg.) 1973: Land Transport in Europe. – Kopenhagen.

Festschrift Zender 1972: Festschrift Matthias Zender. Studien zu Volkskultur,

Sprache und Landesgeschichte, hrsg. v. E. ENNEN u. G. WIEGELMANN, 2 Bde. – Bonn.

FISCHER, Georg (Hrsg.) 1958: Fränkisches Handwerk. – Kulmbach.

FISCHER, Georg 1962: Volk und Geschichte. Studien und Quellen zur Sozialgeschichte und historischen Volkskunde. – Kulmbach.

FOJTÍK, K./SIROVÁTKA, O. 1961: Rosicko-Oslavansko. Život a kultura lidu v kamenouhelném revíru [Rosice-Oslavany. Volksleben und Volkskultur in einem Steinkohlenrevier]. – Prag.

FÖLDES, László (Hrsg.) 1961: Viehzucht und Hirtenleben in Ostmitteleuropa. – Budapest.

– (Hrsg.) 1969: Viehwirtschaft und Hirtenkultur. – Budapest.

FRANCIS, Emerich K. 1965: Ethnos und Demos. – Berlin.

FRANZ, Adolph (1909): Die kirchlichen Benediktionen im Mittelalter. 2 Bde. – Neudruck: Graz 1960.

FRANZ, Günther 1961: Der Dreißigjährige Krieg und das dt. Volk. 3. Aufl. – Stuttgart.

FREITAG, Christian 1974: Erwartung und Sanktion im Kinderreim. Diss. Marburg.

FRENZEL, W./KARG, F./SPAMER, A. (Hrsg.) 1932: Grundriß der sächsischen Volkskunde. – Leipzig.

FREUDENTHAL, Herbert 1968: Vereine in Hamburg. – Hamburg.

FRIEDRICHS, Jürgen 1973: Methoden empirischer Sozialforschung. – Reinbek b. Hamburg.

FRINGS, TH./MÜLLER, G. 1966/1968: Germania Romana. 2 Bde. – Halle.

FRITZSCH, K. E./SIEBER, F. 1957: Bergmännische Trachten des 18. Jhs. im Erzgebirge und im Mansfeldischen. – Berlin.

GAVAZZI, Milovan 1968: Über die Relevanz der sprachlichen Tatsachen in der kulturkundlichen Forschung. In: Kontakte und Grenzen: 155–159.

GEBHARD, T./HANIKA, J. (Hrsg.) 1963: Iro-Volkskunde. Europäische Länder. – München.

GEBHARDT, H. 1895: Zur bäuerlichen Glaubens- und Sittenlehre. 3. Aufl. – Gotha.

GEHLEN, Arnold 1956: Urmensch und Spätkultur. – Bonn.

– 1957: Die Seele im technischen Zeitalter. – Hamburg.

GERAMB, Viktor von 1954: Wilhelm Heinrich Riehl. Leben und Wirken. – Salzburg.

GERCKEN, Philipp Wilhelm 1783/88: Reisen durch Schwaben, Baiern, angränzende Schweiz, Franken und die Rheinischen Provinzen etc. in den Jahren 1779 bis 1787. 4 Teile. – Stendal.

GERNDT, Helge 1972: Vergleichende Volkskunde. In: Zs. f. Vkde, 68. Jg.: 179–195.

GLÄNTZER, Volker 1977: Ländliches Wohnen in Deutschland um 1800. Diss. Münster.

GREVERUS, Ina-Maria 1972: Der territoriale Mensch. Ein literaturanthropologischer Versuch zum Heimatphänomen. – Frankfurt.

–   1973: Auswanderung und Anpassungsbarrieren. In: WIEGELMANN 1973: 204–218.

GRIESSMAIR, Johannes 1970: Knecht und Magd in Südtirol. – Innsbruck.

GROBER-GLÜCK, Gerda 1974: Motive und Motivationen in Redensarten und Meinungen. 2 Bde. – Marburg.

–   1975: Berlin als Innovationszentrum von metaphorischen Wendungen der Umgangssprache. In: Zs. f. dt. Philologie, 94. Jg.: 321–367.

GRÜNN, Helene 1960: Die Pecher. – Wien u. München.

–   1968: Volkskunde der heimatvertriebenen Deutschen im Raum um Linz. – Wien.

GÜNTZ, Max 1897/1902: Handbuch der Landwirtschaftlichen Literatur. 3 Teile. – Leipzig.

HABERLANDT, Arthur 1933: Lebenskreise als ein Forschungsziel der Volkskunde. In: Festschrift Theodor Siebs. – Breslau: 377–392.

HAGAR, Helmut 1973: Die Zugvorrichtungen bei dem zweispännigen Ad erwagen für Pferde in Skandinavien und Finnland. In: FENTON/PODOLÁK/RASMUSSEN 1973: 195–226.

HÄGERSTRAND, Torsten 1976: Eine Monte-Carlo-Analyse der Ausbreitung. In: Peter SCHMIDT (Hrsg.), Innovation. – Hamburg: 221–241.

HAHM, Konrad (Hrsg.) 1929: Rudolf WISSELL, Des alten Handwerks Recht und Gewohnheit. 2 Bde. – Berlin.

HAHN, Alois 1968: Einstellungen zum Tod und ihre soziale Bedingtheit. – Stuttgart.

HÄHNEL, Joachim 1972 ff.: Hauskundliche Bibliographie. – Münster, ab Bd. 2: Detmold.

–   1975: Stube. Wort- und sachgeschichtliche Beiträge zur historischen Hausforschung. – Münster.

HAIN, Mathilde 1936: Das Lebensbild eines oberhessischen Trachtendorfes. – Jena.

–   1962: Die Volkskunde und ihre Methoden. In: Dt. Philologie im Aufriß, hrsg. v. Wolfgang STAMMLER. 2. Aufl. – Berlin: 2547–70.

HAEKEL, Josef 1956: Zum heutigen Forschungsstand der historischen Ethnologie. In: Die Wiener Schule der Völkerkunde, hrsg. v. J. HAEKEL u. a. – Wien: 17–90.

HANIKA, Josef 1957: Volkskundliche Wandlungen durch Heimatverlust und Zwangswanderung. – Salzburg.

HANISCH, Konrad 1972: Ethnographische Atlasvorhaben in Polen. In: Festschrift Zender, 1. Bd.: 296–306.

HANSEN, Wilhelm (Hrsg.) 1969: Arbeit und Gerät in volkskundlicher Dokumentation. – Münster.

–   1970: Forschung und Museum. In: Rhein.-westfäl. Zs. f. Vkde, 17. Jg.: 24–41.

HARD, Gerhard 1972: Ein geographisches Simulationsmodell für die rheinische Sprachgeschichte. In: Festschrift Zender, 1. Bd.: 25–58.

HARMJANZ, H./RÖHR, E. (Hrsg.) 1937–39: Atlas der dt. Volkskunde (120 Karten). – Leipzig.

HARRIS, Marvin 1972: The Rise of Anthropological Theory. 2. Aufl. – London.

HAUFFEN, Adolf 1910: Geschichte der dt. Volkskunde. In: Zs. d. Vereins f. Vkde, 20. Jg.: 1–17, 129–141, 290–306.

HÄVERNICK, Walter 1959/62: Kinderkleid und Gruppengeistigkeit in volkskundlicher Sicht. I. Der Matrosenanzug der Hamburger Jungen 1900–1920. In: Beiträge z. dt. Volks- u. Altertumskunde, 4. Jg. (1959): 37–61; II. Kleidung und Kleidersitte höherer Schüler in Hamburg 1921–1939. Ebda., 6. Jg. (1962): 21–64.

HDA: Handwörterbuch des dt. Aberglaubens, hrsg. v. Hanns BÄCHTOLD-STÄUBLI, 10 Bde., Berlin u. Leipzig 1927–1942.

HEILFURTH, Gerhard 1954: Das Bergmannslied. Wesen, Leben, Funktion. Ein Beitrag zur Erhellung von Bestand und Wandlung der sozialkulturellen Elemente im Aufbau der industriellen Gesellschaft. – Kassel u. Basel.

–   1956/57: St. Barbara als Berufspatronin des Bergbaues. Ein Streifzug durch ihren mitteleuropäischen Verehrungsbereich. In: Zs. f. Vkde, 53. Jg.: 1–64.

–   1958: Glückauf! Geschichte, Bedeutung und Sozialkraft des Bergmannsgrußes. – Essen.

–   1961: Volkskunde jenseits der Ideologien. – Marburg.

–   1965: Das Heilige und die Welt der Arbeit am Beispiel der Verehrung des Propheten Daniel im Montanwesen Mitteleuropas. 2. Aufl. – Marburg.

–   1967: Die Arbeit als kulturanthropologisch-volkskundliches Problem. In: HEILFURTH/WEBER-KELLERMANN 1967: 1–16.

–   1972 a: Notizen zum Phänomen der Frömmigkeit. In: AMELUNG, Eberhard u. a. (Hrsg.): Strukturwandel der Frömmigkeit. – Stuttgart u. Berlin: 167–174.

–-   1972 b: Das Montanwesen als Wegbereiter im sozialen und kulturellen Aufbau der Industriegesellschaft Mitteleuropas. – Wien.

–   1973: Wenzel Holek – ein Arbeiterschicksal im Kontaktbereich von Böhmen und Sachsen. In: Festschrift Walter Schlesinger, 1. Bd., 1973: 608–631.

–   1974 a: Volkskunde. In: KÖNIG 1973–74, Bd. 4: 162–225.

–   1974 b: Der erzgebirgische Volkssänger Anton Günther. Leben und Werk. 7. Aufl. – Frankfurt.

–   1975: Anpassung und Konflikt im Entstehungsprozeß einer Allerweltskultur. In: Die Mitarbeit, 24. Jg.: 193–204.

HEILFURTH, Gerhard unter Mitarbeit v. Ina-Maria GREVERUS 1967: Bergbau und Bergmann in der deutschsprachigen Sagenüberlieferung Mitteleuropas. – Marburg.

HEILFURTH, G./WEBER-KELLERMANN, I. (Hrsg.) 1967: Arbeit und Volksleben. Dt. Volkskundekongreß in Marburg. – Göttingen.

HEINTZ, Peter 1974: Interkultureller Vergleich. In: KÖNIG 1973–74, Bd. 4: 405–425.

HELBOK, Adolf 1937/38: Grundlagen der Volksgeschichte Deutschlands und Frankreichs. 2 Bde. – Berlin.

HELLPACH, Willy 1952: Mensch und Volk in der Großstadt. 2. Aufl. – Stuttgart.

– 1953: Kulturpsychologie. – Stuttgart.

– 1954: Einführung in die Völkerpsychologie. – Stuttgart.

HELM, Rudolf 1932: Die bäuerlichen Männertrachten im Germanischen National-museum zu Nürnberg. – Heidelberg.

– 1932/34: Hessische Trachten. 2 Bde. – Heidelberg.

– 1954: Entartungserscheinungen der Volkstracht. In: Zs. f. Vkde, 51. Jg.: 165–168.

HENSEL, Witold 1965: Die Slawen im frühen Mittelalter. – Berlin.

HENSSEN, Gottfried 1928: Zur Geschichte der bergischen Volkssage. – Elberfeld.

HERSKOVITS, Melville J. 1970: Man and his Works. The Science of Cultural Anthropology. – New York.

HINZ, Hermann 1964: Zur Vorgeschichte der niederdeutschen Halle. In: Zs. f. Vkde, 60. Jg.: 1–22.

HÖCK, Alfred 1972/73: Zur Sozialgeschichte eines hessischen Töpferdorfes. In: Geschichtsbll. f. Stadt u. Kreis Gelnhausen 1972/73: 58–89.

HOFFMANN-KRAYER, Eduard 1926: Über Museen für vergleichende Volkskunde. In: Jb. f. histor. Vkde, 2. Jg.: 76–87.

HOFSTÄTTER, Peter R. 1957: Die dt. und die amerikanische Einsamkeit. In: Verhandlungen des 13. Dt. Soziologentages in Bad Meinberg. – Köln u. Opladen.

HONKO, Lauri 1959: Krankheitsprojektile (FFC 178). – Helsinki.

HONOLD, Hubert 1941: Arbeit und Leben der Winzer an der Mittelmosel. – Wittlich.

HORNBERGER, Theodor 1955: Der Schäfer. Landes- und volkskundliche Bedeutung eines Berufsstandes in Süddeutschland. – Stuttgart.

HÜBINGER, Paul Egon (Hrsg.) 1968: Kulturbruch oder Kultur-Kontinuität im Übergang von der Antike zum Mittelalter. – Darmstadt.

HUIZINGA, Johan 1956: Homo ludens. Vom Ursprung der Kultur im Spiel. – Hamburg.

HULTKRANTZ, Åke 1960: General Ethnological Concepts. – Kopenhagen.

HUSA, Václav u. a. 1967: Homo faber. – Prag.

HUSMANN, Heinrich 1957: Lebensformen und ihr Wandel beim Arbeiter in Hamborn. In: Rhein.-westfäl. Zs. f. Vkde, 4 Jg.: 151 ff.

HUTTENLOCHER, Friedrich 1963: Das Problem der Gewannfluren in südwestdeutscher Sicht. In: Erdkunde, 17. Jg.: 1–15.

HUTTERER, Claus Jürgen 1963: Grundsätzliches zur Sprachinselforschung. In: Beiträge z. Gesch. d. dt. Sprache u. Lit., 85. Jg.: 177–196.

JACOBEIT, Wolfgang 1957: Jochgeschirr -und Spanntiergrenze. In: Dt. Jb. f. Vkde, 3. Jg.: 119–144.

7. Literatur

- 1961: Schafhaltung und Schäfer in Zentraleuropa bis zum Beginn des 20. Jhs. – Berlin.
- 1965: Bäuerliche Arbeit und Wirtschaft. Ein Beitrag zur Wissenschaftsgeschichte der dt. Volkskunde. – Berlin.
- 1967: Die Inventarisation bäuerlicher Arbeitsgeräte. In: HEILFURTH/WEBER-KELLERMANN 1967: 135–139.
- 1971: Zur Aufgabenstellung der marxistischen Volkskunde im entwickelten gesellschaftlichen System des Sozialismus: In: Wiss. Zs. d. Humboldt-Universität zu Berlin, Gesellschafts- und Sprachwissenschaftl. Reihe, 20. Jg.: 3–9.

JACOBEIT, W./MOHRMANN, U. (Hrsg.) 1973: Kultur und Lebensweise des Proletariats. – Berlin.

JANSSEN, W./FOLLMANN, A.-B. 1972: 2000 Jahre Keramik im Rheinland (Katalog). – Zons.

JANTKE, C./HILGER, D. 1965: Die Eigentumslosen. – Freiburg u. München.

JIRLOW, Ragnar 1926: Zur Terminologie der Flachsbereitung in den germanischen Sprachen. – Göteborg.

JUNGBAUER, Gustav 1930: Sprachinselvolkskunde. In: Sudetendt. Zs. f. Vkde, 3. Jg.: 143–150, 196–204.

- 1931: Geschichte der dt. Volkskunde. – Prag.

KARASEK-LANGER, Alfred 1959: Volkstum im Umbruch. In: LEMBERG/EDDING 1959: 606–694.

KAUFHOLD, Karl Heinrich 1973: Einkommensschwankungen und Konsumverhalten. In: Ethnologia Europaea, 6. Jg. (1972): 157–162.

KAUFMANN, Gerhard (Hrsg.) 1975: Stadt-Land-Beziehungen. Verhandlungen des 19. Dt. Volkskundekongresses in Hamburg. – Göttingen.

KIRNBAUER, Franz 1958: Bausteine zur Volkskunde des Bergmanns oder Bergmännisches Brauchtum. – Wien.

KLAGES, Helmut 1958: Der Nachbarschaftsgedanke und die nachbarliche Wirklichkeit in der Großstadt. – Opladen.

KLEIN, Ernst 1965: Über das Alter des gewundenen Streichbretts. In: Zs. f. Agrargeschichte u. Agrarsoziologie, 13. Jg.: 195–199.

KŁODNICKI, Zygmunt 1975: „Rezginia" in Europe. In: Ethnologia Europaea, 8. Jg.: 101–122 (mit Beiträgen von N. A. BRINGÉUS, R. PEDERSEN, A. VIIRES, St. IMELLOS).

KOCH, Georg 1935: Die bäuerliche Seele. – Berlin.

KÖNIG, René 1946: Materialien zur Soziologie der Familie. – Bern.

- 1958: Grundformen der Gesellschaft: Die Gemeinde. – Hamburg.
- (Hrsg.) 1969 a: Handbuch der empirischen Sozialforschung. 2. Bd. – Stuttgart.
- (Hrsg.) 1969 b: Soziologie (Fischer-Lexikon). – Frankfurt.
- (Hrsg.) 1971: Emile DURKHEIM. Die Regeln der soziologischen Methode. 3. Aufl. – Neuwied u. Berlin.

– (Hrsg.) 1973–74: Handbuch der empirischen Sozialforschung [1. Bd.]. 3. Aufl., 4 Bde. – Stuttgart.

Kontakte und Grenzen 1969: Festschrift für Gerhard Heilfurth. – Göttingen.

KOREN, Hanns 1950: Pflug und Arl. – Salzburg.

KRAMER, Karl-Sigismund 1954: Die Nachbarschaft als bäuerliche Gemeinschaft. – München-Pasing.

– 1957: Bauern und Bürger im nachmittelalterlichen Unterfranken. – Würzburg.

– 1959: Archivalische Quellenforschung. In: Zs. f. Vkde, 55. Jg. 91–98.

– 1961: Volksleben im Fürstentum Ansbach und seinen Nachbargebieten (1500–1800). – Würzburg.

– 1967: Volksleben im Hochstift Bamberg und im Fürstentum Coburg (1500–1800). – Würzburg.

– 1968: Zur Erforschung der historischen Volkskultur. Prinzipielles und Methodisches. In: Rhein. Jb. f. Vkde, 19. Jg.: 7–41.

– 1974: Einiges über die Lage des Gesindes in einem ostholsteinischen Gutsbezirk. In: Zs. f. Vkde, 70. Jg.: 20–38.

– 1975: Überlegungen zum Quellenwert von Museumsbeständen für die Volkskunde. In: Kieler Bll. z. Vkde, 7. Jg.: 5–19.

– 1976: Gutswirtschaft und Volksleben. Ein Forschungsprojekt im SFB 17. In: Rhein.-westfäl. Zs. f. Vkde, 22. Jg.: 16–33.

KRETSCHMER, Ingrid 1965: Die thematische Karte als wissenschaftliche Aussageform der Volkskunde. – Remagen.

– 1974: Einige neuere Aspekte ethnologischer Kartographie. In: In memoriam A. Jorge Dias, Lissabon, 2. Bd.: 297–307.

KRETZENBACHER, Leopold 1958: Die Seelenwaage. – Klagenfurt.

– 1959: Santa Lucia und die Lutzelfrau. – München.

– 1973: Kettenkirchen in Bayern und in Österreich. – München.

KROEBER, A. L. 1948: Anthropology. 2. Aufl. – New York u. Burlingame.

– 1952: Order in Changes of Fashion. – Three Centuries of Women's Dress Fashion. In: Ders., The Nature of Culture. – Chicago u. London: 332–336, 358–372.

KROEBER, A. L./KLUCKHOHN, C. (Hrsg.) 1963: Culture. A Critical Review of Concepts and Definitions. 2. Aufl. – New York.

KROHN, Kaarle 1926: Die folkloristische Arbeitsmethode. – Oslo.

KRÜGER, Fritz 1950: Géographie des traditions populaires en France. 2 Bde. – Mendoza.

KUHN, Walter 1934: Deutsche Sprachinselforschung. – Plauen.

KÜNZIG, Johannes 1956: Urheimat und Kolonistendorf. In: Jb. f. Vkde d. Heimatvertriebenen, 2. Jg.: 103–140.

KYLL, Nikolaus 1957: Das Kind in Glauben und Brauch des Trierer Landes. – Trier.

LAUFFER, Otto 1934: Der Weihnachtsbaum in Glaube und Brauch. – Berlin u. Leipzig.

LEHNEMANN, Wingolf 1973: Konjunktur und Prestigegüter im 18. Jh. am Niederrhein. In: Rhein.-westfäl. Zs. f. Vkde, 20. Jg.: 11–24.

LEMBERG, E./EDDING, F. (Hrsg.) 1959: Die Vertriebenen in Westdeutschland. 3 Bde. – Kiel.

LESER, Paul 1931: Entstehung und Verbreitung des Pfluges. – Münster. (Neudruck: Brede/Dänemark 1971).

L'HOUET, A. (1907): Zur Psychologie des Bauerntums. 2. Aufl. 1920. – Tübingen.

LIGĘZA, J./ŻYWIRSKA, M. 1964: Zarys kultury górniczej [Abriß der Bergmannskultur]. – Katowice.

LINTON, R. 1955: The Tree of Culture. – New York.

LIUNGMAN, Waldemar 1937/38: Traditionswanderungen Euphrat-Rhein. Studien zur Geschichte der Volksbräuche. 2 Teile. (FFC 118, 119). – Helsinki.

LUCIUS, Ernst 1904: Die Anfänge des Heiligenkultes in der christlichen Kirche. – Tübingen.

LÜHNING, Arnold 1952: Die schneidenden Erntegeräte. Diss. Göttingen.

– 1967: Gerätekundliche Feldforschung in Schleswig-Holstein. In: HEILFURTH/ WEBER-KELLERMANN 1967: 123–134.

LUTZ, Gerhard (Hrsg.) 1958: Volkskunde. Ein Handbuch zur Geschichte ihrer Probleme. – Berlin.

– 1973: Johann Ernst Fabri und die Anfänge der Volksforschung im ausgehenden 18. Jh. In: Zs. f. Vkde, 69. Jg.: 19–42.

MACKENSEN, Lutz (Hrsg.) 1930/1940: Handwörterbuch des dt. Märchens. Bd. I 1930/33, Bd. II 1934/40. – Berlin u. Leipzig.

MACKENSEN, Rainer u. a. 1959: Daseinsformen der Großstadt. – Tübingen.

MANNHARDT, Wilhelm 1875: Wald- und Feldkulte. 2 Bde. (3. Aufl. Darmstadt 1963).

MATTHES, Joachim 1967/69: Religion und Gesellschaft, Kirche und Gesellschaft. 2 Bde. – Reinbek b. Hamburg.

MAUTNER, K./GERAMB, V. v. 1932–39: Steirisches Trachtenbuch. 2 Bde. – Graz.

MEHNERT, Klaus 1976: Jugend im Zeitbruch. – Stuttgart.

MEIER, John 1906: Kunstlieder im Volksmund. – Halle/Saale.

MEISEN, Karl 1931: Nikolauskult und Nikolausbrauch im Abendland. – Düsseldorf.

– 1952: Europäische Volkskunde als Forschungsaufgabe. In: Rhein. Jb. f. Vkde, 3. Jg.: 7–40.

MEITZEN, August 1882: Das dt. Haus in seinen volkstümlichen Formen. – Berlin.

MERINGER, Rudolf 1906: Das dt. Haus und sein Hausrat. – Leipzig.

MERKELBACH-PINCK, Angelika 1943: Aus der Lothringer Meistube. 2 Bde. – Kassel.

MEYN, Hermann 1974: Massenmedien in der Bundesrepublik Deutschland. – Berlin.

MITZKA, Walter 1940: Dt. Fischervolkskunde. – Neumünster.

MÖCKLI VON SEGGERN, Margarete 1965: Arbeiter und Medizin. – Basel.

MOKRE, Johann 1955: Aus der Welt des Arbeiters. Dokumente zur Arbeiterkunde. – Wien.

MÖLLER, Helmut 1969: Die kleinbürgerliche Familie im 18. Jh. – Berlin.

MÖSER, Justus [1774–86]: Patriotische Phantasien. Hrsg. v. seiner Tochter J. W. J. v. VOIGTS, geb. MÖSER. (Sämtliche Werke hrsg. v. B. R. ABEKEN Bd. 1–4). – Berlin 1842.

MOSER, Hans 1954: Gedanken zur heutigen Volkskunde. In: Bayer. Jb. f. Vkde 1954: 208–234.

– 1961: Maibaum und Maienbrauch. In: Bayer. Jb. f. Vkde, 1961: 115–159.

– 1962: Vom Folklorismus unserer Zeit. In: Zs. f. Vkde, 58. Jg.: 172–209.

MOSER, Oskar 1949: Kärntner Bauernmöbel. Handwerksgeschichte und Frühformen von Truhe und Schrank. – Klagenfurt (Sd. aus: Carinthia I, 134.–140. Jg.).

MÜHLMANN, Wilhelm Emil 1956: Ethnologie als soziologische Theorie der interethnischen Systeme. In: Kölner Zs. f. Soziologie und Sozialpsychologie, 8. Jg.: 186–205.

–– 1962: Homo Creator. – Wiesbaden.

– 1964: Rassen, Ethnien, Kulturen. – Neuwied u. Berlin.

MÜLLER, Josef 1936: Einführungsbräuche in die Genossenschaft der verheirateten Frauen bei Gelegenheit der Kindtauffeiern im Rheinischen. In: Westdt. Zs. f. Vkde, 33. Jg.: 143–152.

MULLER, Philippe 1961: Berufswahl in der rationalisierten Arbeitswelt. – Reinbek.

MUMMENHOFF, Ernst 1924: Der Handwerker in der dt. Vergangenheit. 2. Aufl. – Jena.

MUSIAT, Siegmund 1964: Zur Lebensweise des landwirtschaftlichen Gesindes in der Oberlausitz. – Bautzen.

NARROLL, R./COHEN, R. (Hrsg.) 1973: A Handbook of Method in Cultural Anthropology. 2. Aufl. – New York u. London.

NAUMANN, Hans 1921: Primitive Gemeinschaftskultur. – Jena.

– 1922: Grundzüge der dt. Volkskunde. – Leipzig (3. Aufl. 1935).

NAUMANN, Joachim 1972: Arbeitswelt und Lebensformen des Bauhandwerks im wittgensteinischen Territorialstaat der Neuzeit. Diss. – Marburg.

– 1974: Zur Bedeutung der Wanfrieder Irdenware in den Niederlanden. In: Rhein.-westfäl. Zs. f. Vkde, 21. Jg.: 83–97.

NEUBNER, Joseph 1929: Die heiligen Handwerker in der Darstellung der Acta Sanctorum. – Münster.

NEULOH, Otto 1973: Arbeits- und Berufssoziologie. – Berlin u. New York.

NICOLAI, Friedrich 1783–96: Beschreibung einer Reise durch Deutschland und die Schweiz im Jahre 1781. Nebst Bemerkungen über Gelehrsamkeit, Industrie, Religion und Sitten. 12 Bde. – Berlin u. Stettin.

Niederer, Arnold 1956: Gemeinwerk im Wallis. – Basel.

Nienholdt, E./Wagner-Neumann, G. 1965: Katalog der Lipperheideschen Kostümbibliothek. Neu bearbeitet. 2 Bde. – Berlin.

Noelle, Elisabeth 1963: Umfragen in der Massengesellschaft. – Reinbek b. Hamburg.

Noelle, E./Neumann, E. P. 1956–74: Jahrbuch der öffentlichen Meinung. 1. Bd. 1956 – 5. Bd. 1974. – Allensbach/Bodensee.

Nylén, A.-M./Hävernick, W. 1965: „Kulturfixierung" und „Innovation". In: Beiträge z. dt. Volks- u. Altertumskunde, 9. Jg.: 7–22.

Ohlsen, Olaf 1967: Die alte Gesellschaft und die neue Kirche. In: Acta Visbyensia III (Kirche und Gesellschaft im Ostseeraum): 43–54.

Opp, Karl-Dieter 1970: Methodologie der Sozialwissenschaften. – Reinbek b. Hamburg.

Otte, Friedrich Wilhelm 1796: Oekonomisch-statistische Beschreibung der Insel Fehmern. – Schleswig.

Peesch, Reinhard 1957: Das Berliner Kinderspiel der Gegenwart. – Berlin.

– 1961: Die Fischerkommünen auf Rügen und Hiddensee. – Berlin.

Pessler, Wilhelm 1906: Das altsächsische Bauernhaus in seiner geographischen Verbreitung. – Braunschweig.

– (Hrsg.) [1934–38]: Handbuch der dt. Volkskunde. 3 Bde. –Potsdam o. J.

Petzoldt, Leander (Hrsg.) 1969: Vergleichende Sagenforschung. – Darmstadt.

Peuckert, Will-Erich 1931: Volkskunde des Proletariats. I. Aufgang der proletarischen Kultur. – Frankfurt.

– 1942: Dt. Volksglaube des Spätmittelalters. – Stuttgart.

– 1948: Die große Wende. – Hamburg (Neudruck: Darmstadt 1966).

– 1951: Geheimkulte. – Heidelberg.

– 1955: Ehe. Weiberzeit, Männerzeit, Saeterehe, Hofehe, Freie Ehe. – Hamburg.

Peuckert, W.-E./Lauffer, O. 1951: Volkskunde. Quellen und Forschungen seit 1930. – Bern.

Pfeil, Elisabeth 1950: Großstadtforschung. – Bremen-Horn.

Popitz, Heinrich u. a. 1972: Das Gesellschaftsbild des Arbeiters. 4. Aufl. – Tübingen.

Prim, R./Tilmann, H. 1975: Grundlagen einer kritisch-rationalen Sozialwissenschaft. 2. Aufl. – Heidelberg.

Prinz, Friedrich 1965: Frühes Mönchtum im Frankenreich. – München.

Ranke, Kurt (Hrsg.) 1975 ff.: Enzyklopädie des Märchens. Bd. 1 ff. – Berlin.

Rantasalo, A. V. 1919–25: Der Ackerbau im Aberglauben der Finnen und Esten mit entsprechenden Bräuchen der Germanen verglichen. 5 Bde. (FFC 30–32, 55, 62). – Helsinki.

Redfield, Robert 1956: Peasant Society and Culture. – Chicago.

Reimann, Horst 1973: Bedeutung der Kommunikation für Innovationsprozesse.

In: Soziologie. René König zum 65. Geburtstag. Hrsg. v. G. ALBRECHT u. a. – Opladen: 167–179.

RIEGL, Alois 1894: Volkskunst, Hausfleiß und Hausindustrie. – Berlin.

RIEHL, Wilhelm Heinrich 1859: Die Volkskunde als Wissenschaft. Ein Vortrag [1858]. In: Ders., Culturstudien aus drei Jhen. – Stuttgart: 205–229 (Abdruck bei: LUTZ 1958).

– 1903: Der Geldpreis und die Sitte [1857]. In: Ders., Kulturstudien aus drei Jhen. 6. Aufl. – Stuttgart u. Berlin: 252–285.

– 1964: Die Pfälzer [1857]. – Kaiserslautern.

RIETH, Adolf 1970: 5000 Jahre Töpferscheibe. – Konstanz.

ROLLER, Hans Ulrich 1965: Der Nürnberger Schembartlauf. – Tübingen.

RÖRIG, Maria 1940: Haus und Wohnen in einem sauerländischen Dorf. – Münster.

ROTH, Werner 1968: Dorf im Wandel. – Frankfurt.

RULAND, Josef 1963: Nachbarschaft und Gemeinschaft in Dorf und Stadt. – Düsseldorf.

RUMPF, Max 1931: Vergangenheits- und Gegenwartsvolkskunde. In: Kölner Vierteljahresschrift f. Soziologie, 9. Jg.: 407–429.

– 1933: Religiöse Volkskunde. – Stuttgart.

– 1955: Dt. Handwerkerleben und der Aufstieg der Stadt. – Stuttgart.

SACK, Fritz 1971: Die Idee der Subkultur. In: Kölner Zs. f. Soziologie u. Sozialpsychologie, 23. Jg.: 261–282.

SARMELA, Matti 1973: Die Anwendung quantitativer Methoden auf das Archivmaterial der Ethnologie Europas. In: Ethnologia Europaea, 6. Jg. (1972): 5–55.

SARTORI, Paul 1910–1914: Sitte und Brauch. 3 Bde. – Leipzig.

– 1922: Westfälische Volkskunde. – Leipzig.

SAUERMANN, Dietmar 1972 a: Bäuerliche Brautschätze in Westfalen. In: Rhein.-westfäl. Zs. f. Vkde, 18./19. Jg. (1971/72): 103–153.

– 1972 b: Knechte und Mägde in Westfalen um 1900. – Münster.

SCHARFE, Martin 1968: Evangelische Andachtsbilder. – Stuttgart.

SCHELSKY, Helmut 1967: Wandlungen der dt. Familie in der Gegenwart. 5. Aufl. – Stuttgart.

SCHENK, A./WEBER-KELLERMANN, I. 1973: Interethnik und sozialer Wandel in einem mehrsprachigen Dorf des rumänischen Banats. – Marburg.

SCHEPERS, Josef 1965: Westfalen in der Geschichte des nordwestdeutschen Bürger- und Bauernhauses. In: M. ZENDER u. a., Beiträge zur Volkskunde und Baugeschichte. – Münster: 125–228.

– 1973: Haus und Hof westfälischer Bauern. 2. Aufl. – Münster.

SCHEUCH, E./MEYERSOHN, R. (Hrsg.) 1972: Soziologie der Freizeit. – Köln.

SCHIER, Bruno 1962: Karl Rhamm (1842–1911). Wegbereiter der dt. Kulturraumforschung. In: Rhein.-westfäl. Zs. f. Vkde, 9. Jg.: 1–18.

– 1966: Hauslandschaften und Kulturbewegungen im östlichen Mitteleuropa. 2. Aufl. – Göttingen.

– 1969: Die westslawischen Volkskulturen im Mittelalter. In: Rhein.-westfäl. Zs. f. Vkde, 16. Jg.: 210–227.

SCHIRMUNSKI, Viktor 1961: Vergleichende Epenforschung I. – Berlin.

SCHLEE, Ernst 1970: Das volkskundliche Museum als Herausforderung. In: Zs. f. Vkde, 66. Jg.: 60–86 (mit Diskussion von M. SCHARFE, H. U. ROLLER, H. SIUTS).

SCHLENGER, Herbert 1934 a: Methodische und technische Grundlagen des Atlas der dt. Volkskunde. – Berlin.

– 1934 b: Die Sachgüter im Atlas der dt. Volkskunde. In: Jb. f. histor. Vkde, 3./4. Jg.: 348–390.

SCHMELING, Hans-Georg 1973: Wohnen und Arbeiten im ländlichen Wohnhaus des mittleren Rheinlandes. – Bonn.

SCHMIDT, Erich 1904: Dt. Volkskunde im Zeitalter des Humanismus und der Reformation. – Berlin.

SCHMIDT, Leopold 1940: Wiener Volkskunde. – Wien u. Leipzig.

– 1951: Geschichte der österreichischen Volkskunde. – Wien.

– 1960 a: Lebendiges Licht im Volksbrauch und Volksglauben Mitteleuropas. In: Studium generale, 13. Jg.: 611 ff.

– 1960 b: Das österreichische Museum für Volkskunde. – Wien.

– 1962: Bienenhaltung und Bienenaufweckung zu Petri Stuhlfeier. In: Österr. Zs. f. Vkde, 65. Jg.: 1 ff.

– 1966: Volksglaube und Volksbrauch. – Berlin.

– 1976: Gegenwartsvolkskunde. Eine bibliographische Einführung. – Wien.

SCHMIDTCHEN, Gerhard 1973: Protestanten und Katholiken. Soziologische Analyse konfessioneller Kultur. – Bern u. München.

SCHMITT, Heinz 1963: Das Vereinsleben der Stadt Weinheim an der Bergstraße. – Weinheim.

SCHMITTER, Werner 1953: Waldarbeit und Waldarbeiter im Prätigau. – Schiers.

SCHMÜLLING, Wilhelm 1951: Hausinschriften in Westfalen und ihre Abhängigkeit vom Baugefüge. – Münster.

SCHNEIDER, Lothar 1967: Der Arbeiterhaushalt im 18. und 19. Jh. – Berlin.

SCHOLTEN-NEESS, M./JÜTTNER, W. 1971: Niederrheinische Bauerntöpferei 17.–19. Jh. – Düsseldorf.

SCHREIBER, Georg 1934: Wallfahrt und Volkstum in Geschichte und Leben. – Düsseldorf.

– 1937: Dt. Bauernfrömmigkeit in volkstümlicher Sicht. – Düsseldorf.

– 1950: Volkskunde einst und jetzt. Zur literarischen Widerstandsbewegung. In: Festgabe Aloys Fuchs. – Paderborn: 275–317.

SCHRÖDER-LEMBKE, Gertrud 1969: Zum Zelgenproblem. In: Zs. f. Agrargeschichte u. Agrarsoziologie, 17. Jg.: 44–51.

SCHROUBEK, Georg R. 1968: Wallfahrt und Heimatverlust. – Marburg.

SCHWAMMBERGER, Adolf 1965: Vom Brauchtum mit der Zitrone. – Nürnberg.

SCHWARZ, Dietrich W. H. 1970: Sachgüter und Lebensformen. Einführung in die materielle Kulturgeschichte des Mittelalters und der Neuzeit. – Berlin.

SCHWEBE, Joachim 1960: Volksglaube und Volksbrauch im Hannoverschen Wendland. – Köln u. Graz.

SCHWEDT, Herbert 1968: Kulturstile kleiner Gemeinden. – Tübingen.

SCHWENK, S./TILANDER, G./WILLEMSEN, C. A. (Hrsg.) 1971: Et multum et multa. Beiträge zur Literatur, Geschichte und Kultur der Jagd. Festgabe Kurt Lindner. – Berlin u. New York.

SEGSCHNEIDER, Ernst 1976: Totenkranz und Totenkrone im Ledigenbegräbnis. – Köln u. Bonn.

SEIDELMANN, Karl 1970/71: Gruppe – soziale Grundform der Jugend. 2 Teile. – Hannover.

SEIDENFADEN, Fritz 1966: Der Vergleich in der Pädagogik. – Braunschweig.

SIEBER, Friedrich 1960: Volk und volkstümliche Motivik im Festwerk des Barock. – Berlin.

– 1968: Dt.-westslawische Beziehungen in Frühlingsbräuchen. Todaustragen und Umgang mit dem „Sommer". – Berlin.

SIMONS, Gabriel 1969: Die Erscheinungen des werktätigen Lebens und die volkskundliche Filmdokumentation. In: HANSEN 1969: 54–63.

SIROVÁTKA, Oldřich 1968/69: Sujet und „Akklimatisierung" als Kategorien der vergleichenden Forschung. In: Lětopis C, 11/12. Jg.: 221–227.

SKALNÍKOVÁ, Olga (Hrsg.) 1959: Kladensko. Život a kultura lidu v průmyslové oblasti [Kladensko. Volksleben und -kultur in einem Industriegebiet]. – Prag.

SOMMER, Kurt A. 1944: Bauernhof-Bibliographie. – Leipzig.

SPAMER, Adolf 1930: Das kleine Andachtsbild vom 14. bis zum 20. Jh. – München.

– (Hrsg.) 1934/35: Die dt. Volkskunde. 2 Bde. – Leipzig u. Berlin.

– 1938: Sitte und Brauch. In: PESSLER 1934–38, 2. Bd.: 33–236.

SPAMER, A./HAIN, M. 1970: Der Bilderbogen von der geistlichen Hausmagd. – Marburg.

SPIES, Gerd 1964: Hafner und Hafnerhandwerk in Südwestdeutschland. – Tübingen.

STEINBACH, Franz 1926: Studien zur westdt. Stammes- und Volksgeschichte. – Jena (Neudruck: Stuttgart 1962).

STEINITZ, Wolfgang 1954/1962: Dt. Volkslieder demokratischen Charakters aus sechs Jahrhunderten. 2. Bde. – Berlin.

– 1955: Die volkskundliche Arbeit in der Deutschen Demokratischen Republik. 2. Aufl. – Leipzig.

STEMPLINGER, Eduard 1922: Antiker Aberglaube in modernen Ausstrahlungen. – Leipzig.

– 1925: Antike und moderne Volksmedizin. – Leipzig.

STROBACH, Hermann 1964: Bauernklagen. Untersuchungen zum sozialkritischen dt. Volkslied. – Berlin.

STROBACH, H./WEINHOLD, R./WEISSEL, B. 1974: Volkskundliche Forschungen in der Deutschen Demokratischen Republik. In: Jb. f. Vkde u. Kulturgeschichte, 17. Jg.: 9–39.

SVENSSON, Sigfrid 1951: Tradition und Veränderungen in der Volkskultur. In: Laos, 1. Jg.: 32–47.

– 1973 a: On the Concept of Cultural Fixation. In: Ethnologia Europaea, 6. Jg. (1972): 129–156 (mit Diskussionsbeiträgen von G. BERG, B. DENEKE, M. K. H. EGGERT, S. B. EK, A. FENTON, A. GAILEY, T. HOFER).

– 1973 b: Einführung in die Europäische Ethnologie. – Meisenheim/Glan.

SZOLNOKY, Lajos 1966: Die Hanfbreche. In: Acta Ethnographica Academiae Scientiarum Hungaricae, 15. Jg.: 1–74.

– 1975: Die ethnologische Karte als Mittel der historischen und funktionalen Analyse. In: Ethnologia Europaea, 8. Jg.: 85–97.

TALVE, Ilmar 1968: Namens- und Geburtstagstraditionen in Finnland. (FFC 199). – Helsinki.

– 1974: Kulturgrenzen und Kulturgebiete Finnlands. In: Ethnologia Europaea, 7. Jg. (1973/74): 55–103.

TASSONI, Giovanni 1973: L'importance ethnologique des enquêtes napoléoniennes. In: Ethnologia Europaea, 6. Jg. (1972): 239–244.

TENBRUCK, Friedrich H. 1962: Jugend und Gesellschaft. – Freiburg.

THIEL, Erika 1968: Geschichte des Kostüms. – Berlin.

TOBIASSEN, Anna Helene 1975: Den biografiske metode. In: Norveg, 17. Jg.: 39–51 [Summary].

TOKAREW, S. A. 1954: Die nationale Politik der Sowjetunion und die Aufgaben und Erfolge der sowjetischen Ethnographie. In: Völkerforschung. Vorträge der Tagung für Völkerkunde an der Humboldt-Universität Berlin vom 25.–27. April 1952. – Berlin: 7–22.

TROTZIG, Dag 1943: Slagan och andra tröskredskap. – Stockholm.

TRÜMPY, Hans (Hrsg.) 1973: Kontinuität und Diskontinuität in den Geisteswissenschaften. – Darmstadt.

TYLOR, Edward B. 1871: Primitive Culture. 2 Bde. – London.

VALONEN, N./LEHTONEN, J. U. E. (Hrsg.) 1975: Ethnologische Nahrungsforschung. Ethnological Food Research. – Helsinki.

VARAGNAC, André 1959: De la préhistoire au monde moderne. – Paris.

VEBLEN, Thorstein 1971: Theorie der feinen Leute. – München.

VILKUNA, Kusta 1963: Volkstümliche Arbeitsfeste in Finnland. (FFC 191) – Helsinki.

WEBER, Georg 1968: Beharrung und Einfügung. – Köln u. Graz.

WEBER-KELLERMANN, Ingeborg 1958: Der Weihnachtsberg des Friedrich Nötzel aus Brünlos im Erzgebirge. In: Zs. f. Vkde, 54. Jg.: 44–60.

- 1959: Zur Frage der interethnischen Beziehungen in der „Sprachinselvolkskunde". In: Österr. Zs. f. Vkde, 62. Jg.: 19–47.
- 1965: Erntebrauch in der ländlichen Arbeitswelt des 19. Jhs. – Marburg.
- 1967: Probleme interethnischer Forschungen in Südosteuropa. In: Ethnologia Europaea, 1. Jg.: 218–231.
- 1969: Dt. Volkskunde zwischen Germanistik und Sozialwissenschaften. – Stuttgart.
- 1973: Brauch und seine Rolle im Verhaltenscodex sozialer Gruppen. Eine Bibliographie deutschsprachiger Titel. – Marburg.
- 1974: Die dt. Familie. – Frankfurt.

WEINHOLD, Rudolf 1973: Winzerarbeit an Elbe, Saale und Unstrut. – Berlin.

[WEINSBERG, Hermann] 1886–1926: Das Buch Weinsberg. Kölner Denkwürdigkeiten aus dem 16. Jh., hrsg. v. K. HÖHLBAUM u. a. 5 Bde. – Bonn.

WEINSTOCK, Heinrich 1954: Arbeit und Bildung – Heidelberg.

WEISS, Eugen, 1923: Die Entdeckung des Volks der Zimmerleute. – Jena.
- 1927: Steinmetzart und Steinmetzgeist. – Jena.

WEISS, Richard 1941: Das Alpwesen Graubündens. – Erlenbach-Zürich.
- 1946: Volkskunde der Schweiz. – Erlenbach-Zürich.
- 1950: Einführung in das Atlas der schweizerischen Volkskunde. – Basel.
- 1959: Häuser und Landschaften der Schweiz. – Erlenbach-Zürich u. Stuttgart.
- 1962: Die Brünig-Napf-Reuß-Linie als Kulturgrenze zwischen Ost- und Westschweiz auf volkskundlichen Karten [1947]. In: Schweizer. Archiv f. Vkde, 58. Jg.: 201–231.

WEISSER, Gerhard 1948: Freiheitlich-sozialistische Stilelemente im Leben der Arbeiterschaft. – Göttingen.

WERNER, Otto Hermann 1934: Der Saarbergmann in Sprache und Brauch. – Köln.

WEYDEN, Ernst 1960: Köln am Rhein vor 150 Jahren. – Köln.

WICHERT-POLLMANN, Ursula 1963: Das Glasmacherhandwerk im östlichen Westfalen. – Münster.

WIEGELMANN, Günter 1960: Zum Problem der bäuerlichen Arbeitsteilung in Mitteleuropa. In: Aus Geschichte und Landeskunde. Festschrift Franz Steinbach. – Bonn: 637–671.
- 1964: Der „Atlas der dt. Volkskunde" als Quelle für die Agrargeschichte. In: Zs. f. Agrargeschichte u. Agrarsoziologie, 12. Jg.: 164–180.
- 1965: Probleme einer kulturräumlichen Gliederung im volkskundlichen Bereich. In: Rhein. Vierteljahrsbll., 30. Jg.: 95–117.
- 1967: Alltags- und Festspeisen. – Marburg.
- 1969: Erste Ergebnisse der ADV-Umfragen zur alten bäuerlichen Arbeit. In: Rhein. Vierteljahrsbll., 33. Jg.: 208–262 (auch: Bonn 1969).
- 1970: Innovationszentren in der ländlichen Sachkultur Mitteleuropas. In: Volkskultur und Geschichte. Festgabe Jos. Dünninger. – Berlin: 120–136.

7. Literatur

- 1971: „Materielle" und „geistige" Volkskultur. Zu den Gliederungsprinzipien der Volkskunde. In: Ethnologia Europaea, 4. Jg. (1970): 187–193.
- 1972 a: Volkskundliche Studien zum Wandel der Speisen und Mahlzeiten In: TEUTEBERG, H. J./WIEGELMANN, G.: Der Wandel der Nahrungsgewohnheiten unter dem Einfluß der Industrialisierung. – Göttingen: 223–368.
- 1972 b: Theoretische Konzepte der Europäischen Ethnologie. In: Zs. f. Vkde, 68. Jg.: 196–212.
- 1972 c: Reliktgebiet und Kulturfixierung. In: Festschrift Zender, 1. Bd.: 59–71.
- (Hrsg.) 1973: Kultureller Wandel im 19. Jh. Verhandlungen des 18. Dt. Volkskunde-Kongresses in Trier. – Göttingen.
- 1974: Innovations in Food and Meals. In: Folk Life, 12. Jg.: 20–30.
- 1976: Novationsphasen der ländlichen Sachkultur Nordwestdeutschlands seit 1500. In: Zs. f. Vkde, 72. Jg.: 177–200.

WIEGELMANN, G./HøJRUP, O./PEDERSEN, R./LÖFGREN, O. 1975: Arbeitsteilung . . . In: Ethnologia Scandinavica, 1975: 5–72.

WIKMAN, K. Robert 1937: Die Einleitung der Ehe. – Åbo.

WILDHAGEN, Eduard 1938: Der Atlas der dt. Volkskunde. I. Grundlagen. – Berlin.

WILSDORF, H./ULRICH, H. 1966: Bergleute und Hüttenmänner in deutschsprachigen Untersuchungen von 1945 bis 1964. – Berlin.

WIORA, Walter 1975: Ergebnisse und Aufgaben vergleichender Musikforschung. – Darmstadt.

WOLF, Herbert 1958: Studien zur dt. Bergmannssprache – Tübingen.

WOLFRAM, Richard 1936: Schwerttanz und Männerbund I. – Kassel.
- 1972: Prinzipien und Probleme der Brauchtumsforschung. – Wien, Köln u. Graz.

WOLLGAST, Siegfried 1975: Tradition und Philosophie. – Berlin.

WURMBACH, Edith 1932: Das Wohnungs- und Kleidungswesen des Kölner Bürgertums um die Wende des Mittelalters. – Bonn.

WURZBACHER, Gerhard 1954: Das Dorf im Spannungsfeld industrieller Entwicklung. – Stuttgart.
- 1965: Gesellungsformen der Jugend. – München.
- 1969 a: Leitbilder gegenwärtigen dt. Familienlebens. 4. Aufl. – Stuttgart.
- 1969 b: Studentische Protestbewegung und etablierte Gesellschaft in der Bundesrepublik. In: Kontakte und Grenzen: 215–229.

ZAHN, Ernest 1964: Soziologie der Prosperität. – München.

ZENDER, Matthias 1956: Das Dorf im Umbruch der Zeit. Bemerkungen zu einer repräsentativen Dorfuntersuchung. In: Rhein. Vierteljahrsbll., 21. Jg.: 160–181.
- 1957: Über Heiligennamen. In: Der Deutschunterricht, 9. Jg.: 72–91.
- 1958: Das Brauchtum als Zeugnis für Wesensart und innere Gliederung des Mosellandes. In Zs. f. Vkde, 54. Jg.: 12–43

– (Hrsg.) 1958 ff.: Atlas der dt. Volkskunde, Neue Folge (Karten NF 1 ff.). – Marburg.

– 1959: Räume und Schichten mittelalterlicher Heiligenverehrung in ihrer Bedeutung für die Volkskunde. – Düsseldorf (2. Aufl. Bonn 1973).

– (Hrsg.) 1959–64: Atlas der dt. Volkskunde, Neue Folge. Erläuterungen Bd. I. – Marburg.

– 1960: Gestalt und Wandel der Nachbarschaft im Rheinland. In: Aus Geschichte und Landeskunde. Festschrift Franz Steinbach. – Bonn: 502–534.

– 1965: Die kulturelle Stellung Westfalens nach den Sammlungen des Atlas der dt. Volkskunde. In: M. ZENDER u. a.: Beiträge zur Volkskunde und Baugeschichte. – Münster: 1–69.

– 1967: Die Verehrung des hl. Quirinus in Kirche und Volk. – Neuß.

– 1971: Der Brauch am Martinstage als Beispiel räumlicher Differenzierung. In: Ethnologia Europaea, 4. Jg. (1970): 222–228.

– 1972: Das kölnische Niederland. Gestalt und Sonderart seines Volkslebens. In: Rhein. Vierteljahrsbll., 36. Jg.: 249–280.

– 1973: Die Frauen machen das Wetter im Februar. In: Dona Ethnologica. Festschrift Leopold Kretzenbacher. – München: 340–347.

– 1974: Volksbrauch und Politik. Lichterumzüge und Jahresfeuer von 1900 bis 1934. In: Rhein. Vierteljahrsbll., 38. Jg.: 355–385.

ZIPPELIUS, Adelhart (Hrsg.) 1974: Handbuch der europäischen Freilichtmuseen. – Köln u. Bonn.

ZWÖLFER, Theodor 1929: St. Peter, Apostelfürst und Himmelspförtner. Seine Verehrung bei den Angelsachsen und Franken. – Stuttgart.

8. Sachregister

Volkskunde
Ein Handbuch zur Geschichte ihrer Probleme

herausgegeben von Gerhard Lutz
mit einem Geleitwort von Josef Dünninger

236 Seiten, Gr.-8°, Ganzleinen mit Schutzumschlag, DM 29,–

Das vorliegende Handbuch legt die richtungweisenden Schriften, die für jeden volkskundlich Interessierten wichtig, aber meist nicht mehr zugänglich sind, durch eine gesammelte, systematisch geordnete Neuveröffentlichung vor. Die hier aneinandergreifenden Texte geben ein genaues Bild der geschichtlichen Entwicklung der Volkskunde. Daneben bieten die in dem Handbuch gesammelten prinzipiellen Erörterungen eine übersichtliche Einführung in die wissenschaftlichen Hauptprobleme und die methodischen Grundlagen dieser jungen Wissenschaft.

Kontinuität?
Geschichtlichkeit und Dauer als volkskundliches Problem

Unter Mitarbeit zahlreicher Fachgelehrter herausgegeben von
Hermann Bausinger und Wolfgang Brückner

187 Seiten, 4 Bildtafeln, Gr.-8°, Ganzleinen, DM 29,–

Herausgeber und Autoren stellen mit den Artikeln dieses Bandes den traditionellen Begriff der Kontinuität für die verschiedenen Gebiete der Volkskunde in Frage. Sie greifen damit ein allgemeines Problem auf, das sich heute in besonderem Maße gerade auch dieser Wissenschaft stellt. Die Ergebnisse der Beiträge sind vielschichtig und vielfältig. Sie zeigen, daß ohne Zweifel auch in der Volkskunde neben der Erschließung neuer Stoffgebiete vor allem neue theoretische Zugriffe, Auffassungen und Methoden in unmittelbarer Auseinandersetzung mit dem mannigfaltigen Stoff erprobt werden müssen.

Volksglaube und Volksbrauch
Gestalten · Gebilde · Gebärden

von Leopold Schmidt

420 Seiten mit 4 Karten, Gr.-8°, Ganzleinen mit Schutzumschlag, DM 75,–

Volksglaube und Volksbrauch sind das Kernstück der Volkskultur und damit auch jeglicher Volkskunde. Bei der Untersuchung der einzelnen Züge dieses großen Gebietes zeigen sich Berührung und Verflechtung von Volksglaube und Brauch mit der Rechtsgeschichte, der Kirchen- und Kunstgeschichte und, vor allem beim Brauchtum unserer Zeit, mit der Soziologie. Leopold Schmidt legt mit seinem Buch eine größere Zahl von Untersuchungen zu verschiedenen Themenkreisen dieses Gebietes vor. Er greift dabei Stoffe aus alter Zeit ebenso auf wie solche der Gegenwart. Der Band enthält Studien zur Volksglaubensforschung, zum Wallfahrts- und Votivbrauchtum, Hinweise zur volkskundlichen Untersuchung von Heiligengestalten und Arbeiten über die Bildgebärden.

 ERICH SCHMIDT VERLAG